고대 철학이란 무엇인가

고대 철학이란
무엇인가

피에르 아도 지음
이세진 옮김

QU'EST-CE QUE LA PHILOSOPHIE ANTIQUE?
by PIERRE HADOT

일러두기
1. 이 책의 인용문들은 모두 역자의 번역이다. 프랑스어판 원서와 영어판 번역본, 그리고
   해당 문헌의 국역본이 있을 경우에는 이를 참고하였다. 관련 저작들을 보고 싶은 독자
   들은 참고문헌을 보라.
2. 〔 〕는 역자가 내용 이해를 돕기 위해 보충한 부분이다.
3. 각주는 전부 역주이며, 저자의 주는 미주로 처리했다.
4. 서지 사항은 국역본이 있는 경우를 제외하고 모두 프랑스어 서지 사항을 그대로 실었다.

이 책은 실로 꿰매어 제본하는 정통적인 사철 방식으로 만들어졌습니다.
사철 방식으로 제본된 책은 오랫동안 보관해도 손상되지 않습니다.

A. -J. 보엘케를 추억하며

우리 자신을 이성과 도덕의 견지에서 완전하게 하고자 성경
보다는 크세노폰의 『소크라테스 회상*Memorabilia*』에 호소하게
될 때가 오리라.[*] 그때가 오면 우리는 모든 현자들 가운데 가장
단순하고 가장 길이 남을 현자 소크라테스를 이해하기 위해 몽
테뉴와 호라티우스의 텍스트를 지침서로 사용하게 되리라.

— 니체

에피쿠로스, 제논, 소크라테스 등의 고대 그리스 철학자들은
현대 철학자들보다 진정한 철학자 관념에 한층 더 충실했다.

한 노인이 플라톤에게 자신은 덕에 대한 가르침을 들었노라
고 말하자 플라톤은 그 노인에게 〈그래서 결국 언제부터 덕을
실천하면서 살려고 합니까?〉라고 물었다. 사색만이 능사가 아
니요, 궁극적으로는 사색의 결과를 적용하는 것에 대해 생각
해야만 한다. 그러나 오늘날 자신이 가르치는 바와 일치된 삶
을 사는 자는 몽상가 취급을 받을 뿐이다.

— 칸트

사유를 낳는 것은 욕망이다.

— 플로티노스

[*] 기원전 5세기 그리스의 역사가 크세노폰은 소크라테스를 존경하고 소피
스트들을 혐오했기 때문에 소크라테스를 정당화하는 저서들을 많이 남겼다.
『소크라테스 회상』도 이러한 저서들 가운데 하나이다.

도시에서 철학자는 어떤 위상을 차지해야 할까? 바로 인간을 조각하는 이의 위상이다.

－심플리키오스

모든 학파들과 그들의 경험은 우리의 정당한 소유물이다. 우리가 전에 에피쿠로스학파의 철학적 해결책을 통해 유익을 구했다고 해서 스토아학파들의 해결책을 차용하지 못하란 법은 없다.

－니체

진리를 아는 것보다 선을 행하는 것이 훨씬 더 중요하다.

－페트라르카

돈을 벌기 위해 철학을 배운 사람보다 인류에게 더 해악을 끼친 이는 없을 것이다.

－세네카

우리는 플라톤이나 아리스토텔레스를 학자 특유의 긴 옷을 입은 모습으로만 상상한다. 하지만 그들은 보통 사람들처럼 친구들과 웃으며 담소를 나누는 순수한 사람들이었다. 그들은 그네들의 법률과 국가론을 쓰는 과정을 즐겼고, 그렇게 즐기기 위해 책을 썼다. 집필은 그들의 삶에서 가장 덜 철학적이고 덜 진지한 일이었다. 가장 철학적인 일은 평온하고 단순하게 삶을 살아가는 것이다.

―파스칼

    철학적 이론들이 너를 유혹한다면 너는 앉아서 그것들을 네 마음속에서 되새기라. 그러나 절대로 너 자신을 철학자라 칭하지 말고 다른 사람이 너를 철학자로 여기지 않는다 해도 연연치 말라.

―에픽테토스

    우리 시대에는 철학 선생들만 있고 철학자는 없다.

―소로

    덕이 없다면 신도 한낱 말에 지나지 않는다.

―플로티노스

    「나는 오늘 아무것도 안 했네.」「뭐? 자네는 그럼 살아 있지도 않았단 말인가? 자네의 소임 가운데 가장 근본적일 뿐 아니라 가장 빛나는 것은 삶 그 자체라네.」

―몽테뉴

철학은 삶을 살아 내는 방식이다

– 아도가 들려주는 고대 철학의 지혜

〈철학자들의 삶에는 이유가 있다.〉

철학자 헤라클레이토스는 손님을 부엌 화덕 앞에서 맞이하곤 했다. 이럴 때마다 사람들은 곤혹스러워했다. 당시에는 손님을 헤스티아 여신을 기리는 불이 타오르는 신성한 곳으로 모셨기 때문이다. 스토아 철학의 창시자 제논은 〈빵한 조각, 무화과 몇 개, 약간의 물〉만 먹으며 살았다. 그래서 그는 〈굶주림을 가르치며 제자들을 얻었다〉는 비아냥거림을 받곤 했다. 에피쿠로스를 따르던 무리들은 정원(庭園)에 모여 살았다. 이 공동체에서는 노예, 거리의 여자들까지 차별 없이 어울렸다. 그들에 대한 안 좋은 소문들은 늘 끊이지 않았다. 디오게네스는 여기서 한 발 더 나아간다. 포도주를 담는 큰 항아리를 집 삼아 지냈던 그는, 성욕이 일면 사람들 앞에서 거침없이 자위를 했다.

『고대 철학이란 무엇인가』에 등장하는 일화들이다. 여기까지만 들으면 철학자들은 모두 괴짜들에 이상한 사람들이라고 생각할지 모르겠다. 하지만 철학자들의 행동마다에는 〈세상을 보는 남다른 눈〉과 깊은 확신이 있음을 놓쳐서는 안 된다. 헤라클레이토스는 신(神)이 있는 곳에는 차별이 없다고 믿었다. 따라서 부엌의 화덕이나 집 안의 신성한 곳이나, 신의 눈으로 봤을 때는 모두 똑같은 공간이다. 그러니 굳이 억지로 의례를 차릴 필요가 없다.

스토아 철학에 따르면, 세상을 다스리는 것은 우주적인 섭리Logos다. 인간이 간절하게 원한다 해서 일어날 일이 안 일어나지도, 일어나지 않을 일이 이루어지지도 않는다. 제대로 된 삶이란 욕망을 다스리며, 대본에 따라 배역을 연기하는 배우들처럼 최선을 다해 주어진 삶을 살아 내는 것이다. 빵 한 개와 무화과 몇 개로 근근이 이어 갔던 그의 검소함은 이로써 설명될 수 있겠다.

에피쿠로스도 다르지 않다. 식욕, 성욕, 수면욕 등 기본적인 욕구만 놓고 본다면 인간은 누구나 평등하다. 삶의 완성도는 이를 얼마나 다스리며 정신의 평온을 유지하는지에 따라 갈린다. 욕구를 건강하게 가꿀 수만 있다면 노예나 거리의 여자가 귀족보다 나은 인생을 꾸려 갈 수도 있다. 에피쿠로스가 자신의 공동체에서 사람들을 차별하지 않았던 이유다. 디오게네스는 또 어떤가. 그는 알렉산드로스 대왕 앞에서도 주눅 들지 않았다. 〈거지 철학자〉인 그에게는 잃을

것이 아무것도 없었다. 명예와 권력은 고민과 고통을 낳는
다. 자신의 욕구에 솔직하고 가장 적은 것에 만족할 줄 안다
면 세상에 무서울 것이 없다.

〈철학은 삶을 살아 내는 방식이다.〉

지은이 아도는 철학은 삶을 살아 내는 방식(*Philosophy
as a Way of Life*)이 되어야 한다고 한결같이 주장했던 학
자다. 하지만 현대인들에게 철학은 〈난해하고 알기 어려운
학자들의 말잔치〉로만 다가온다. 이렇게 된 이유를 아도는
철학이 서양 중세에 〈기독교 신앙의 시녀(侍女)〉 역할로 떨
어지고 말았다는 사실에서 찾는다.

최초의 대학들은 신학부와 교양 학부로 구성되어 있었
다. 사제를 길러 내기 위한 신학 공부가 중심이 되었다는 뜻
이다. 대학에 고용된 철학자들은 기독교 신앙을 정당화하
는 논리를 만들어 내는 〈공무원〉들과 같았다. 그들로서는
자신의 삶이 자기의 철학과 일치할 필요가 없었다. 전자 공
학과 교수가 전기 회로를 연구한다 해서 자신의 일상까지
물리 법칙에 따라 설계해야 할 필요가 없는 것과 마찬가지
이유에서다.

근대에 와서 대학이 학문의 중심 기관으로 자리를 잡자,
철학 또한 전문 학자들의 연구 영역이 되었다. 하지만 과학
의 발전은 세상의 이치를 궁리하는 철학 분야인 형이상학

과 인식론의 연구 성과들을 맹렬하게 몰아내고 있다. 그럴수록 철학은 점점 현실 생활과 동떨어진 뜬구름 잡는 학문으로 추락하고 있다. 이러한 현실에서 아도는 철학이 과연 무엇을 하는 학문이고 왜 필요한지를 되묻는다. 『고대 철학이란 무엇인가』는 이러한 아도의 문제의식이 오롯이 담겨 있는 책이다.

〈어떻게 살지를 결정하는 문제가 철학이다.〉

헬레니즘 시기, 철학의 흐름은 아테네의 4개 학당을 중심으로 정리가 되었다. 플라톤의 철학을 계승한 아카데메이아, 아리스토텔레스가 세운 리케이온, 에피쿠로스의 정원 공동체, 화려하게 채색된 주랑(柱廊)에서 철학을 했던 스토아학파가 그것이다. 여기에 삶을 통해 자신들의 신념을 보여 준 디오게네스의 키니코스학파(견유주의)와 피론의 회의주의도 고대 철학의 주된 흐름으로 추가할 수 있겠다.

아도에 따르면, 어떤 학파를 선택하느냐는 어떻게 살지를 결정하는 문제이기도 했다. 학파마다에는 나름의 살아가는 방식이 있었기 때문이다. 이는 철학이 탄생하던 무렵부터 면면히 이어져 내려온 〈전통〉이었다. 예컨대, 피타고라스학파라면 채식을 하며 기억술 연습을 해야 한다. 전생을 믿었던 그들은 영혼이 윤회한다고 생각했기 때문이다. 플라톤의 아카데메이아의 일원이 되었다면, 기하학과 수학으로 논리 감각을 다듬어야 했다. 이들이 물질세계를 넘어선 이성적이고 논리적인 것이 세상의 본질이라고 주장했던 탓이다.

아도의 책에는 고대 세계의 여러 철학 학파들과 그들의 삶이 알기 쉽고 흥미롭게 소개되어 있다. 이들의 철학과 삶은 우리에게 어떻게 살아야 할지에 대해 깊은 혜안을 안긴다. 아도가 뽑아낸 니체의 말을 들어 보자.

실천에 관한 한, 나는 다양한 도덕적 학파를 실험실로 여긴다. 이 실험실에서 삶의 기술에 대한 여러 처방들이 철저하게 실천되고 그 극단까지 사유된다. 모든 학파들이 실험을 통해 얻은 결과들은 모두 다 우리에게 적법한 소유로서 속해 있다. 그러므로 이전까지 에피쿠로스주의의 처방에서 유익을 구했다 하여 스토아주의의 처방을 채택하면서 양심의 가책을 느낄 필요는 전혀 없다.

고대인들이 생각하는 철학은 우리의 일상에서 녹아 있는 〈철학〉과 가깝다. 〈대통령의 국정 운영 철학은 무엇입니까?〉, 〈그녀는 철학이 있는 여자야〉라고 말할 때의 그 〈철학〉 말이다. 아도의 이 책은 철학의 발생기부터 고대 그리스 철학, 헬레니즘 시기를 거쳐 플로티노스의 신(新)플라톤 학파를 거쳐 중세의 스콜라 철학에 이르기까지, 다양한 철학 사조들을 꼼꼼하게 훑어 준다. 아도가 철학자 한 명 한

명을 소개할수록, 〈삶을 살아가는 방법〉도 하나씩 늘어 간다. 책의 마지막 장을 덮을 즈음이면, 독자의 가슴에는 어떻게 살아야 할지에 대한 수많은 조언이 담겨 있게 될 것이다.

이 책은 니체의 말대로 〈다양한 도덕적 학파의 실험실〉이다. 내용을 충실하게 따라온 독자라면, 논의되고 검증된 숱한 이론들 가운데 자신에게 맞는 철학을 찾아낼 수 있을 것이다. 하지만 철학은 정답이 없는 학문이라는 사실도 잊어서는 안 된다.

매일매일 〈비행을 할 것〉! 적어도 한 순간은 그렇게 할 것 — 이 순간은 아주 집약적인 만큼 대단히 짧을 수도 있다. 매일매일 〈정신 수련〉을 할 것 — 혼자서 혹은 스스로를 개선하고자 하는 다른 사람과 함께.

정신 수련. 시간의 지속에서 벗어나기. 고유한 정념들, 허영, 그대의 이름을 둘러싼 억누를 수 없는 소문들(때때로 그대는 이것이 가렵기 짝이 없는 고질병처럼 느껴질 것이다)을 떨치기 위해 노력할 것. 뒤에서 수군대는 험담을 피할 것. 자유로운 모든 인간들을 사랑하기. 스스로를 초월함으로써 영원해질 것.

그대 자신에게 이 모든 노력들을 기울일 필요가 있다. 이러한 야망은 지당한 것이다. 정치적 투쟁에, 사회적 혁명을 준비하는 데 전적으로 참여하는 이들은 많이 있다. 반면 혁명을 준비하기 위하여 자기 자신이 그에 합당한 인간이 되고자 하는 이들은 드물고 또 드물다.

　철학자 프리드만이 소개하는 철학하는 자세다. 무한 경쟁 시대, 우리의 세상살이는 신산스럽기만 하다. 이기기 위해 아득바득하기에 앞서, 내가 얻으려는 목표가 과연 제대로 된 것인지, 노력할 만큼의 가치가 있는지부터 따져 물어야 하지 않을까? 메를로퐁티는 철학은 〈세계를 보는 법을 다시 배우는 것〉이라고 했다. 아도의 『고대 철학이란 무엇인가』는 삶에 대한 다양한 해법과 대안을 알려 주는 〈명작〉이다. 가치 있는 삶, 고귀한 인생을 꿈꾸는 모든 이들에게 권하고 싶다.

안광복
철학 박사, 『처음 읽는 서양 철학사』 저자

들어가는 글

우리는 철학이 과연 그 자체로 무엇인가를 거의 생각하지 않는다.[1] 사실, 철학을 정의하기란 대단히 어려운 일이다. 철학과 학생들에게 가르치는 것은 주로 〈철학 (사조)들〉이다. 예를 들어 프랑스의 교수 자격시험에는 정기적으로 출제되는 철학자들이 정해져 있다. 고대 철학으로는 플라톤, 아리스토텔레스, 에피쿠로스, 스토아학파, 플로티노스, 그다음에는 공식적인 교육 과정에서 일반적으로 소홀하게 여겨지는 중세의 〈암흑시대〉, 그다음 시대 사람들로는 데카르트, 말브랑슈, 스피노자, 라이프니츠, 칸트, 헤겔, 피히테, 셸링, 베르그송, 그리고 그 밖의 현대 철학자들이 있다. 수험자는 어떤 학파 혹은 어떤 철학자의 이론이 제기하는 문제들을 잘 알고 있음을 피력하는 논술을 작성해야 한다. 이외에도 소위 〈철학적〉이라는 문제들에 대해 수험자는 자신의 사유 능력을 입증해 보이는 또 다른 논술문을 제출해야 한다. 그 문제들을 철학적이라고 하는 이유는, 단지 고대 혹은 현대 철학자들이 같은 문제들을 다룬 바 있다는 것뿐이다. 이러한 시험 자체에 대해 뭐라고 말하려는 것이 아니다. 철학 사조들을 공부하면서 철학에 대한 관념을 갖게 되는 것도 좋다. 하지만 〈철학〉의 역사를 철학들의 역사와 혼동해서는 안 된다. 〈철학들〉을 곧 철학 체계들과 담론들이라고 이해한다면 말이다. 실제로 그러한 역사 옆에 철학적인 삶과 행동 양식에 대한 연구의 자리는 따로 있다.

이 책의 목적은 고대 철학이 나타내는 역사적, 정신적 현상의 일반적이고 공통적인 특징들을 기술하는 데 있다. 아마 독자는 〈어째서 고대 철학이지? 우리와는 너무 거리가 멀잖아!〉라고 의아해할 것이다. 이 물음에 대해서는 여러 가지 대답을 제시할 수 있겠다. 일단 고대 철학이라는 분야는 내가 전문가로서의 권위를 인정받고 싶은 분야이기 때문이라고 답할 수 있겠다. 또한 아리스토텔레스가 말했듯이 사물을 이해하려면 그것이 발전해 가는 과정을 살펴보아야 하는 법이다.[2] 그 사물의 탄생을 놓쳐서는 안 된다. 우리가 지금 철학을 논하는 것도 그리스인들이 지혜에 대한 사랑을 뜻하는 〈필로소피아*philosophia*〉, 즉 철학이라는 말을 만들어 냈기 때문이요, 그리스 철학의 전통이 중세를 거쳐 근대까지 전수되어 왔기 때문이다. 그러므로 철학이 특정한 시대에 시작되어 우리 시대까지 이어져 내려오는 역사적 현상이라는 사실을 분명히 의식하면서 이 현상을 그 기원에서부터 살펴보는 것이 중요하다.

나는 이 책에서 고대에 〈철학〉을 한다는 것과 오늘날 일반적으로 철학을 한다는 것의 — 적어도, 학생들이 대학의 필수 과목으로 공부하면서 떠올리게 되는 이미지를 보자면 — 심원한 차이를 보여 주고자 한다. 요즘 학생들은 철학자 한 사람 한 사람이 저마다 독창적인 방식으로 체계적이고 추상적인 구조를 새로이 발명하고자 머리를 쥐어짜고 매달렸던 것처럼 생각한다. 그 구조란 어떤 방식으로든 세계를 설명하기 위한 것이거나, 현대 철학자들의 경우에는 언어에 대한 새로운 담론을 구상하고자 하는 것이다. 우리가 〈일반 철학〉이라고 부를 수 있을 이러한 이론들은 거의 대부분의 체계들 내에서 도덕성에 대한 학설과 비판을 낳는다. 이 학설과 비판은 인간에게나 사회에게나 체계의 일반적 원리의 결과라고 할 만한 것을 끌어내어 삶에 있어서 특정한 선택을 내리고 어떤 행동 양식에 적응하게 한다. 그 선택이 좋은 결과를 가져오는지 아는 것은 전적으로 부차적이고 부수적인 문제이다. 이러한 문제는 철학적 담론의 전망에 포함되지 않는다.

그러나 나는 철학에 대한 이러한 설명을 고대 철학에 적용하는 것은 잘못이라고 생각한다. 고대 철학에 논리학과 자연학 이론의 가장 미묘한 문제들에 대한 이론적 성찰을 개진할 만한 역량이 있음을 부인하는 것은 분명히 아니다. 그러나 이 같은 이론적 활동은, 우리가 통상적으로 철학을 설명하는 바와 부합하는 전망과는 다른 전망에 놓고 보아야 한다. 우선, 적어도 소크라테스 이래로는 생활 양식에 대한 선택이 철학 활동의 마지막에 오는 무슨 부록처럼 여겨지지 않았다. 오히려 반대로, 생활 양식에 대한 선택은 처음부터 여타의 실존적 태도에 대한 비판적 대응, 어떤 세계관 및 인생관의 전반적인 통찰, 그리고 자발적인 결정 그 자체의 복잡한 상호 작용 안에 위치한다. 이로써 그 선택권은 어느 정도까지는 학설 자체와 그것을 가르치는 방식까지 결정짓는다. 따라서 철학적 담론은 생의 선택, 실존적 선택으로부터 기원하며, 그 역(逆)은 성립하지 않는다. 이차적으로, 이 선택, 이 결정은 결코 고독 속에서 이루어지지 않는다. 집단이나 공동체, 한마디로 철학 〈학파〉로부터 벗어난 철학이나 철학자는 있을 수 없다. 정확히 말해, 철학 학파는 무엇보다도 삶에 대한 특정 선택과 부합한다. 개인에게 삶의 전면적 변화를, 전 존재의 전향을, 그리고 결국은 특정한 양식으로 살며 존재하고자 하는 욕망을 요구하는 어떤 실존적 선택과 부합하는 것이다. 그리고 이러한 실존적 선택은 특정한 세계관을 포함한다. 철학적 담론의 과업은, 세계에 대한 표상 못지않게 실존적 선택 역시 계시하고 합리적으로 정당화하는 데 있을 것이다. 그러므로 이론화된 철학적 담론은 이러한 시초의 실존적 선택으로부터 태어난다. 또한 철학적 담론은 스승과 제자들을 — 논리적 설득력에 의하여, 대화 상대자에게 행사하고자 하는 행위에 의하여 — 실제로 그 시초의 선택에 맞게 살아가게끔 부추기거나, 생의 이상을 적용한 것이라는 점에서, 그 선택으로 돌아가도록 이끈다.

그러므로 나는 철학적 담론이 생활 양식에 대한 전망 속에 포함된다고 말하고 싶다. 철학적 담론은 그 전망의 수단인 동시에 표현이다. 결과적으로, 철학은 먼저 생활 양식이다. 철학적 담론과 긴밀하게 연결된 생활 양식인 것이다. 철학과 지혜를 가르는 간격은, 이 책의 가장 근본적인 주제들 중 하나로 다루어질 것이다. 철학은 지혜에 이르기 위한 준비 운동에 지나지 않는다. 그러나 이것은 철학을 한편으로는 이론화된 철학적 담론으로 보고, 다른 한편으로는 담론이 완성되는 때에 실천으로 옮겨질 조용한 생활 양식으로 제시하며 양자를 대립시키는 태도와는 무관하다. 에리크베유가 다음과 같은 글에서 제안했던 도식이 바로 그러한 태도라 하겠다.

철학자는 〈지혜롭지〉 않다. 그에게는 지혜가 없다(혹은, 그는 지혜가 아니다). 그는 말하며, 심지어 그의 담론이 자기 자신을 폐기하려는 목적밖에 띠지 않을 때조차도 그는 끝을 볼 때까지, 끝을 보는 완벽한 순간을 넘어설 때까지 말할 것이다.[3]

여기에는 비트겐슈타인의 『논리철학논고 Tractatus logico-philosophicus』의 조건과 유사한 조건이 개입되어 있다. 『논

고』의 철학적 담론은 결국 침묵의 지혜 안에서 초월된다.[4]
고대 철학은 플라톤의『향연*Symposion*』이후로 어떤 방식으
로든 철학자가 지혜롭지 않다고 받아들였다. 그러나 고대
철학은 지혜가 출현하는 순간 멈춰서는 순수한 담론으로
간주되지 않는다. 고대 철학은 생활 양식이면서도 확고하
게 담론인 것이다. 그것은 담론이자, 결코 닿지 못하면서도
지혜에게로 향하는 생활 양식이다. 그러나 플라톤, 아리스
토텔레스 혹은 플로티노스의 담론이 어떤 경험의 문턱에서
멈춰 서며 그 경험이 곧 지혜는 아니더라도 지혜의 전조인
것은 사실이다.

또한 생활 양식과 담론이 각기 실천과 이론에 상응하는
양 양자를 대립시켜서도 안 되겠다. 담론은 청중이나 독자
에게 어떤 영향을 미치고자 꾀한다는 점에서 그 자체로 실
천적인 측면을 지닐 수 있다. 한편, 생활 양식은 이론적*théo-
rique*일 수 없으되 정리적*théorétique*(定理的)일 수 있다. 다
시 말해, 생활 양식은 정관적(靜觀的)일 수 있다.

논의를 분명히 하기 위해 내가 〈담론〉이라는 용어를 문
어나 구어에서 통하는 〈논증적 사유〉라는 철학적 의미로
사용하고 있음을 확실히 밝혀 둔다. 나는 오늘날 널리 퍼져
있는 용법대로 〈어떤 태도를 드러내는 화법〉—예를 들어
〈인종주의 담론〉이라고 말할 때—이라는 뜻으로 이 용어
를 사용하는 것이 아니다. 더욱이, 나는 언어와 인식 기능을
혼동하는 것도 거부한다. 이 문제에 대해서 나는 뤼피에의

명쾌한 구절을 인용하고자 한다.

사실 우리는 언어 없이도 완벽하게 생각하고 인식할 수 있다. 어쩌면 어떤 견지에서는 더욱더 잘 인식할 수 있을지도 모른다. 사유는 합리적 행위를 정의할 수 있는 역량, 심적 표상과 추상(抽象) 능력으로 알아볼 수 있다. (삼각형 혹은 특정한 대상들의 조합을 분별할 수 있는) 동물은 아직 말을 할 줄 모르는 어린아이나 교육을 받지 못한 귀먹고 말 못하는 사람과 똑같이 생각한다. (……) 임상 연구에 따르면, 언어 발달과 지능 발달은 상관관계가 없다고 한다. 지능에 장애가 있는 사람도 말을 할 수 있는가 하면, 실어증 환자도 충분히 똑똑할 수 있다. (……) 정상인에게서도 구상 능력이 표현 능력으로 인해 다소간 위축되는 경우가 때때로 있다. 위대한 발견들은 언어와 독립적으로, 뇌에서 구상된 도식(패턴)으로부터 이루어지는 것 같다.[5]

나는 이 점을 역설하고자 한다. 그 이유는, 이 책에서 여러분은 담론으로는 표현될 수 없는 철학 활동이 지속적으로 이루어지는 양상을 보게 될 것이기 때문이다.

철학을 한편으로는 생활 양식으로, 다른 한편으로는 철학에 대해 외재적이라 할 수 있는 철학적 담론으로 분리하며 양자를 대립시키는 것은 우리 소관이 아니다. 오히려 그 반대로, 우리는 철학적 담론이 생활 양식의 한 부분임을 보여 주려 한다. 하지만 철학자가 생에 대해 어떤 선택을 내리 느냐에 따라 그의 담론이 결정된다는 것은 받아들여야 한 다. 이것은, 철학적 담론을 그 자체 스스로 존재할 수 있는 실재처럼 생각하여 그 구조를 담론을 개진한 철학자와 완 전히 별개로 연구해서는 안 된다는 말이다. 소크라테스의 담론을 그의 삶이나 죽음과 분리하여 생각할 수 있는가?

앞으로 보게 될 장에서 〈정신 수련〉이라는 개념이 자주 등장할 것이다.[6] 이 용어는 식이 요법처럼 신체적 차원에 속할 수도 있고, 물리적 질서에 속할 법하거나, 대화나 명상 처럼 추론적일 수도 있으며, 혹은 정관/관조처럼 직관적일 수도 있는 수행 방법들을 가리킨다. 특히 그러한 수행 방법 들은 모두 수행 주체에게 어떤 변형이나 변신을 행사하고 자 하는 목적이 있다. 철학적 스승의 담론은 청중이나 독자, 대화 상대자로서의 제자들이 정신적으로 발전하고 내적으 로 변화될 수 있게 하는 형식으로서 소개되는 한에서 그 자 체로 정신 수련의 형식을 취할 수 있었다.

이 책은 논증을 세 단계로 나누어 전개하고자 한다. 첫 단 계는, 〈철학〉이라는 말을 맨 먼저 사용한 이들의 역사를 살 펴보고 플라톤이 『향연』에서 이 말을 〈지혜에 대한 욕망〉으 로 정의했을 때 이 정의의 의미가 무엇인지 이해하는 것이 다. 그 후에는 다양한 고대 철학 사조들의 특징을 생활 양식 이라는 측면에서 찾아볼 것이다. 이로써 우리는 마침내 이 사조들을 하나로 묶어 주는 공통적인 특징을 보게 될 것이다. 세 번째 단계에서 우리는 어떤 이유에서, 그리고 어느 정도로, 중세부터 철학이 순전히 이론 활동으로 여겨지게 되었는가를 고찰한다. 최종적으로 우리는 철학의 고대적 이상으로 되돌아가는 것이 가능한가를 자문할 것이다. 우리의 주장을 정당화하는 데에는 고대 철학자들의 텍스트가 많이 인용될 것이다. 이러한 인용이 고대 철학 텍스트를 접하기가 쉽지 않은 학생들에게 큰 도움이 되리라고 본다.

여기서 독자들에게 소개하는 성찰들은 고대 철학과 철학자들에 대한 오랜 연구의 소산이다. 이 연구를 진행하는 동안 두 권의 책이 나에게 큰 영향을 주었다. 우선 그중 한 권은 라보우가 1954년에 내놓은 『영혼의 지도 *Seelenführung*』이다.[7] 이 책은 에피쿠로스주의자들과 스토아주의자들의 철학적 실천이 취했던 다양한 형식들을 소개하며 고대의 정신과 그리스도교적 정신 사이의 연속성을 지적하는 장점까지 지니고 있다. 그러나 지나치게 정신 수련의 수사학적 측면에만 매달린다는 한계도 있다. 나머지 한 권은 나의 아내가 나를 만나기 전에 쓴 책[8]으로, 세네카와 그리스, 로마 의식에 대한 지도 전통을 다룬 것이다. 이 책은 스토아학파 철학자의 작품을 고대 철학에 대한 일반적 전망 안에 다시 위치시켰다.

비록 방식은 제각기 다르지만 나는 동일한 문제에 흥미를 느꼈던 두 사람의 철학자를 만나는 기쁨을 누렸다. 한 사람은, 안타깝게도 이미 작고하신 보엘케 씨다. 영혼의 치유로서의 철학을 다룬 그의 저작[9]은 최근에 출판되었다. 그리고 또 한 사람은 중세와 르네상스의 철학 개념을 연구한 나의 동료 도만스키인데, 그의 저작[10]은 곧 출간될 예정이다. 그는 이 연구에서 어떻게 철학에 대한 고대의 개념이 부분적이기는 하나 중세에 감추어졌는지, 그리고 어떻게 르네상스에 이르러 페트라르카나 에라스무스에게서 소생했는지를 보여 주었다. 그 밖에도, 나는 1977년에 발표한 「정신수련과 고대 철학Exercices spirituels et philosophie antique」이라는 나의 논문이 푸코가 내세운 〈자기 계발culture de soi〉이라는 개념에 영향을 주었다고 생각한다.[11] 나는 다른 곳에서 푸코와 내가 어떤 면에서 일치하고 어떤 면에서 생각을 달리 하는지 이미 말한 바 있다.[12]

이 책을 쓰도록 제안해 준 에리크 비뉴에게 진심으로 감사를 표하고 싶다. 그는 나에게 책의 구상에 대해 조언해 주었을 뿐 아니라 나와 일하면서 인내의 귀감을 보여 주었다. 친애하는 동료 아마용은 샤머니즘이 제기하는 복잡한 문제들에 대해서 자신의 저작과 조언을 통해 내게 깨우침을 주었다. 내가 마음으로부터 감사하고 있음을 그녀가 알아 주기 바란다. 또한 이 저작을 여러 번 읽고서 오류와 실수를 발견하는 대로 지적해 준 그웨나엘 오브리, 자니 카를리에, 일세트라우트 아도, 그리고 특별히 실비 시몽에게 따뜻한 감사의 마음을 전한다.

차례

제3부 단절과 연속: 중세와 현대

제1부

**철학에 대한 플라톤의 정의와
그 선대 철학자들**

1. 철학 이전의 철학

최초의 그리스 사상가들의 역사

〈철학 이전의 철학.〉 사실 〈필로소피아〉와 같은 계열에 속하는 말들은 기원전 5세기 이전에는 전혀 나타나지 않았으며, 이 말이 처음으로 철학적으로 정의된 때는 기원전 4세기 플라톤에 이르러서다. 그러나 아리스토텔레스와 더불어 모든 철학사적 전통은 기원전 6세기 초에 그리스 문화의 영향하에 있던 소아시아 식민지, 좀 더 정확히 말하자면 밀레투스에서 나타났던 최초의 그리스 사상가들[1]을 〈철학자〉로 간주하고 있다. 탈레스는 최초의 수학자이자 과학 기술자로 7현인 중 한 사람이었으며 아낙시만드로스와 아낙시메네스에 이어 기원전 585년 5월 28일의 개기 일식을 예고한 것으로 유명하다. 이러한 사상적 동향은 곧이어 이탈리아 남부와 시칠리아 섬의 다른 그리스 식민 도시에 퍼졌다. 이리하여 기원전 6세기에 콜로폰의 크세노파네스는 엘레아로 이주했으며, 밀레투스에서 멀지 않은 사모스 섬 출신이었던 피타고라스는 기원전 6세기 말에 크로톤으로, 나중에는 메타폰툼으로 정착하러 갔다. 이탈리아 남부와 시칠리아 섬은 차츰 매우 활기찬 지적 활동의 중심지가 되어 갔다. 파르메니데스와 엠페도클레스는 특히 이곳을 대표할 만한 인물들이다.

이 사상가들은 모두 세계에 대한 합리적 해명을 제시했다. 바로 여기에 정신사의 결정적 전환점이 있다. 이들이 나타나기 전에도 근동 지방이나 고대 그리스에는 우주 발생론들이 있었다. 그러나 그것들의 유형은 지나치게 신화적이었다. 다시 말해, 이 우주 발생론들은 세계의 역사를 의인화된 본체들 간의 투쟁으로 묘사하는 수준에 머물렀다. 그것들은 『창세기』라는 성서적 의미에서의 〈창세기들〉, 한 민족을 조상들에 대한 추억으로 인도하여 우주의 힘과 신들의 세대에 연결해 주는 〈족보〉 같은 것이었다. 나다프[2]가 보여 주었듯이, 최초의 그리스 사상가들은 신화적 서사를 세계에 대한 합리적 이론으로 대체했으나 신화적 우주론을 구조화하는 삼원화 도식은 그대로 간직했다. 이들은 세계, 인간, 도시*의 기원에 대한 이론을 제시했다. 이 이론은 세

* 고대에서 〈도시〉는 곧 〈폴리스*polis*〉를 나타내는 경우가 대부분이나 이를 〈도시 국가〉라고 번역할 경우 원래의 그리스어가 지니지 않는 의미가 함축될

계를 원소들 간의 투쟁으로 설명하지 않고 〈물리적〉 실체들의 투쟁과 그중 한 실체의 (다른 실체들에 대한) 지배로 설명했다는 점에서 합리적이다. 이 같은 근원적인 변화는 그리스어 〈퓌시스*phusis*〉로 요약되는데, 이 말은 원래 어떤 사물이 이루어지는 시작과 전개, 결과를 동시에 의미한다. 그들이 〈히스토리아*historia*〉, 다시 말해 조사 혹은 심문이라고 불렀던 지적 과정의 대상은 바로 보편적 〈퓌시스〉였다.

모든 그리스 철학 전통에서 합리적 이론들은 이 근원적 우주론 도식에 영향을 받게 된다. 여기서는 플라톤의 예만 들겠다. 플라톤은 『티마이오스*Timaios*』, 『크리티아스*Critias*』, 그리고 (구상은 되었으나 『법률*Nomoi*』로 대체된) 〈헤르모크라테스Hermocrates〉 등 일련의 대화편을 통하여 인간과 세계의 기원에서 아테네의 기원에 이르기까지 퓌시스를 폭넓은 의미에서 다루는 논문을 쓰고자 했다. 여기서도 우리가 발견하는 것은 〈족보〉다. 아테네인들을 기원과 조상에 대한 추억으로 인도하여 우주의 질서와 창조주의 정초 행위에서 그들의 뿌리를 찾게 하는 족보 말이다. 플라톤은 이러한 의도를 감추려 들지도 않았다. 그는 그 자신이 사실임직한 우화라고 불렀던 『티마이오스』를 제안하면서 이데아

수 있으므로 이 책에서는 모두 〈도시〉라고 옮겼다. 그러나 〈도시〉라는 번역어도 그리스인이 사용했던 폴리스라는 단어와 같은 의미를 지니지는 않는다. 필드G. C. Field, 『플라톤의 철학*The Philosophy of Plato*』(양문흠 옮김, 서광사, 1986), 71쪽을 참조하라.

라는 영원한 모델을 바라보며 세계를 만든 데미우르고스라는 신화적 존재를 등장시켰다. 『법률』 10권에서 플라톤은 신화적 이야기를 제안하는 데 만족하지 않고 자신의 우주 발생론을 누구나 받아들일 만한 논증에 기대어 증명하고자 한다. 이 같은 이성적 노력을 통하여 그는 최초의 그리스 사상가들이 〈자연-과정〉으로 이해했던 퓌시스 개념으로 명백히 회귀하고 있으며, 이 과정의 시원적, 본래적 성격을 역설한다. 그러나 플라톤에게 있어서 시원적이고 본래적인 것은 운동, 스스로 발생하며 자동적으로 움직이는 과정 ─ 즉 영혼이다.[3] 이리하여 진화론자의 도식은 창조론자의 도식으로 대체된다. 이제 우주는 퓌시스의 자동성으로부터 탄생한 것이 아니라 영혼의 이성에서 탄생한 것이 되었고, 모든 것에 앞서는 〈제일〉 원리로서의 영혼은 퓌시스와 동일한 것이 된다.

파이데이아

소크라테스 이전에 나타났던 그리스 사상의 또 다른 조류에 대해서도 철학 이전의 철학을 논할 수 있다. 이는 그리스적 정신, 교육과 양성에 대한 욕망,[4] 그리스인들이 〈파이데이아 *paideia*〉[5]라고 불렀던 것에 대한 근본적인 요구와 관련된 이론과 실천들을 두고 하는 말이다. 호메로스까지 거슬러 올라가는 고대 그리스 이래로 청년 교육은 귀족 계급 및 〈아레테*aretē*〉를 지닌 자들의 크나큰 관심사였다. 아레테는 고귀한 혈통의 후예들에게 요구되었던 탁월성[6]으로, 훗날 철학자들에게서 덕, 다시 말해 영혼의 고매함으로 변하게 된다. 우리는 도덕적 훈계를 모아 놓은 테오그니스*의 시[7]를 통해 이러한 귀족적 교육에 대해 알 수 있다. 이 같은 교육은 사회적 집단 자체 내에서 어른들에 의해 주어졌다. 이 안에서 젊은이들은 신체적 힘, 용기, 의무감, 전사에게 걸맞은 명예심 등의 자질을 고양하는 데 힘썼으며, 그들이 귀감으로 삼았던 위대하고 거룩한 조상들은 이 같은 자질들의 화신이었다. 기원전 5세기부터 민주 정치가 도약하자 도시들은 신체적 훈련, 운동, 음악, 그리고 정신적 훈련을 통하여 미래의 시민들을 양성하는 데에도 같은 관심을 기울였다. 그러나 민주주의는 권력을 향한 투쟁을 낳았다. 민중을 설득하고 그들로 하여금 회합에서 어떤 결정을 내리게 하는 법을 알아야 했던 것이다. 따라서 민중을 이끄는 우두머리가 되고자 하는 자는 언어를 잘 구사하는 법을 터득해야 했다. 이 같은 요구에 부응하여 일어난 것이 바로 소피스트 운동이다.

* Theognis, 기원전 6세기경에 아테네 근처 메가라에서 활동한 그리스 시인. 예의범절과 격변하는 귀족 사회를 묘사한 시 등을 남겼다.

기원전 5세기의 소피스트들

이오니아, 소아시아, 이탈리아 남부의 그리스 식민지로 확산된 이 사상적 흐름은 기원전 5세기 아테네 민주 정치의 부흥과 더불어 아테네에 정착하여 활짝 꽃피운다. 사색가, 선생, 학자 들이 이 도시에 몰려들었고 그들과 더불어 그때까지 거의 알려지지 않았던 사유 양식들도 유입되었다. 이러한 사유 양식들은 정도의 차이는 있으나 잘 받아들여진 편이었다. 가령 이오니아 출신의 아낙사고라스가 아테네에서 무신론자로 기소되어 유배를 당했다는 사실은,[8] 소아시아 그리스 식민지에서 그토록 발달했던 탐구 정신을 아테네인들이 대단히 망측한 것으로 여겼음을 보여 준다. 기원전 5세기의 저 유명한 〈소피스트들〉 중에도 외국인들이 많았다. 프로타고라스와 프로디코스는 이오니아 출신이었고 고르기아스는 남부 이탈리아 출신이었다. 그들이 대표하는 사유 운동은 이전 세대에 비교해 볼 때 일종의 단절인 동시에 연속이었다. 연속성은 파르메니데스, 엘레아학파의 제논, 멜리소스의 논법이 소피스트들의 역설(逆說)에서 발견된다는 점에서 찾아볼 수 있다. 또한 소피스트들이 선진들이 축적한 과학과 역사의 지식을 한데 모으려 했다는 점에도 연속성이 있다. 그러나 단절 역시 분명히 있다. 일단, 그들이 저마다의 방식대로 자연(퓌시스)과 인간의 관습(노모이)을 대립시키는 갈등을 주장함으로써 이러한 선대의 지식에 통렬한 비판을 제기했다는 점이 그렇다. 또 다른 이유는, 소피스트들의 활동이 정치적 성공을 목표로 하는 젊은 이들의 양성에 특별히 집중되었다는 데 있다. 민주주의적 삶의 부흥은 시민들, 특히 그중에서도 권력을 얻고자 하는 이들에게 완벽한 화술을 요구했다. 그때까지 젊은이들은 〈수누지아*sunousia*(함께 있음)〉를 통해 — 전문화 없이 그저 어른들의 세계를 접촉함으로써[9] — 탁월성, 곧 아레테를 도야하는 데에만 전념해 왔다. 그런데 소피스트들은 이와 반대로 인위적 환경에서의 교육을 고안해 낸 것이다. 교육 환경의 이 같은 인위성은 지금까지도 우리의 문명에 남아 있는 특징이다.[10] 소피스트들은 직업적인 선생이었다. 프로타고라스, 고르기아스, 안티폰 같은 이들의 독창성은 인정해야 한다. 하지만 그들은 무엇보다 우선 교육 전문가들이었다. 그들은 제자들에게 청중을 설득하는 요령, 변론과 반론을 모두 다 능숙하게 펴는 법을 가르치고 그 대가로 먹고 살았다. 플라톤과 아리스토텔레스는 소피스트들이 지식을 가지고 거래를 하는 도, 소매업자 같은 장사치라고 비난했다.[11] 그들은 설득적 담화의 기술을 가르쳤을 뿐 아니라 청중을 사로잡을 수 있는 높은 식견, 달리 말해 일반교양도 가르쳤다. 여기에는 역사학, 사회학, 법학 등은 물론, 기하학이나 천문학 같은 과학도 포함되었다. 이들은 상설 학교를 세우지 않고 보수를 받는 대로 가르침을 펴는 식이었으며, 청중을 모으기 위해 광고를 내거나 공개 강의를 통해 자신의 지식과 능숙한 언변을 과시하기도 했다. 소피스트들은 여기저기 떠돌아다니는 선생들로, 그들의 기술은 아테네뿐 아니라 다른 도시들에까지도 영향을 미쳤다.

이제 아레테, 곧 탁월성은 도시에서 어떤 역할을 담당하게 하는 능력으로 이해되었다. 이리하여 아레테는 수련의 대상, 주체가 타고난 적성을 바탕으로 열심히 훈련을 하면 도달할 수 있는 대상이 된다.

2. 〈철학하다〉라는 개념의 등장

헤로도토스의 증언

기원전 7세기에서 6세기에 활동했던 크세노파네스나 파르메니데스 같은 소크라테스 이전 철학자들은 〈필로소포스 *philosophos*(철학의)〉라는 형용사나 〈필로소페인 *philosophein*(철학하다)〉이라는 동사를 몰랐다. 하물며 그들이 〈필로소피아 *philosophia*(철학)〉라는 명사를 알았을 리는 만무하다. 이는 거의 기정사실이다. 고대의 증언들 중 어떤 것은 상당히 논쟁의 소지가 있으나, 피타고라스[1]와 헤라클레이토스[2]도 마찬가지였을 것으로 추정된다. 이 같은 어휘들은 기원전 5세기 〈페리클레스 시대〉에 이르러 나타났다고 보는 것이 신빙성이 있다. 이 시대는 아테네인들이 정치적 우세와 지적 영향을 사방에 떨치던 때로, 소포클레스와 에우리피데스와 소피스트의 시대, 또한 역사가 헤로도토스의 시대였다. 헤로도토스는 원래 소아시아 출신으로 여러 곳을 여행하고서 이 유명한 도시에 이르렀다. 정확히 말해, 〈철학적〉 활동에 대한 최초의 언급을 발견하게 되는 것도 그의 저작에서이다. 헤로도토스는 기원전 7~6세기 아테네의 입법자요 7현인 가운데 한 사람인 솔론과 리디아의 왕 크로이소스의 전설적인 만남을 우리에게 전해 준다. 이 기록에 따르면, 자신의 막강한 힘과 부에 긍지를 갖고 있던 크로이소스는 솔론에게 다음과 같이 말했다.

나의 아테네 손님이여, 당신의 지혜*sophiēs*와 여행에 대한 소문이 우리에게까지 이르렀습니다. 사람들이 말하기를, 당신은 지혜에 대한 취미*philosopheon*가 있어 견문을 넓히고자 여러 나라를 방문했다고 하더이다.[3]

이 글을 통해 철학과 지혜가 무엇을 나타내는가를 엿볼 수 있다. 솔론의 여행이 지닌 유일한 목적은 앎을 얻는 것, 현실과 인간에 대해 폭넓은 경험을 쌓는 것, 다양한 나라와 풍습을 발견하는 것이었다. 우리는 이 시점에서 소크라테스 이전의 사상가들이 자신들의 지적 행보를 히스토리아, 곧 〈심문〉이라는 뜻을 지닌 어휘로 지칭했음을 상기해야 할 것이다.[4] 이 같은 경험을 쌓은 자는 그 경험으로 인해 인간사에 대해 훌륭한 판단을 내릴 수 있다. 바로 이 때문에 크로이소스는 솔론에게 〈세상에서 가장 행복한 사람은 어떤 사람이냐〉라는 질문을 던졌던 것이다. 이에 대해 솔론은 누구도 죽음을 맞기 전까지는 행복하다고 말할 수 없노라 대답했다.

이렇게 헤로도토스는 아마도 당시에 이미 널리 유행했을 지도 모르는 한 낱말의 존재를 밝혀 준다. 어쨌든 민주주의 와 소피스트가 번성했던 기원전 5세기 아테네에서는 이 낱 말이 널리 쓰인 것으로 보인다. 호메로스 이래로 〈*philo-*〉 와 결합하는 조어들은, 어떤 것 혹은 어떤 일에 전념하는 것 에서 자신의 흥미, 쾌락, 존재 이유를 찾는 사람의 기질이나 성벽(性癖)을 가리키는 데에 일반적으로 쓰였다. 예를 들어 〈필로포지아*philoposia*〉는 음료, 술 등을 마시면서 얻는 쾌 락이나 흥미를 가리킨다. 〈필로티미아*philotimia*〉는 명예를 얻고자 하는 성향을 가리킨다. 그러므로 〈필로소피아〉는 〈소피아*sophia*〉에 대한 기호, 취미를 뜻한다 하겠다.[5]

철학적 활동, 아테네인들의 긍지

기원전 5세기의 아테네인들은 이러한 지적 활동, 아테네 에서 번성하던 문화와 학문에 대한 관심에 상당히 자부심 을 가졌다. 펠로폰네소스 전쟁에서 맨 처음 전사한 병사들 을 기리는 투키디데스의 추도사에 따르면, 아테네의 수장 페리클레스는 다음과 같은 말로 이 도시의 생활 양식을 찬양한다. 〈우리는 단순성으로 미를 가꾸며 단호함을 잃지 않은 채 철학한다.〉여기에는 〈*philo-*〉와 결합한 두 개의 동사 〈*philokalein*〉과 〈*philosophein*〉이 쓰였다. 지나가는 말이지만, 여기서 암묵적으로 민주주의의 승리가 선언되고 있다고 말할 수도 있을 것이다. 이제 예외적인 인격체나 탁월성(아레테)에 도달한 귀족들이 문제가 되지 않는다. 시민들이 미를 사랑하고 소피아에 대한 사랑에 열중하는 이상, 그들 모두 이 목표에 도달할 수 있다. 기원전 4세기 초에 연설가 이소크라테스는『그리스의 위대한 연설 *Panegyricus*』[6]에서 같은 주제를 다룬 바 있다. 세계에 철학을 계시한 이는 아테네인들이라는 것이다.

이 같은 활동은 소크라테스 이전 철학자들의 사색, 과학의 탄생, 언어 이론, 수사학적 기법, 설득 기술 등 일반적인 지식 문화와 연관된 것이라면 무엇이든 포함한다. 소피스트 고르기아스가『헬레네 찬가』에서 암시한 바로 미루어 판단하자면, 이 활동은 때때로 논쟁 기술과 각별히 결부되었던 것 같다. 고르기아스의 주장에 따르면 헬레네*의 행위에는 책임을 물을 수가 없다. 그녀는 그렇게 행동하게끔 인도되었거나, 신들의 의지 때문에 혹은 폭력의 위협 때문에, 설득력 때문에, 나아가 정념 때문에 그렇게 행동할 수밖에 없었다는 것이다. 고르기아스는 언어에 의한 설득을 세 가

* 메넬라오스를 버리고 파리스와 결혼하여 트로이 전쟁의 불씨가 되었던 『일리아스』의 헬레네를 가리킨다.

지로 구분하고, 그중 한 가지는 〈철학적 담론의 창 겨루기 시합〉으로 구성되어 있다고 말한다. 이는 분명 소피스트들이 재능을 과시하기 위해 서로 겨루곤 했던 공개 토론을 뜻할 것이다. 그러한 공개 토론에서 그들은 법률 혹은 정치 등의 특정 문제와 무관하면서 일반교양에서 취할 수 있는 주제들을 두고 담화의 기량을 겨루었다.

〈소피아〉의 개념

〈필로소포스〉와 〈필로소피엔〉은 〈소피아〉라는 또 다른 개념을 상정한다. 그러나 이 시대에는 〈소피아〉 개념에 대한 철학적 정의가 없었다는 점을 인정해야 한다.

현대의 주석가들은 〈소피아〉를 정의함에 있어 항상 〈지식〉 개념과 〈지혜〉 개념 사이에서 망설인다. 〈소포스〉한 사람, 그는 아는 것이 많고 본 것도 많고 여행도 많이 한 백과사전적 지식의 소유자인가? 아니면 삶을 영위하는 법을 알고 행복하게 살아가는 자인가? 이 책을 통해 거듭 말하겠지만, 이 두 개념은 서로 배타적이지 않다. 진정한 지식은 결국 일종의 노하우이며, 진정한 노하우는 선을 행할 줄 아는 것이다.

호메로스 이래로 〈소피아〉나 〈소포스〉는 행동 양식이나 성향을 다루는 대단히 다양한 텍스트에서 사용되었다. 이 텍스트들은 〈철학자〉의 행동 양식이나 성향과는 분명 무관한 것이었다.[7] 『일리아스』에서 호메로스는 어떤 목수에 대해 이야기하는데, 이자는 아테나 여신의 조언 덕분에 완전한 〈소피아〉 안에서 자신이 할 바를 훤히 알 수 있었다.[8] 여기서의 〈소피아〉는 〈노하우〉에 해당하겠다. 이와 비슷하게, 호메로스는 『헤르메스 찬가』[9]에서 리라의 발명에 대해 서술한 뒤에 헤르메스가 리라를 다루는 기술이 아닌, 또 다른 〈소피아〉를 지닌 악기, 즉 피리를 친히 고안했노라고 덧붙인다. 여기서는 〈소피아〉가 어떤 기술, 악기를 다루는 노하우를 뜻한다.

이 두 예를 보면서 자연스럽게 다음과 같은 의문을 품게 된다. 배를 짓는 목수의 〈소피아〉와 악기 연주자의 〈소피아〉가 우선적으로 지칭하는 것은 규칙과 규범에 따르는 활동이나 실천이 아닐까? 이러한 활동과 실천[10]은 교육과 수련을 전제할 뿐 아니라, 장인 혹은 예술가에게 작품을 만드는 비결을 계시해 주고 그들이 기술을 실행할 때에 도움을 줄 어떤 신의 가호, 신성한 은총까지도 필요로 한다.

같은 맥락에서, 기원전 7세기에 솔론[11]은 〈sophiē〉라는 단어로 오랜 습작과 뮤즈로부터의 영감이 동시에 있어야만 결실을 얻을 수 있는 시작(時作) 활동을 지칭하기도 했다. 뮤즈로부터 영감을 받아 인간사에 그 의미를 부여하는 시어의 힘은, 기원전 7세기 헤시오도스에게서 분명하게 나타난다. 그는 이 어휘를 문자 그대로 사용하지 않았지만 엄청난 역량으로 시적 지혜의 내용을 표현한다. 이 증언은 그가 시인의 〈소피아〉와 왕의 〈소피아〉를 평행선상에 위치시킨 다는 점에서 더욱더 흥미롭다.[12] 현명한 왕들도 뮤즈로부터 영감을 얻는 것이다. 뮤즈는 자신이 선택한 자의 혀와 입술 에 감로(甘露)와 꿀을 부어 준다.

그(왕)가 올바른 형벌을 내려 정의를 행사할 때 모든 이 가 그를 바라본다. 실수가 없는 그의 혀는 그리해야 할 때에 지극히 큰 싸움을 재빨리 다스릴 수 있다.

시인의 말 역시 사람들의 마음을 돌려놓는다는 점에서 이와 유사하다.

어느 사내가 근심을 모르던 마음에 애도의 슬픔을 품고 영혼이 비탄 속에 말라 가는가? 뮤즈들을 모시는 가수로 하 여금 옛 사람들이나 올림포스에 거하는 복된 신들의 행적을 찬양하게 하라. 그자는 곧 슬픔을 잊으리니, 자기의 비탄에 대해 아무것도 기억하지 않게 되리라. 여신들의 선물로 말 미암아 속히 기분을 돌리게 됨이라.

여기서 이미 고대에 근본적이었던 관념, 곧 담론의 〈영혼 을 끌어당기는psychagogique〉 가치와 언어적 구사의 지대 한 중요성[13]에 대한 관념이 이미 나타난다. 말은 두 영역에서 분명히 다른 방식으로 작용한다. 하나는 법적, 정치적 토론에서의 말이다. 이것은 정의를 행사하고 분쟁을 다스리는 왕의 말이다. 다른 하나는 시적 주술로서의 말이다. 이것은 노래를 통해 사람들의 마음을 돌리는 시인의 말이다. 뮤즈들의 어머니인 므네모시네는 〈불행의 망각과 시름을 잠시 잊음〉[14]을 뜻한다. 이 같은 주술 속에서 우리는 철학적 정신 수련이 — 담론 차원의 수련이든 정관 차원의 수련이든 간에 — 나중에 어떻게 될 것인지 그 밑그림을 알아볼 수 있다. 뮤즈가 불행을 잊게 하는 이유는 비단 노래나 그 안에 담긴 이야기의 아름다움 때문이 아니라, 시인과 그 시를 듣는 자로 하여금 하나의 우주적 비전에 접근하도록 해주기 때문이다. 〈그녀〔뮤즈〕들이 아버지 제우스의 위대한 정신을 기쁘게 하는〉[15] 이유는, 그에게 노래를 들려주고 그로 하여금 〈존재하는 것, 존재할 것, 존재했던 것〉을 보게 하는 까닭이다. 헤시오도스 자신도 『신들의 계보』에서 바로 이것을 노래할 것이다. 에피쿠로스의 제자 메트로도로스의 것으로 여겨지는, 에피쿠로스주의 특유의 한 문장은 이렇게 말한다. 〈죽을 수밖에 없는 존재로 태어나 제한된 삶을 사는 그대가 자연에 대한 앎에 힘입어 시간과 공간의 무한에까지 올라가 존재하는 것, 존재할 것, 존재했던 것을 보았음을 기억하라.〉[16] 에피쿠로스학파가 출현하기 이전에 이미 플라톤은 고양된 사유와 시간과 존재의 전체성을 관조하는 이의 영혼은 죽음을 두려운 것으로 여기지 않는다고

말하지 않았던가.[17]

〈소피아〉는 타인과 더불어 살며 처신하는 능숙함, 술책이나 시치미를 떼는 수작까지 포함할 정도의 능수능란함을 가리키기도 한다. 그 일례로 우리는, 귀족 교육을 요약해 놓은 문장 모음 중에서 기원전 6세기에 테오그니스가 키르노스에게 주는 조언을 발견할 수 있다.

> 키르노스, 그대의 벗들 한 사람 한 사람에게 자네 자신의 다른 면모를 보이게. 친구들 하나하나의 감정에 따라 자네를 섬세하게 맞추게. 하루 종일 한 친구와 붙어 지내게. 그러고 나면 그다음에 어떻게 성격을 바꿔야 할지 알게 될 걸세. 능숙함*sophiē*은 심지어 위대한 탁월성*aretē*보다도 좋은 것이기 때문일세.[18]

따라서 우리는 〈소피아〉 개념을 구성하는 요소들이 매우 다양하고 풍부함을 알 수 있다. 이 요소들은 7현인에 대한 전설적이고 대중적이며, 나아가 역사적인 설명[19]에서 다시금 발견된다. 우리는 이미 이 설명의 자취들을 기원전 6세기의 몇몇 시인들에게서, 그 후에는 헤로도토스와 플라톤에게서 볼 수 있다. 밀레투스의 탈레스(기원전 7~6세기)는 무엇보다도, 과학적이라고 특징지을 만한 지식의 소유자였다. 그는 585년 5월 28일의 개기 일식을 예견했으며 땅이물 위에 놓여 있다고 주장했다. 그러나 그는 기술적 지식도 지니고 있었다. 탈레스는 물의 흐름을 우회시킨 적도 있다고 한다. 정치에도 선견지명이 있어서, 연방 구성을 제안함으로써 이오니아의 그리스인들을 구하고자 노력했다. 미틸레네의 피타코스(기원전 7세기)에 대해서는 정치적 활동 외에는 찾아볼 수 없다. 이미 보았듯이, 아테네의 솔론(기원전 7~6세기) 역시 정치인이었다. 그는 특히 정의로운 법안을 마련한 인물로 기억된다. 그러나 솔론은 시를 통하여 윤리적, 정치적 이상을 표현한 예술가이기도 하다. 기원전 6세기 초 스파르타의 킬론, 코린토스의 페리안드로스, 프리에네의 비아스 등도 각기 정치 활동, 법령의 포고나 법률 활동, 웅변가로서의 활약 등으로 명성을 누렸다. 린도스의 클레오브로스에 대한 설명은 몹시 불분명하다. 우리는 다만 그에게 바치는 몇 편의 시가 있었음을 알 수 있을 뿐이다. 7현인은 격언, 혹은 플라톤이 말했듯이 〈기억할 만한 간결한 말들〉[20]을 남겼다. 이 말들은, 그들이 델포이의 아폴론 신전에 모여 지혜의 첫 열매를 바칠 때에 쓰였던 것이다. 모든 이들이 그들이 남긴 〈너 자신을 알라〉라든가 〈매사에 지나침이 없어야 한다〉 등의 훈계를 되풀이했다. 사실 7현인이 남겼다고 하는 격언들은 모두 델포이 신전 근처에 새겨져 있다. 그리스의 여러 도시에서 찾아온 여행자들이 읽을 수 있도록 이처럼 격언을 새겨 놓는 관습은 널리 퍼져 있었다. 이런 까닭으로, 1966년 아이하눔(현재 아프가니스탄 국경 부근)에서 고대 그리스의 왕국인 박트리아 유적을 발굴할 때 부서진 비석 같은 것이 출토되었던 것이다. 로베르가 증명해 보였듯이, 이 비석에는 원래 델포이의 140개 격언이 모두 새겨져 있었다.[21] 기원전 3세기에 이 글귀들을 새기도록 명령한 사람은 아리스토텔레스의 제자 클레아르코스였다. 그리스인들이 도덕 교육에 결부시켰던 중요성을 여기서 짐작할 수 있다.[22]

기원전 5세기에 〈정밀〉 과학(의학, 대수학, 기하학, 천문학)이 크게 발전하면서부터 〈소피아〉 개념을 구성하는 또 다른 요소가 추가된다. 이제는 예술이나 정치 영역에서만이 아니라 과학 영역에서도 〈전문가*sophoi*〉가 나타나게 된 것이다. 더구나 밀레투스의 탈레스 이후로는 그리스인들이 〈퓌시스〉라고 불렀던 영역 — 생명체, 인간은 물론 우주까지도 성장하는 현상 — 에 대한 성찰이 점점 더 정확하게 발달해 갔다. 이러한 성찰은 헤라클레이토스 같은 철학자에게서, 특히 데모크리스토스에게서 윤리적 사유와 밀접하게 결탁한다.

소위 〈소피스트〉들은 젊은이들에게 〈소피아〉를 가르치는 것을 목적으로 삼았기 때문에 그러한 명칭을 얻었다. 트라시마코스는 묘비에 〈나의 직업은 소피아이다〉라는 말을 남겼다고 한다.[23] 소피스트들에게 〈소피아〉라는 말은 일단 정치 생활의 노하우를 뜻했지만, 우리가 지금까지 살펴본 모든 요소들, 특히 과학적 지식 — 이 지식이 일반교양에 포함되는 한 — 을 의미하기도 했다.

3. 소크라테스라는 인물

소크라테스라는 인물은 플라톤이 대화편 『향연』에서 제시한 〈철학자〉 개념에 결정적 영향을 미쳤다. 이 개념은 플라톤이 인간 세상에서 철학자가 지니는 역설적 위치를 진정으로 의식하고 있었음을 보여 준다. 바로 그렇기 때문에 이 대목에서 소크라테스에게 상당한 장을 할애할 필요가 있겠다. 그러나 이 고찰은 거의 알려진 바가 없는 역사적 인물 소크라테스가 아니라, 신화적 존재로서의 소크라테스, 곧 그의 최초의 제자들 세대에게 비춰진 그대로의 모습을 대상으로 삼는다.

인물 소크라테스

소크라테스는 종종 예수 그리스도와 비견된다.[1] 여러 가지 비교 사항들이 있지만, 그중에서도 두 사람이 세계사에 비추어 볼 때 대단히 짧은 시간 동안 협소한 공간에서만 활동을 폈음에도 불구하고 역사적으로 지대한 영향을 미쳤다는 점만큼은 분명한 사실이다. 그들은 작은 도시 혹은 소국 (小國)에서 활동했고 제자들의 수도 그리 많지 않았다. 두 사람 모두 어떤 저작도 남기지 않았으며 우리는 그저 그들을 〈목격한〉 자들의 증언을 볼 수 있을 뿐이다. 소크라테스에 대해서는 크세노폰의 『소크라테스 회상』, 플라톤의 대화편들이 있고, 예수에 대해서는 복음서가 있다. 하지만 역사적 예수, 역사적 소크라테스가 어떤 인물들인가를 확실하게 판단하기란 지극히 어려운 일이다. 그들이 죽은 뒤에 제자들은 스승의 메시지를 널리 펴기 위하여 학파 혹은 교파를 설립했다.[2] 그러나 원시 그리스도교에 비해 〈소크라테스주의자들〉이 설립한 학파들은 너무나도 천차만별이었다. 이로 미루어 짐작하건대, 소크라테스의 가르침은 매우 복합적인 의미를 지니고 있었던 것 같다. 소크라테스는 키니코스학파의 설립자이자 긴장과 엄격성을 설파하여 스토아주의에 깊은 영향을 미쳤을 것으로 여겨지는 안티스테네스에게 영감을 주었다. 하지만 키레네학파의 설립자인 아리스티포스도 소크라테스에게 가르침을 얻었던 인물이다. 아리스티포스는 구체적으로 나타나는 상황에서 가장 좋은 부분을 이끌어 내는 것이 삶의 기술이라고 보았기에 긴장 해소나 쾌락의 가치를 결코 가벼이 보지 않았고, 이로써 에피쿠로스학파에 상당한 영향을 주었다. 그러나 소크라테스의 영향은 이에 그치지 않으니, 변증술로 유명한 메가라학파의 에우클레이데스 역시 그 영향권 안에 포함된다. 소크라테스의 제자들 중에서는 플라톤만이 역사를 초월한 불후의 인물이 되었는데, 이것은 그가 대화편에 문학적으로 영속적인 가치를 부여할 수 있었기 때문이기도 하거니와, 특히 그가 설립한 학파가 수세기에 걸쳐 이어졌기 때문이다. 이로써 플라톤의 대화편은 계속 전해 내려올 수 있었고 그의 철학적 학설은 계속 발전하고, 어쩌면 변형되었을 수도 있었던 것이다. 어쨌든 이 모든 학파들에 하나의 공통점만큼은 있는 듯하다. 그것은 바로, 이 학파들과 더불어 철학의 관념 혹은 개념이 나타났다는 점이다. 앞으로 보게 되겠지만, 그 개념은 어떤 생활 양식과 결부된 특정 담론으로서, 그리고 특정 담론과 결부된 어떤 생활 양식으로서 받아들여졌다.

소크라테스의 제자들이 설립한 학파들의 저작이 모두 전해졌다면, 특히 소크라테스가 다른 인물들과 대화를 나누는 장면을 보여 주는 〈소크라테스의 대화편〉 문헌이 고스란히 남았다면, 우리는 소크라테스라는 인물을 전혀 다르게 인식할지도 모른다. 어쨌든 우리가 유념해야 할 한 가지는, 플라톤 대화편의 근본적인 특징, 즉 대화가 오가는 가운데 소크라테스는 거의 항상 질문자의 역할을 맡는다는 이 특징은 플라톤이 꾸며 낸 것이 결코 아니라는 점이다. 이 유명한 대화편들은 소위 〈소크라테스의 대화편〉이라는 하나의 장르, 소크라테스의 제자들 사이에서 대단히 유행했던 장르에 속한다.[3] 이 같은 문학적 형식의 성공은, 소크라테스라는 인물, 그리고 그가 시민들과의 토론을 이끄는 방식이 동시대인들에게, 특히 제자들에게 매우 특별한 인상을 주었음을 짐작하게 한다.

플라톤이 집필한 대화편의 경우, 이 문학적 양식의 독창성은 담론이 질문과 답변으로 나뉜다는 점보다는 — 변증론은 이미 소크라테스 이전부터 있었기 때문에 — 대화의 중심인물 역할이 소크라테스에게 배정되어 있다는 점에 있다. 이로써 한편으로는 저자와 작품 사이에, 다른 한편으로는 저자와 소크라테스 사이에 특수한 관계가 성립한다. 저자는 작품 속에 개입하지 않으려 하는 것처럼 보인다. 외관상으로, 저자는 두 개의 테제가 서로 대립하는 논쟁을 그대로 전하는 데 만족한다. 우리는 기껏해야 소크라테스가 변론하는 테제를 저자가 더 선호하고 있다고 추정할 수 있을 뿐이다. 그러므로 저자는 소크라테스의 가면을 쓰고 있는 셈이라 하겠다. 플라톤의 대화편에 나타나는 상황은 이상에서 설명한 것과 같다. 플라톤이라는 〈나〉는 절대로 여기에 등장하지 않는다. 그는 이 대화편을 쓴 사람이 바로 자신이라는 것을 밝히기 위해 끼어드는 법도 없고, 심지어 대화 장면에 아예 등장하지도 않는다. 하지만 저자가 대화편에 나타난 견해들 가운데 어떤 것이 소크라테스에게서 나온 것이고 어떤 것이 자기에게서 나온 것인가를 정확히 밝히지 않았음은 명백하다. 따라서 어떤 대화편에서는 소크라테스의 견해와 플라톤의 견해를 구분해 내기가 극도로 어렵다. 소크라테스는 이렇게 죽은 지 얼마 되지 않아 벌써 신화적 존재가 되었다. 그러나 철학사 전반에 걸쳐 지울 수 없는 뚜렷한 족적을 남긴 것은 실존 인물 소크라테스가 아니라 바로 이 소크라테스 신화다.

소크라테스적 무지―소피스트적 앎에 대한 비판

플라톤은 『소크라테스의 변론』에서 스승이 사형 선고를 받았던 재판에서 판관들을 앞에 두고 했던 말을 자기 방식대로 복원했다. 소크라테스는 어떻게 해서 자기 친구 카이레폰이 델포이 신탁에 소크라테스보다 더 지혜로운 자가 있는가를 물어보게 되었는지를, 그리고 신탁은 소크라테스보다 지혜로운 자가 없다고 대답했음을 이야기한다.[4] 소크라테스는 신탁이 정말로 말하고 싶었던 것이 무엇인가에 의문을 품었다. 그래서 그는 국가의 지도자, 시인, 장인(匠人)등 우리가 앞 장에서 언급한 바 있는 그리스적 전통에 따라 지혜, 곧 노하우를 지녔다고 하는 많은 이들을 만나 자기보다 더 지혜로운 이를 찾아보고자 했다. 그는 이 사람들이 모두 아무것도 모르면서 스스로 모든 것을 알고 있다고 여기고 있음을 깨달았다. 그래서 소크라테스는 자신이 가장 지혜로운 자라는 결론을 내린다. 그는 자신이 모르는 것을 안다고 생각하지 않기 때문이다. 신탁이 말하고자 했던 것은, 인간들 가운데 가장 지혜로운 자는 〈앎에 관한 한 자신은 아무것도 아님을 아는 자〉[5]라는 사실이었다. 이것은 『향연』에서 플라톤이 철학자에 대해 내렸던 정의이기도 하다. 철학자는 아무것도 모르지만 자신의 무지를 자각한 사람이다.

따라서 소크라테스의 임무—『소크라테스의 변론』에 따르면 델포이 신탁, 곧 아폴론이 그에게 맡겼다고 하는 임무—는 다른 사람들로 하여금 자신의 무지, 지혜 없음을 깨닫게 하는 것이었다. 그는 이 과업을 달성하기 위하여 그 자신이 아무것도 모르는 자의 무구한 태도를 취했다. 이것이 잘 알려져 있는 〈소크라테스의 반어법〉이다. 예컨대, 그는 무지를 가장하고 순진한 태도를 취함으로써 상대가 자기보다 더 현명한지를 알아내고자 했던 것이다. 『국가Politeia』에 등장하는 한 인물의 말을 들어 보자.

맙소사! 소크라테스 선생의 반어법이로군. 내 그럴 줄 알았소. 그래서 내 잠시 전에 이분들에게도 예언했소. 누가 무슨 질문을 하면 소크라테스 선생은 대답을 하지 않고 답변을 회피하기 위해 무식한 척 무슨 짓이든 할 것이라고 말이오.[6]

이러한 이유에서 소크라테스는 항상 토론의 질문자 역할을 맡았던 것이다. 아리스토텔레스가 지적하듯이 〈그는 자신이 알지 못한다는 것을 고백하곤 했다〉.[7] 키케로는 〈소크라테스는 자신을 낮추면서 그가 논박하고자 하는 대화 상대에게 필요 이상으로 자기 견해를 양보했다. 이처럼 그는 말하는 바와는 다른 것을 생각하면서 속내를 감추는 방법—그리스인들이 반어법이라고 부르는—을 습관적으로 사용하기를 좋아했다〉[8]라고 말한다. 그러나 사실 소크라테스의 방법은 인위적인 태도나 의도적인 은폐 술책과 무관하다. 그보다는 자기 자신은 물론 타인들 역시 전적으로 진지하게 여기기를 거부하는 일종의 익살로 보아야 한다. 그 이유는 바로, 인간적인 모든 것, 심지어 철학적인 모든 것은 지극히 불확실하기 때문이다. 따라서 그런 것은 결코 자랑으로 삼을 수 없다. 그렇기에 소크라테스의 임무는 인간들에게 무지를 일깨우는 것이다. 여기에 지식 개념의 일대 변화가 있다. 분명히 소크라테스는 관습적인 지식밖에 지니고 있지 않으며 반성적 정초 없이 편견의 영향을 따라 움직일 뿐인 속인(俗人)들에게 그들의 소위 앎이라는 것이 아무런 토대가 없음을 보여 주기 위해 말을 걸 수 있었고, 기꺼이 그렇게 했다. 하지만 그는 주로 자신이 교육을 통해 앎을 얻었다고 생각하는 이들에게 다가갔다. 소크라테스가 등장하기 전까지 이러한 이들은 두 가지 유형으로 나뉜다. 첫 번째 유형은 파르메니데스, 엠페도클레스 혹은 헤라클레이토스 같은 지식의 귀족 계급, 지혜 혹은 진리의 스승이다. 이들은 자기들의 이론을 군중의 무지와 대립되는 것으로 보았다. 두 번째 유형은 지식의 민주주의자들로, 자신의 지식을 누구에게든 팔고자 했던 소피스트들이 이에 해당한다. 소크라테스에게 있어서 지식은, 글로 쓰고 소통하며 완성된 것으로서 판매할 수 있는 명제나 정리의 총체가 아니었다. 이 점은 『향연』의 도입부에 명백히 나타난다.[9] 여기에서 소크라테스는 부동자세로 선 채 〈정신 그 자체에 집중하며〉 명상을 하느라 뒤늦게 등장한다. 그가 방에 들어서자 집 주인인 아가톤은 그에게 자기 옆에 가까이 앉아 달라고 청한다. 그는 〈선생님과 접촉함으로써 조금 전 문전에서 떠오른 지혜를 저도 누릴 수 있게 말입니다〉라고 말한다. 소크라테스는 이렇게 대답한다. 〈지혜가 우리가 서로 접촉할 때 우리 가운데 더 가득한 이에게서 더 빈 자에게로 흘러가는 것이라면 얼마나 좋으랴.〉 이 말은, 앎이란 제조의 대상이 아니요, 글을 통해서든 담화를 통해서든 완성된 상태로 다른 이에게 전달될 수 없다는 뜻이다.

소크라테스가 자신은 아무것도 모른다는, 그 한 가지만을 알고 있노라고 했을 때, 그는 앎의 전통적인 개념을 거부한 것이다. 그의 철학적 방법은 앎을 전달하는 데, 즉 제자들의 질문에 〈대답〉하는 데 있는 것이 아니라 반대로 〈질문〉하는 데 있었다. 앎의 이론적 내용에 관한 한, 본인은 제자들에게 말할 것도, 가르칠 것도 없었기 때문이다. 소크라테스의 반어법은 상대에게서 무엇인가를 배우고자 하는 체하면서 그 상대로 하여금 스스로 잘 알고 있다고 자처하는 분야에서 자신의 무지를 깨닫게 하는 데 있다.

이러한 지식의 비판은 외관상으로 완전히 부정적인 것처럼 보이지만 이중적인 의미를 지닌다. 이미 앞에서 약간 살펴보았듯이, 일단 이 비판은 앎과 진리가 완성된 채로 받아들여질 수 없고 다만 개인 그 자신으로부터 비롯되어야 한다는 것을 전제한다. 이 때문에 소크라테스는 『테아이테토스Theaetetos』에서 자신은 타인과의 대화를 통해 산파 역할을 하는 데 만족하노라고 말했던 것이다.[10] 자신은 아무것도 모르고 가르칠 수 없으니 질문을 하는 것으로 만족한다. 하지만 대화 상대가 〈그 자신의〉 진리를 낳게끔 도와주는 것은 그의 질문들, 그의 물음들이다. 이 같은 이미지는, 앎은 영혼 그 자체에서 찾아지는 것이라는 점, 어떤 이가 소크라테스의 도움으로 자신의 앎이 공허한 것임을 깨달을 때 앎은 그것을 찾는 자에게 달려 있다는 점을 보여 준다. 플라톤은 자신의 고유한 관점에서 모든 앎은 영혼이 전생에 보았던 것의 상기(想起)에 지나지 않는다고 말함으로써 그러한 생각을 신화적으로 표현했다. 이에 따르면 우리는 기억을 되살리기 위해 배우는 것이다. 소크라테스의 질문은 대화 상대가 무엇을 알게끔 인도하지 않는다. 어떤 것 혹은 어떤 대상에 대한 명제들의 형식으로 진술할 수 있는 결론으로 이끌지도 않는다. 소크라테스의 대화법은 오히려 어떤 아포리아로, 다시 말해 앎을 설명하거나 결론지을 수 없다는 불가능성으로 이끈다. 혹은 대화 상대가 자기 앎의 허망함을 깨닫는 것과 동시에 자기의 진리도 깨닫게 되기 때문에 ─지식에서 자기 자신에게로 넘어오기 때문에─ 그는 자기 자신을 문제 삼게 된다고 하겠다. 달리 말하자면, 〈소크라테스의〉 대화법에서 진정 문제가 되는 것은 〈이야기되는 것〉이 아니라 〈말하는 사람〉이다. 플라톤의 등장인물들 중 하나인 니키아스는 이렇게 말한다.

누구든 소크라테스에게 다가가 그와 대화를 나누다 보면 애초에는 전혀 다른 것을 두고 얘기를 했더라도 그 담화로 인해 결국 자기 자신에게로 거듭 돌아와 곰곰이 생각할 수밖에 없다는 것을─자기가 과거에 어떤 식으로 살아왔는지, 또한 현재를 어떻게 살아가고 있는지─ 모른단 말인가? 그러한 지경까지 이르게 되면 소크라테스는 자신이 통제하는 시험에 그대들이 모든 것을 철저하게 제대로 부치기 전까지는 결코 놓아주지 않을 걸세. (……) 그를 자주 만나는 것이 내게는 기쁨일세. 나는 나 자신이 좋지 않은 방식으로 행동했던 것, 행동하고 있는 것을 일깨워 주는 것이 나쁘다고 생각지 않네. 그런 것을 회피하지 않는 사람은 분명히 남은 인생을 좀 더 신중하게 살아갈 수 있으니 말일세.[11]

그러니까 소크라테스는 대화 상대가 자기 자신을 살피도록, 자기에 대한 의식을 갖도록 이끌었던 것이다. 그는 지긋지긋한 〈쇠파리〉처럼 질문들을 퍼부어 대화 상대를 성가시게 했다. 이 질문들은 듣는 이로 하여금 스스로를 문제시하고 자기 자신에게 주의를 기울이며 관심을 쏟을 수밖에 없게끔 하는 것들이었다.[12]

이것 보시오! 당신은 아테네인이오. 당신의 도시는 가장 위대하며, 지혜롭고 강력하기로 명성이 자자하오. 하거늘 부와 명예와 명성은 되도록 많이 획득하려고 안달하면서도 지혜와 진리와 당신 영혼의 최선의 상태에 대해서는 관심도 없고 생각조차 하지 않다니 부끄럽지 않소?[13]

따라서 문제시되는 바는, 소유하고 있다고 생각되는 명백한 지식이라기보다는 자기 자신, 우리의 삶을 이끌어 가는 가치들이다. 그 이유는, 소크라테스와 대화를 나눈 사람은 결국 자신이 무엇 때문에 행동하는가를 전혀 알 수 없게 되어 버리기 때문이다. 그는 자기 담론의 모순에 대해, 즉 자신의 내적 모순을 의식하게 된다. 그는 자기에 대해 의심한다. 이리하여 그는 소크라테스와 마찬가지로 자신이 아무것도 모른다는 것을 알게 된다. 그러나 그는 이렇게 하면서 자기 자신과 거리를 둔다. 즉, 두 부분으로 분열하는 것이다. 그중 한 부분은, 소크라테스가 토론의 각 단계에서 대화 상대에게 요구하는 상호 합의를 통해 그때부터 소크라테스와 동일시된다. 이리하여 그는 자기를 의식하고 자기 자신을 문제시하게 되는 것이다.

그러므로 진정한 문제는 이것 혹은 저것을 아는 것이 아니라 자신이 어떤 것으로, 혹은 어떤 방식으로 존재하느냐이다. 〈대부분의 사람들은 돈벌이를 하거나 가정을 꾸려 가거나, 군인으로서 또는 민중 연설가로서 또는 그 밖의 다른 공직자로서 출세하는 일이나 정치적 결사, 이 도시에서 벌어지는 당파 싸움에 관심이 있지만 나는 그런 일에는 관심이 없습니다. (……) 나는 자기 자신이 최대한 훌륭하고 지혜로워지도록 하는 일에 관심을 두기 이전에 자신의 소유물에 관심을 두지 않게끔, 그 밖의 다른 일에 대해서도 같은 방법으로 관심을 두지 않게끔 여러분을 일일이 설득하려 했습니다.〉[14]

소크라테스는 그의 질문과 반어법을 통해서뿐만 아니라 무엇보다도 그 자신이 살아가는 방식, 생활 양식, 존재 그 자체를 통해서 이 같은 〈존재〉에의 부름을 실천했다.

〈개인〉에 대한 〈개인〉의 부름

이제 철학을 한다는 것은 소피스트들이 생각한 것처럼 어떤 앎이나 노하우, 〈소피아〉를 습득하는 것이 아니라 자기 자신을 문제시하는 것이다. 우리는 우리가 마땅히 존재해야 하는 바대로 존재하지 못한다는 느낌을 받기 때문이다. 바로 이것이 『향연』에서 플라톤이 제시했던 〈철학자 philosophe〉 ─ 지혜를 갈구하는 인간 ─ 의 정의이다. 그러한 느낌 자체는 그저 존재만으로도 자기 자신을 문제 삼게 했던 소크라테스라는 인물과의 만남에서 비롯되었을 것이다. 『향연』의 대단원에서 알키비아데스가 암시하는 바도 다르지 않다.[15] 소크라테스에 대한 알키비아데스의 찬사 속에서 아마도 역사상 최초로 개인의 표상이 등장한다고 볼 수 있을 것이다. 이것은 키에르케고르가 그토록 중요하게 여겼던, 유일하며 분류될 수 없는 인격이라는 개인의 표상이다. 알키비아데스는 일반적으로 개인들을 여러 유형으로 나눌 수 있다고 말한다. 예를 들어, 〈고귀하고 용맹한 장수〉로 호메로스 시대에는 아킬레우스가 있었고 당대의 인물로는 스파르타의 수장 브라시다스가 있었다. 〈영리하고 구변이 좋은 정치가〉 유형으로도 호메로스의 인물로는 네스토르를, 당시의 인물로는 페리클레스를 꼽을 수 있다. 하지만 소크라테스는 어떤 유형으로도 분류되지 않는 인물이다. 그는 다른 사람과 비교할 수 없으며, 기껏해야 실레노스와 사티로스*에나 비교할 수 있을 뿐이다. 그는 〈아토포스atopos〉,

---

* 그리스 신화에 나오는 반인반수의 괴물들. 실레노스는 말과 인간이 합쳐진 모습이고 사티로스는 염소와 인간이 합쳐진 모습이라고 하나 반드시 이런 식으로 구분되지는 않는다.

곧 기이하고 터무니없으며 부조리하고 분류할 수 없으며 교란적이다. 『테아이테토스』에서 소크라테스는 자기 입으로 이렇게 말한다. 〈나는 전적으로 교란하는 자요, 난처한 것만을 창조하는 자로다.〉[16]

이처럼 유일무이한 사람됨에는 매혹적인 데가 있다. 그것은 일종의 마술적인 매혹이다. 알키비아데스는 소크라테스의 철학적 담론이 독사처럼 심장을 물어뜯고 영혼을 철학적 들림의 상태, 일종의 황홀경이자 도취로 몰아넣는다고 말한다. 다시 말해, 듣는 이의 영혼이 완전히 뒤집어지는 것이다.[17] 소크라테스가 무어라 합리적으로 설명할 수 없는 방식으로 그의 말을 듣는 자들에게 감흥을 자아내고 애정을 불러일으켰다는 점은 분명 강조할 필요가 있다.[18] 그의 제자였던 스페토스의 아이스키네스가 쓴 대화편에서 소크라테스는 알키비아데스에 대해, 자신은 그에게 소용이 될 만한 것을 가르칠 능력이 없으나—소크라테스는 스스로를 아무것도 모르는 자로 간주했으므로 이 말은 하등 놀라울 것이 없다—그럼에도 불구하고 자신이 그를 사랑하고 그와 더불어 살기 때문에 그를 좀 더 좋은 사람으로 만들어 줄 수 있다고 믿는다.[19] 플라톤의 것으로 잘못 알려진 작품으로, 기원전 369년에서 345년 사이, 곧 플라톤이 살아 있는 동안에 집필된 것으로 보이는 『테아게스 *Theages*』에서 한 제자는 소크라테스에게 자신은 아무 가르침도 받지 않았으나 그에게 가까이 가고 그와 접촉할 때에 진보를 이루

어 나가노라고 말한다.[20] 『향연』의 알키비아데스는 소크라
테스의 주술이 자신을 혼란스럽게 한다고 몇 번이고 거듭
말한다.

지금 이 상태로는 내 삶이 살 가치가 없다고 생각할 정도
였네. (……) 이분은 나로 하여금 나 자신에게 관심을 기울
이지 않고 살아왔음을 인정하지 않을 수 없게 했네.[21]

소크라테스가 남들보다 영리하거나 언변이 뛰어나서 그
런 것은 아니었다. 오히려 알키비아데스는 처음 그의 담론
을 접했을 때 우스꽝스럽다는 인상을 받았노라 말한다.

이분은 길마를 얹은 나귀, 대장장이, 갖바치, 무두장이에
대해서 얘기하는데 매번 같은 것들을 가지고 같은 이야기를
하는 것처럼 보인다네.[22]

여기서 알키비아데스는 소크라테스의 습관적인 논변을
암시적으로 말하는 듯한데, 크세노폰이 집필한 회상록[23]에
서도 같은 내용을 찾아볼 수 있다. 이에 따르면, 소크라테스
는 〈갖바치, 목수, 대장장이, 말(馬) 관리인에게도 일을 배
우러 가고 한낱 말이나 소를 다루는 일을 두고도 스승을 찾
는데 어찌하여 정의에 대해서는 누구를 찾아가야 할지 알
지 못하는가〉라며 놀라움을 표했다고 한다. 크세노폰의 책

에서는 소피스트 히피아스가 이 말을 듣고 소크라테스에게 〈늘 같은 주제에 같은 말만 되풀이한다〉고 지적한다. 소크라테스는 이 말에 기꺼이 수긍한다. 그러자 히피아스는 그와는 반대로 비록 정의에 대한 것일지언정 자신은 항상 새로운 것을 말하려고 애쓰고 있노라고 말한다. 소크라테스는 정의와 같이 불변적인 주제에 대하여 히피아스가 무엇을 말할 수 있는가를 알고 싶다고 응수한다. 그러나 히피아스는 소크라테스가 먼저 정의에 대한 자기 의견을 밝히지 않는 이상 대답하지 않겠다고 말한다. 〈당신은 오래전부터 설명을 하려 들지도 않고 당신 견해를 제시하지도 않은 채 남에게 질문을 하거나 논박만 하며 다른 사람들을 조롱해 왔소.〉 그러자 소크라테스는 〈나는 내가 정의로 여기는 것을 끊임없이 보여 주었소. 구변이 아니라 행동을 통하여 보였을 뿐이오〉라고 대꾸한다. 이 말이 결국 의미하는 것은, 정의가 무엇인가를 가장 잘 정의할 수 있는 것은 정의로운 인간의 삶과 실존이라는 것이다.

소크라테스가 강렬한 개인이었기에 그와 대화하는 이들은 자신의 개인성을 의식할 수 있었다. 그러나 이처럼 의식에 이르게 된 이들의 반응은 제각기 천차만별이었다. 앞에서 보았듯이 소크라테스를 통해 자기 자신을 문제 삼으며 크나큰 기쁨을 맛보았던 니키아스 같은 자가 있었는가 하면 알키비아데스처럼 그의 영향력에 저항했던 이도 있었다. 알키비아데스는 소크라테스 앞에서 수치심밖에 느끼지 못했고, 그 같은 끌림을 피하고 싶었던 나머지 종종 차라리 소크라테스가 죽어 버렸으면 좋겠다고 생각할 정도였다. 달리 말하자면, 소크라테스의 소관은 대화 상대가 스스로를 돌아보고 시험에 부치게 하는 데까지였다. 니키아스의 말마따나, 이는 개인이 자신과 자기 인생을 생각하도록 이끄는 대화를 이루기 위함이었다. 소크라테스와 말하는 자는 누구든지 소크라테스와 더불어 이성의 담론이 요구하는 바에 ─이성의 요구에─ 복종해야만 했다. 자기에 대한 관심, 자기 자신을 문제시하기는 우리가 개인성을 초극하여 보편성의 수준 ─두 명의 대화 상대에게 공통된 〈로고스 *logos*〉로서 표상되는─ 에까지 이르렀을 때에만 가능하다.

소크라테스의 앎: 도덕적 의도의 절대적 가치

따라서 우리는 지금까지 무지를 넘어선 소크라테스의 앎이 어떤 것이 될 수 있을까를 엿본 셈이다. 그는 자신이 아무것도 모르며 남들에게 아무것도 가르칠 수 없다고 늘 이야기했다. 또한, 그들이 자기 안에서 사유하고 자신의 진리를 발견해야 한다고 거듭 말하였다. 하지만 적어도 소크라테스가 자기 안에서 자신을 통해 발견한 것도 결국은 앎이 아닌가라고 반문할 수 있겠다. 앎과 무지가 대립되는 『변론』의 한 대목[24]은 그러한 추측을 가능케 한다. 여기서 소

크라테스는 어떤 이들이 자기에게 〈오오, 소크라테스! 그대
는 지금 그대 목숨을 위태롭게 하는 그런 일에 종사했던 것
이 수치스럽지 않소?〉라고 물을 수도 있다고 생각한다. 그
는 그 사람들에게 이렇게 대답할 것이라고 말한다.

> 이봐요, 조금이라도 쓸모 있는 사람이라면 어떤 행동을
> 할 때 자기 행동이 옳은지 그른지, 착한 사람의 행동인지 나
> 쁜 사람의 행동인지만 생각하지 않고 자기 목숨이 위태로울
> 까 아닐까를 저울질해야 한다고 생각한다면, 그대의 제안은
> 바람직하지 못하오.

이 같은 관점에서 죽음에 대한 두려움은 일종의 무지와
동일시된다.[25]

> 사실 죽음을 두려워한다는 것은, 자기가 모르는 것을 아
> 는 체하는 것 아닙니까? 죽음이 인간에게 사실은 최대의 축
> 복이 아닌지 아는 사람은 아무도 없습니다. 사람들은 죽음
> 이 인간에게 최대의 불행이라는 것을 확실히 알고 있는 양
> 죽음을 두려워합니다. 그리고 모르는 것을 안다고 생각하는
> 이 무지야말로 가장 비난받아 마땅한 무지가 아니겠습니까?

소크라테스는 자신이 죽음에 대해 아무것도 모른다는 것
을 알고 있었다. 반면, 그는 자신이 전적으로 다른 주제에

대해서는 아는 것이 있노라고 단언한다.

　반면, 나는 불의를 저지르는 것은, 또한 신이든 인간이든 나보다 더 훌륭한 이에 대하여 복종하지 않는 것은 나쁜 짓, 수치스러운 짓이라는 점을 잘 압니다. 따라서 나는 내가 나쁘다고 알고 있는 것들보다 실은 오히려 좋을지도 모르는 것들을 더 두려워하거나 회피하는 일이 결코 없을 것입니다.

여기서 특히 흥미로운 점은, 앎과 무지가 개념이 아니라 가치와 연관된다는 것이다. 여기서 말하는 가치는 한편으로 죽음의 가치, 다른 한편으로 도덕적 선악의 가치이다. 죽음에 부여해야 할 가치에 대해서는 소크라테스가 알 수 없다. 죽음은 그의 역량 밖의 문제이거니와 〈자기의 죽음에 대한 경험〉도 그 정의상 파악 불가능하기 때문이다. 그러나 그는 도덕적 행위와 의도의 가치를 안다. 그것은 그의 선택, 그의 결정, 그의 참여에 달려 있기 때문이다. 그러므로 도덕적 행위와 의도의 기원은 그 자신 안에 있다. 여기서 다시 한 번 앎은 일련의 명제들이나 추상적 이론이 아니라 선택, 결정, 발의의 확실성임을 확인하게 된다. 앎은 단순한 지식이 아니요, 무엇을 선호할 것인지 아는 것, 즉 일종의 노하우다. 그를 대화 상대들과의 토론으로 이끄는 것도 바로 이러한 〈가치〉에 대한 앎이다.

여러분 가운데 누가 내 말을 반박하며 자기는 그런 것들에 관심이 있다고 주장한다면 나는 곧장 그를 떠나보내지도, 그의 곁을 떠나지도 않을 것입니다. 천만에! 나는 따지고 물으며 그를 시험해 볼 것입니다. 그리고 그가 말은 그렇게 하지만 실제로 그러한 미덕이 없는 것으로 드러나면, 나는 그가 값진 것을 경시하면서 하찮은 것을 더 중시한다고 나무랄 것입니다.[26]

가치에 대한 앎은 소크라테스의 내적 경험, 그 자신을 온전히 포함하는 선택의 경험을 통하여 얻어진다. 그러므로 여기서 앎은 개인의 내부로부터의 발견을 통해서만 있을 수 있음을 다시 한 번 보게 된다. 소크라테스에게서 이 같은 내면성은 〈다이몬daimōn〉이라는 신성한 음성의 표상을 통해 더욱 강화된다. 그의 말에 따르면, 다이몬은 그의 내면에서 말하며 어떤 것들을 멀리 하도록 한다. 신비 체험 혹은 신화적 이미지를 두고 하는 말일까? ─ 이에 대한 단정을 내리기란 쉽지 않다. 하지만 적어도 여기서, 나중에 도덕의식이라고 부르게 될 것의 존재를 볼 수 있다.

그러므로 소크라테스는 암묵적으로나마 모든 인간이 선천적으로 선을 바란다고 보았던 듯하다. 그가 자신을 산파에 비유한 것도 같은 맥락에서 해석될 수 있다. 그래서 그의 역할은 모든 사람이 저마다 지니는 내적 가능성을 발견하도록 돕는 것으로 제한되었던 것이다. 이로써 〈그 누구도

악하기를 기꺼워하지는 않는다〉[27]라는 소크라테스의 역설
이 지닌 의미는 명백해진다. 〈미덕은 앎이다〉[28]라는 말도
마찬가지이다. 소크라테스가 말하고 싶었던 것은 다음과
같다. 인간이 악을 범하는 것은 거기에 선이 있다고 생각하
기 때문이다. 어떤 이가 덕을 갖추었다면 그것은 그가 전 존
재와 영혼으로써 어디에 참다운 선이 있는가를 알기 때문
이다. 그러므로 철학자의 역할은 대화 상대로 하여금 무엇
이 진정한 선이고 무엇이 진정한 가치인가를 〈실제로 깨닫
게〉— 이 말의 가장 강력한 의미에서 — 하는 데 있다. 소크
라테스적 앎의 기반에는 선에 대한 사랑이 있는 것이다.[29]

따라서 소크라테스적 앎의 내용은 본질적으로 〈도덕적
의도의 절대 가치〉와 이 가치를 선택함으로써 얻는 확실성
이다. 이 표현은 명백히 근대적인 것으로, 소크라테스 자신
은 사용한 바 없다. 그러나 소크라테스의 메시지가 지닌 중
요성을 강조하기에 이처럼 유용하게 들어맞는 표현도 달리
없을 것이다. 사람이 어떤 가치를 위해 목숨을 버릴 각오까
지 한다면 그에게 그 가치는 절대적이라고 말할 수 있다. 바
로 이것이 소크라테스가 정의, 의무, 도덕적 순수 등 〈가장
좋은 것〉에 대해 취했던 태도였다. 그는 『소크라테스의 변
론』에서 의무와 사명을 저버리느니 죽음과 위험을 겪는 편
이 낫다고 여러 차례 말한다.[30] 또한 『크리톤Criton』에서 플
라톤은 소크라테스가 의인화된 아테네의 국법이 하는 말을
이해하고 수긍하는 장면을 보여 준다.[31] 만약 그가 사형을

피하여 도망가려 한다면 그는 법에 대한 불복종의 사례를 남김으로써 도시 전체에 과오를 범하게 된다. 그는 옳은 것보다 자기 삶을 더 높이 두어서는 안 된다. 그래서 소크라테스는 『파이돈Phaedon』에서 이렇게 말한다. 〈나라[도시]가 나에게 어떤 벌을 내리든 도망치고 달아나기보다 그것을 감수하는 쪽이 더 옳고 명예롭다고 생각하지 않는다면, 나의 육신은 무엇이 최선이라는 나름대로의 판단에 이끌려 벌써 오래전에 메가라나 보이오티아에 가 있었겠지!〉[32]

소크라테스가 〈선한 사람에게는 살아서나 죽어서나 어떤 나쁜 일도 일어날 수 없습니다〉[33]라고 선언했을 때 또 다른 전망에서 도덕적 선택의 절대 가치가 등장한다. 이 말은 사람의 눈에 악으로 여겨지는 모든 것, 즉 죽음, 질병, 가난이 그에게는 악이 아니라는 뜻이다. 그가 악으로 여기는 단 하나는 바로 도덕적 과오이며, 유일한 선이자 가치는 선을 행하고자 하는 의지다. 이것은 인간이 자신의 삶의 방식이 항상 선을 행하고자 하는 의지에 영감을 받고 인도되는가를 끊임없이 엄격하게 살피기를 피하지 않는다는 것을 전제한다. 우리는 어느 정도까지 이렇게 말할 수도 있을 것이다. 소크라테스의 관심은 도덕성의 이론적, 객관적 내용을 정의하는 것이 아니라 정말로 인간은 선하고 옳다고 생각하는 바를 구체적으로 실천하고자 하는지 그리고 어떻게 행해야 하는지를 아는 것이었다고. 『변론』에서 소크라테스는 왜 자신의 삶과 타인의 삶을 고찰할 수밖에 없었는가를 이론적으로 전혀 설명하지 않는다. 그저 신이 맡겨 준 소임이라고 하거나, 오직 그러한 통찰력만이, 자기 자신에 대한 엄격성만이 삶에 의미를 줄 수 있다고 말하는 데 그친다.

캐묻지 않는 삶은 살 가치가 없습니다.[34]

우리는 여기서 아직 막연하고 불분명하지만 훗날 칸트에게서 완전히 다른 문제로 발전하게 될 관념의 밑그림을 볼 수 있다. 도덕성은 행위를 이끄는 의도의 순수성을 통해 절로 구성된다는 관념이 바로 그것이다. 이 순수성은 개인적 이득을 전적으로 포기하면서 도덕적 선에 절대적인 가치를 부여한다는 데 있다.

게다가 이 모든 내용을 고려해 볼 때 이러한 앎이 단번에 얻어질 수 없음은 분명하다. 그러므로 소크라테스가 시험에 부쳐야 할 대상은 타인들뿐만 아니라 그 자신이기도 하다. 도덕적 의도의 순수성은 끊임없이 쇄신되고 재건되어야 한다. 자기 변화는 결코 결정적으로 완성되지 않으며 영속적으로 재정복되어야만 한다.

자기에 대한 관심, 타인에 대한 관심

메를로퐁티는 철학의 다름에 대하여 〈철학은 결코 세상
에 완전히 속하지 못하지만 세상 밖에 있지도 못한다〉[35]고
말한 바 있다. 어떤 유형으로도 분류되지 않는 남다른 인물
소크라테스에 대해서도 같은 얘기를 할 수 있겠다. 그 역시
세상 안에도, 세상 밖에도 속하지 않는 인물이었다.

그는 아테네 시민들에게 가치의 전면적 전복을 제시했는
데, 그들 눈에는 이 전복이 이해할 수 없는 것이었다. 〈내가
미덕이라든가, 그 밖에 내가 대화를 통해 나 자신과 다른 사
람들에게 캐묻곤 하던 주제들에 관해 날마다 대화하는 것
이야말로 인간에게 최고선이며, 캐묻지 않는 삶은 인간에
게 살 가치가 없다고 말한다면, 여러분은 더욱더 나를 믿지
않을 것입니다.〉[36]

아테네 사람들은 모든 가치와 행동 양식을 다시금 문제
삼고 자기 자신에게 관심을 돌리게 하는 그의 초대를 전혀
깨닫지 못했다. 소크라테스의 초대는 일상적인 삶, 통상적
인 삶의 관습과 습속, 나아가 친숙한 세계와의 단절을 뜻했
다. 더욱이 자기에 대한 관심으로의 초대는, 다소간 세상에
서 벗어나 있는 〈아토포스〉의 — 교란적이고, 분류될 수 없
으며, 당혹스러운 — 소크라테스가 사람들에게 도시와 유
리되어 살라고 요청하는 셈 아닌가? 이때 소크라테스는 삶
의 어려움을 회피하고 자신의 양심 속에 숨어 버리는, 철학

자의 널리 퍼져 있는 이미지—최종적으로는 거짓된 이미지—의 원형은 아닌가?

그러나 플라톤의 『향연』에서 알키비아데스가 묘사하는 소크라테스는 오히려 도시의 삶, 있는 그대로의 도시의 삶에 온전히 참여하는 한 인간의 모습을 보여 준다. 크세노폰의 묘사도 다르지 않다. 소크라테스는 아내와 아이들도 있고, 길에서나 가게에서나 김나시온gymnasion에서나 평범하다 싶을 정도로 모든 이와 더불어 사는 보통 사내일 뿐이다. 그는 다른 사람들보다 많이 마셔도 취하지 않는 쾌활한 인물이자 용감하고 굳건한 전사였다.

그러므로 자기에 대한 관심은 도시에 대한 관심과 대립되지 않는다. 『변론』과 『크리톤』에서 소크라테스는 대단히 주목할 만한 방식으로 천명하기를, 도시의 법에 대한 복종이야말로 자신의 앎이요, 생명까지 포함하여 모든 것을 바칠 수 있는 대상이라고 말한다. 『크리톤』에서 의인화되어 나타나는 이 〈법〉은 소크라테스에게 탈옥하여 아테네에서 멀리 도망가고 싶은 유혹에 넘어가지 말라고 권고한다. 소크라테스가 자기만의 안녕을 도모한다면 아테네인들에게 불의를 범하는 셈이라는 것이다. 이러한 태도는 순응주의가 아니다. 왜냐하면 크세노폰의 글에서도 소크라테스는 〈평화를 희구하면서 전쟁에 봉사하듯이 법이 바뀌기를 바라면서 그 법에 따르는 일은 얼마든지 가능하다〉고 말하기 때문이다. 메를로퐁티가 강조했듯이 〈소크라테스의 순종의 방법은 곧 저항의 방법이었다〉.[37] 그는 도시 안에서 자신의 철학적 태도의 진실과 도덕적 의도의 절대적 가치를 증명하기 위해 법에 순종했다. 그러므로 헤겔처럼 〈소크라테스는 정의롭고 좋은 것을 찾기 위해 자기 안으로 도피했다〉라고 말해서는 안 된다. 그보다는 메를로퐁티처럼 〈그는 인간이 홀로 정의로울 수 없으며 만약 홀로 정의로운 자가 있다면 그는 더 이상 정의로운 것이 아니라고 생각했다〉[38]라고 말하는 것이 적절하리라.

따라서 자기에 대한 관심은 도시와 타인을 향한 관심과 불가분의 관계에 있다. 소크라테스 자신의 예를 보더라도 그렇다. 우리가 이미 보았듯이 소크라테스의 삶의 이유는 타인들을 돌보는 데 있었다. 소크라테스에게는 〈사명적인〉동시에 〈대중적인〉 측면이 있다. 우리는 이러한 측면을 헬레니즘 시대의 몇몇 철학 학파에서 다시 한 번 보게 될 것이다. 〈나는 부자에게나 가난한 사람에게나 똑같이 질문에 응합니다. (……) 앞서 말했듯이, 나는 신에게 그렇게 하라는 지시를 받았습니다. (……) 여러분 각자가 더 좋은 사람이 되게끔 (……) 이미 오래 전부터, 오로지 여러분에게만 전념했습니다.〉[39]

이처럼 소크라테스는 세상 안에 거하는 동시에 세상 밖에 거했다. 그는 도덕적 요구 및 그것이 함축하는 참여를 통해 인간과 사물을 초월하되, 그것들과 더불어 살았다. 왜냐하면 진정한 철학은 오직 일상 속에만 있을 수 있기 때문이다. 고대를 통틀어 소크라테스는 이상적인 철학자의 귀감으로 남게 된다. 플루타르코스가 2세기 초에 말했듯이, 소크라테스의 철학적 업적은 그의 삶과 죽음이다.[40]

사람들은 대부분 높은 강단 위에서 가르침을 늘어놓거나 텍스트를 바탕으로 강의를 하는 것이 철학이라고 생각한다. 그러나 그들이 완전히 놓치고 있는 것이 있다. 그것은 바로 일상생활에서 부단히 실천되는 철학으로, 그것이 실천되는 방식은 그 철학 자체와 동일하다. (……) 소크라테스는 연단에 올라가 청중들에게 설교하지 않았다. 그는 스승의 자리에 앉지도 않았다. 그는 토론 시간이나 제자들과의 산책 시간을 정해 놓지 않았다. 하지만 그는 때때로 제자들과 농담을 하면서 철학을 했다. 술을 마시면서, 전쟁터에서, 아고라에서 제자들과 어울리면서, 나아가 감옥에 끌려가고 독배를 들이켜면서도 그는 철학을 했다. 소크라테스는 어떠한 시공간에서든 우리에게 닥치는 모든 일, 우리가 하는 모든 일을 통하여 일상의 삶이 철학의 기회를 제공한다는 것을 보여준 최초의 인물이다.[41]

4. 플라톤의 『향연』에 나타난 철학자의 정의

　우리는 소크라테스가 대화를 나눌 때에 〈필로소피아〉라는 어휘를 사용했는지에 대해 확실히 알지 못한다. 어쨌든 만약 이 말을 썼다면 그는 아마도 당시에 통용되던 의미에서 사용했을 것이고, 이 단어는 소피스트와 그 밖의 인물들이 제자들에게 가르치던 일반교양을 가리켰을 것이다. 〈필로소피아〉라는 말이 쓰인 예는 얼마 되지 않는데, 크세노폰이 소크라테스에 대한 추억을 모아 놓은 『소크라테스 회상』에서도 이 말은 일반교양의 의미로 쓰였다. 그러나 소크라테스의 사람됨과 가르침의 영향으로 말미암아 플라톤은 〈철학자〉라는 말에 ─ 따라서 〈철학〉에도 ─ 새로운 의미를 부여하게 된다.

플라톤의 『향연』

『향연』과 『변론』은 소크라테스에 대한 회상에서 솟아난 문학적 기념비이다. 이 경이로운 기념비는 철학적 주제들과 신화적 상징들을 교묘하게 엮을 줄 알았던 플라톤의 빼어난 솜씨로 세워졌다. 『변론』에서도 그렇지만 『향연』에서도 이론적인 부분은 극히 축소되어 있다. 미에 대한 시각을 다루는 이 부분은 고작 몇 쪽에 지나지 않지만 대단히 중요하다. 작품의 대부분은 철학자의 본보기로서 제시되는 소크라테스의 생활 양식을 묘사하는 데 할애되어 있다. 따라서 대화 중에 나타나는 〈철학자〉의 정의[1]는 더욱더 의미심장할 수밖에 없다.

소크라테스의 존재는 아리스토데모스라는 자의 이야기로서 소개되는 대화 전체를 지배한다. 아리스토데모스는 어떻게 해서 소크라테스가 자기에게 시인 아가톤이 비극 경연에서 승리한 기념으로 베푸는 향연에 함께 가자고 청했는지 이야기한다. 그러나 소크라테스는 오랫동안 명상을 좇으며 머물러 있었던 까닭으로 향연에 늦게 등장한다. 이어서 향연에 참석한 자들은 에로스를 기리는 말들을 주고받는다. 이때 소크라테스가 끼어들어 거기 모인 모든 이들의 말을 합친 것만큼이나 기나긴 찬사를 에로스에게 바친다. 향연이 끝날 무렵 머리에 화관을 쓴 알키비아데스가 만취한 모습으로 피리 부는 소녀와 함께 등장한다. 알키비아데스는 소크라테스의 사람됨을 조목조목 열거하면서 그에게 기나긴 찬사를 보낸다. 작품의 결말부에서 다른 손님들이 모두 곯아떨어진 와중에 소크라테스는 남들보다 술을 많이 마셨는데도 여전히 차분하고 명석한 모습을 보인다.

아가톤과 아리스토파네스와 소크라테스 선생님만이 계속 깨어 있으면서 술을 커다란 술통에서 퍼 마시고 있었네. 오른쪽으로 통을 돌려 가면서 말일세. 소크라테스 선생님이 그들과 대화를 나누고 계셨네. (……) 한 사람이 비극을 지을 수도 있고 희극을 지을 수도 있다는 것을 그들이 인정할 수밖에 없도록 설득하는 중이었네. (……) 아리스토파네스가 먼저 잠이 들었고, 아가톤도 잠이 들었을 때는 이미 날이 밝아 오고 있었네. 소크라테스 선생님은 (……) 자리에서 일어나 그곳을 떠났네. 그는 리케이온으로 가서 씻은 후에 평소와 다름없이 하루의 나머지 시간을 보냈네.

시인들은 이 같은 대화편의 결말에서 영감을 얻기도 했다. 우리는 여기서, 신이 주신 강렬한 행복을 감당할 수 있는 현자를 노래한 횔덜린의 시[2]를 떠올리게 된다.

저마다 자신의 척도가 있다. 불행의 무게는 버거우나 행복의 무게는 더욱 버겁다. 그러나 향연에서도 정오에서 한밤중까지, 이어서 새벽 여명이 찾아올 때까지 명철함을 잃지 않는 현자가 있었다.

니체는 소크라테스가 죽음을 맞을 때에도 향연을 뜰 때
와 똑같은 평정심을 보여 주었다는 점을 강조한 바 있다.

플라톤의 묘사를 따르자면 소크라테스는 새벽 어스름을
맞으며 향연을 떠날 때처럼 평온하게 죽음을 맞았다. 그가
술자리에서 끝까지 깨어 있다가 새로운 날을 시작하러 떠나
는 동안, 다른 손님들은 그 뒤에서 잠에 취해 걸상이나 땅바
닥에 널브러져 진리를 사랑하는 자(진정한 에로스주의자)*
소크라테스를 꿈속에서 보았다. 죽음을 맞이하는 소크라테
스는 그리스 귀족 청년들에게 그전까지는 볼 수 없었던 새
로운 이상이 되었다.[3]

바뷔[4]가 보여 주었듯이, 소크라테스를 묘사하고 그를 이
상화하기 위해 쓰인 대화편에서는 세부 사항들이 전체 구
성에 대단히 중요한 역할을 한다. 술을 마시는 무리들은 술
을 마시는 방식과 참석자들이 논할 주제를 동시에 결정하
는 프로그램을 먼저 대략적으로 정한다. 그들의 주제는 〈사
랑〉으로 결정난다. 대화편은 소크라테스가 참석한 향연을
이야기하면서 손님들이 각자 자기 임무를 어떻게 완수하는

* 이 책의 프랑스어판 인용문에는 〈에로스주의자 le véritable érotique〉로
되어 있음을 밝혀 둔다.

지, 어떤 순서에 따라 연설과 다양한 손님들의 의견이 이어지는지를 보여 준다. 바뀌의 설명에 따르면, 맨 처음에 나오는 다섯 명의 연설 — 파이드로스, 파우사니아스, 에릭시마코스, 아리스토파네스, 아가톤의 연설 — 은 변증론적으로 진전되면서, 소크라테스가 자기 차례를 맞아 만티네이아 (아르카디아 남동부)의 무녀(巫女) 디오티마의 입을 빌어 사랑을 찬양할 수 있게끔 예비하는 역할을 한다.

이 대화편 전체에서, 특히 디오티마와 알키비아데스의 이야기에서, 에로스라는 존재의 특징과 소크라테스의 특징이 혼동되는 경향을 알아차릴 수 있을 것이다. 그들이 너무나 긴밀하게 연결되는 이유는, 그 둘이 — 에로스는 신화적으로, 소크라테스는 역사적으로 — 철학자의 모습을 인격화한 존재들이기 때문이다. 여기에 이 대화편의 심오한 의미가 있다.

에로스, 소크라테스, 그리고 철학자

소크라테스의 에로스 찬가는 분명히 소크라테스만의 방식으로 구성되어 있다. 소크라테스는 향연의 다른 손님들처럼 사랑이 어떤 것이라는 둥 사랑에는 어떤 특징이 있다는 둥 단언하는 담화를 펼치지 않았다. 그는 자신이 아무것도 모른다는 이유로 직접 말을 하지 않고 다른 이들, 특히 아가톤으로 하여금 자기 대신 말하게 한다. 아가톤은 소크라테스 차례 직전에 사랑을 찬미하면서 사랑은 아름답고 자비로운 것이라고 선언한다. 그러자 소크라테스는 아가톤에게 사랑이 소유한 것에 대한 욕망인가 소유하고 있지 않은 것에 대한 욕망인가를 묻는다. 만약 사랑이 소유하지 않은 것에 대한 욕망이자 아름다움에 대한 욕망이라면, 사랑은 아름다움을 소유하지 않았다는 것이니 결론적으로 사랑 그 자체는 아름다울 수가 없는 것 아닌가? 소크라테스는 아가톤이 우선 이러한 입장을 받아들이지 않을 수 없게끔 몰고 간다. 그 후, 사랑에 대한 자기 이론을 펼치지 않고 그저 자신은 만티네이아의 무녀 디오티마와 이야기를 나눈 일이 있으며 그때 그녀가 사랑이 무엇인지를 자신에게 깨우쳐 주었노라 말한다. 그때까지 사랑을 찬양하던 다른 손님들은 에로스를 일종의 신으로 생각했다. 그런데 사랑은 다른 것, 자신에게 없는 어떤 것과 관계를 맺는 가운데 존재하기 때문에 신이 될 수 없다. 그러므로 에로스는 〈다이몬〉에 지나지 않는다. 그것은 인간과 신의 중간자, 불멸과 필멸의 중간적 존재이다.[5] 여기서 중요한 것은, 대립적인 두 개의 실재적 차원 사이에 에로스가 위치한다는 것 자체만이 아니라 그것이 중개자, 매개자의 입장을 취한다는 것이다. 다이몬은 인간 및 신과 관계를 맺고 있으며, 신비에의 입문, 몸과 영혼의 악을 몰아내는 주술, 신이 — 인간이 잠들어 있을 때에나 깨어 있을 때에 — 인간에게 전하는 말씀 등에서 어떤 역할을 수행한다. 디오티마는 소크라테스에게 이 같은 에로스의 표상을 좀 더 잘 이해시키기 위해 이 다이몬의 탄생에 얽힌 신화를 들려준다.[6] 아프로디테의 탄신일에 신들의 처소에서 잔치가 벌어졌다. 만찬이 끝날 무렵 페니아(〈빈곤〉 혹은 〈궁핍〉)가 구걸을 하러 왔다. 그때 포로스(〈수단〉, 〈부〉, 〈편법〉)는 넥타르를 마시고 취하여 제우스의 정원에서 잠자고 있었다. 페니아는 포로스의 아이를 낳아 팔자를 고치려고 그의 곁에 다가가 동침했다. 페니아가 그렇게 해서 잉태한 아이가 바로 에로스다. 디오티마는 사랑의 본성과 특성이 그러한 출생 신화를 통해서 설명된다고 말한다. 아프로디테의 탄신일에 잉태되었기 때문에 사랑은 아름다움에 끌린다. 하지만 페니아를 어머니로 두었기 때문에 사랑은 언제나 가난하고 곤궁하며 상대에게 구걸한다. 그러면서도 아버지 포로스를 닮아 영리하고 새로운 것을 잘 만들어 낸다.

해학적이면서도 절묘한 디오티마의 신화적 묘사는 에로스에게만 해당되는 것이 아니다. 이 묘사는 소크라테스, 그리고 철학자에 대한 묘사이기도 하다. 디오티마는 우선 에로스의 빈궁함에 대해 말한다.

그는 늘 가난하고, 사람들이 흔히 생각하는 것처럼 섬세하고 아름다운 것과는 전혀 거리가 멀며, 오히려 피부가 딱딱하고 거칠며 맨발로 돌아다니고 누울 곳도 없어서 하늘을 지붕 삼아 땅바닥에, 문간이나 길섶에서 잠을 청합니다.

하지만 사랑에 빠진 에로스는 포로스의 아들답게 〈용감한 사냥꾼〉이기도 하다.

그는 고결한 영혼들이 걸려들 덫을 놓습니다. 그는 무모하고 뻔뻔하고 끈질기며 끊임없이 어떤 수를 짜내는 능란한 사냥꾼이니까요. 사리 분별을 욕망하고 지략이 풍부합니다. 전 생애에 걸쳐 〈지혜를 사랑하며〉, 능란한 마법사요, 주술사요, 소피스트입니다.

그러나 이 묘사는 소크라테스에게도 적용될 수 있다. 그역시 사랑에 빠진 맨발의 사냥꾼이다.[7] 대화편의 결말부에서 알키비아데스는 포티다이아 원정에 참여하는 소크라테스를 추운 겨울에 몸을 잘 감싸 주지도 못하는 투박한 외투만 걸친 채 맨발로 서 있는 모습으로 묘사한다. 또한 이 작품의 도입부에서도 소크라테스가 향연에 참석하기 위해 이례적으로 목욕을 하고 신발을 갖춰 신는 모습을 볼 수 있다. 소크라테스의 낡은 외투와 맨발은 희극 시인들이 즐겨 다루던 주제이기도 하다.[8] 한편 희극 시인 아리스토파네스가 『구름*Nephelai*』에서 묘사한 소크라테스는 가히 포로스의 아들이라 할 만하다.[9] 〈무모하고 뻔뻔하며 염치없는 (……) 그는 절대로 구변이 딸리는 법이 없는 진짜 여우다.〉 알키비아데스는 소크라테스를 찬양하면서도 은근히 그가 염치를 모르는 사람이라고 평한다. 또한 대화편 초반부에서 아가톤이 알키비아데스보다 앞서 같은 종류의 암시를 내비치기도 한다.[10] 알키비아데스에게 소크라테스는 말로 영혼을 사로잡는 진짜 마법사였다.[11] 알키비아데스가 묘사하는 군대에서의 소크라테스의 모습에서는 에로스의 강건함을 찾아볼 수 있다. 그는 추위나 굶주림, 두려움에 꿋꿋이 맞섰고 곤궁이나 술을 마실 때 올라오는 취기나 무엇이든 잘 참을 수 있었다.[12]

그런데 페니아와 포로스의 아들 에로스가 가난하고 불완전하지만 영리함으로 자신의 빈궁을 상쇄할 줄 아는 이상, 이러한 〈에로스-소크라테스〉의 초상은 곧 철학자의 초상이기도 하다. 그러므로 디오티마에게 있어서 에로스는 〈소피아〉와 무지의 중도(中道)에 있기 때문에 〈지혜를 사랑하는 자〉이다. 플라톤은 여기서 〈지혜〉라는 말이 무엇을 뜻하는지 정의를 내리지 않는다.[13] 그저 그것이 어떤 초월적 상태와 관련이 있다는 것만 알 수 있다. 그 이유는 플라톤이 〈지혜〉라는 말의 고유한 의미는 신들에게나 합당하다고 보기 때문이다.[14] 따라서 지혜가 표상하는 바는 덕과 동일시된 완전한 앎이라고 볼 수 있을 것이다. 우리가 이미 언급한 바 있고 앞으로도 말할 기회가 있겠지만,[15] 그리스 전통에서 앎 혹은 〈소피아〉는 순전히 이론적인 지식이라기보다는 일종의 노하우, 처세술 같은 실천적 앎이다. 플라톤이 『향연』에서 정확하게 환기하듯이, 우리는 그 흔적을 철학자 소크라테스의 생활 양식에서 — 이론적 지식이 아니라 — 알아볼 수 있다.

디오티마는 철학하지 않는 존재의 두 부류가 있는데, 그중 첫 번째 부류는 신과 현자라고 말한다. 이들이 이미 지혜롭기 때문에 철학을 하지 않는다. 한편, 철학을 하지 않는 두 번째 부류는 어리석은 인간들이다. 이들은 자신이 스스로 지혜롭다고 여기기 때문에 철학하지 않는다.

어떤 신도 철학하거나 지혜롭게 되기를 바라지 않습니다. 신은 이미 지혜롭기 때문입니다. 그리고 만약 다른 지혜로운 자가 존재한다면 그도 철학을 하지는 않을 것입니다. 나아가 무지한 자들 역시 철학하거나 지혜롭게 되기를 바라지 않습니다. 실제로 그렇지 못하면서 스스로 아름답고 선하고 지혜롭다고 여기는 것이야말로 무지한 자의 불행입니다. 자신에게 부족한 것을 의식하지 못하는 자가 자신이 필요하다고 생각지도 않는 것을 바랄 수는 없습니다.

그러나 소크라테스는 이렇게 묻는다. 〈디오티마여, 그렇다면 철학을 하는 자들은 지혜롭지도 않고 어리석지도 않은 자들일진대 그들이 과연 누구란 말입니까?〉 디오티마는 이렇게 대답한다. 〈그들은 중간에 있는 자, 그 둘 사이에 있는 자들입니다. 그리고 사랑(에로스)이 바로 그러한 자들

중 하나입니다. 지혜는 틀림없이 가장 아름다운 것들에 속합니다. 그런데 사랑은 아름다움에 대한 사랑이지요. 그러므로 사랑은 지혜를 사랑하는 자, 즉 철학자일 수밖에 없습니다. 철학자인 이상, 그는 지혜와 어리석음의 중간자입니다. 그 이유는 그의 탄생에 있습니다. 그의 아버지는 지혜롭고 새로운 것을 곧잘 만들어 내며, 그의 어머니는 어리석고 난감한 지경에 처해 있습니다.〉

우리는 여기서 다시 한 번 에로스의 특징들에서 철학자와 소크라테스를 동시에 연상하게 된다. 소크라테스는 분명히 어리석은 사람과 마찬가지로 아무것도 몰랐으나 자신의 무지는 자각하고 있었다. 그러므로 그는 무지를 자각한다는 점에서 완전히 무지한 자와는 다르다. 우리가 보았다시피[16] 비록 앎에 대한 그의 표상이 전통적인 표상과 근본적으로 다를지라도 그는 앎을 열망했다. 그러므로 소크라테스 혹은 철학자는 에로스다. 그는 지혜, 아름다움, 선을 가지고 있지 않지만 그것들을 욕망하고 사랑한다. 그는 에로스다. 이 말이 뜻하는 바는, 그가 곧 〈욕망〉이라는 것이다. 그것도 수동적이고 회고적인 욕망이 아니라, 〈위험한 사냥꾼〉 에로스에 손색없는 맹렬한 욕망이다.

철학자의 중간자적 입장보다 더 단순하고 자연스러운 것은 없을 듯하다. 그는 앎과 무지의 중도에 있다. 그가 철학적 활동에 임하는 것만으로 무지를 결정적으로 뛰어넘어

지혜에 다다를 수 있다고 생각할 사람들도 있을지 모르겠다. 하지만 사태는 그보다 훨씬 복잡하다.

사실 우리는 현자, 철학자, 어리석은 자를 대립시키는 이같은 배경에서 개념적 분리의 논리적 도식을 엿볼 수 있다. 이 도식은 매우 준엄하여 우리 생각처럼 낙관적인 전망을 용납하지 않는다. 실제로 디오티마는 지혜로운 자와 지혜롭지 않는 자를 대립시켰는데, 이것은 그녀가 어떠한 중간자도 받아들이지 않는 〈모순〉을 대립으로 파악했다는 뜻이다. 즉, 지혜로운가 지혜롭지 않은가 둘 중의 하나가 있을 뿐이며 그 중간은 없다. 이 같은 관점에서는 철학자가 지혜와 무지의 중간자라고 말할 수 없다. 그가 〈지혜롭지〉 않다면 그는 필연적으로 혹은 결정적으로 〈무지한〉 자가 되기 때문이다. 그러므로 그는 절대로 지혜에 이르지 못할 운명이다. 하지만 디오티마는 무지한 자들을 다시 한 번 걸러 낸다. 자기가 무지하다는 것을 의식조차 못하는 이들이 있다. 이들은 말 그대로 무지한 자들이다. 그러나 한편으로 자기가 무지하다는 것을 자각하고 있는 이들이 있다. 이들이 바로 철학자인 것이다. 이제 무지한 자들의 범주 내에서도 자신의 무지를 깨닫지 못하는 어리석은 자들이 지혜로운 자와 〈상반되는〉 대립항임을 알 수 있다. 반면 철학자들은 무지를 자각한 무지자들로서, 지혜로운 자와 어리석은 자의 중간자가 될 수 있다. 이때 이들은 지혜로운 자도 어리석은 자도 아닌 것이다. 이 같은 분리는 플라톤의 학파에서 통용되던 〈선한 것〉과 〈선하지 않은 것〉 사이의 구분과 평행선 상에 놓여 있다. 이 두 개의 항 사이에 중간은 없다. 이것이 서로 모순되는 두 항 사이의 대립이기 때문이다. 그러나 선 하지 않은 것들 중에서 악한 것과 선하지도 않고 악하지도 않은 것을 구분하는 일은 가능하다. 이 경우 대립을 이루는 모순적인 두 항은 〈선한 것〉과 〈악한 것〉이 되고 〈선하지도 않고 악하지도 않은 것〉이 중간항이 된다.[17] 이러한 논리적 도식들이 플라톤의 학파에서는 대단히 중요하게 취급되었 는데,[18] 사실 이것들은 정도의 차이가 없는 것과 정도에 따라 미묘하게 달라지는 것을 구분하는 데 쓰였다. 지혜로운 자나 좋은 것은 절대적이기 때문에 다양한 변이들이 나올 수 없다. 다시 말해, 지혜로움이나 좋음에는 정도의 차이가 없다. 그러나 〈좋지도 않고 나쁘지도 않은〉 것이나 철학자 와 같은 중간자는 더하고 덜한 정도의 차이를 나타낼 수 있 다. 철학자는 결코 지혜에 도달하지 못하나 지혜를 향하여 점진적으로 나아갈 수 있다. 그러므로 『향연』에 따르면, 철 학은 지혜 그 자체는 아니지만 지혜의 이데아가 결정하는 담론과 생활 양식이다.

『향연』과 더불어 〈필로소피아(지혜에 대한 사랑 혹은 욕 망)〉라는 어원은 철학의 강령 자체가 되었다. 『향연』의 소 크라테스와 더불어 철학이라는 말은 역사 속에서 반어적이 면서도 비극적인 어감을 결정적으로 띠게 되었다고 하겠 다. 반어적이라 함은, 진정한 철학자는 언제나 자신의 어리

석음과 지혜 없음을 의식하기에 지혜롭지도 않고 무지하지
도 않은 자이기 때문이다. 그의 자리는 어리석은 자들의 세
상에도, 현자들의 세상에도 없다. 그는 인간들의 세상에 완
전히 속하지도 못하고, 그렇다고 해서 신들의 세계에 속할
수도 없다. 그러므로 그는 에로스와 소크라테스처럼 분류
할 수 없는 존재, 집도 절도 없는 존재이다. 비극적이라 함
은 그가 늘 자기 손에 닿지 않는 지혜를 사랑하기 때문이다.
이 기이한 존재는 지혜에 닿고자 하는 욕망으로 인해 고통
받고 분열된다. 키에르케고르는, 그리스도인이 되기를 원
했지만 진짜 그리스도인은 예수 한 사람뿐임을 알았던 그
리스도인이었다.[19] 이 철학자는 자기의 본보기에 다다를 수
없음을, 완전하게 자기가 욕망하는 것이 될 수 없음을 알았
다. 이렇게 플라톤은 철학과 지혜 사이에 뛰어넘을 수 없는
간격을 만들었다. 철학은 자신에게 결여된 것, 다시 말해 언
제나 손아귀에서 벗어나는 초월적 규준에 의해 정의된다.
그러나 다분히 플라톤주의적인 파스칼의 유명한 정리 〈네
가 나를 발견하지 못했다면 나를 찾지 않았을 것이다〉[20]에
따르면, 그 초월적 규준은 어떤 면에서 철학에 이미 내재하
는 것이다. 플로티노스도 〈선이 완전히 없는 것이라면 절대
로 선을 찾지 않을 것이다〉[21]라고 말했다. 바로 이러한 이유
에서 『향연』의 소크라테스는 아무것도 알지 못하나 그 생
활 방식으로써 뭇사람의 찬탄을 자아내는 존재로 나타난
다. 그 이유는 철학자가 단순한 중간자가 아니라 에로스와

같은 매개자이기 때문이다. 그는 사람들에게 지혜의 세계, 신들의 세계에 속한 어떤 것을 계시한다. 그는 〈실레노스들silenoi〉이라는 이름으로 알려진 작은 상들과 비슷하다. 겉으로는 그로테스크하고 우스꽝스러워 보이는 이 상들을 열면 그 안에 든 신상(神像)들을 볼 수 있다. 소크라테스도 이 같은 방식으로 삶과 담론을 통해 마술적이고 마력적인 〔다이몬의démonique〕 효과를 발휘했다. 그래서 알키비아데스는 자신을 문제 삼지 않을 수 없었고 지금까지 살아온 대로 산다면 자기 인생은 살 가치가 없음을 스스로 인정했던 것이다. 지나가는 김에 말해 두자면, 레옹 로뱅이 지적했듯이[22] 플라톤이 『향연』이라는 제목으로 집필한 이 작품은 그 자체가 소크라테스와 닮아 있다. 이 작품 역시 반어와 해학 아래 가장 심오한 개념들을 감추고 있는 실레노스상들과 흡사하기 때문이다.

『향연』에서 탈신화화되고 가치 절하되는 것은 신들의 반열에서 다이몬의 반열로 끌려 내려온 에로스만이 아니다. 철학자 역시 이제 소피스트들로부터 완성된 앎을 받아들이는 인간이 아니다. 그러나 그는 자신의 부족함과 욕망을 동시에 의식하는 자다. 그 욕망은 그에게 내재하면서 그를 아름답고 선한 것으로 이끈다.

『향연』에서 자기 자신을 의식하는 철학자는—우리가 앞에서 묘사했던 소크라테스의 모습대로[23]—세상에 전적으로 속하지 않되 전적으로 벗어나지도 않은 것으로 나타난다. 알키비아데스가 포티다이아 원정대에 있을 때의 소크라테스를 묘사한 대목에도 나타나지만, 소크라테스는 어떤 상황에서든 행복할 수 있는 인물이었다. 그는 원정 때 취하지 않으면서 술을 많이 마시는 요령으로 다른 사람들을 뛰어넘으면서 물자가 풍부할 때는 그 풍부함에서 유익을 구할 줄 알았다. 하지만 물자가 부족할 때에는 용감하리만치 굶주림과 갈증을 참을 줄도 알았다. 그는 물자가 넘칠 때에나 먹을 것이 없을 때에나 똑같이 항상 편안한 마음으로 지냈고 추위도 잘 견뎠으며 어떤 것도 두려워하지 않았고 전장에서는 놀랍도록 용맹했다. 그는 사람들이 매혹되곤 하는 것들에 무관심했다. 아름다움, 부유함, 그 밖의 어떤 이점도 그에게는 무가치한 것으로 보였다. 하지만 그는 주변에 무슨 일이 일어나든 명상에만 푹 빠질 수 있는 인물이기도 했다. 포티다이아 원정 때 소크라테스의 동료들은 그가 한나절 내내 부동자세로 생각에 골몰하는 모습을 보았다. 이 대화편에서 그가 잔치 자리에 늦게 등장한 이유도 한동안 생각에 골몰했기 때문으로 나타난다. 아마도 플라톤은 소크라테스가 만티네이아의 무녀를 통해 사랑의 신비에 입문하고 진정한 아름다움을 배웠음을 암시하고자 했을 것이다. 디오티마는, 어떤 비전에 이른 사람만이 살아갈 만한 가치가 있는 인생을 살고 그로써 탁월성(아레테) 혹은 진정한 덕을 얻을 것이라고 말한다.[24] 나중에 다시 살펴볼 기회가 있겠지만,[25] 이제 철학은 사랑의 경험이 된다. 이리하여 소크라테스는 처음에는 평범한 사람처럼 보였지만, 신이 아닐지언정 인간들보다는 우월한 존재로서 제시된다. 그는 〈다이몬〉, 곧 신성과 인성의 조합이다. 그러나 이 같은 조합은 당연한 것이 아니며, 필연적으로 어떤 낯섦음, 불균형에 가까운 그 무엇, 내적인 불협화음과 관련되어 있다.

『향연』에 나타난 철학자의 정의는 철학사 전체에 지대한 중요성을 띤다. 예를 들어 스토아주의자들은 플라톤과 마찬가지로 철학자가 현자와는 본질적으로 다른 존재라고 보았다. 그리고 모순적 대립의 관점에서 철학자는 보통 사람들과 하등 다를 것이 없다고 생각했다. 스토아주의자들이 곧잘 말하듯, 평범한 사람이나 철학자나 결국 오십 보 백 보인 것이다. 그저 지혜와 무지를 가르는 본질적 차이라고 할 만한 것이 있을 뿐이다. 무지에는 정도의 차이가 있지만 지혜는 어떠한 정도를 용납하지 않는 절대적 완성에 해당한다. 그러나 철학자가 무지하다는 것이 철학자와 보통 사람들 사이에 아무 차이도 없다는 뜻은 아니다. 철학자는 무지의 상태를 자각하며 지혜를 열망하고 그것을 향해 나아가고자 한다. 스토아주의자들은 지혜를 예기치 못했던 돌연한 변화를 통해서만 다다를 수 있는 초월적 상태라고 보았다. 더욱이 현자는 존재하지 않고, 행여 존재한다 해도 지극히 드물다. 그러므로 철학자는 발전해 나갈 수 있으나 그것은 어디까지나 무지 안에서의 발전이다. 그는 지혜를 향해 나아가나 그것은 어디까지나 결코 맞닿을 수는 없는 점근선(漸近線)으로 접근하려는 것과 같다.

그 밖의 철학적 학파들은 철학과 지혜의 구분에 대해 정확한 학설을 내세우지 않았지만 일반적으로 지혜는 철학자를 인도하고 이끄는 이상처럼 여겨졌다. 특히 철학은 지혜의 훈련, 따라서 생활 양식의 실천으로 간주되어 왔다. 이 같은 관념이 칸트에게까지 살아 있다.[26] 또한 철학을 어원적으로 지혜에 대한 사랑으로 정의하는 모든 철학자들은 그러한 생각을 품고 있는 것이다. 철학자들이 『향연』의 소크라테스를 계승하면서 가장 실패한 부분은 아마도 그의 해학과 반어법 —크세노폰의 『향연』에서 덩실덩실 춤을 추는 모습으로 나타나기도 했던[27] —일 것이다. 전통적으로 철학자들은 그들에게 가장 필요할 법한 이 특징들을 지니지 못했다. 니체는 이 점을 뚜렷이 인식하고 있었다.

> 그리스도교의 창시자보다 소크라테스가 뛰어난 점은, 그의 심각함에 미묘한 변화를 주는 미소, 그리고 영혼을 최고 상태로 만들어 주는 장난기 가득한 지혜였다.[28]

이소크라테스

철학과 지혜의 대립은 플라톤의 동시대인이었던 웅변가

이소크라테스에게서도 찾아볼 수 있다. 이 인물을 통해서 가장 먼저 확인할 수 있는 것은, 소피스트의 시대와 비교하여 철학 개념이 확연히 진화했다는 점이다. 〈철학은 (……) 우리를 행동의 관점으로 양성하고 우리의 상호 관계를 유연하게 하며 피할 수 없는 불행과 무지로 인한 불행을 구별하게 한다. 철학은 무지로 인한 불행은 피하고 필연적 불행은 용감하게 감내하라고 가르친다. 이러한 철학이 우리 도시에 계시되었다.〉[29]

철학은 언제나 아테네인들의 영광이자 긍지였으나 그 철학의 내용은 상당히 바뀌었다. 이소크라테스의 묘사에서 철학은 더 이상 일반적, 과학적 문화가 아니라 인간관계를 변화시키고 불운에 맞설 수 있도록 우리를 무장시켜 주는, 삶에 대한 양성 과정으로서 나타난다. 그러나 무엇보다, 이소크라테스가 소피아(혹은 에피스테메*epistēmē*)와 필로소피아 사이에 중대한 구분을 도입했다는 점에 주목해야 한다.

만약 우리가 앎을 소유한다면 해야 할 것, 말해야 할 것을 알 수 있을 터인데, 그 같은 〈앎의 소유(인식, 즉 에피스테메)〉는 인간 본성에 속하지 않는다. 그러므로 나는 가능한 한의 추정적 견해를 통하여 최선의 해결책에 가급적 자주 이를 수 있는 사람들을 지혜롭다고*sophoi* 간주한다. 그리고 나는 철학자들*philosophoi*이란 이러한 훈련에 전념하여 가장 빨리 이러한 판단력을 습득하는 이들이라고 본다.[30]

이렇게 해서 이소크라테스는 일차적으로 이상적인 앎(에피스테메)과 실천적 지혜(소피아)를 구분했다. 에피스테메는 오류 가능성이 전혀 없는 판단력을 기반으로 세워진, 삶을 영위하는 완벽한 노하우이다. 반면, 소피아는 주어질 수 있는 모든 상황에서 합리적이기는 하나 어디까지나, 추정적 견해에 따른 결정을 내릴 수 있도록, 견고한 판단력 양성 과정을 통해 습득된 노하우이다. 결국 이 양성 과정 자체가 철학이다. 게다가 이것은 플라톤의 철학과는 또 다른 유형의 철학에 관계된다. 고전적인 의미에서의 인문주의라고 말할 수도 있을 것이다. 〈이소크라테스는 사람이 어떻게 하면 말을 잘할 수 있는가를 배우면서 더 나은 인간이 될 수 있다고 마음 깊이 확신했다.〉 말을 배우는 사람이 〈인류에 봉사하고 일반 이익에 도움이 되는 고매하고 아름다운 주제들을 다루는 이상〉[31] 그 사람은 더 나은 인간이 된다는 것이다. 그래서 이소크라테스에게 철학은 잘 말하고 잘 사는 법과 떼어 놓을 수 없는 것이다.

제2부

생활 양식으로서의 철학

5. 플라톤과 아카데메이아

    플라톤의 『향연』 덕분에 소크라테스라는 인물은 철학자로서—다시 말해 담론과 생활 양식 모두를 통하여 자기 자신은 물론 다른 사람들까지도 지혜라고 하는 초월적이고 존재론적인 상태, 이 같은 존재 방식에 다가가고자, 그리고 다가가게끔 애쓰는 인간의 모습으로서—불멸의 존재가 되었다. 플라톤 철학과 그 뒤에 이어진 모든 고대 철학 유파들, 심지어 플라톤주의와 아주 동떨어진 철학 유파들조차도 이 같은 전망 내에서 담론과 철학적 생활 양식을 긴밀하게 연결한다는 공통점을 지닌다.

아카데메이아에서 나타난 생활 형식으로서의 철학

교육 계획

플라톤의 『향연』에서 보았던 소크라테스와 에로스, 철학자와 사랑의 밀접한 연결을 다시 한 번 환기할 필요가 있겠다. 사실 사랑은 이 작품에서 지혜롭고 아름다운 것에 대한 욕망으로서만 나타나는 것이 아니라 다산성(多産性)의 욕망, 즉 생산을 통해 스스로를 불멸의 것으로 만들고자 하는 욕망으로도 나타난다. 달리 말하자면, 사랑은 창조적인 것, 후손을 낳는 것이다. 디오티마는 다산성에 두 종류가 있는데 그중 하나는 육체적인 것이고 다른 하나는 영적인 것이라고 말한다.[1] 육체적 다산성을 지닌 자들은 아이들을 낳아서 자신을 불멸의 것으로 만들고, 영혼의 다산성을 지닌 자들은 문학적인 것이든 기술적인 것이든 간에 지적 작품을 통하여 그렇게 되고자 한다. 그러나 지성의 가장 상위 형태는 자기 통제와 정의에 있다. 이러한 형태는 도시 혹은 여타 기관의 조직화를 통해 실행된다. 이 대목에서 여러 역사가들은 〈기관〉이라는 이 단어가 플라톤의 학교 설립을 암시하는 것이라고 보았다. 왜냐하면 그다음에 이어지는 대목에서 플라톤은 자신이 말하고자 하는 다산성이 교육자로서의 다산성임을 분명하게 보여 주고 있기 때문이다. 교육자는 포로스의 아들 에로스처럼 〈덕에 대해 말하기 위하여,

선한 인간이 어떤 종류의 일들을 생각하고 무엇에 전념해야 한다고 생각하는지 말하기 위하여[2] 지략이〔여러 가지 좋은 생각들이〕 풍부하다〕. 플라톤은 『파이드로스 *Phaedros*』에서 〈영혼에의 씨 뿌림〉을 언급한다.

> 그런 말들은 (……) 결실을 맺고 씨를 낼 것이며, 그로부터 또 다른 말들이 다른 습성을 가진 사람들 속에서 자라나고 이 과정이 영원히 이어지게 함으로써 그것들을 소유한 사람으로 하여금 인간이 얻을 수 있는 가장 큰 행복을 누리게 할 걸세.[3]

로뱅은 이 같은 플라톤적 주제들을 다음과 같이 요약했다.[4]

> 다산적 영혼은 필요한 특질들이 있다고 인정되는 다른 영혼과의 교접을 통해서만 수태시키고 결실을 거둘 수 있다. 그리고 이 교접은 살아 있는 말, 공동생활을 전제할 수밖에 없는 일상적 상호 교류 속에서만 성립될 수 있다. 정신적 목표라는 견지에서 그 같은 공동생활은 불확실한 미래를 위하여 조직된다. 요컨대, 플라톤이 당시의 현 상황에서 전통의 계승을 위해 구상했던 철학 학교가 그런 것이었다.

이렇게 해서 우리는 플라톤이 『향연』에서 제시하는 철학

의 새로운 정의가 지닌 또 다른 중대한 측면을 맞닥뜨리게
된다. 이 측면은 고대의 철학적 삶에 결정적인 특색을 부여
한다. 철학은 생활 공동체, 학교에서 스승과 제자가 주고받
는 대화 등을 통해서만 실현되는 것이 되었다. 이때로부터
수세기가 지난 후에도 세네카는 공동생활의 철학적 중요성
을 찬양한다.

　　살아 있는 말과 공동생활이 문자화된 담론보다 더욱더 유
익을 끼칠 것이다. 그대에게 필요한 것은 그대에게 현존하
는 현실을 향해 나아가는 것이다. 그 이유는 첫째, 사람들이
귀로 듣는 것보다는 눈으로 보는 것을 더 믿는 까닭이요, 둘
째, 가르침의 길은 멀되 직접 모범을 보고 배우는 길은 가깝
고 틀림이 없기 때문이다. 클레안테스(스토아주의자)가 그
의 스승 제논의 가르침을 그저 듣기만 했다면 몸소 스승을
본받아 그와 똑같은 삶을 살 수 없었을 것이다. 그는 스승의
삶에 들어가 살았고 스승의 내밀한 생각을 간파했으며 제논
이 자기 삶의 고유한 규칙들을 따라 사는지 그렇지 않은지
가까이서 지켜보았다. 플라톤, 아리스토텔레스를 비롯하여
서로 반대되는 방향들로 가지를 쳐갔던 이 현자들의 무리는
소크라테스의 가르침보다는 그의 품행에서 더 많은 것을 배
웠다. 메트로도로스, 헤르마르코스, 폴리아이노스가 위대한
인물들이었다면 그 이유는 그들이 에피쿠로스의 가르침을
들어서가 아니라 그와 더불어 공동체를 이루고 살았기 때문

이다.[5]

재차 거론하겠지만, 당대에 철학 교육을 위한 학술 기관을 설립한 인물이 플라톤 한 사람만은 아니었다. 안티스테네스, 메가라의 에우클레이데스, 키레네의 아리스티포스 같은 소크라테스의 제자들이나 이소크라테스 같은 인물도 플라톤과 같은 시기에 학술 기관을 세웠다. 하지만 플라톤의 아카데메이아는 그 구성원들의 우수성이나 완벽한 조직 체계 때문에 후대에는 물론 당대에도 이미 상당한 영향력을 행사했다. 플라톤의 아카데메이아나 그곳에서 벌어졌던 토론 및 논쟁들을 기억하고 모방하려 했던 시도들은 이후의 철학사에서 쉽게 찾아볼 수 있다.[6] 〈아카데메이아〉라는 명칭은 플라톤의 교육 기관 활동이 아테네 근교에 있던 〈아카데메이아〉라는 김나시온의 회합실에서 이루어졌기 때문에 붙여진 것이다. 플라톤은 이 김나시온 근처에 작은 거처를 마련하여 제자들을 모아 놓고 공동생활을 했다.[7]

소크라테스와 피타고라스

고대인들은 플라톤의 독창성이 소크라테스와 피타고라스주의 사이의 종합이라고 할 만한 것을 이루어 낸 데 있다고 보았다. 플라톤은 소크라테스를 아테네에서 알았다. 한편 플라톤은 첫 번째 시칠리아 여행에서 피타고라스를 알게 되었을 것으로 추정된다.[8] 플라톤은 소크라테스에게서 대화법, 반어법, 생활 태도와 관련된 문제들에 대한 관심을 배웠다. 피타고라스로부터는 수학으로 교육하고 수학을 자연에 대한 지식을 구하는 데 적용한다는 생각을 물려받았고, 사유의 고양, 철학자들과의 공동생활이라는 이상 또한 얻었다. 플라톤이 피타고라스주의자들을 알았으리라는 점에는 의심의 여지가 없다. 그의 대화편에 피타고라스주의자들이 등장하기도 하기 때문이다. 그러나 고대 피타고라스주의에 대해 알려진 바가 불확실하기 때문에 우리는 이 사상이 플라톤 사상의 발전에 정확히 얼마나 영향을 미쳤는지 판단할 수 없다. 아무튼, 플라톤은 분명히 『국가』에서 피타고라스에게 찬사를 보냈다.[9] 여기서 플라톤은 피타고라스가 인간과 후대에 하나의 〈길〉을, 소위 〈피타고라스적인〉 삶의 규칙을 제시했기 때문에 자신은 그를 좋아한다고 말한다. 이 삶의 규칙은 플라톤 시대에도 전해지고 있었으며 이 규칙을 실천하는 사람은 여타의 사람들과 확연히 구분되었다. 실제로 피타고라스학파 공동체들은 남부 이탈리아와 시칠리아의 도시들에서 정치적으로 중요한 역할을 담당했다. 그러므로 비록 피타고라스학파의 성격을 확실히 파악하지는 못할지언정, 아카데메이아의 설립이 소크라테스적 삶의 형식과 피타고라스주의자적 삶의 형식이라는 두 가지 모델로부터 동시에 영감을 받았으리라 생각해도 무리는 없겠다.[10]

정치적 의도

애당초 플라톤의 의도는 정치적인 것이었다. 그는 도시에서 영향력 있는 인물들을 철학적으로 교육함으로써 정치적 삶을 바꿀 수 있다고 믿었다. 이 점에서 플라톤의 『일곱째 편지』에 나타나는 자전적 증언은 주목할 가치가 있다. 그는 젊은 시절에 자신도 여느 젊은이들과 마찬가지로 도시의 정무를 맡기를 원했노라 고백한다. 그러나 스승 소크라테스의 죽음을 지켜보고 그 자신이 법과 관습을 고찰해 보니, 나랏일을 바르게 처리한다는 것이 얼마나 어려운 일인지 뼈저리게 알았다. 종국에 이르러 그는 당대에 존재하는 모든 도시들의 정체(政體)에 결함이 있음을 깨닫는다. 그래서 그는 〈진정한 철학을 찬양하고 오직 철학의 빛에 힘입을 때에만 공적인 삶과 사적인 삶 양쪽 모두에서 정의가 어디에 있는가를 알 수 있다고 선언하는 일에 어찌할 수 없이 끌리게 되었다〉. 하지만 이것은 단순히 추상적인 말들을 설파하는 데 그치지 않는다. 플라톤의 〈철학자로서의 사명〉은 행동에 있었다. 그가 시라쿠사에서 정치적 인물이 되고자 했던 것도 행동은 하지 않고 〈번지르르한 말만 늘어놓는〉 자가 아님을 스스로에게 입증해 보이기 위해서였다.[11] 실제로 아카데메이아 출신들은 여러 도시에서 군주의 자문역, 법안 작성자, 혹은 참주의 반대자 등으로 정치 활동을 하기도 했다.[12] 소피스트들도 젊은이들을 정치적 삶에 걸맞게 양성하기를 원했지만, 플라톤은 소피스트들이 제공하는 것보다 더 나은 앎을 가르침으로써 동일한 목적에 이르기를 원했다. 그 앎이란 한편으로는 엄격한 이성적 방법에 기반을 둔 것이고 다른 한편으로는 소크라테스의 사고방식대로 선에 대한 사랑이나 인간의 내적 변화와 떼어 놓고 생각할 수 없는 것이기도 하다. 플라톤은 그저 능수능란한 정치인을 배출하기보다는 사람을 만들고 싶었던 것이다. 따라서 그는 정치적 의도를 실현하기 위해 엄청나게 돌아가는 우회로를 택해야 했다. 시간이 얼마가 걸리든 새로운 인간을 양성해 낼 책임을 진 지적, 정신적 공동체를 설립한 것이다. 돌아가도 너무 돌아가는 길이었기에 그의 정치적 의도가 자칫 잊힐 뻔했다. 플라톤이 철인(哲人)만이 왕이 되어야 한다고 주장했다는 사실[13]을 되새겨 보는 것도 흥미롭겠다. 아리스토텔레스의 제자 디케아르코스는 아카데메이아 생활을 묘사하면서 그곳의 구성원들은 미덕과 공동의 탐구를 똑같이 열망하는 한 모두가 평등하고 자유롭게 공동체를 이루며 살았다고 강조한다.[14] 플라톤은 평등한 자들에게는 평등한 것들이 주어져야 한다는 원칙에 따라서 제자들에게 수업료를 받지 않았다. 더욱이 플라톤 정치사상의 원리들에 따르자면, 이때의 평등은 각자가 자신의 공적과 어떤 것을 필요로 하는 정도에 따라 얻어야 한다는 기하학적(등비적) 평등[15]이다. 인간은 완벽한 도시에 속해 있을 때에만 인간답게 살 수 있다는 플라톤의 신념을 여기서 엿볼 수 있다. 플라톤은 그러한 도시의 실현을 기다리면서 그동안 제자들이 이상적인 도시의 조건들 속에서 살아가게 하고자 했다. 그는 제자들이 도시를 다스릴 능력은 없을지언정 이상적 도시의 규준들에 따라 자기 자신을 다스리는 사람이 되도록 가르치기를 원했다.[16] 이것은 후대의 철학 학파들 가운데 대부분이 이룩하기를 원했던 목표이기도 하다.[17]

아카데메이아의 일원들은 정치 활동에 투신하게 될 때를 기다리며 학문과 정신 수련에 매진하는 청렴한 삶을 살았다. 그러니까 플라톤은 소피스트들과 목적은 같았으되 다른 이유들로 인해 도시와 웬만큼 분리된 교육 환경을 조성했던 것이다. 한편 소크라테스는 교육에 대해서 조금 다르게 생각했다. 그는 소피스트들과는 달리 교육은 인위적인 환경에서 이루어질 수 없다고 보았다. 고대의 전통적인 생각대로, 도시의 삶에 참여하는 가운데 교육이 이루어진다고 생각했던 것이다. 하지만 소크라테스의 교육관은 더불어 사는 삶이 그만큼 교육에 중요하다는 신념으로 해석될 수 있으므로 플라톤은 스승의 신념을 공유한 셈이 된다. 우리는 플라톤에게서 생생한 접촉과 사랑을 통한 교육이라는 소크라테스의 생각을 재발견할 수 있다. 그러나 린치가 지적한 대로,[18] 플라톤은 이러한 생각을 아카데메이아를 통해 제도화했다. 교육은 공동체, 집단, 친구들의 모임 가운데 승화된 사랑이 지배하는 분위기 속에서 이루어졌다.

아카데메이아에서의 수련과 연구

아카데메이아가 제도적으로 어떻게 기능했는가에 대해서는 알려진 바가 거의 없다.[19] 다만 아카데메이아를 티아소스*thiasos*(뮤즈를 기리는 종교 집단)처럼 상상하는 이들이 더러 있는데, 그렇게 보아서는 안 된다. 비단 아카데메이아뿐 아니라 아테네의 여타 철학적 학파들에 대해서도 마찬가지이다. 이에 대해서는 다시 언급할 기회가 있을 것이다. 종교 단체의 설립은 아테네에서 시행되던 집회 결사의 권리를 행사할 때에만 가능했다.[20] 아카데메이아의 구성원은 두 부류로 나뉘어 있었던 듯하다. 즉, 가르치고 연구하는 활동에 종사하는 연장자 부류가 있고 젊은 학생 부류가 있었던 것이다. 예를 들어, 플라톤의 2대 후계자를 뽑는 선거에서 크세노크라테스가 선출된 데에는 학생들이 결정적인 역할을 했던 것으로 보인다. 1대 후계자 스페우시포스는 아마 플라톤이 직접 지명했을 것이다.

고대에는 악시오테아와 라스테네이아라는 두 여성이 플라톤과 스페우시포스의 제자였다는 사실이 의미심장하게 받아들여졌다. 악시오테아는 철학자들 특유의 투박한 외투를 걸치고 다니면서도 전혀 부끄러워하지 않았다고 한다.[21] 아카데메이아의 일원들은 당대의 여느 철학자들과 마찬가지로 보통 사람들과 뚜렷이 구분되는 복장을 고수했던 모양이다. 학교와 관련된 후대의 전통을 보아 판단하건대, 토

론, 수업, 학술적 작업 외에도 회식이 곧잘 커리큘럼의 일부가 되었던 것 같다.[22]

우리는 플라톤에게 협력하여 교육과 연구에 참여했던 연장자들에 대해 언급했다. 이들 중 몇몇의 이름은 지금까지 전해지고 있다. 스페우시포스, 크세노크라테스, 크니도스의 에우독소스, 헤라클레이데스 폰티쿠스(폰토스의 헤라클레이데스), 아리스토텔레스가 바로 그들이다. 이중에서 아리스토텔레스는 제자였다가 나중에 교사가 된 인물로, 무려 20년을 아카데메이아에서 지냈다. 아카데메이아의 구성원은 철학자이자 학자 들이었으며, 특히 그중에는 에우독소스나 테아이테토스로 대표되는 일류 수학자나 천문학자 들이 있었다. 스페우시포스, 크세노크라테스, 에우독소스 등의 작품이 지금까지 전해진다면 우리는 아카데메이아와 플라톤이 이곳에서 수행한 역할에 대해 전혀 다른 시각을 갖게 될지도 모른다.

교육 과정에서는 기하학 및 여타의 수학적 학문들이 일차적으로 중요시되었다. 그러나 미래의 철학자를 양성하는 데 있어서 이것들은 아주 초보적인 단계에 지나지 않았다. 플라톤의 학교에서는 수학적 학문들을 어떤 실용성도 고려하지 않은 채 이해관계를 완전히 초월한 방식으로 탐구했다.[23] 이 학문들의 효용이 감각적 표상들로부터 정신을 정화하는 데 있었던 만큼, 결국 윤리적 목적을 띠고 있었다고 하겠다.[24] 기하학은 기본적인 가르침의 대상일 뿐 아니라 심오한 연구의 대상이기도 했다. 수학의 진정한 탄생이 아카데메이아에서 이루어졌다고 해도 과언이 아니다. 이곳에서 원리, 공리, 정의, 공준(公準) 같은 수학적 추론의 전제들이 정식화되었고, 하나의 정리로부터 다른 정리를 연역해 내면서 정리들을 질서 있게 배치하게 되었다. 이 모든 작업은 약 반세기 후에 유명한 에우클레이데스(유클리드)의 『기하학 원본Stoicheia』으로 모아졌다.[25]

『국가』에 따르면 철학자 지망생들은 일정한 나이에 이르기 전까지는 변증법을 쓸 수 없었고 30세부터 35세까지 5년 동안 이 방법을 공부했다고 한다.[26] 플라톤이 친히 이러한 규칙을 세웠는지는 알 수 없다. 하지만 변증법 훈련은 아카데메이아의 교육 과정 속에 반드시 포함되어 있었다. 플라톤의 시대에 변증법은 일정한 규칙들을 따라야만 하는 토론 기술이었다. 일단 하나의 〈테제〉, 즉 〈덕은 가르칠 수 있는 것인가?〉처럼 의문문 형식을 띤 명제가 주어진다. 이 테제를 두고 한 사람은 반대하는 입장을 취하고 다른 사람은 옹호하는 입장을 취한다. 반대 입장을 취하는 사람은 교묘하게 선택된 질문들을 대화 상대에게 던짐으로써 그가 옹호하고자 하는 테제와 모순되는 바를 인정하는 쪽으로 몰고 가기에 좋은 대답들을 얻어 낸다. 이렇게 질문을 하는 사람에게는 어떤 테제도 없다. 바로 이 때문에 소크라테스는 언제나 질문자 역을 도맡았던 것이다. 아리스토텔레스가 말했듯이 〈이것이 왜 소크라테스는 늘 질문을 던지기만 하고 결코 답변하지 않았는가에 대한 이유이기도 하다. 사실상 그는 아무것도 모른다는 것을 고백하곤 했기 때문이다).[27] 변증법은 이처럼 정곡을 찌르는 질문들을 던지는 공격법만 가르치는 것이 아니라 질문자의 덫에 걸려들지 않으면서 대답하는 법도 가르쳤다. 하나의 테제에 대한 토론은 기원전 1세기까지 교육의 일반적인 형태가 되었다.[28]

플라톤의 제자들이 도시에서 자기 역할을 수행하기 위해서는 변증법 훈련이 꼭 필요했다. 정치적 담론이 중심이 되는 문명이었으므로 완벽한 말솜씨와 추론 능력을 갖추려면 훈련을 거쳐야 했기 때문이다. 플라톤은, 젊은이들이 이러한 훈련을 하다 보면 어떤 입장이든 공격할 수도 있고 옹호할 수도 있다고 생각하기 십상이므로 이 같은 언어 구사 능력이 자칫 위험할 수 있다고 보았다. 플라톤적 변증법이 순수한 논리적 훈련만은 아니었던 이유도 다르지 않다. 플라톤적 변증법은 오히려 그것을 사용하는 대화자들에게 고행과 내적 변화를 요구하는 일종의 정신 수련이었다고 하겠다. 개인과 개인이 대결을 펼치는 가운데 좀 더 노련한 어느 한쪽이 자기 관점을 강요하는 것이 아니라, 이치에 맞는 담론, 곧 〈로고스〉의 이성적 요구를 따라 두 대화 상대가 의견 합일을 보고자 함께 노력해야 하는 것이다. 플라톤은 당시 일상적으로 논쟁을 위한 논쟁을 행하던 이들의 방법과 자신의 방법이 어떻게 다른지 다음과 같이 말한다.

지금의 나와 자네처럼 친구로서 서로 문답하기를 원한다면, 어떤 식으로든 더 부드럽고 문답에 적합하게 대답해야만 하네. 그런데 〈문답에 더 적합하다는 것〉은 참된 것을 대답할 뿐만 아니라 대화 상대가 안다고 미리 동의하는 것들을 통해 대답하는 것일 테지.[29]

진정한 대화는 대화를 나누는 이들이 원할 때에만 이루어질 수 있다. 대화 상대들의 합의에 힘입어 토론의 국면에 따라 새로워지는 이 대화에서는 어느 한쪽이 자신의 진리를 상대에게 일방적으로 강요하지 않고, 오히려 저마다 상대의 입장에 서보고 자기만의 관점을 초월하는 법을 배운다. 이 같은 성실한 노력 덕분에 대화를 나누는 이들은 상위의 권위, 즉 로고스에 복종하는 이상, 그들로부터 독립된 진리를 스스로의 힘으로, 자기들 안에서 발견할 수 있다. 여타의 고대 철학 사조들과 마찬가지로, 여기서도 개인이 자신을 넘어서는 어떤 것을 향하여 스스로를 초월하는 운동에 철학이 있다. 그리고 플라톤에게 있어서 이 어떤 것은 로고스, 곧 보편성과 합리성에 대한 요구를 함축하는 담론이었다. 게다가 이 로고스는 일종의 절대적 앎을 표상하지 않는다. 사실, 로고스는 어떤 입장들을 공통적으로 받아들이게 된 두 명의 대화자들 사이에 수립된 합의를 가리킨다. 이 합의 안에서 대화자들은 저마다의 특수한 관점을 초월한 것이다.[30]

이 같은 대화의 윤리학이 반드시 끊임없는 대화로 나타

나는 것은 아니다. 가령, 우리는 아리스토텔레스가 쓴 논문들에 대해서 알고 있다. 더욱이 이 논문들은 플라톤의 이데아론과 상반되기까지 한다. 원래 이것들은 아리스토텔레스가 아카데메이아에서 학생들을 가르치기 위해 준비한 원고였다. 그리고 학생들에게 가르치기 적합한 연속적 담론으로 정리되어 있었다.[31] 그러나 고대에 널리 통용된 관습대로 청중들은 주 발표가 끝난 후 자유롭게 자기 견해를 밝힐 수 있었던 것으로 보인다.[32] 저마다 다른 시각을 표출하는 스페우시포스나 에우독소스의 발표문들도 분명히 존재했다. 그러므로 공동 연구 및 각자의 생각을 교환하는 활동도 일종의 대화로 보아야 할 것이다. 게다가 플라톤은 사유조차도 일종의 대화로 이해하지 않았던가. 〈사유와 담론은 같은 것이다. 다만, 영혼이 자기 자신과 나누는 조용한 내면의 대화를 사유라고 부를 뿐이다.〉[33]

플라톤적 삶의 선택

그러므로 이 같은 대화의 윤리학이 우리가 방금 간략하게나마 보았던 아카데메이아에서의 사유의 자유를 설명해준다. 스페우시포스, 크세노크라테스, 에우독소스, 아리스토텔레스 등은 플라톤의 이론과 완전히 부합하는 가르침만 펼쳤던 것이 아니다. 특히 이데아론에 대해서는 물론이요, 에우독소스가 지고선이 쾌락이라고 생각했다는 점을 보더라도 선의 개념에 대해서조차 저마다 견해가 달랐던 듯하다. 플라톤의 대화편이나 아리스토텔레스의 저작에서뿐 아니라 모든 헬레니즘 철학 사조에서, 혹은 철학사 전체에서 아카데메이아 사람들이 벌였던 격렬한 논쟁의 자취를 찾아볼 수 있다. 어쨌든, 아카데메이아는 자유로운 토론의 장이었으며 학문적 정설이나 독단론이 지배하는 곳은 분명히 아니었다.

그렇다면 이 공동체의 통일성이 무엇에 근거한 것이었을까 묻지 않을 수 없다. 내 생각에는, 다음과 같이 말할 수 있을 것 같다. 플라톤과 아카데메이아의 다른 교사들은 학설에 대해 일치를 보지는 못했지만 그럼에도 불구하고 정도는 다를지언정 플라톤이 제안하는 생활 양식, 삶의 형태를 한마음으로 받아들였다. 이 같은 삶의 선택은 무엇보다도 우리가 지금 막 거론한 대화의 윤리학을 따르는 것이었다. 미텔슈트라스의 표현을 그대로 취하자면,[34] 대화자들이 실천했던 것은 바로 〈생활 형태〉였던 것이다. 그들은 대화 행위를 통하여 자신을 주체로 설정하는 한편 스스로를 초월해야 했다. 그들은 자기를 초월하는 로고스를 경험했고, 최종적으로는 대화를 하고자 하는 노력이 전제하는 선에 대한 사랑을 경험했다. 이 같은 관점에서 토론 대상이나 철학적 학설의 내용이 차지하는 중요성은 부차적일 뿐이다. 가장 중요한 것은 대화의 실천, 그리고 이 실천이 불러오는 변화이다. 때때로 대화 작용조차도 타개하기 곤란한 난국에 부딪혀 언어의 한계, 곧 도덕적, 실존적 경험은 때때로 타인에게 전달할 수 없는 것이라는 불가능성을 드러내곤 한다.

결국 이것은 무엇보다도 ─ 브리송의 표현을 빌려 말하자면[35] ─ 소피스트들의 장사치 근성[36]과는 상반되게끔, 이해관계를 떠난 탐구를 실천하고자 하는 공동의 의지를 통하여 〈철학적으로 사는 법을 배우는 것〉이다. 이 자체가 이미 삶에 대한 선택이다. 철학적으로 사는 것, 그것은 무엇보다도 지적이고 정신적인 삶으로 돌아서는 것이며 〈혼 전체〉, 다시 말해 도덕적 삶 전체를 내걸고 대화[37]를 실행하는 것이다. 사실 플라톤은 결코 학문이나 앎을 〈완성된 채로〉 영혼 안에 옮겨 놓을 수 있는 순수하게 이론적이거나 추상적인 지식으로 생각하지 않았다. 이미 보았다시피, 소크라테스도 덕과 앎이 같은 것이라고 했다.[38] 이때 소크라테스는 〈앎〉이라는 말로써 선에 대한 추상적인 순수 지식을 가리킨 것이 아니라 선을 선택하고 원하는 지식, 즉 사유, 욕망, 의지가 합일되는 내적 성향을 말하고자 했다. 플라톤 역시 덕이 곧 학문이요 학문 그 자체가 곧 덕이라고 본다. 그러므로 우리는 아카데메이아 사람들이 학문에 대해 공통적인 생각을 품고 있었으리라고 생각할 수 있다. 학문은 인간의 양성, 힘들고 더디게 이루어지는 인성 교육, 〈인격 전체의 조화로운 발달〉,[39] 최종적으로는 〈좋은 삶(……), 나아가 영혼의 안녕을 보장할〉[40] 수 있을 생활 양식으로 개념화되었을 것이다.

플라톤이 보기에 철학적 삶에 대한 선택은 가장 본질적인 것이었다. 『국가』에서 에르Er에 대한 서술 부분이 이 점을 잘 보여 준다. 여기에서 이 선택은 전생에 이루어진 것이라고 신화적으로 설명된다.

> 여보게, 인간에게는 모든 운명이 바로 이 순간에 달려 있는 것 같네. 그러므로 선한 삶과 악한 삶을 구별하여 가능한 모든 삶 중에서 언제 어디서나 더 선한 삶을 선택할 수 있는 능력과 지식을 줄 수 있는 사람이 누구인지 알아내고 찾아내는 공부가 있다면, 우리 모두는 다른 공부를 다 뒤로 미루고 그 공부에 전념해야 할 것이네.[41]

정신 수련

플라톤은 『일곱째 편지』에서 이 같은 생활 양식을 채택하지 않는다면 인생은 살 가치도 없다고 단언한다. 이 때문에 우리는 바로 지금 여기서 이 길, 곧 〈경이로운 길〉을 따르기로 결심해야 한다. 게다가 이 같은 종류의 삶에는 매일매일 새로운 노력을 쏟아부으며 살아야 한다는 전제가 따른다. 바로 이러한 종류의 삶과 어떤 관계에 있느냐에 따라서 〈진정으로 철학하는〉 사람들과 〈진정으로 철학하지 않는〉 사람들이 갈라진다. 진정으로 철학하지 않는 사람들은 피상적인 의견으로 겉치레를 하고 있을 뿐이다. 플라톤은 자신의 제자였던 시라쿠사의 디온이라는 인물을 환기하면서 이러한 종류의 삶에 대해 암시한다. 이 삶은 〈쾌락보다 덕을 존중하고〉 감각적 쾌락을 포기하며 일종의 식이 요법을 준수하고 〈매일매일 가능한 한 자기 자신의 주인이 되는 방식으로 살아가는〉 것이다. 라보우가 잘 보여 주었듯이,[42] 아카데메이아에서는 몇 가지 특정한 정신 수련법을 실시했던 것으로 보인다. 우리는 대화편들을 통해 간간이 그러한 수련의 자취를 발견할 수 있다.

대화편 『티마이오스』의 마지막 부분에서 플라톤은 영혼의 우수한 부분을 사용하는 것이 필수적이라고 주장한다.[43] 이 부분이란 지성과 다르지 않기 때문에 우주와 조화를 이루고 신성(神性)과 동화된다. 하지만 플라톤은 이 훈련이 실행되는 방식에 대해 구체적인 정보를 주지 않는다. 흥미로운 세부 사항들은 다른 대화편들에서 나타난다.

플라톤이 꿈으로 계시되는 우리의 무의식적 충동, 가령 강간이나 살인에 대한 〈끔찍하고 야만적인〉 욕망을 언급할 때[44] 우리는 〈잠을 위한 준비〉를 논해 볼 수 있을 것이다. 만약 그런 꿈을 꾸고 싶지 않다면 밤에도 내적 담론과 고상한 주제를 좇음으로써 영혼의 이성적인 부분이 깨어 있게 해야 한다. 우리는 명상에 열중하며 욕망과 분노를 달래야 할 것이다. 더욱이 잠을 적게 자라는 플라톤의 충고를 유념해야 한다.[45] 〈건강에 유용한 정도 이상으로 잠을 자서는 안 된다. 그런데 일단 습관을 들이기만 하면 그 정도의 수면 시

간은 그리 길지 않다.〉

또 다른 수련은 불행 속에서도 반항하지 않고 평정심을 간직하는 것이다.[46] 이를 위하여 우리의 내적 경향을 변화시킬 수 있는 격률(格率)을 사용한다. 우리는 이 같은 사건들 속에서 무엇이 좋고 무엇이 나쁜지 알 수 없다는 것이다. 화를 내봤자 아무 소용이 없다. 인간사에는 크게 중요시할 것이 아무것도 없다. 마치 주사위 놀이처럼 사물을 있는 그대로 다루고 적절하게 행동해야 한다.[47]

가장 잘 알려진 훈련은 플라톤이 『파이돈』에서 암시한 바 있는 죽음 연습이다. 『파이돈』의 주제가 바로 소크라테스의 죽음이다. 이 책에서 소크라테스는 철학 속에서 일생을 보낸 사람은 필연적으로 기꺼이 죽는 용기를 가질 수밖에 없노라 말한다. 철학은 죽음의 연습과 다른 것이 아니기 때문이다. 죽음은 영혼과 육체의 분리요, 철학자는 영혼을 육체로부터 분리하는 데 골몰하기 때문에 철학이 곧 죽음의 연습이다. 사실 육체는 우리에게 오만 가지 괴로움을 일으킨다. 이 괴로움은 육체가 낳는 정념, 육체가 필요로 하는 것들에 기인한다. 그러므로 철학자는 자신을 정화해야 한다. 다시 말해, 영혼에 집중하고 영혼을 가라앉히며 육체가 부여하는 산만함이나 미혹으로부터 벗어나고자 노력해야 하는 것이다. 『향연』에서 소크라테스 자신이 기나긴 시간 동안 집중을 하며 움직이지도 않고 먹지도 않은 채 부동자세를 유지했다는 묘사가 떠오른다. 이 훈련은 지성의 순수성에 접근하기 위해 정념을 떨치고자 하는 육체와 영혼의 고행과 떼려야 뗄 수 없다. 어떤 의미에서는 대화도 이미 죽음의 연습이다. 샤에레르가 말했듯이[48] 〈육체적 개인은 로고스를 통해 외재화되는 순간부터 더 이상 존재하지 않기〉 때문이다. 여기에 고(故) 파랭[49]의 사유가 가장 선호하던 주제들 가운데 하나가 있다. 〈언어는 개인의 죽음 위에서만 발전해 나간다.〉 소크라테스의 죽음 이야기인 『파이돈』의 관점에서 우리는 죽어야 하는 〈나〉가 스스로를 초월하는 것을 본다. 이제부터 〈나〉는 로고스와 사유에 동일시됨으로써 죽음과는 무관해진다. 바로 이것이 결말부에서 소크라테스가 넌지시 비추는 바이다.

여보게들, 나는 지금 자네들과 대화하고 논의하는 바를 조목조목 따지는 소크라테스가 바로 나라고 크리톤을 설득하지 못했네. 그는 잠시 뒤 자기가 시신으로 보게 될 사람이 나라고 생각해서, 나를 어떻게 묻어 줄까 물어보고 있으니 말일세.[50]

이 훈련이 『파이돈』에서는 영혼을 죽음에의 두려움으로부터 해방하는 죽음의 연습으로 소개되는 반면 『국가』에서는 영혼이 날아다니거나 현실을 높은 곳으로부터 조망하는 것으로 나타난다.

도량이 좁은 것만큼 신적인 것이든 인간적인 것이든 언제나 완전한 전체를 추구하는 혼과 양립할 수 없는 것은 없다네. (……) 그런데 자네는 도량이 넓고 시간과 실재를 전체적으로 관조할 수 있는 사람이 인간의 삶을 중대사로 여기리라 생각하는가? (……) 그렇다면 그런 사람은 죽음도 무서운 것으로 여기지 않겠지?[51]

관점을 근본적으로 바꾸고 보편적 통찰을 통해 현실의 전체성을 포용하게 해주는 정신 수련은 여기서 다시 한 번 죽음에 대한 두려움을 극복하게 한다. 이리하여 영혼의 위대함은 사유의 보편성이 낳는 결실로 나타난다. 『테아이테토스』에서 묘사된 철학자는 저 높은 곳에서 여기 아래에 있는 것들에 동일한 시선을 던진다.[52] 그의 사유는 이 비행(飛行)을 천상의 별들에게로, 지상으로, 모든 방향으로 인도한다. 게다가 이 때문에 플라톤은 철학자를 인간적인, 너무나 인간적인 세계에서 떠도는 이방인으로 유머러스하게 묘사했던 것이다. 현자 탈레스처럼 철학자는 우물물에 빠질 위험을 무릅쓴다. 그는 법관들과의 대결, 정치적 논쟁, 피리 부는 여인네들이 흥취를 더하는 향연에 무심하다. 법정에 서서도 자기를 변론할 줄 모른다. 다른 이들을 모욕하거나 그들에게 아첨할 줄도 모른다. 엄청난 재산도 대단찮게 여긴다. 〈그는 온 땅을 그의 시선으로 포용하기 때문이다.〉 그는 오랜 혈통으로 보장되는 귀족의 신분을 만홀히 여긴다.

라보우가 보여 주었듯이,[53] 여기에는 관조적 삶과 활동적 삶의 구분이 없다. 오직 철학자의 생활 양식과 철학자가 아닌 자의 생활 양식이 대비될 뿐이다. 철학자의 생활 양식은 〈명철한 지성을 통하여 정의롭고 성스럽게 되는〉 데 있다. 그러므로 이 생활 양식은 학문인 동시에 미덕이다. 반면, 철학자가 아닌 자들은 지혜와 능숙함의 거짓된 외면만으로 만족하기 때문에 타락한 도시 안에서도 편안하기만 하다. 외면뿐인 거짓 지혜와 능숙함은 야만적인〔비이성적인〕힘으로만 이끌 뿐이다.[54] 『테아이테토스』가 말하고자 하는 바는 이것이다. 만약 철학자가 도시에서 우스꽝스러운 이방인으로 여겨진다면 도시가 사람들을 타락시킨 탓에 그들은 책략, 술수, 야만성의 가치밖에 모른다는 뜻이다.

플라톤에게서 대화의 윤리학은 어느 선까지는 탁월성을 통한 연습이기도 하다. 이것은 사랑의 승화라는 또 다른 근본적 과정과 연계되어 있다. 영혼이 생 이전에 선재(先在)한다는 신화에 따르면, 영혼은 육체에 깃들기 전에 〈형상〉 혹은 초월적인 〈규범〉을 보았다. 그러나 감각적 세계에 떨어진 영혼은 형상을 잊어버린다. 심지어 감각적 세계를 오가는 이미지들 속에서 형상을 직관적으로 알아보는 것조차 불가능하다. 그러나 미의 형상만은 아름다운 육체들 그것 자체의 이미지들 안에서 드러나는 특권을 누린다. 그처럼 아름다운 육체를 마주할 때에 영혼이 느끼는 사랑의 감정은 전생에 보았던 초월적인 미를 무의식적으로 상기함으로써 빚어진 것이다.[55] 영혼이 지극히 비천한 지상의 사랑을 겪을 때에도 그 영혼을 끌어당기는 것은 이 초월적인 미이다. 여기서 우리는 『향연』이 말하는 철학자의 상태, 즉 낯설고 모순적이며 내적 평형이 깨진 상태를 다시금 발견한다. 사랑에 빠진 사람은 사랑하는 대상과 육체적으로 하나가 되고 싶은 욕망과 그를 그 대상에게로 이끄는 초월적 미로의 도약 사이에서 갈등하기 때문이다. 그러므로 철학자는 사랑의 대상을 개선하고자 하면서 자신의 사랑을 승화하려고 노력한다.[56] 『향연』에서 말하듯이 사랑은 그에게 철학적 담론의 실천으로 드러나는 정신적 다산성을 가져다준다.[57] 여기서 우리는 추론적인 합리성으로 환원되지 않는 요소가 플라톤에게 있음을 본다. 소크라테스주의의 유산이기도 한 이 요소는 바로 사랑의 현존이 지니는 교육적 힘이다.[58] 〈우리는 오직 우리가 사랑하는 사람에게서만 배울 수 있다.〉[59]

더욱이 미의 형상이 지닌 무의식적 끌림이 작용하면서부터 사랑의 경험은 육체의 아름다움이라는 차원에서 정신적 아름다움이라는 차원으로 고양된다. 『향연』에서 디오티마가 하는 말도 다르지 않다.[60] 나아가 그 경험은 아름다운 행위, 아름다운 학문으로 진전되고 종국에는 영원하고 경이로운 아름다움에의 비전에 불현듯 이른다. 이 비전은 엘레우시스* 신비 제의에 입문한 자가 희열에 사로잡혀 보게 되

* 신비 의식 장소로 유명한 고대 그리스 도시. 기원전 7세기 엘레우시스가 아테네에 병합된 이후 이 도시의 신비 의식은 아테네의 주요 종교 축제가 되었다.

는 비전과 유사하다. 이 비전은 모든 언표 행위와 모든 추론을 넘어서지만 영혼 속에 덕을 낳는다. 내가 사랑하는 존재의 현존을 경험함으로써 우리는 초월적 현존의 경험으로 고양되는 것이다.

우리는 앞서 플라톤에게 학문은 절대로 순전히 이론적인 것이 아니라고 했다. 학문은 존재의 변화이며 미덕이다. 그리고 이제 우리는 학문이 정서라고 말할 수 있을 것이다. 화이트헤드의 〈개념은 언제나 감정을 덧입는다〉[61]라는 정리는 플라톤에게도 적용될 수 있다. 학문은, 심지어 기하학까지도 영혼 전체에 개입하는 지식, 언제나 에로스, 욕망, 도약, 선택과 연결되어 있는 지식이다. 〈순수 지식, 다시 말해 지성(오성) 개념은 플라톤의 사유에 전적으로 낯선 것이었다. 철학 교수들의 시대는 아직 오지 않았다〉[62]는 화이트헤드의 말을 다시 한 번 되새겨 봄직하다.

플라톤의 철학적 담론

지금까지는 아카데메이아에서 실행되었을 대화에 대해서만 살펴보았다. 하지만 이것은 어디까지나 플라톤의 저작에서 드러나는 대화를 사례로 삼아 당시 오갔을 대화를 어림짐작한 것일 뿐이다. 또한 우리는 이해를 돕기 위해 이러한 사례를 〈플라톤은 ~라고 말했다〉라는 식으로 인용했다. 하지만 이 표현은 정확한 것이 못 된다. 플라톤이 저작 속에 자기 이름으로 등장하는 경우는 없기 때문이다. 플라톤 이전의 크세노파네스라든가 파르메니데스, 엠페도클레스, 소피스트들은 일인칭 시점으로 서술하기를 결코 주저하지 않았다. 반면 플라톤은 허구적 상황 속에 허구적 인물들을 등장시켜 말하게 한다. 그가 자기 자신의 철학을 암시하는 언급을 남긴 저작은 『일곱째 편지』뿐인데, 여기서도 철학은 오히려 생활 양식으로서 묘사된다. 특히 여기서 플라톤은 자기가 정말로 마음에 두고 있는 것에 대해서는 책을 쓴 적이 없고 앞으로도 쓰지 않을 것이라고 선언한다. 그가 마음에 두는 앎은 여타의 앎처럼 완전히 글로써 진술될 수가 없는 것이기 때문이다. 이 앎은 그것을 이루는 활동과 오랫동안 친근해질 때, 그것에 전 생애를 바칠 때 비로소 영혼으로부터 솟아난다.[63]

그렇다면 플라톤은 왜 대화편을 썼을까? 우리는 이러한 질문을 품어 봄직하다. 사실 플라톤은 음성 언어로 발화된 철학적 담론이 문자로 기술된 것보다 우월하다고 보았다.[64] 음성 언어로 전달되는 담론에는 살아 있는 존재의 구체적인 현존이, 두 사람의 영혼을 이어 주는 진정한 대화가 있다. 플라톤이 말했듯이, 담론은 이러한 일종의 교환 속에서 제기되는 질문들에 대해 답하고 스스로를 옹호할 수 있는 것이다. 따라서 대화는 인격적이다. 대화는 어떤 사람에게 말을 걸고 그 사람의 가능성과 필요에 부응한다. 농사꾼이

뿌린 씨가 싹을 틔우고 자라려면 시간이 필요하듯, 대화 상대의 영혼에서 앎—앞서 보았듯이 덕과 다르지 않을 앎—이 태어나게 하려면 꽤나 수고를 들여야 한다. 대화는 완성된 앎이나 정보를 전달하는 것이 아니다. 대화 상대는 스스로 노력을 들여 앎을 획득해야 한다. 그는 스스로 앎을 발견하고 스스로 사유한다. 그런데 문자로 기술된 담론은 이와는 반대로 몰인격적이다. 문자 담론은 완성된 지식을 직접 전달하고자 한다. 그러나 여기에는 자발적인 동의로 표상되는 윤리적 차원이 결여되어 있다. 그러므로 진정한 앎은 살아 있는 대화를 통해서만 가능하다.

그럼에도 불구하고 플라톤은 대화편을 썼다. 그 일차적 이유는, 그가 아카데메이아 사람들뿐 아니라 그 자리에 없는 사람, 미지의 사람들에게도 말을 걸고자 했기 때문이다. 〈문자로 기술된 담론은 사방으로 퍼질 수 있다.〉[65] 그러므로 대화편은 온갖 문학 기법의 효과를 동원하되 철학으로의 전향을 꾀하는 선전용 저작으로 간주될 수 있다. 고대에는 공개 강의가 자신을 알리기 위한 수단으로 널리 이용되었다. 따라서 플라톤도 이러한 공개 강의 시간에 대화편들을 낭독했을 것이다. 그러나 대화편은 아테네에서 멀리 떨어진 곳까지도 퍼졌다. 그러했기에 필리우스의 여성 악시오테아는 『국가』의 한 권을 읽고서 플라톤의 제자가 되기 위해 아테네까지 찾아왔던 것이다.[66] 고대 역사가들은 그녀가 오랫동안 여자임을 숨겼을 것이라고 주장한다. 기원전

4세기 후반부터 시작된 플라톤의 일생에서 우리는 다음과 같은 지적[67]을 발견한다.

그는 대화편을 집필하면서 수많은 사람들에게 철학할 것을 권고했다. 그러나 한편으로는 많은 이들에게 피상적으로 철학을 하는 계기를 제공하기도 했다.

그는 철학이라는 생활 양식으로 사람들을 전향시키기 위하여 철학이 무엇인가에 대한 생각을 제시해야 했다. 이를 목적으로 플라톤은 두 가지 이유에서 〈대화〉라는 형식을 채택했다. 첫째, 소크라테스를 대화의 주요 인물로 등장시키는 〈소크라테스의 대화편〉이라는 문학 장르는 당대의 유행에 잘 부합하는 것이었다. 그리고 〈소크라테스의 대화편〉은 플라톤의 학교에서 실행되던 대화의 윤리학을 부각시키는 데 안성맞춤이었다. 일부 대화편들은 아카데메이아 내에서 이루어졌던 토론을 반영했으리라 짐작해도 무리가 없을 것이다. 최초의 대화편에서는 생생하기 그지없던 소크라테스라는 인물이 후기 대화편으로 갈수록 점점 추상적으로 변해 간다. 그리고 마침내 『법률』에서 이 인물은 자취를 감춘다.[68]

대화편에서 플라톤 사상의 이론적 〈체계〉를 발견하고자 애쓰는 현대 독자들에게는 반어적이고 곧잘 장난스럽기까지 한 소크라테스라는 인물의 존재가 오히려 오독(誤讀)의 소지를 낳는다는 점을 기억하자. 게다가 어느 한 대화편에서 다른 대화편으로 넘어가면 갖가지 학설상의 비일관성이 눈에 띄기도 한다.[69] 결국 모든 역사학자들은 저마다 이유는 다를지언정 다음과 같은 사실을 인정한다. 대화편은 플라톤의 사상이 어떤 것이었는가를 드러내기에는 불완전한 자료다. 역사학자들은 대화편들이 〈플라톤의 철학을 잘 나타내지 못하고〉[70] 있으며 〈아카데메이아에서 이루어진 플라톤의 활동에 대한 제한적이고 빈약한 이미지만을 전해 줄 뿐이라고〉[71] 인정할 수밖에 없다.

플라톤 사상의 체계적 측면을 축소시키는 데 반대하는 입장이었던 빅토르 골드슈미트가 사태에 가장 잘 들어맞을 법한 설명을 제안했다.[72] 그는 대화편들이 〈[지식을] 전하기〉 위해서가 아니라 〈형성[양성]하기〉 위해서 집필된 것이라고 주장한다. 〈양성〉이라는 목적은 플라톤 철학의 심원한 의도에 잘 부합한다. 그의 철학은 실재의 이론적 체계를 구성하는 것이 아니다. 그러한 체계를 방법론적으로 표출하는 일련의 대화편을 집필하거나 독자들에게 〈전하는〉 것은 그의 소관이 아니었다. 플라톤의 철학은 〈양성〉, 다시 말해 개인들을 변화시키는 데 주안점을 두었다. 대화편을 읽으며 자신이 그곳에 동참하고 있다고 상상하게 함으로써 이성의 요구를, 나아가 최종적으로는 선의 규범 혹은 표준을 경험하도록 하는 것이다.

이 같은 양성의 관점에서 볼 때 문자로 기술된 대화의 역할은 무엇보다도 바로 이성의 방법, 변증적이면서 기하학적인 방법을 실천하도록 가르치는 데 있었다. 이 방법들은 모든 영역에서 측정과 정의(定義)의 기술을 숙달된 솜씨로 구사하게 한다. 플라톤은 그러한 뜻에서 『정치가』에 이 긴 토론을 삽입했다.

「읽기를 배우는 학급에서 어떤 문자들을 주고 그것이 어떠어떠한 어휘를 이루는가를 학생에게 물었다네. 그 학생이 주어진 문제를 풀었다면 어떤 특정한 문제만 풀 수 있기 때문이겠는가, 아니면 그가 문법적으로 있을 수 있는 문제들을 모두 풀 수 있다는 것이겠는가?」

「그야 분명히 모든 문제들을 풀 수 있다는 것이지요.」

「그렇다면 〈정치가〉라는 주제에 대한 우리의 연구에 대해서는 무어라 말할 수 있겠는가? 우리가 이 주제에 대한 직접적인 관심만 가지고 연구를 수행했는가? 아니면 모든 가능한 주제들에 대해 좀 더 나은 대화를 나눌 수 있는 사람들이 되기 위해 이를 연구했던가?」

「그 또한 분명히 모든 주제에 대해 더 나은 대화를 나누기 위함이지요.」

「우리가 우리의 평가와 최상의 방법을 부여하도록 명하는 이성을 믿는 이상, 가장 쉬우면서도 즉각적인 방법으로 주어진 문제에 대해 해답을 구하는 것은 단지 부수적인 관심사에 지나지 않는다네. 그것은 결코 일차적인 목적이 아닐세.」[73]

그렇다고 해서 대화편에 어느 정도 학설적 내용이 포함되지 말라는 법은 없다.[74] 일반적으로 대화편은 특정한 문제를 제기하고 그에 대해 어떤 해답을 제안하거나 그 모색의 과정을 보여 주기 때문이다. 대화편 하나하나는 정합성을 갖춘 전체이지만, 대화편들끼리 비교해 보면 반드시 정합적이지만도 않다. 『파르메니데스』나 『소피스테스』 같은 여러 대화편들이 대화가 가능해질 수 있는 조건을 목표로 삼는다는 점은 주목할 만하다. 정확히 말하자면, 이 대화편들은 진정한 대화의 윤리학, 즉 플라톤적 생활 양식에의 선택이 함축하는 전제들을 명시화하고자 애쓴다. 사실, 서로 이해하기 위해서는—혹은, 서로를 이해하고 선을 선택하기 위해서는—상황, 관습, 개인과 독립된 〈규범적 가치〉를 전제해야 한다. 그 가치들이 담론의 합리성과 공정성을 정초하는 것이다.

어떤 사람이 토론의 각 대상들에 대하여 하나의 형상 혹은 이데아를 결정하기를 거부한다고 생각해 보게. 그러면 그 사람은 어디에서 사유의 방향을 돌려야 할지 알 수 없을 걸세. 각 존재의 이데아가 언제나 동일하기를 그가 원하지 않기 때문이지. 이때에는 토론의 가능성 자체가 무산되어 버린다네.[75]

그러므로 형상론은 대화편으로 부를 수 있는 모든 저작에 핵심적이다. 그러나 이때 형상을 어떻게 알 수 있는가라는 문제가 발생한다(형상은 감각적인 방식으로 알 수 있는 것이 아니다). 또한 형상이 실제로 존재하는가라는 문제도 발생한다(형상은 감각의 대상도 아니다). 그래서 플라톤은 가지적(지성으로 파악되는) 형상 이론을 제시했다. 그 결과, 형상의 실재성과 형상이 감각적 사물과 맺는 관계가 제기하는 문제들이 논쟁거리로 떠오른다. 따라서 플라톤의 철학적 담론은 기꺼이 대화에 참여하기로 하는 선택, 실제로 생생한 대화를 나눠 본 구체적 경험을 토대로 삼는다. 본질적으로 이 담론은 행위와 담론의 공정성을 보장해 주는 불변적 대상들, 즉 비감각적인 형상들의 존재로 나아간다. 또한 인간에게 영혼이 실재한다는 방향으로 나아간다. 개인의 정체성을 보장하는 것도 육체보다는 영혼이다.[76] 게다가 대부분의 대화편들에서 이 형상들은 무엇보다도 인간사와 사물들에 대한 우리의 판단을 정초하는 도덕적 가치들임을 확인할 수 있다. 가장 중요한 것은 각 사물에 고유한 기준을 공부함으로써 도시 생활이나 한 개인의 삶에서의 3대 가치를 아는 것이다. 대화편들 전반에 걸쳐서 나타나는 이 3대 가치는 미, 정의, 선이다.[77] 소크라테스의 앎이 그러했듯이, 플라톤의 앎 또한 우선적으로 가치에 대한 앎이다.

　샤에레르는 이렇게 썼다. 〈플라톤 사상의 진수는 초(超)추론적이며 그러한 상태를 계속 유지한다.〉[78] 그는 이러한

표현을 통하여 플라톤의 대화편은 결코 전체를 말하지 않
는다는 것을, 규범이 무엇인가에 대해, 형상, 이성, 선, 미가
각기 무엇인지에 대해 말하는 법이 없다는 것을 지적하고
싶었던 것이다. 이 모든 것은 언어로 표현할 수 없으며 어떤
정의로도 포착할 수 없다. 우리는 그것을 경험하거나 대화
를 통해, 욕망을 통해 보여 줄 수 있다. 하지만 할 수 있는
말은 아무것도 없다.

　이 같은 소크라테스, 플라톤 철학의 모델은 지대한 역할
을 수행해 왔다. 고대 철학사를 살펴보면서, 방금 보았던 철
학적 활동의 양극을 다시금 발견하게 될 것이다. 그 양극이
란, 한편으로는 생활 양식의 선택과 실천이고 다른 한편으
로는 생활 양식을 통합하는 역할을 하는 동시에 그 생활 양
식이 암묵적으로 함축하는 이론적 전제들을 명시화하는 철
학적 담론이다. 그러나 철학적 담론은 결국 본질적인 것을
표현하지 못한다. 그 본질적인 것이란, 우리가 추론과는 별
개의 방식으로 욕망과 대화를 통해 경험하는 것, 플라톤이
라면 형상들, 혹은 선의 이데아라고 부름직한 것이다.

6. 아리스토텔레스와 그의 학파

〈정리적〉 삶의 형식

일반적으로 아리스토텔레스 철학은 이 책에서 옹호하고자 하는 근본 테제 ―〈고대인들은 철학을 생활 양식으로서 이해했다〉― 와 완전히 모순적인 것처럼 소개되곤 한다. 사실 아리스토텔레스는 지고의 앎은 그 자체로 선택된 것이라고 강력하게 주장한 바 있다. 따라서 그러한 앎은, 그 앎을 지닌 자의 생활 양식과는 무관한 듯이 보일 것이다.[1]

하지만 이러한 주장은, 아리스토텔레스가 삶의 양식에 대해 지니고 있었던 일반적인 생각의 틀 안에서 보아야 한다. 그 생각은 아리스토텔레스가 학교를 세우고 수립했던 목표에서 잘 드러난다. 앞서 보았듯이, 그는 20년 동안이나 플라톤의 아카데메이아에 몸담았다. 그가 오랫동안 플라톤적 삶의 양식에 참여했다는 뜻이다. 기원전 335년, 그는 리케이온이라는 아테네의 김나시온에 독자적인 철학 학교를 세운다. 그는 비록 플라톤의 아카데메이아와는 다른 목적을 자기 학교에 부여하려 했겠지만 그럼에도 불구하고 아카데메이아라는 모델로부터 영향을 받지 않을 수 없었을 것이다.

아카데메이아의 기원에서와 마찬가지로, 리케이온의 기원에서도 상설적인 학술 기관을 설립하고자 하는 의지를 읽을 수 있다.[2] 아리스토텔레스의 후계자는 선거를 통해 선출되었고 일원들 중 한 사람이 기관 전체의 재정 경영을 맡아보았다. 이는 결국 공동생활을 상정한다.[3] 이 학교에서도 아카데메이아에서처럼 교육에 참여하는 연장자 부류와 젊은 학생 부류가 나뉘어 있었다. 또한 아카데메이아에서와 마찬가지로 아리스토텔레스, 테오프라스토스, 디케아르코스 등의 연장자들은 일종의 동등한 권리를 누렸다. 또한 학생들에게 학비를 요구하지 않았다는 점도 아카데메이아와 일치한다.

그러나 플라톤의 계획과 아리스토텔레스의 학교가 겨냥하는 계획 사이에는 심원한 차이가 있었다. 아카데메이아는 철학 토론과 수학 연구가 집중적으로 이루어지는 장이었으나 기본적으로 정치적 목적을 띠었다. 플라톤은 철학자가 되면 도시를 이끌기에 충분하다고 생각했던 것이다. 그가 볼 때에 정치와 철학 사이에는 어떤 통일성이 있었다. 반면에 보데우스가 잘 보여 주었듯이[4] 아리스토텔레스의 학교에는 철학적 삶을 훈련시키는 것 외에는 다른 목적이 없었다. 실천적, 정치적 가르침은, 학교에 속하지는 않지만 도시를 더 나은 방식으로 조직하고자 하는 광범위한 대중이나 정치인들을 대상으로 삼았다. 실제로 아리스토텔레스는 인간이 정치적, 활동적 삶에서 찾을 수 있는 행복과 철학적 행복을 구분하여 생각했다. 전자는 도시 안에서 덕을 실천하며 살아가면 얻을 수 있는 행복이다. 반면, 후자는 〈테오리아theōria〉, 즉 정신적 활동에 온전히 바쳐진 삶의 종류에 해당한다.[5] 아리스토텔레스가 볼 때 정치적, 실천적 행복은 부수적인 차원에서의 행복일 뿐이었다.[6] 사실 철학적 행복은 〈정신에 따른 삶〉[7]에 있다. 이러한 삶은 인간의 지고한 덕과 탁월성에 위치한다. 이러한 덕은 인간에게서 가장 고매한 부분, 곧 정신과 상응하고, 실생활에 수반되는 불편함에서 벗어나 있다. 덕은 행위의 간헐성에 종속되지 않으며 싫증 나게 하는 법이 없다. 덕은 경이로운 쾌락을 안겨 준다. 덕이 안겨 주는 쾌락은 고통이나 불순함과 섞이지 않은 것이며 강건하고 견고하다. 게다가, 진리와 실재를 찾아 헤매는 이들보다 이미 그것들에 도달한 이들이 더 큰 쾌락을 맛본다. 아리스토텔레스는 이렇게 단언한다. 우리가 물질적인 것들에 대해 독립성을 보장받는 이상, 덕은 타인에 대한 독립성을 보장한다는 것이다. 정신 활동에 온전히 헌신한 사람은 오직 자기 자신에게만 의존한다. 그에게 동료들이 있다면 그의 지적 활동은 더욱 개선될 수 있을 것이다.

하지만 그는 지혜로워질수록 점점 더 혼자가 될 것이다. 정신에 따라 사는 자는 그 삶 외의 다른 결과를 찾으려 애쓰지 않는다. 그러므로 이러한 삶은 그 자체로 사랑받고, 그 자체가 목적이며, 그 자체가 보상이다.

또한 정신에 따르는 삶에는 근심이 없다. 우리는 도덕적 덕목들을 실천하면서 정념과도 싸우지만 물질적 염려에도 휘말리게 된다. 도시라는 테두리 안에서 활동하다보면 정치 싸움에도 끼어들게 된다. 남들을 도와주려면 돈이 있어야 하고 용기를 실천하려면 전쟁에 뛰어들어야 한다. 그런데 철학적 삶이란 이와는 반대로 물질적 염려를 초탈한 채 유유자적하게 살아가는 것이다.

이 같은 삶의 형식은 인간이 누리는 행복의 가장 우월한 형식을 나타낸다. 그러나 우리는 동시에 이 행복이 〈초인적〉이라고 말할 수 있다.

그러므로 인간인 한 이렇게 살 수 있다기보다는, 인간 안에 신적인 어떤 것이 있는 한에서 그렇게 살 수 있을 것이기 때문이다.[8]

이러한 역설은 지성과 정신에 대한 아리스토텔레스의 역설적이고 수수께끼 같은 시각과 일치한다. 지성은 인간에게서 가장 본질적인 것인 동시에 인간에게 찾아온 신적인 그 무엇이다. 인간을 초월하는 것이 참다운 인간다움을 구성한다는 말이다. 인간의 본질이 인간을 넘어서는 것에 있다는 얘기다.

우리의 자아는 정신이다. 정신이 결정권자이고 가장 좋은 것인 한에서 말이다. 그러한 정신은 우리의 자아다.[9]*

플라톤에게서처럼 철학적 선택은 개인적 자아가 더 상위의 자아를 통해 자기를 뛰어넘도록 이끈다. 자기 자신을 보편적이고 초월적인 관점으로까지 높이는 것이다. 아리스토텔레스가 생각하는 정신적 삶에 본래적인 이 역설은, 어떤 의미에서 플라톤의 지혜 개념 —『향연』에서 철학과 대립되는 것으로 나타났던 — 에 깃든 역설과 상응한다. 『향연』에서 지혜는, 인간으로서 다다를 수 없으나 그것을 사랑하는 자(철학자)가 욕망하는 일종의 신적 상태로 묘사된다. 아리스토텔레스가 그러한 정신적 삶에 다다를 수 없으며 그러한 삶을 향해 나아가는 것으로 만족해야 한다고 주장할 리 만무하다. 하지만 그 역시 우리가 〈가능한 한도 내에서만〉 다다를 수 있음을 인정했다. 다시 말해, 그는 신과 인간 사이의 간격 혹은 지혜와 철학자의 간격이라고 말할 수 있는 것을 염두에 두고 있던 것이다. 아리스토텔레스는 인간이 그러한 삶에 다다르는 순간이 지극히 드물다는 것 또한

* 국역본에는 해당 구절이 이렇게 나와 있다. 〈따라서 무엇보다도 지성이 인간인 한, 인간에게도 지성을 따르는 삶이 가장 좋고 가장 즐거운 것이다.〉

인정했다. 천상계와 지상계가 의존하는 제1원칙, 즉 사유라는 삶의 양식을 아리스토텔레스가 우리에게 이해시키고자 했을 때, 그는 다음과 같이 선언한다.

그리고 이 경우에 그의 생활은 우리에게 가장 좋은, 그러나 우리로서는 얼마 안 되는 시간밖에 누릴 수 없는 최선의 생활이다. 그는 언제나 최선의 생활 상태에 머물지만 우리에게는 그와 같이 존재한다는 것이 불가능하기 때문이다.[10]

신에게는 정관이라는 행위가 지고의 복이다.

신이 우리에게는 가끔씩만 찾아오는 상태에 비견할 만한 기쁨의 상태에 영속적으로 거한다면 이는 감탄할 만한 일이다. 그리고 신이 그보다 더 큰 기쁨의 상태에 거한다면 이는 더욱더 경이로운 일이다.

이처럼 철학적 행복과 정신적 활동의 정점, 즉 신적 지성을 관조하기에 이르는 순간은 아주 드물게만 찾아온다. 그 같은 상태에 연속적으로 거할 수 없다는 것이야말로 인간 조건의 고유한 특징이기 때문이다.[11] 그렇다면 철학자는 이러한 순간들을 제외한 나머지 시간 동안 상대적으로 열등한 행복—이 행복은 추구하는 과정 자체에 있다—에 만족해야 한다는 말이 된다. 〈테오리아〉의 활동 안에는 다양한 정도 혹은 단계가 있다.

따라서 아리스토텔레스에게 있어서 철학은 〈정리적〉 생활 양식에 있었다. 이 주제에 관해서 〈정리적인*théorétique*〉과 〈이론적인*théorique*〉을 혼동하지 않는 것이 매우 중요하다.* 〈이론적인〉이라는 어휘 역시 그리스어에서 유래했으나 아리스토텔레스의 저작에는 전혀 나타나지 않는다. 이 어휘는 철학과는 전혀 별개의 영역에서 〈행렬에 의거하는〉이라는 의미를 갖는다. 현대어에서 〈이론적인〉은 곧잘 〈실천적인〉과 대립된다. 추상적이고 사색적인 것으로서, 구체적이고 행동적인 것과 대립되는 것이다. 그러므로 이 같은 관점에서 본다면 순수하게 이론적인 철학적 담론과 실천되고 체험되는 철학적 삶은 대립된다. 하지만 아리스토텔레스 본인은 〈이론적인〉이라는 말을 쓴 적이 없다. 그가 쓴 어휘는 〈정리적인〉이었다. 이 말은, 한편으로는 앎을 위한 앎만을 추구하며 그 외의 것을 목적으로 삼지 않는 지식의 양태를 가리킨다. 하지만 다른 한편으로는 그 같은 지식의 양태에 생애를 온전히 바치는 생활 양식을 가리키기도 한다. 이러한 의미에서 본다면 〈정리적인〉은 결코 〈실천적인〉과 대립되지 않는다. 달리 말해, 〈정리적인〉은 실천되고 체험

* 프랑스어 〈*théorique*〉는 그리스어 〈*theôrikos*〉에서 나온 것으로 〈실재나 실천과 무관하게 사색적, 추론적인〉이라는 의미를 지닌다. 반면 〈*théorétique*〉는 그리스어 〈*theôrêtikos*〉에서 나온 것으로 〈순수한 지식이나 고찰에 관한〉 정도의 뜻으로 볼 수 있다. 이 책에서는 전자를 〈이론적인〉으로, 후자를 〈정리적인〉으로 옮겼다.

되는 살아 있는 철학, 행복을 가져오는 철학에도 적용되는
단어다. 아리스토텔레스는 친히 이렇게 명시적으로 말한다.

> 그러나 활동적인[실천적인] 삶이라고 해서 어떤 사람들
> 이 생각하는 것처럼 꼭 타인과의 관계를 포함하는 삶일 필
> 요는 없다. 또한 행위에서 결과를 얻기 위한 우리의 생각만
> 이 실천적인 것은 아니요, 그 자체로 완전하고 그 자체가 목
> 적인 관조*theōria*와 사색이 더 실천적이라고 할 수 있다.[12]

다음에 이어지는 대목에서 아리스토텔레스는 이 같은 정
관적 행위의 모델이 신 그 자체와 세계임을 암시한다. 신과
세계는 외부를 향하여 행위를 발하지 않으며 오직 자기 자
신만을 행위의 목적으로 삼는다. 여기서 다시 한 번 자기 자
신 외에는 어떤 목적도 추구하지 않는 지식이 곧 신적 지성
임을 확인할 수 있다. 자기 자신을 사유하는 사유는 그 자신
외에는 어떤 목적이나 대상을 갖지 않고, 다른 어떤 것에 관
심을 두지도 않는다.

이 같은 시각에서 〈정리적인〉 철학은 윤리학이기도 하다.
덕의 〈실천*praxis*〉은 선한 사람이 되기를 원하며 다른 특별
한 이익을 추구하지 않은 채 덕 그 자체만을 목적으로 삼는
다.[13] 마찬가지 맥락에서, 정리적인 〈실천〉은 지식 외에는
다른 목적을 추구하지 않는 것이다. 지식과 이질적인 별개
의 이기적 이익을 좇지 않고 지식을 위한 지식만을 바란다

는 얘기다. 역설적으로 보이는 이 정리를 위험을 무릅쓰고 우리에게 제시하는 사람은 다름 아닌 아리스토텔레스 그 자신이다. 이것이 곧 무사 무욕과 객관성의 윤리학이다.

〈정리적인〉 삶의 다양한 수준들

정신에 따르는 삶을 어떻게 이해할 것인가? 잉게마르 뒤링이 그랬듯이[14] 학자적 삶으로 정의해야 할 것인가? 아리스토텔레스의 학교에서 존중되던 활동들을 고려해 볼 때 그곳의 철학적 활동이 거대한 학술 기획이라고 부를 만한 특징들을 지니고 있었음은 분명하다. 이 같은 시각에서 본다면 아리스토텔레스는 대단한 연구 활동 조직자다.[15] 아리스토텔레스 학교의 사람들은 전 분야에 걸쳐 광대한 지식의 수집에 참여했다. 그들은 모든 역사적 자료(예를 들면, 피티아 제전*의 우승자 목록), 사회적 자료(다양한 도시들의 조직), 심리학적, 철학적 자료(고대 사상가들의 견해) 등을 모았다. 그들은 또한 수없이 많은 동, 식물을 관찰하고 그 결과를 수집했다. 이러한 전통은 아리스토텔레스의 학교 내에서 시대가 바뀌어도 계속 존중받았다. 하지만 이 같은 자료들은 부질없는 호기심을 충족시키기 위한 것이 아니었다. 아리스토텔레스학파는 그저 단순한 사실들을 수집

* 고대 그리스에서 아폴론 신을 기리기 위해 열렸던 체육과 음악 시합.

한 것이 아니다.[16] 그들은 서로 비교하고 유비 관계를 수립하여 현상들을 분류하고 원인들을 탐구하기 위해 사실들을 수집했다. 이 모든 것은 관찰과 추론의 긴밀한 공조가 있었기에 가능했다. 더욱이 아리스토텔레스는 추론보다 관찰을 더 신뢰해야 한다고 말하지 않았던가. 그는 추론이 관찰된 사실과 맞아떨어지는 경우에 한해서만 믿을 만하다고 보았다.[17]

그러므로 아리스토텔레스가 말하는 정신적 삶이 상당 부분 관찰하고 연구하며 그 관찰 결과들을 반추하는 데 있음은 두말할 필요도 없다. 그러나 이러한 활동은 감히 모든 면에서의 ─비천한 면이든 숭고한 면이든 간에─실재에 대한 거의 종교적인 열정이라고 불러도 무방할 정신 상태에서 이루어진다. 우리는 모든 것에서 신의 자취를 찾을 수 있기 때문이다. 이 주제에 대해서는 아리스토텔레스의 『동물의 신체 부분』의 도입부[18]만큼 도움이 되는 텍스트가 달리 없으리라. 이 대목에는 그의 연구 영역과 연구 동기가 밝혀져 있다. 그는 우선 자연계에서 발생에 종속되지 않으며 부패하지 않는 것, 즉 영구적인 것과 세대교체 및 파괴에 종속되는 것을 구분한다. 그 후에는 우리가 이것들을 알기 위해 강구할 수 있는 수단을 이것들에 대비시킨다. 영구적인 것들, 곧 천체와 행성들에 대해서 알고자 하는 욕망은 크지만 실제로 우리가 지닌 지식은 빈약하기 짝이 없다. 반면 우리의 능력이 미치는 범위 안에 있는, 언젠가 멸절될 것들에 대해서는 상당한 정보를 지니고 있다. 아리스토텔레스는 이러한 실재의 두 영역에 대해 연구할 것을 권한다. 이러한 것들에 대한 앎이 기쁨의 원천이 되기 때문이다.

두 가지 연구는 저마다 매력이 있다. 영원한 것들에 대해서는 우리가 아주 미약한 부분밖에 접할 수 없지만 그것들에 대한 앎은 그 탁월성 때문에 우리 능력 범위 안의 것들에 대한 앎보다 한층 더 큰 기쁨을 안겨 준다. 이는 사랑하는 이를 잠시 잠깐 부분적으로나마 보는 것이 그 밖의 것들—제아무리 대단한 것이든—을 정확하게 관찰하는 것보다 더 큰 기쁨을 안겨 주는 것과 마찬가지이다. 하지만 한편으로 지식의 정확성과 범위를 고려한다면 지상의 것들에 대한 학문이야말로 대단한 장점을 지니고 있는 것이다.[19]

이어서 아리스토텔레스는 이렇게 주지시킨다. 어떤 이들은 살아 있는 자연을 연구하려면 하찮고 경멸할 만한 것들에 몰두해야 한다고 말할 것이다. 아리스토텔레스는 이렇게 주저하는 마음에 대해 관조의 즐거움을 환기시킴으로써 응답한다.

사실을 말하자면 이러한 존재들 가운데 일부는 혐오스러워 보이기도 한다. 그렇지만 그것들을 솜씨 좋게 만든 대자연은, 그것들을 관조하며 그 원인들을 알아낼 수 있는 자, 곧 철학자 부류에 속하는 자들에게 형용할 수 없는 즐거움을 안겨 준다. 더욱이 우리가 이 존재들의 이미지를 관조하며 즐거움을 얻는다는 것은 비합리적이고 부조리한 일이 아닌 가. 그 이유는 우리가 그것들에서 (조각가나 화가의 솜씨 같은) 구체화된 솜씨를 보기도 하지만, 적어도 그것들의 원인 들을 파악할 수 있다면 그것들을 대자연이 만든 것으로 생 각하고 살펴볼 때 이러한 관조에서 한층 더 큰 기쁨을 얻기 때문이다. 그러므로 다소 고귀하지 못한 동물들을 탐구한다 고 해서 치기 어린 혐오감을 품어서는 안 되겠다. 대자연의 모든 행사에는 놀라운 것이 있기 때문이다. 헤라클레이토스 가 이방인 방문객들에게 했던 말을 되새길 필요가 있다. 그 들은 헤라클레이토스가 화덕 앞에서 몸을 덥히고 있는 것을 보고 안으로 들어오다가 멈춰 섰다. 그는 부엌에도 신들이 계시노라 말하면서 일말의 두려운 기색도 없이 들어올 것을 청했다. 이와 마찬가지로 우리는 아무 혐오감 없이 동물들 이 저마다 자연과 아름다움을 실현하는 역할을 한다는 믿음 을 품고 그것들을 살펴보아야 한다.[20]

이 텍스트에서 정신에 따르는 삶에 활력을 불어넣는 근 본 경향들을 엿볼 수 있다. 만약 우리가 지상적 본성을 지닌 존재들에 대해서만큼 천상적인 존재들에 대해서도 앎의 즐 거움을 느낄 수 있다면 이는 저항할 수 없도록 이끄는 실재 의 자취, 곧 제일 원인을 거기에서 발견했기 때문이다. 아리스토텔레스는 사랑하는 대상이 사랑에 빠진 사람을 움직이 듯 제일 원인은 만물을 움직인다고 말했다.[21] 천체와 행성들은 그 자체가 인력(引力)의 원리이므로 우리가 그것들을 관찰할 때면 사랑하는 이를 스치며 보았을 때 느끼는 것과 같은 기쁨을 맛보는 것이다. 한편 자연 연구는 우리가 그것에서 신의 솜씨를 발견할 수 있는 한에서만 기쁨을 준다. 예술가는 자연의 솜씨를 모방할 뿐이다. 이 같은 의미에서, 인간의 예술은 자연의 예술이라는 더 근본적이고 근원적인 것의 개별 사례일 뿐이다. 이 때문에 자연의 아름다움은 모든 예술적 아름다움보다 우월하다. 하지만 어떤 이들은 자연계에 불쾌한 것들도 있지 않느냐고 말할 것이다. 그렇다. 하지만 그것들조차도 예술이 모방하면 아름다워지지 않는가?[22] 만약 우리가 추하고 불쾌한 것들을 예술적으로 표현한 것을 보고 기쁨을 얻는다면 그것은 예술가가 그것들을 표현한 솜씨, 그 예술성에 감탄하는 것이리라. 여기서 잠시 짚고 넘어가야 할 것이 있다. 그리스 예술이 비천한 주제들, 곧 하위 계급의 인물이나 온갖 종류의 동물들을 다루며 사실주의를 추구했던 때는 헬레니즘 시대이며, 이 시대는 바로 아리스토텔레스 때부터 시작됐다.[23] 하지만 예술 작품을 통해 예술가의 솜씨를 관찰하며 기쁨을 얻으면서, 어째서 현실에서 자연이 뛰어난 솜씨로 만들어 놓은 것들에 대해서는 감탄하지 않는가? 더욱이 자연은 살아 있는 존재들을 자기 내부에서 성장시키는 만큼, 일종의 내재적 예술을 실행하고 있는 셈 아닌가? 우리가 자연의 의도와 자연이 행위를 통해 좇는 목적성을 찾는다면 자연의 모든 작품들에서 연구의 기쁨을 얻을 수 있을 것이다.

아리스토텔레스에 따르면 우리는 자연을 통해 신의 임재를 느낀다. 그가 헤라클레이토스의 일화를 끌어들인 이유도 여기에 있다. 이방인 방문객들은 철학자가 헤스티아[*]를 기리는 불이 타오르는 주실(主室)에서 자기들을 맞아 줄 것이라고 기대했다. 하지만 헤라클레이토스는 그들을 부엌 화덕가로 맞아들였다.[24] 그 이유는 모든 불이 신성하기 때문이다. 이는 성스러운 것이 특정 장소, 이를테면 헤스티아의 제단 따위로 제한되는 것이 아니요, 모든 물질적 실재, 우주 전체가 성스러움을 의미한다. 가장 비천한 존재들도 경이로운 부분, 신적인 부분을 가지고 있는 것이다.

우리는 플라톤에게서 지식이 항상 욕망 및 정서와 관련되어 있다고 말한 바 있다.[25] 아리스토텔레스에 대해서도 같은 말을 할 수 있다. 존재를 관조하는 기쁨은 사랑하는 이를 관조하는 기쁨과 같다. 철학자에게는 모든 존재가 아름답다. 그는 지고의 욕망할 만한 원리를 향한 온 우주의 일반적이고 질서 잡힌 운동과, 대자연의 계획이라는 전망 안에 그 존재들을 위치시킬 줄 알기 때문이다. 지식과 정서의 긴

* 크로노스와 레아의 딸로 올림포스 12신 중 하나. 주로 가정에 있는 화로의 여신으로 숭배되었으나 도시의 공동체적 성격이 강했던 시기에는 공적으로 숭배되기도 했다. 손님 접대라는 외적 관계와 내적 결합의 면에서 가족의 신 제우스와 밀접한 관계가 있다.

밀한 관계는 『형이상학 Metaphysica』에서 다음과 같은 정리로 표현된다. 〈지고의 욕망할 만한 것과 지고의 가지적인 것이 한데 섞인다.〉[26] 정리적인 생활 양식은 다시금 그 윤리적 차원을 드러낸다. 철학자가 존재하는 것들에 대한 지식에서 기쁨을 얻는 이유는 결국 그가 욕망할 만한 지고의 것으로 이끌어 주는 것 외에는 아무것도 욕망하지 않기 때문이다. 이 같은 관념을 칸트의 말을 빌려 표현해 볼 수 있겠다. 〈자연의 아름다움에 직접적인 관심을 두는 것은 (……) 언제나 선한 영혼의 표징이다.〉[27] 선한 영혼은 자연적 존재의 형태에서만이 아니라 〈감각적 매력이나 그 자신이 부여한 목적성이 개입하지 않은〉 그것들의 실존에서도 기쁨을 느끼기 때문이라고 칸트는 그 이유를 설명한다. 역설적이게도, 자연의 아름다움에서 얻는 기쁨은 무사 무욕의 기쁨이라 할 만하다. 아리스토텔레스적 관점에서 이러한 무사 무욕은 자기 초탈에 부합한다. 개인은 자기 초탈을 통해 진정한 자아라고 할 수 있는 정신, 지성의 수준으로 격상되고 지고의 원리, 곧 지고의 욕망할 만한 것이자 지고의 가지적인 것이 자신을 끌어당김을 깨닫는다.

〈정리적인〉 삶을 과연 〈학자적인〉 삶으로 정의할 수 있을 것인가? 내 생각에, 현대적인 의미에서의 〈학자〉 개념은 피티아 제전의 우승자 명단, 존재하는 한에서의 존재자에 대한 성찰, 동물에 대한 관찰, 우주를 움직이는 제일 원리의 존재 증명을 망라하는 다양한 활동들을 온전히 담아내기에

역부족이다. 아리스토텔레스에 따르면 정신의 활동이 어떤 특별한 순간에는 제일 원리의 활동, 곧 사유에 대한 사유와 유비적이다. 이러한 정신의 활동을 〈학자적〉 활동이라고 간주하기는 어렵다. 앞에서 살펴보았듯이, 아리스토텔레스는 신적 사유의 지복이 어떤 것인가를 이해시키기 위해 그 행복감을 인간 지성이 어쩌다 가끔씩 겪게 되는 희귀한 경험에 비교했다.[28] 확실히 인간 지성은 최고의 정점에 도달하는 것처럼 보인다. 이따금, 분할할 수 없는 직관을 통하여, 신적인 지복의 분할 불가능성을 사유할 때가 그렇다.[29] 정리적인 것, 즉 관조보다 더 이론과 동떨어진 것은 없다.

그러므로 학자적 삶을 거론하기보다는, 아리스토텔레스가 생각하는 지혜가 〈테오리아〉의 완전성인 이상 〈지혜를 위해 스스로를 단련하는 삶〉, 〈철학적인 삶〉을 거론하는 편이 적절할 것이다. 아리스토텔레스는 인간 지성이 그렇게 완전하지 않으며 몹시 드물게 찾아오는 순간에만 완전성에 접근할 수 있다고 보았다. 정리적인 삶은 가장 비천한 수준에서 가장 고귀한 수준에 이르기까지 위계적으로 나뉘는 여러 수준들을 포함한다. 게다가 우리가 이미 보았듯이 아리스토텔레스 자신도 〈테오리아〉의 행복을 말하면서 찾는 자의 행복은 아는 자의 행복만 못하다고 말하지 않았던가. 정신에 따르는 삶에 대한 아리스토텔레스의 찬가는 자신과 자기 학교 사람들이 실천했던 삶에 대한 묘사인 동시에 이상적 프로그램이자 계획이요, 지혜를 향해 단계적으로 나아갈 것을 권유하는 초대였다. 그러나 〈오직 신만이 그러한 특권을 누릴 수 있기에〉[30] 그 지혜는 인간적이라기보다는 신적인 어떤 상태라고 하겠다.

철학적 담론의 한계

아리스토텔레스의 저작들은 철학자 본인과 그 학교 일원들의 정리적인 활동의 결실이다. 그러나 아리스토텔레스의 철학적 담론은 현대 독자들을 당황하게 한다. 담론이 낭패스러울 만큼 간명하기 짝이 없고, 특히 학설의 가장 중요한 사항들(이를테면 그의 지성 이론)에 대한 사유가 너무나도 불확실하기 때문이다. 아리스토텔레스 체계의 각 부분을 구성하는 이론들을 망라한 철저하고 정합적인 설명은 찾아볼 수 없다.[31]

이러한 현상을 설명하기 위해, 우선 그와 떼려야 뗄 수 없는 학교라는 틀 속에 그의 가르침을 위치시켜 보아야 한다. 소크라테스나 플라톤처럼 그도 제자 양성을 무엇보다 중시했다. 그의 구어적 가르침이나 문자로 기술된 저작은 모두 한정된 청중을 대상으로 한다. 그리고 논문들도 좀 더 광범위한 대중을 염두에 둔 도덕과 정치학에 대한 것들을 제외하면 대부분 그가 학교에서 펼쳤던 가르침을 문자화한 것에 불과하다. 게다가 이 저작들 가운데 대부분은 『형이상학』과

『하늘에 관하여*De Caelo*』처럼 진정한 의미에서의 통일성을 지니지 못한 채 각기 다른 때에 열린 강의 기록들을 인위적으로 조합해 놓고 있다. 마치 그의 저작이 모든 실재를 설명하는 체계의 이론적 설명인 양, 이렇게 조합하고 해석한 자들은 아리스토텔레스의 후계자, 특히 주석가들이다.[32]

보데우스가 제대로 지적했듯이 아리스토텔레스의 강의는 〈어떤 연구가 계속 이어졌는가를 다 알고 있는 전지적 시점에서의 선생 생각을 학생들이 열심히 필기하는 현대적 의미에서의 강의가 아니었다〉.[33] 〈지식을 전달하는〉 것, 청중들에게 특정한 이론적 내용을 이식하는 것은 중요치 않다. 중요한 것은 청중을 〈양성하는〉 것, 공통의 연구로 이끄는 것이었다. 그것이 바로 정리적인 삶이다. 아리스토텔레스는 청중들에게 토론, 반응, 판단, 비판을 기대했다.[34] 가르침은 여전히 근본적으로 대화였던 것이다. 우리에게 전해지는 아리스토텔레스의 텍스트들은 아리스토텔레스 자신이 생각해서, 혹은 학교 사람들과의 토론을 거쳐서 몇 가지를 교정하거나 수정한 강의 노트들이다. 그의 강의들은 무엇보다도 학생들이 사유의 방법론과 친숙해지도록 짜여 있었다. 플라톤은 대화법 훈련 그 자체가 훈련으로 거둬들이는 결과보다 중요하다고 보았다. 마찬가지로, 아리스토텔레스도 궁극적으로는 문제에 대한 논의가 그 해답보다 제자 양성에 중요하다고 보았다. 그는 강의를 통하여 사유가 어떤 행보를 취하는지, 실재의 모든 영역에서 현상의 원인을 탐구하려면 어떤 방법론을 취해야 하는지를 예를 들어 가며 보여 주었다. 그는 같은 문제를 다양한 출발점에서 다루고 다양한 각도로 접근하기를 좋아했다.

아리스토텔레스보다 철학적 담론이 지식의 도구로서 지닌 한계를 분명히 의식했던 사람은 없다.[35] 우선 그 한계는 실재 그 자체에서 온다. 단순한 것은 언어로 표현될 수 없다. 언어의 추론으로는 복합적인 것, 우리가 연속적인 부분들로 나눌 수 있는 것밖에 표현하지 못한다. 언어는 분할할 수 없는 것, 예를 들자면 양적 차원에서의 점 같은 것에 대해서는 아무것도 말할 수 없다. 그저 반대 사항을 부정함으로써, 부정적으로만 무엇인가를 말할 수 있을 뿐이다. 만물을 움직이는 원리인 제일 지성 같은 단순 실체에 대해서 담론은 그 본질을 말하지 못한다. 인간 지성이 어떤 식으로든 신적 지성의 분할 불가능성을 모방하는 이상, 이러한 실재에 대해 비추론적이며 즉각적인 직관으로 격상되는 순간은 아주 드물다.[36]

담론의 한계는 그것만 가지고는 청중에게 앎을 전달할 수 없다는 불가능성에서 비롯되기도 한다. 설득의 경우에는 이 불가능성이 더욱더 분명하다. 청중 쪽에서 협력하지 않는다면, 담론 그 자체만으로 청중에게 어떤 영향을 미칠 수 없다.

이미 정리적 차원에서조차도 앎을 얻기 위해서는, 즉 진리와 실재에 접근하기 위해서는 담론을 듣는 것, 심지어 담론을 반복하는 것으로도 충분치 않다. 담론을 이해하려면 무엇보다도 담론이 말하는 것에 대해 청중이 모종의 경험을 지니고 있어야만 한다. 담론의 대상에 대해 친숙함을 지니고 있어야 한다는 말이다.[37] 그다음에는 영혼 내에 지속적인 성향, 다시 말해 〈아비투스*habitus*〉라고 할 만한 것을 창조하는 완만한 동화 작용이 있어야 한다.

이제 막 논변들을 엮어 내기는 하나 그들이 알고 있는 것은 결코 아니다. [알기 위해서는 앎과 영혼이] 하나가 되어야 하는데, 이렇게 되기까지는 시간이 필요하기 때문이다.[38]

플라톤처럼[39] 아리스토텔레스도 진정한 앎은 개념, 방법은 물론 관찰된 사실들을 오랫동안 친숙하게 다루고 난 뒤에야 비로소 태어난다고 보았다. 사물을 알기 위해서, 또한 자연의 일반 법칙이나 지성의 합리적 필연성 및 그 전개 방식과 친숙해지기 위해서 오랫동안 사물들과 더불어 경험을 쌓아야만 하는 것이다. 이러한 개인적 노력이 없으면 청중은 담론에 동화될 수 없다. 이들에게 담론은 아무 소용이 없는 것이다.

실천적 차원에서는 앎만이 문제가 되는 것이 아니요, 덕을 행하고 수련하는 것이 중요하기 때문에 더욱더 그러하다. 철학적 담론들만으로는 인간을 덕스럽게 하기에 충분치 않다.[40] 청중에도 두 부류가 있다. 첫 번째 부류의 청중은 이미 덕에 대한 소양을 타고났거나 좋은 교육을 받은 사람들이다. 이들에게 도덕적 담론은 유용한 것이 될 수 있다. 이러한 담론은 그들로 하여금 타고난 덕성 혹은 습관에 의해 획득한 덕성을 신중함이 따르는 의식적 덕성으로 변화시키도록 돕는다.[41] 이 경우, 어떤 의미에서 담론은 이미 개종한 사람들에게만 말을 건다고 할 수 있을 것 같다. 반면, 두 번째 부류의 청중은 정념의 노예들이다. 도덕적 담론은 그들에게 아무런 영향도 미치지 못한다. 〈정념을 따르기 쉬운 경향을 지닌 이는 듣는다 해도 헛되며 아무 이득도 얻지 못한다. 목표는 지식이 아니요 실천이기 때문이다.〉[42] 따라서 이런 부류의 청중에게 덕을 고양하려면 담론 아닌 다른 것이 필요할 것이다.

듣는 사람의 영혼이 호감과 반감을 제대로 행사할 수 있게끔 오랫동안 습관을 통해 준비되어 있어야만 할 것이다. 마치 씨앗을 자라게 하기에 적당하도록 땅을 미리 갈아엎어 두듯이.[43]

아리스토텔레스는 이러한 교육 과업을 도시가 법적 압박과 강제를 통해 실행해야 한다고 보았다. 따라서 정치가와 입법자는 시민들의 덕성을 보증하고 그로써 행복까지도 보증할 책임이 있다. 이를 위해 시민들이 실제로 덕성을 고양하는 교육을 받을 수 있는 도시를 조직하는 한편, 도시 안에서 여가의 가능성을 보장해야 한다. 여가야말로 철학자들로 하여금 정리적인 삶에 접근하도록 하는 것이기 때문이다. 아리스토텔레스가 도시와 상관없는 개인적 윤리를 수립하는 것은 불가능하다고 생각했던 이유가 바로 여기에 있다.[44] 그는 『니코마코스 윤리학』에서 정치가와 입법자들이 판단을 잘 정립할 수 있게끔 인간의 행복과 덕이 지닌 여러 가지 측면들을 기술해 보인다. 이로써 정치가와 입법자들이 시민들이 덕을 실천하며 살 수 있게끔, 나아가 특권을 누리는 일부 사람들이 철학적인 삶을 살아갈 수 있게끔 법적 조처를 마련하도록 촉구한 것이다. 보데우스가 탁월하게 지적했듯이[45] 『윤리학』과 『정치학』은 〈지식 너머의 목적〉을 추구한다. 그 목표는 〈몇 가지 특정 질문들에 대하여 담론을 통해 진리를 발표하는〉 것이 아니라 그것을 통해, 그보다 한 발짝 더 나아가 〈전인(全人)〉의 도야에 공헌하는 것이다.

아리스토텔레스도 플라톤과 마찬가지로 도시와 사람들의 변화에 대한 희망을 정치인들에게 걸었다. 하지만 플라톤은 철학자가 직접 이러한 과업을 실현할 정치인이 되어야 한다고 생각했다. 그랬기 때문에 그가 철학자들에게 제안한 삶의 선택과 그 양성 과정은 정관적이기도 하지만 행동하는—앎과 덕은 상호 함축적이기 때문에—인간의 그것이기도 했다. 반대로 아리스토텔레스는 철학자가 도시에서 해야 할 일은 정치가들의 올바른 판단을 양성하는 것으로 제한되어야 한다고 생각했다. 입법을 통해 시민들의 윤리적 덕성을 보장하는 것은 정치가들의 소관이다. 철학자들은 무사 무욕의 탐구, 연구, 관조에 헌신하는 생애를 택해야 한다. 이는 궁극적으로 정치적 고민과는 독립적인 삶임을 깨달아야 한다. 그러므로 플라톤에게서와 마찬가지로 아리스토텔레스에게도 철학은 생활 양식이자 담론의 양식이었다.

7. 헬레니즘학파

일반적 특징들

헬레니즘 시대

〈헬레니즘 시대〉는 전통적으로 마케도니아의 알렉산드로스 대왕으로부터 로마 제국 때까지, 즉 기원전 4세기부터 기원전 1세기까지의 시대를 가리킨다. 알렉산드로스 대왕의 대대적 정복 원정 덕분에 그리스의 영향력은 이집트에서 사마르칸트, 타슈켄트, 인더스 강 유역까지 퍼졌고 세계사의 새로운 시대가 열렸다. 이때 그리스는 광대한 세계를 발견하기 시작했다고 말할 수 있을 것이다. 이로써 중앙아시아뿐만 아니라 중국, 아프리카, 서유럽 등지와도 상호 교역이 활기를 띠기 시작한다. 전통, 종교, 관념, 문화가 한데 섞이면서 이러한 만남이 서구 문명에 지울 수 없는 자취를 남기게 된다. 알렉산드로스 대왕이 사망하자 그의 휘하 부장들은 광대한 제국을 놓고 서로 다투었다. 그 결과 세 개의 수도를 각기 중심으로 삼는 세 개의 왕국이 형성되었다. 마케도니아의 펠라는 마케도니아 전역과 그리스에 권위를 행사했다. 이집트에는 알렉산드리아가 있었고 시리아에는 셀레우코스 왕조의 거점 안티오크가 있었다. 셀레우코스 왕조는 소아시아뿐 아니라 바빌로니아까지 다스렸다. 여기에 페르가몬 왕국과 인더스 강 유역까지 세력을 미쳤던 그리스 왕국 박트리아를 추가해야 한다.

헬레니즘 시대의 종말을 기원전 30년 이집트의 여왕 클레오파트라가 자살한 때로 보는 데에는 별다른 이의가 없을 것이다. 그녀는 옥타비아누스(훗날의 아우구스투스)가 악티움 해전에서 승리를 거두자 스스로 목숨을 끊었다. 기원전 3세기 말부터 로마인들은 그리스 세계와 접촉하면서 차츰 철학에 눈을 뜨게 된다. 이 책에서도 로마 제국 치세(기원전 30년 이후)에 살았던 철학자들을 종종 언급하게 될 것이다. 이들을 언급하는 이유는, 그들이 헬레니즘 철학과 관련된 사료들에 대해 알려 주는 바가 있기 때문이다. 그러나—후에 다시 말할 기회가 있겠지만[1]—제국 시대의 철학과 헬레니즘 시대의 철학은 그 성격이 자못 다르다.

그리스 철학에서 헬레니즘 시대는 종종 동양과의 접촉으로 타락한 그리스 문명의 퇴폐적 국면처럼 소개되곤 한다. 이처럼 냉혹한 평가는 여러 이유로 설명된다. 첫째, 문화의 이상적 모델을 〈선험적으로〉 고정시켜 버리는 예의 선입견이 이유가 될 수 있겠다. 이러한 선입견은 소크라테스 이전의 그리스, 비극 시인들의 그리스, 그리고 부득이한 경우에는 플라톤까지만 연구할 만한 가치가 있는 것으로 치부한다. 둘째, 민주제에서 군주제로의 이행과 정치적 자유의 종말과 더불어 그리스 도시에서 공공의 삶이 사라져 버렸다는 생각도 이유가 될 것이다. 철학자들은 플라톤과 아리스토텔레스의 사색적 노고를 저버렸으며 도시를 변화시킬 정치인들을 양성하겠다는 희망도 버렸다. 이때부터 철학자들은 정치적 자유를 빼앗긴 사람들에게 내면적 삶으로의 도피를 제공하는 데 순응했다. 내 생각에 헬레니즘 철학을 이런 식으로 소개하는 태도는 20세기 초부터 비롯된 것 같다.[2] 이러한 태도는 지금까지 이 시대의 철학을 곧잘 곡해해 왔다.

사실 헬레니즘 시대를 퇴폐적 시대로 소개하는 것은 온당치 않다. 고대 그리스 유적지의 비문 등을 면밀하게 연구해 온 금석학자 루이 로베르는 모든 도시들이 헬레니즘 시대와 이후의 로마 제국 시대에도 문화, 정치, 종교, 체육 활동을 활발하게 유지해 나갔음을 자신의 저작에서 철저히 입증해 보였다. 게다가 헬레니즘 시대에는 정밀과학과 기술이 비약적으로 발전했다. 특히 알렉산드리아는 그곳의 지배자 프톨레마이오스 1세의 영향으로 헬레니즘 문명의 살아 있는 중심이라고 할 만한 도시가 되었다.[3] 디미트리오스 팔레레오스가 조직한 알렉산드리아 박물관은 천문학에

서 의학에 이르기까지 모든 과학적 연구의 메카였다. 디미
트리오스 팔레레오스는 과학 연구에 특권을 부여하는 아리
스토텔레스적 전통에 충실한 인물이었다. 더욱이 알렉산드
리아 도서관에는 모든 철학 및 과학 문헌이 집대성되어 있
었다. 위대한 학자들이 그곳에서 활동을 펼쳤다. 의사 헤로
필로스, 천문학자였던 사모스의 아리스타르코스 등이 그
예이다. 이 시대에 펼쳐졌던 놀라운 과학적 연구 활동을 가
늠하는 데에는 수학자이자 역학자였던 시라쿠사의 아르키
메데스를 언급하는 것만으로도 충분하리라.

도시가 자유를 빼앗겼다고 하나 그 때문에 철학적 활동
이 위축되지는 않았다. 더욱이, 민주제가 꼭 철학적 활동을
펴는 데 유리하다고 말할 수 있을까? 민주정의 도시 아테네
는 아낙사고라스와 소크라테스를 가차 없이 처단하지 않았
던가?

철학적 활동 그 자체의 방향에도 우리가 상상하는 것 같
은 심원한 변화는 없었다. 우리는 헬레니즘 철학자들이 도
시 내에서 직접 행동하지 못하는 무력감 때문에 개인의 윤
리를 발전시키고 내면으로 눈을 돌렸다고 배웠고 또 그렇
다고 수도 없이 주장해 왔다. 하지만 실상은 그보다 훨씬 복
잡했다. 일단 플라톤과 아리스토텔레스가 각자 나름의 방
식대로 정치에 관심을 두었던 것은 사실이다. 하지만 그들
에게도 철학적 삶은 정치적 부패로부터 벗어나는 수단이었
다. 아리스토텔레스학파의 생활 양식, 곧 정신에 따르는 삶

은 도시 속 삶과의 타협을 피한다. 플라톤으로 말하자면, 그는 모든 고대 철학자들에게 다음과 같은 중대한 진술을 남기지 않았던가. 이것은 부패한 도시에서 철학자가 반드시 지녀야 할 태도에 대한 진술이다.

그러므로 철학과 제대로 교류하는 자들은 소수의 부류만 남았다네. (……) 그런데 이 소수는 철학이 얼마나 즐겁고 복된 것인지 맛본 한편, 대다수의 사람들이 미쳐 돌아가고 있고, 국사(國事)에 있어서 그 누구도 분별을 행하지 못하고, 목숨을 내놓지 않고도 정의를 사수할 수 있도록 연대를 맺을 만한 동지도 없음을 절감할 걸세. 그는 맹수들 사이에 떨어진 사람처럼 그들의 위협 앞에서도 불의하게 행동하기를 거부하되 혼자서는 그 사나운 무리에게 저항하지도 못하고, 그래서 친구들이나 도시를 위해 도움이 되기도 전에 파멸함으로써 자신에게나 타인들에게나 무용하게 될 것임을 깨닫게 될 걸세. 그는 이 모든 것에 대해 성찰한 후에 조용히 물러나 자기 일에만 전념하게 되네. 마치 폭풍우를 만난 여행자가 벽 뒤에 숨어 바람이 몰아붙이는 비와 먼지의 소용돌이를 피하듯이 그는 다른 사람들이 불의를 자행하는 모습을 보면서 만약 지상에서 불의와 무도함을 피해 살다가 아름다운 희망을 품은 채 영혼의 평안과 평정 속에서 생애를 마칠 수만 있다면 그것이 곧 행복이라고 족히 여기네.[4]

철학자가 스스로 도시의 부패를 바로잡는 데 철저히 무력함을 깨닫게 되면 철학을 홀로 혹은 타인들과 더불어 실천하는 것 외에 무엇을 할 수 있겠는가? 불행히도 고대의 거의 모든 철학자들이 이러한 정치적 입장에 놓여 있었다.[5] 황제였던 마르쿠스 아우렐리우스조차도 백성들의 몰이해와 타성 앞에서 무력감을 토로하지 않았던가.[6]

그러나 다른 한편으로 헬레니즘 시대의 철학자는—에피쿠로스주의자들조차도[7]—정치에 무관심하지 않았다. 그들의 영광을 기리기 위해 세워진 비석들을 보건대, 그들은 종종 군주의 자문역을 맡았으며 도시의 외교 사절이 되기도 했다. 스토아 철학자들은 여러 나라에서 정치적, 사회적 개혁의 협력에 중요한 역할을 했다. 예를 들어, 스토아 철학자 스파이로스는 아기스와 클레오메네스 같은 스파르타의 군주들에게 큰 영향을 미쳤다. 역시 스토아 철학자인 블로시우스는 로마의 개혁가 티베리우스 그라쿠스에게 영향을 주었다.[8] 그들은 가히 모범적인 용기를 발휘하여 로마 황제들에게 맞서기도 했다. 일반적으로 철학자들은 결코 사회 변화의 희망을 저버리지 않았다. 적어도 그들의 삶이 예증하는 바는 그랬다.

헬레니즘 시대에 철학적 삶은 극단적으로 활발했지만 불행히도 우리는 그 삶에 대해 불완전한 방식으로밖에 알 수 없다. 만약 이 시대에 집필된 저작들이 모두 다 전해 내려온다면 헬레니즘 철학을 전혀 다른 방식으로 파악할 수 있을 지도 모르겠다. 당시에는 오늘날처럼 철학적 문헌들을 한 번에 수천 부씩 찍어서 광범위하게 유포하지 못했다. 여러 차례 베껴 쓰다 보니 오류도 많았고 — 이 때문에 현대 학자들이 이 텍스트들을 연구하려면 대규모의 비판 작업이 필요하다 — 책방에서 팔리던 저작도 있었지만 전문화된 저작들은 대개 철학 학교들의 도서관에만 소장되어 있었다. 세월이 흐르면서 이 귀중한 자료들은 상당량 소실되었다. 특히 기원전 86년 3월에 있었던 술라의 아테네 약탈은 치명적이었다. 알렉산드리아에서도 도서관이 연속적으로 파괴되면서 많은 자료가 소실되었다. 이리하여 수천 권의 저작이 사라지고 헬레니즘 시대에 종지부를 찍은 그 밖의 격동 속에서 시와 예술의 보배들이 파괴되었다. 우리는 로마인들의 모작(模作)을 통해 그 작품들의 존재를 희미하게 알 수 있을 뿐이다. 한 예만 들겠다. 스토아 철학의 창시자들 중 한 사람인 크리시포스는 최소한 700편의 논문을 쓴 것으로 추정된다. 그런데 그의 논문 가운데 현존하는 것은 단 한 편도 없다. 단지 헤르쿨라네움*에서 발굴된 파피루스들과 로마 시대 작가들의 인용에서 얼마 안 되는 단편들을 접할 수 있을 뿐이다. 그러므로 철학사에 대한 우리의 시각은 우발적인 역사적 사건들에 의해 돌이킬 수 없이 왜곡될 수밖에 없다. 만약 플라톤과 아리스토텔레스의 저작이 소멸

* 이탈리아 캄파니아 지방에 있던 고대 도시. 베수비오 화산이 분화했을 때 폼페이, 스타비아이와 함께 파괴되었다.

되고 그 대신 스토아학파 제논과 크리시포스의 저작이 살아남았다면 철학사는 완전히 딴판이 되지 않았을까. 어쨌든 로마 시대에 살았던 작가들 덕분에 헬레니즘 철학의 전통에 대해 귀중한 정보가 전해 온다. 그러한 작가들로, 공화국 시대에는 키케로, 루크레티우스, 호라티우스가 있었고 제국 시대에는 세네카, 플루타르코스, 에픽테토스, 마르쿠스 아우렐리우스가 있었다. 이러한 이유에서 우리는 헬레니즘 시대 이후의 이 작가들을 간간이 인용하지 않을 수 없다.

동양의 영향?

알렉산드로스의 원정은 그리스 철학의 발전에 영향을 주었을까? 이 원정이 지리학적, 민속학적 관찰의 길을 열었으므로 과학 기술 발전에 유리하게 작용했음은 분명하다. 또한 우리는 그리스인 학자들과 인도인 학자들이 알렉산드로스의 원정 덕분에 서로 만날 수 있었다는 것도 안다. 특히 아브데라 학파의 아낙사르코스와 그의 제자 엘리스의 피론은 인도까지 정복자 알렉산드로스를 따라갔다. 피론은 원정에서 돌아온 뒤 속세에서 떠나 살았는데, 그 이유는 한 인도인이 스승 아낙사르코스에게 피론은 왕궁에 자주 드나들기 때문에 스승이 될 수 없다고 말하는 것을 들었기 때문이라고 한다.[9] 이러한 접촉에서 진정한 사유의 교류나 이론 대 이론의 대결이 있었던 것 같지는 않다. 적어도 뚜렷이 남은 흔적은 전혀 없다. 하지만 그리스인들은 〈나체 수도승〉혹은 〈탁발승〉이라고 불리는 이들의 생활 양식에서 깊은 인상을 받았던 듯하다.[10] 역사가이자 철학자인 오네시크리토스도 이 원정에 참여했는데, 그는 알렉산드로스가 죽은 지 얼마 안 되었을 무렵 인도인들의 풍습, 특히 소신공양(분신자살)에 대해 아주 세세한 묘사를 담은 보고서를 남겼다. 그리스 철학자들은 그들 자신이 설파하는 삶의 양식 — 관습을 초월하여 순수한 자연의 섭리를 따라 사는 삶, 인간들이 욕망할 만한 것 혹은 그렇지 못한 것에 대한, 좋고 나쁨에 대한 전적인 무관심, 근심이 없는 완벽한 내적 평화로 이끌어 주는 무관심 — 을 나체 수도승들에게서 보았던 것 같다. 아낙사르코스의 스승 데모크리토스 역시 이 같은 영혼의 구원을 설파했다.[11] 키니코스학파도 인습을 경멸하는 태도를 즐겨 취했다. 그러나 인도 나체 수도승들의 태도는 너무나 극단적이었다. 스토아주의자 제논[12]의 다음과 같은 말은, 알렉산드로스와 직접 접촉하기도 했던 힌두교의 현자 칼라누스의 분신자살[13]을 염두에 두고 한 말일 수 있다. 〈사람들이 고통에 대해 개진해 온 온갖 추상적인 장광설을 배우느니 차라리 인도 사람 한 명이 불 위에서 타 죽는 모습을 보는 편이 낫다.〉 꼭 그렇게 극단적 상황까지 가지 않더라도, 고대인들이 묘사한 피론의 삶을 살펴보면 매사에 대한 무관심의 수위가 너무나 높아서 그가 인도에서 보았던 생활 양식을 모방하려고 애썼던 것 같다는 생각이 절

로 든다. 존재하는 모든 것은 극장의 무대보다 현실적이지
도 않고 그 모든 것이 꿈속에서 혹은 광기 상태에서 보는 이
미지와 닮았다고 말했던 아낙사르코스의 극단적인 주관주
의 역시 주목할 만하다. 우리는 여기서 어떤 동양적인 영향
이 영감을 준 것이 아닌가 생각할 수 있다. 하지만 아브데라
학파의 창시자 데모크리토스가 이미 실재 그 자체(원자)와
주관적인 감각적 지각을 근본적으로 대립시켰던 인물이라
는 점을 잊어서는 안 된다.

그러므로 알렉산드로스의 원정이 철학적 전통의 일대 변
화를 불러오지는 않았던 것 같다. 사실, 헬레니즘 철학은 앞
서 일어났던 정신적 운동이 자연스럽게 발전하면서 나타난
결과였다. 헬레니즘 철학은 소크라테스 이전 시대의 주제
들을 곧잘 끌어들이기도 했지만 소크라테스적 정신에 무엇
보다 깊은 영향을 받았다. 아마도 민족과 민족 사이의 만남
이라는 경험 자체가 세계시민주의라는 개념의 발전에 일정
한 역할을 했을 것이다.[14]

철학 학교들

우리는 이미 플라톤과 아리스토텔레스의 학교를 특징지
었던 생활 양식을 기술한 바 있다. 하지만 고대의 철학 학교
들이 나타내는 아주 특별한 현상을 다시금 되새겨 볼 필요
가 있다. 당시의 철학 교육 조건이 오늘날과 근본적으로 달

랐다는 점을 잊어서는 안 된다. 요즘 학생들은 교과목 혹은 필수 과목일 때에만 철학을 공부한다. 기껏해야 철학 과목을 처음 접할 때 흥미를 느껴서 이 과목의 시험을 치르겠다고 결심할 뿐이다. 어쨌든 학생이 어떤 스승을 만나게 될지는 완전히 우연에 달린 문제이다. 철학으로 이끄는 스승이 현상학자일지, 실존주의자일지, 해체주의자일지, 구조주의자일지, 그것도 아니면 마르크스주의자일지는 순전히 우연으로 정해진다. 물론 언젠가는 학생 스스로 이 수많은 사조들 가운데 하나를 정신적으로 지지하게 될 수도 있다. 어쨌든 그러한 정신적 지지조차도 그의 생활 양식에까지는 침투하지 못하는 경우가 대부분이다. 단, 마르크스주의는 경우가 좀 다를 것이다. 아무튼 우리 현대인들은 〈철학 학교(혹은 학파)〉라는 개념에서 이론적 입장, 학설 경향 따위만 떠올린다.

그런데 고대에는 사정이 전혀 달랐다. 미래의 철학자들을 특정 사조로 이끄는 학제적 필수 과목이나 의무 사항은 전혀 없었다. 철학도들은 그저 어느 학교(학파 *skholē*)[15]가 어떤 생활 양식을 따라 사는가를 보고 자기가 원하는 곳에 배움을 얻으러 갔다. 일단 수업이 벌어지는 곳으로 들어가면 스승의 가르침을 들으면서 예기치 못했던 방식으로 어떤 철학에 경도되기도 했다. 폴레몬이 바로 그런 경우였다. 그는 밤새 유흥을 즐기다가 다음 날 아침 도전이라도 해볼까 싶어 술에 취한 무리들을 끌고 플라톤주의자인 크세노크라테스의 수업에 들어갔다. 그런데 애초의 작정과는 달리 크세노크라테스의 가르침에 매료되어 자기도 철학자가 되기로 마음먹었다. 훗날 폴레몬은 이 학교의 지도자가 되었다. 이 이야기는 교화적인 목적으로 지어낸 것일지도 모르지만, 그렇더라도 개연성은 충분해 보인다.[16]

4세기 말을 전후하여 철학적 활동은 대부분 아테네, 특히 4대 철학 학교로 집중되었다. 플라톤이 세운 아카데메이아, 아리스토텔레스가 세운 리케이온, 에피쿠로스가 세운 호케포스(〈정원〉이라는 뜻), 제논이 세운 스토아가 바로 그 학교들이다. 이 학교들은 거의 3세기 가량 이어졌다. 소피스트들은 여기저기 떠돌아다니면서 무리를 이루었던 반면, 이 학교들은 설립자가 살아 있을 때는 물론, 그들이 죽은 후에도 그 자리를 지켰다. 설립자가 죽은 뒤에는 주로 학생들의 투표나 선임자의 지명으로 후계자들이 선출되었다. 학교는 교장의 행정하에 있었으며 법인(法人)으로 취급되지 않았다.[17] 이 사실은 철학자의 유언장이라는 흥미로운 문건들에서 명확히 드러난다. 우리는 플라톤, 아리스토텔레스, 테오프라스토스, 스트라톤, 리콘, 에피쿠로스의 유언에 대해 알고 있다.[18] 이 문건들에서 각 학원의 재산(동산)에 대한 언급은 전혀 찾아볼 수 없다. 대신 서적이나 부동산은 학원장의 소유로 간주되었다. 그러므로 철학 학교들이 법인이 되기 위하여 뮤즈에게 봉사하는 정신적 형제들을 강제로 규합한 단체였다고 생각할 필요는 없다. 실제로 아테네의 단체 결사의 권리에 대한 법률은 학술 기관에 대해 특별한 자격을 요구하지 않았다.

일반적으로 이 학교들의 활동은 여러 용도로 쓰이던 김나시온에서 열렸다. 아카데메이아, 리케이온이 바로 이런 경우였다. 혹은 스토아 포이킬레*stoa poikilē* 또는 포르티코*portico**에서 가르침을 폈던 스토아학파처럼 그 밖의 공공장소들을 이용하기도 했다. 이러한 장소에서 사람들은 가르침을 듣기도 하고 토론을 벌이기도 했다. 이처럼 당시 학교들은 대개 회합 장소에서 명칭을 그대로 따왔다.

적어도 헬레니즘의 종말에 이르기까지 학교는 항상 학설적 경향(학파)이자 가르침의 장소였다. 학교는 설립자가 조직한 상설 기관이었고 설립자 자신은 그 학교에서 실천되던 생활 양식과 그에 결부된 학문적 경향의 원조라고 할 수 있었다. 그 후 아테네의 교육 기관들이 대부분 파괴되면서 상황이 돌변한다.

학교들은 대중에게 열려 있었다. 철학자들은 대부분—전부는 아닐지언정—보수를 받지 않고 가르치는 것을 영예롭게 생각했다. 이 점은 소피스트들과 정반대였다. 재정은 사비로 충당하거나 후원자의 도움을 받았다. 예를 들어, 이도메네우스는 에피쿠로스의 후원자였다. 학교에 필요한 돈은

---

* 포르티코는 그리스 신전 건축의 주요한 특징으로, 콜로네이드(열주랑)가 있는 현관을 가리킨다. 창시자 키티온의 제논이 스토아 포이킬레에서 주로 가르침을 폈기 때문에 여기에서 〈스토아〉라는 학파의 이름이 나왔다.

매일 은전 두 닢의 입장료를 받아서 해결했다. 메난드로스의 설명에 따르면 은전 두 닢은 〈노예가 반나절 일을 해서 얻을 수 있는 품삯〉이며 〈차 한 잔을 겨우 살 만한 금액〉[19]이라고 한다. 일반적으로 학교에 자주 드나들던 사람들 중에서 단순한 청중과 진짜 제자 집단은 뚜렷이 구분되었다. 제자 집단에 속하는 사람들은 〈친구들〉, 〈벗들〉, 혹은 〈동지들〉 등으로 불렸다. 이들 역시 연장자와 청년들로 나뉘었다. 진짜 제자들은 스승과 한집에서 살거나 바로 지척에 사는 경우가 많았다. 우리가 보았던 크세노크라테스의 제자 폴레몬도 스승과 가까운 곳에 살기 위해서 손수 오두막을 짓기도 했다.[20] 더욱이 에피쿠로스의 학교에서나 아카데메이아, 리케이온 등에서나 규칙적인 간격을 두고 다 함께 식사를 하는 관습이 있었던 것으로 보인다. 아마도 아카데메이아와 리케이온에는 이 같은 모임을 꾸리기 위해 모든 일원들이 돌아가면서 자기 역할을 하게끔 감독하는 직책이 있었을 것이다.[21]

기원전 300년경 키티온의 제논이 세운 스토아학파에 대해서는 자세한 사항들이 그다지 알려져 있지 않다. 역사학자들에 따르면 그는 스토아 포이킬레에서 가르쳤고 제자들을 많이 거느렸다고 한다. 특히 마케도니아의 왕 안티고노스 고나타스(안티고노스 2세)도 아테네에 머물 때 제논의 가르침을 들으러 왔다고 한다. 제논의 학교 내에서도 제자들과 일반 청중은 구분되었다. 예를 들어 페르세우스 같은 제자는 제논이 한집에 데리고 살다가 안티고노스 고타나스의 궁정에 보낸 인물이다.[22] 아테네는 아낙사고라스와 소크라테스를 핍박한 바 있지만 그 이후로 철학에 대한 태도를 꾸준히 발전시켰다. 이는 기원전 261년에 아테네인들이 제논을 기리기 위하여 선포한 글에서 —사실은 안티고노스의 압력이 작용한 것이지만— 명백하게 드러난다. 이 선포문은 제논에게 금관을 수여하고 도시의 재정으로 묘비를 세우겠노라고 선언한다. 그런데 그 수여 동기가 주목할 만하다.

> 므나세아스의 아들 키티온의 제논은 오랫동안 도시 내에서 철학에 따라 살면서 기회가 있을 때마다 자신이 선한 사람임을 보였을 뿐 아니라 특히 덕과 절제를 고양하고 언제나 자신이 가르치는 원칙에 부합하는 삶의 본보기를 보임으로써 그의 학교에 오는 젊은이들이 최선의 행실을 지니게끔 장려하였으므로 (……).

여기서 아테네인들은 제논을 그의 이론 때문에 찬양하는 것이 아니라 젊은이들에 대한 교육, 그의 생활 태도, 담론과 삶의 일치 등의 이유로 찬양하고 있다. 당시의 희극 작품들은 제논의 삶이 매우 금욕적이었음을 암시한다. 〈빵 한 조각, 무화과 몇 개, 약간의 물. 이것이야말로 새로운 철학을 철학함이다. 그는 굶주림을 가르치며 제자들을 얻었다.〉[23]

우리는 여기서 〈철학〉이라는 말이 삶의 양식을 가리킨다는 점에 주목한다. 스토아학파의 학교는 에피쿠로스의 학교보다 훨씬 더 획일적으로 통제되어 있었다. 제논이 죽은후에는 가르침의 장소도 다양해졌고 무엇보다도 학설이 여러 갈래로 나뉘었다. 키오스의 아리스톤, 클레안테스, 크리시포스 등은 각기 다른 견해를 내놓았다. 이 같은 대립은 스토아학파가 몰락할 때까지, 즉 2, 3세기까지 줄곧 이어졌다. 스토아학파의 이 다양한 갈래를 지배하는 분위기가 어떠했는가를 알려 주는 자료들은 거의 없다.

그러니까 기원전 4세기에서 기원전 1세기까지 아테네에는 어떤 식으로든 기관의 성격을 띠고 전반적으로 교수법이 유사했던 4개의 철학 학교가 있었던 것이다. 다른 도시에 철학 학교가 없었던 것은 아니다. 하지만 타 도시 학교들은 아테네의 철학 학교들만큼 특권을 누리지 못했다. 그리고 이 4개 학교와는 아주 다른 두 가지 사조를 덧붙여 이야기해야 할 것 같다. 그중 하나는 회의주의, 아니 오히려 피론주의라고 불러야 할 흐름이고 ─ 회의주의 관념은 상대적으로 나중에 형성된 것이기 때문에 ─ 다른 하나는 키니코스주의(견유주의)이다. 이 두 유파는 학교를 설립하지 않았지만 그 자체로 두 가지 생활 양식이었다. 전자의 설립자는 피론이고 후자의 설립자는 시노페의 디오게네스이다. 이 같은 관점에서 볼 때 이 두 사조는 분명히 일종의 분파 *hairesis* 혹은 사유와 생활 태도였다. 훗날 〈회의주의자〉의

사 섹스투스 엠피리쿠스가 남긴 말을 보자.

> 만약 어떤 분파가 서로 정합성을 갖춘 다양한 견해들을
> 고수하는 것이라면 (……) 회의론자에게는 분파가 없다고
> 말해야 할 것이다. 반대로 우리에게 나타나는 바에 맞게 어
> 떤 이성적 원리를 좇아 사는 생활 양식을 분파라고 할 수 있
> 다면 (……) 회의론자에게도 분파가 있다고 하겠다.[24]

회의론자들은 특히 판단을 유예하고 어떤 학설적 견해에
도 충실한 지지를 보내기를 거부함으로써 영혼의 평정을
유지해야 한다는 주장을 전개했다. 키니코스학파는 어떤
논증도 세우지 않고 어떤 가르침도 베풀지 않는다는 입장
이었다. 그들에게는 이러한 삶 자체가 의미를 지니고 있으
며 모든 교설을 함축하는 것이었기 때문이다.

동일성과 차별성: 생활 양식 선택의 우선권

우리가 이미 소크라테스, 플라톤, 아리스토텔레스를 다
루며 엿보았고 헬레니즘 학파들을 살펴보면서 다시금 발견
하게 되겠지만, 이 모든 학교 및 학파들은 삶에 대한 선택,
실존적 선택권으로써 스스로를 정의한다. 철학은 사랑이고
지혜에 대한 추구이다. 그런데 지혜란 어떤 생활 양식과 다
르지 않았다. 따라서 각 학파에 고유한 최초의 선택은 어떤

유형의 지혜를 선택할 것인가의 문제가 된다.

사실 처음 볼 때에는 과연 각 학파마다 지혜에 대한 개념
화가 그렇게 달랐을까를 의문시할 수도 수 있다. 실제로 헬
레니즘 학파들은 모두 지혜를 비슷비슷한 용어들로, 특히
〈영혼의 완벽한 평정 상태〉라는 표현으로 정의한 것처럼
보인다. 이 같은 관점에서 본다면 철학은 인간의 근심, 불
안, 비참에 대한 치유다. 키니코스주의자라면 인간의 비참
이 사회적 제약과 관습에서 비롯한다고 할 것이고, 에피쿠
로스주의자라면 거짓된 쾌락의 추구에서 온다고 할 것이
다. 또한 스토아주의자라면 이기적 관심과 쾌락을 좇는 태
도에, 회의론자라면 잘못된 의견, 즉 억견(臆見)에 이 비참
의 원인을 돌릴 것이다. 헬레니즘 철학들이 소크라테스의
유산을 자기 것으로 내세웠든 그렇지 않았든 간에, 이 철학
들은 인간이 무지하기 때문에 비참, 불안, 악에 빠져 있다고
생각했다는 점에서 모두 소크라테스와 견해를 같이했다.
사물에 악이 있는 것이 아니라 인간이 사물에 대해 내리는
가치 판단에 악이 있다는 것이다. 그러므로 인간이 가치 판
단을 바꿀 수 있도록 교육해야 한다. 따라서 이 철학들은 치
유의 역할을 하기를 원했다.[25] 그런데 인간이 가치 판단을
바꾸기 위해서는 근본적인 선택을 하지 않으면 안 된다. 사
유 방식, 존재 방식을 바꾸겠다는 선택. 이 선택이 바로 철
학이다. 철학 덕분에 인간은 내적 평화, 영혼의 평정 상태에
도달할 수 있다.

하지만 겉으로 보이는 유사성에도 불구하고 이 학파들에는 심원한 차이들이 있다. 우선 영혼의 치유가 가치 판단을 바꾸는 데 있다고 보았던 교조적 학파들과 단순히 가치 판단을 유예하는 것만을 생각했던 회의론자들을 구분해야 한다. 특히 교조적 학파들은 철학으로의 선택이 근본적으로 인간에게 내재하는 경향이라고 인정하기는 했지만 그것이 무엇인가에 대해서는 각기 입장이 달랐다. 에피쿠로스학파는 그것이 인간의 모든 활동에 동기를 부여하는 쾌락에의 추구라고 생각했다. 반면 플라톤주의, 아리스토텔레스주의, 스토아주의는 소크라테스적 전통에 따라 선에 대한 사랑이 인간 존재의 기본적 본능이라고 생각했다. 그러나 이세 학파들조차도 비록 의도는 같을지언정 서로 다른 실존적 선택에 기반을 두고 있었다.

일치와 차이: 가르침의 방법

각 학파의 교육 방법에는 일치하는 점과 차이점이 있었다. 우리가 방금 거론한 플라톤 학파, 아리스토텔레스학파, 스토아학파는 모두 소크라테스적 전통에 결부되어 있다. 이들은 정치적 상황의 변화에도 불구하고 플라톤과 아리스토텔레스 시대부터 가지고 있었던 이중적 목표를 계속 견지하며 가르침을 폈다. 그 이중적 목표란, 직접적으로든 간접적으로든 훌륭한 시민들을 양성하고 가급적이면 정치적 지도자를 배출하는 것과 철학자들을 양성하는 것이었다. 도시에서의 삶에 대한 훈련은 다양한 수사학적 연습, 특히 변증론 연습을 통하여 언어를 완벽하게 구사하는 경지에 이르는 것, 철학자들의 교훈으로부터 행정학의 원리들을 끌어내는 것이었다. 바로 이 때문에 그리스, 근동 지방, 아프리카, 이탈리아 등으로부터 많은 제자들이 고국에서 정치 활동을 펼치는 데 필요한 가르침을 얻고자 아테네로 몰려들었다. 키케로를 비롯한 로마의 정치가들도 다르지 않았다. 이들은 아테네에서 통치의 기술만을 배워 간 것이 아니라 자기 자신을 다스리는 법까지 배워 갔다. 철학적 훈련, 곧 지혜의 연습은 사유의 원리들과 그것이 함축하는 삶의 태도에 지적, 정신적으로 동화됨으로써 우리가 지금까지 거론한 실존적 선택을 충만하게 실현하기 위한 것이었기 때문이다. 소크라테스와 플라톤의 전통에서 이러한 경지에 이르려면 스승과 제자 사이의 생생한 대화와 토론이 꼭 필요했다. 이 같은 이중적 목적의 영향으로 가르침은 항상 대화법과 변증술의 형태를 띠었다. 〈권위 있는〉 발표문조차도 질문과 답변을 교차시키며 대화의 분위기를 고수했다. 최소한, 철학자의 담론에는 그 담론이 말을 건네는 대화 상대들과의 잠재적 관계가 반드시 전제되었다. 질문, 즉 〈테제〉(〈죽음은 악인가?〉, 〈쾌락은 최고선인가?〉 등등)를 던지면 토론이 이루어진다. 이것은 당시 모든 철학적 가르침의 근본 도식이었다. 이 방식은 그다음에 이어지는 로마 제국 시대(1세기, 특히 2세기)에 유행하던 교수 방식과 완전히 딴판이다. 로마 제국 시대에는 가르친다는 것이 곧 텍스트에 주석을 다는 것이었기 때문이다. 우리는 역사적으로 이러한 변화가 어떤 이유에서 비롯되었는지를 살펴보게 될 것이다. 그렇지만 여기서는 잠시 그 로마 제국 시대, 곧 주석가들의 시대에 나온 텍스트를 인용해 보자. 이것은 2세기에 아리스토텔레스주의자 아프로디시아스의 알렉산드로스가 아리스토텔레스의 『토피카 Topica』에 단 주석이다.[26] 이 텍스트는 우리가 지금까지 연구해 온 헬레니즘 시대 특유의 훈육 방법, 즉 테제에 대한 토론이 그다음 시대의 고유한 훈육 방법인 주석 달기와 얼마나 차이가 있는지 잘 보여준다.

이러한 담론 형식((테제)에 대한 토론)은 고대인들에게 습관적인 것이었다. 그들은 지금처럼 주석을 달면서 가르친 것이 아니라 이 같은 방식에 따라 가르쳤다(사실 당시에는 이러한 종류의 책이 있지도 않았다). 그들은 모든 이에게 받아들여질 수 있는 전제에 근거하여 논증을 만들어 내는 능력을 도야하기 위하여 일단 테제가 주어지면 그 테제를 지지하거나 논박하는 입장을 취하며 논변을 펼쳤다.

여기서 알렉산드로스가 말하는 논변은 정확히 아리스토텔레스적 의미에서의 순수한 변증론 연습에 다름 아니다.

그러나 사실상 테제에 대한 토론은 변증론의 형태를 취할 수도 있었고 수사학의 형태를 취할 수도 있었으며 독단론이나 회의론의 형태를 취하는 것도 가능했다. 변증론적 논변에서는 테제에 대한 토론이 질문과 답변이라는 대화를 통해 이루어진다. 예를 들어 철학적 담론은 순전히 비판적이어야 한다고 생각했던 아르케실라오스는 청중 가운데 한 사람을 지목해서 아무 테제나 제시해 보라고 했다. 그는 청중이 차츰 테제와 반대되는 명제를 인정하지 않을 수 없게 하는 질문들을 던짐으로써 테제를 논박했다.[27] 스토아주의자들은 독단론적이었음에도 불구하고 역시 문답으로 이루어지는 변증론적 방법을 도입했다. 실제로 키케로는 스토아주의자들이 수사학과 웅변술을 충분히 발전시킬 여지를 주지 않는다고 비난한 바 있다. 키케로가 보기에는 수사학과 웅변술이야말로 사람의 마음을 움직이고 설득하는 유일한 수단이었다.

그들은 다트를 던지듯 짧고 날카로운 질문들로 당신을 들쑤실 것이다. 그러나 이 질문에 〈예〉라고 대답하는 자들은 영혼의 변화를 겪지 못한 채 왔던 모습 그대로 돌아가게 될 것이다.* 스토아주의자들이 표현하는 생각들은 아마 참되고 숭고한 것이겠으나 그들은 그 생각들을 마땅히 다루어져

* 변증론을 펼칠 때 테제를 제시한 사람은 대화 상대의 질문에 대해 〈예〉 혹은 〈아니오〉로만 대답할 수 있다.

야 할 방식대로 다루지 못하고 무미건조하고 빈약하게 다룬
다.[28]

    청중이 테제가 될 만한 질문, 곧 논제를 던질 때 스승이
차츰 논변을 발전시키면서 계속 이야기를 이끌어 간다면
그 논변은 수사학적인 것이 될 수도 있다. 스승이 지지하는
내용이든 반박하는 내용이든 어느 쪽이나 논변 가능함을
증명해 보이는 경우는 순전히 학문적인 〈연습〉이거나 모든
독단론적 주장은 성립할 수 없다는 불가능성을 보여 주기
위한 것이었다. 하지만 스승이 테제가 자신이 따르는 학설
에 부합하는지 그 여부를 따져서 지지하거나 논박한다면
이것은 자기 학파의 견해들을 드러내고 가르치는 경우에
해당되었다. 스승이 〈테제〉 연습이라는 문답 도식에 기초
한 교육 방법을 사용하는 이상 철학적 가르침은 청중들의
요구와 별개인 이론 그 자체를 발전시키는 것이 될 수가 없
다. 애당초 담론이 특정한 청중이 제기하는 질문으로 제한
된 영역 안에서만 발전하게끔 제약을 받기 때문이다. 그러
므로 사유의 의례적인 흐름은 어떤 문제 해결의 초석이 되
는 일반 원칙, 논리학과 형이상학의 원칙 등으로 거슬러 올
라갔다.
    그러나 스토아학파와 에피쿠로스학파에는 체계적이고
연역적인 사유의 접근도 있었다. 게다가 에피쿠로스학파에
서는 변증론에 대한 기술적 훈련이 어떤 역할도 하지 못했

다. 여기서 철학적 담론은 엄격히 연역적인 형태를 취했다. 다시 말해 담론은 기본 원리들로부터 출발하여 그 원리들의 결과로 나아가는 방향을 취했던 것이다. 우리는 에피쿠로스가 썼다는 『헤로도토스에게』에서 그 예들을 볼 수 있다. 이러한 담론들 중 어떤 것들은 문자로 기술되어 제자들이 암송했던 것으로 보인다. 일세트라우트 아도가 보여 주었듯이[29] 에피쿠로스학파의 가르침은 먼저 짧은 문장들의 형태로 요약된 에피쿠로스의 학문적 견해들을 강독하고 암기하는 것으로 시작되었다. 그다음에는 『헤로도토스에게』처럼 좀 더 발전된 요약문으로 옮겨 갔고, 마지막으로 원한다면 에피쿠로스의 대작 『자연에 관하여Peri physēos』(전 37권)까지 접할 수 있었다. 그럴더라도 에피쿠로스주의자는 소소한 것들에 얽매이지 않기 위해서 항상 요약문으로 돌아가야 하며 전체에 대한 직관을 마음에 품어야 한다. 따라서 지식의 확장과 본질적 핵심에 대한 집중 사이를 끊임없이 오가야 하는 것이다.

우리가 방금 보았듯이 스토아주의자들은 가르침에 변증론적 방법을 사용했지만 엄격하고 체계적인 논리적 흐름에 따라 학설을 제시하려 애썼던 것 또한 사실이다. 고대인들은 이러한 논리적 연쇄를 칭찬해 마지않았다. 스토아주의자들은 제자들에게도 기본적인 학문적 견해들을 항상 기억하기에 힘쓰며 마음에 새기라고 명했다.

체계는 그 자체가 목적인 개념적 구성이 아니다. 그러한 개념적 구성이 어쩌다 스토아학파나 에피쿠로스학파의 생활 양식에 윤리적 결과를 미칠 수도 있겠지만 말이다. 오히려 체계의 목표는 집중화된 형태하에 근본적인 학문적 견해들을 집결하고 고도로 집약된 핵심들을 형성하기 위해 그 전체를 엄격한 논증으로 연결하는 것이다. 때로는 이 핵심이 아주 짧은 한 문장으로 요약되어 훨씬 더 설득력 있게 다가오고 기억에도 오래 남을 수 있다. 이 같은 문장들은 무엇보다도 영혼을 유혹하는 가치를 지닌다. 독자나 청중의 영혼에 영향을 미친다는 뜻이다. 그렇다고 해서 이 같은 이론적 담론들이 논리적 정합성이라는 요구에는 부응하지 않는다는 말은 아니다. 오히려 논리적 정합성은 담론이 강력하게 요청하는 바이다. 그러나 담론은 그 자체로 삶의 선택을 표현하고 그 선택으로 인도되기를 원한다.

분명히 현대 독자들은 대부분의 고대 철학 학파들(기원전 4세기~기원후 2, 3세기)이 방법론적 원리나 학설적 견해에 있어서 대단히 안정되어 있음을 보고 놀랄 것이다. 그 이유는 철학을 한다는 것이 곧 어떤 생활 양식을 선택하는 것이었기 때문이다. 비판의 방법론—다음에 논하게 될 회의론자와 아카데메이아 사람들의 방법론처럼—과도 잘 들어맞고 그 생활 양식을 정당화해 줄 수 있는 학문적 견해와도 잘 들어맞는 생활 양식에 대한 선택이 곧 철학이었다. 에피쿠로스주의나 스토아주의 같은 독단론적 철학에서 기본적인 학문적 입장들의 총체인 체계는 그들의 생활 양식과 본질적으로 연결되어 있기 때문에 절대 거역할 수 없었다. 그러나 이 말은 두 학파 내에서 모든 토론이 폐지되었다는 뜻이 아니다. 특히 스토아학파는 신속하게 여러 가지 경향들로 파편화되었다. 그러나 분란과 논쟁에도 불구하고 그 원래의 선택과 그것을 표현하는 학문적 견해들은 왜곡되지 않았다. 상이한 입장들이 펼치는 논쟁은 어디까지나 부수적인 문제들, 예를 들면 천상과 지상에서의 현상, 학설적 견해에 대한 증명과 체계화, 교육의 방법론 등으로 국한되었다. 또한 이러한 토론들을 벌이는 사람들은 모두 기본적인 학설들을 이미 소화하고 학문적 진전을 본 자들이었다.[30]

이러한 이유에서 에피쿠로스학파나 스토아학파 같은 독단론적 철학 사조들은 대중적이면서도 전도(傳道)적인 성격을 띤다. 기술적, 이론적 토론은 전문가들의 소관이지만 초심자나 다소 발전을 보인 학생들에게는 그러한 논의가 서로 긴밀하게 이어져 있고 실제 생활에 본질적인 규칙이 될 법한 몇 개의 정리들로 요약될 수 있었기 때문이다. 이리하여 이 철학 사조들은 소크라테스의 〈대중적〉이고 〈전도적〉인 정신을 되살릴 수 있었다. 플라톤주의와 아리스토텔레스주의는 연구, 탐구, 관조에 몰두할 만한 〈여가〉를 지닌 엘리트 계층에게로 국한되었던 반면, 에피쿠로스주의와 스토아주의는 모든 사람―가난한 사람이든 부자이든, 남자이든 여자이든, 자유인이든 노예이든―들을 대상으로 했다.[31] 누구든지 에피쿠로스주의나 스토아주의의 생활 양식을 채택하여 실천에 옮기기만 하면 어떤 철학적 담론을 말이나 문자로 발전시키지 않는다 하더라도 철학자로 대접받았다.

키니코스주의도 이러한 의미에서 대중적이고 전도적인 철학이었다고 말할 수 있다. 디오게네스 이후로 키니코스주의자들은 모든 사회 계급들을 대상으로 선전 활동에 열의를 보였다. 그들은 사회적 관습을 비난하고 자연에 따르는 소박한 삶으로 돌아갈 것을 스스로 본보기를 보이면서 설파했다.

키니코스주의

소크라테스의 제자 안티스테네스가 과연 키니코스학파의 설립자인가에 대해서는 여전히 의견이 분분하다. 어쨌든 이 학파에서 가장 두드러진 인물인 디오게네스가 안티스테네스의 제자였다는 점은 분명하다. 키니코스학파는 학술 기관(학교)의 성격이 전혀 없었음에도 불구하고 고대 막바지까지 살아남았다.

키니코스주의자들의 생활 양식[32]은 철학자가 아닌 사람들의 생활 양식은 물론 여타 철학자들의 생활 양식과도 뚜렷하게 대비되었다. 다른 철학자들은 일정한 한도 내에서만 자신을 다른 시민들과 차별화했다. 예를 들자면 아리스

토텔레스주의자들처럼 일생을 연구에 바치거나 에피쿠로
스주의자들처럼 속세를 벗어난 소박한 삶을 영위했을 뿐이
다. 그런데 키니코스주의자들은 세상과 근본적으로 단절된
사람들이었다. 실제로 그들은 사람들이 기본 수칙, 사회생
활의 필수 조건이라고 생각하는 것들—청결함, 복장, 예의
범절—을 모두 버렸다. 그들은 고의로 뻔뻔스러운 짓을 저
지르곤 했다. 디오게네스처럼 공공장소에서 자위행위를 하
는 사람이 있는가 하면 크라테스와 히파르키아*처럼 사람
들이 보는 데서 성행위를 하는 사람도 있었다.[33] 키니코스
학파는 사회적 예의나 견해들에 신경을 쓰지 않고 돈을 경
멸했으며 구걸하기를 주저하지 않았다. 그들은 도시 내에
서 안정된 지위를 얻으려 들지 않고 〈도시도 없이 집도 없
이 조국도 없이 하루하루 비참하게 방랑하면서〉[34] 살았다.
그들의 가방 속에 든 것이라고는 살아남는 데 꼭 필요한 것
뿐이었다. 그들은 강한 자를 두려워하지 않았고 언제나 선
동적이면서도 자유로운 진실한 말*parrhēsia*로 자기 뜻을 표
현했다.[35]

〈고대 세계에는 철학이 정확하게 어떤 성격을 지녔는
가?〉라는 우리의 관심사를 기준으로 보자면, 키니코스학파
는 한계 상황을 대표한다는 점에서 시사하는 바가 큰 사례
를 제공해 준다. 한 역사학자[36]가 고대에 키니코스주의는

* 크라테스는 디오게네스의 제자. 히파르키아는 철학자 메트로클레스의 여
동생으로 크라테스의 생각과 삶에 경도되어 그의 동반자가 되었다.

과연 철학 학파로 통했을지, 행여 하나의 생활 양식에 지나지 않았던 것은 아닌지 의문을 제기한 바 있다. 사실 디오게네스, 크라테스, 히파르키아 등의 키니코스주의자들은 문학, 특히 시작(詩作) 활동은 가끔 한 적이 있지만 학술적인 가르침은 베풀지 않았다. 여러 키니코스주의자들의 사제 관계를 살펴보건대[37] 이들은 학교를 형성한 적도 없었던 듯하다. 고대에는 일반적으로 키니코스주의가 하나의 철학으로 간주되었다. 그러나 이것은 철학적 담론이 최소한으로 축소된 철학이었다. 다음의 상징적인 일화를 예로 들어 보자. 어떤 자가 운동이 존재하지 않는다고 주장하자 디오게네스는 그저 그 자리에서 일어나 걸어갔다고 한다.[38] 키니코스주의는 오직 삶에 대한 선택, 쓸데없는 것들로부터의 자유 혹은 전적인 독립성에 대한 선택이었으며 사치와 허망함에 대한 거부였다. 이러한 선택은 분명 삶에 대한 특정한 사유를 함축한다. 그러나 스승과 제자 사이의 대화를 통해 혹은 공공 연설을 통해 정의되었을 이러한 사유가 철학적 명제들로 직접 정당화된 적은 없었다. 아스케시스 *askēsis*(금욕), 아타락시아 *ataraxia*(근심 없음), 아우타르케이아 *autarkeia*(독립성), 노력, 환경에의 적응, 수동성, 단순성 혹은 아투피아 *atuphia*(허영 없음), 뻔뻔스러움 등 키니코스주의의 전형적인 개념들은 많이 있다. 하지만 이 개념들은 논변에 쓰이지 않고 삶의 선택과 부합하는 구체적인 태도들을 가리켰다. 키니코스주의자는 동물과 아이들에게서 알아볼 수 있는 자연의 상태(퓌시스)가 인간 문명(노모스 nomos)보다 우월하다고 믿기 때문에 이 같은 삶의 방식을 선택한 것이다. 디오게네스는 아이들이 아무런 도구도 쓰지 않는 모습을 보고 자기의 밥그릇과 잔을 내던져 버렸다. 그는 어두운 데서 빵 부스러기를 먹는 것을 보고 자기 삶의 방식을 자족한 것으로 여겼다고 한다. 이 같은 자연과 관습의 대립은 소피스트들의 시대에도 오랜 이론적 토론의 대상이 되었다. 하지만 키니코스주의자들에게 이것은 더 이상 사색의 문제가 아니라 삶 전체를 끌어들이는 결단의 문제였다. 그러므로 그들의 철학은 전적으로 단련(아스케시스)과 노력이었다. 인위적 수단, 관습, 문명의 편의, 사치와 허영은 육체와 정신을 유약하게 만든다. 바로 이 때문에 키니코스주의적 삶의 양식은 운동선수의 훈련을 방불케 하지만 합리적 이유가 있는 신체 단련, 배고픔과 갈증과 고르지 못한 날씨를 참아내는 것을 포함한다. 이것은 자유, 독립성, 내적 힘, 근심의 부재, 영혼의 평정을 얻어 모든 환경에 적응할 수 있도록 하기 위함이었다.[39]

플라톤이 디오게네스를 〈미쳐 버린 소크라테스〉라고 일컬었다는 이야기가 있다.[40] 이 말은 그 사실성 여부를 떠나서 우리에게 생각의 단초를 마련해 준다. 어떤 의미에서 소크라테스는 키니코스학파를 예고한 선구자이다. 희극 시인들도 맨발에 낡은 외투를 걸친 소크라테스의 행색을 비웃지 않았던가. 우리가 보았듯이 『향연』에서 소크라테스의 존재는 거지 에로스의 존재와 일치를 이룬다. 빈약한 꾸러미를 멘 채 집도 절도 없이 방랑하는 디오게네스, 그는 이 세상에 대해서는 이방인이요 어떻게도 분류할 수 없는 철학자의 영웅적 모습인 또 다른 소크라테스가 아닌가? 그 역시 소크라테스처럼 자신에게 사명이 주어졌다 믿었다. 그 사명은 사람들로 하여금 스스로를 돌아보게 하고 신랄한 공격과 자신의 생활 태도를 통해 악행과 과오를 고발하는 것이었다. 그는 자기에 대한 관심과 타인에 대한 관심을 불가분의 것으로 여겼다. 그러나 소크라테스의 자기에 대한 관심이 내적 자유에 접근하여 외관의 허상과 사회적 관습에 결부된 거짓 꾸밈을 쫓아내는 것이기는 하나, 도시 생활에 대한 옹호가 완전히 사라진 것은 아니었다. 그런데 디오게네스와 키니코스주의자들은 이마저도 완전히 부정했다.

피론

피론[41]은 디오게네스와 알렉산드로스 대왕의 동시대인이다. 그는 알렉산드로스가 인도에 원정을 갈 때 따라갔으며 이 기회에 여러 동양의 현자들을 만날 수 있었다. 피론 역시 소크라테스처럼 괴짜 취급을 받았을 것이다. 어쨌든 그는 구변이 뛰어났음에도 불구하고 철학적 가르침에 매진하지 않고 어떤 저작도 집필하지 않은 채 그를 본받아 살기를 원하는 제자들과 더불어 사는 데 만족했던 철학자의 모습을 다시 한 번 보여 준다는 점에서 주목할 만하다.

피론은 예측할 수 없는 행동을 하는 사람이었다. 그는 때때로 완전한 고독에 파묻혀 지내거나 아무에게도 알리지 않고 훌쩍 여행을 떠나 우연히 만나는 사람들을 길동무나 말벗으로 삼기도 했다. 그는 신중함과는 거리가 멀어서 온갖 위험과 난관을 맞닥뜨리곤 했다. 그는 청중들이 모두 자리를 뜬 후에도 말을 그치지 않았다. 하루는 스승인 아낙사르코스가 늪에 빠진 것을 보고도 그를 건져 주지 않고 그냥 지나쳤다. 아낙사르코스는 피론이 그 같은 무관심과 무감각의 경지에 오른 것을 칭찬했다고 한다. 하지만 한 고대 역사가의 묘사를 보건대[42] 그는 키니코스학파와는 달리 여느 사람들이 사는 방식대로 아주 소박하게 행동했던 것 같다. 〈그는 산파로 일하는 누이동생과 함께 경건하게 살았다. 그는 때때로 시장에 가금류와 돼지를 팔러 갔다. 그는 무심하게 집안일을 했고 또 무심하게 돼지들을 씻기기도 했다.〉 비록 아무런 역사적 연관은 없지만 이 일화가 중국의 철학자 장자가 노자에 대해 남긴 묘사를 떠올리게 한다는 점을 잠깐 주목하자. 〈그는 3년 동안 은둔하며 아내를 위해 집안일을 하고 사람에게 주는 것처럼 돼지들에게 먹이를 주었다. 그는 소박함을 되찾기 위하여 스스로를 매사에 무관심하게 하고 모든 장식을 제거했다.〉[43]

피론의 행동 양식은 〈무관심〉이라는 한 단어로 요약되는 삶의 선택에 부합한다. 그는 매사에 완벽하게 무관심하게 살았다. 이로써 그는 언제나 동일한 상태에 머물 수 있었다.[44] 달리 말해 외부 사물에 의해 어떤 감정을 겪거나 성향의 변화를 경험하지 않았던 것이다. 그는 어떤 장소에 있고 어떤 사람을 만나고 하는 일에 일말의 중요성도 두지 않았다. 일반적으로 위험하다고 여겨지는 것과 무해하다고 여겨지는 것, 뛰어나다고 보는 일과 열등하다고 보는 일이 그에게는 아무 차이도 없어 보였다. 또한 고통으로 여겨지는 것과 쾌락으로 여겨지는 것, 삶과 죽음도 그에게는 마찬가지였다. 사람들의 가치 판단은 그저 관습에 기초한 것일 뿐이다. 사실 어떤 사물이 그 자체로 좋은가 나쁜가를 안다는 것은 불가능하다. 인간은 자기가 좋다고 생각하는 것을 갖기를 원하거나 나쁘다고 생각하는 것을 피하려 하기 때문에 불행하다. 만약 좋고 나쁨의 구분 자체를 거부하고 가치 판단을 내리지 않거나 어떤 것을 다른 것보다 선호하지 않는다면 — 즉 무엇에 대해서든 〈이게 최고다〉라고 생각한다면 — 우리는 평화와 내면의 평정 상태에 거하며 다른 것들에 대해 왈가왈부할 필요도 없을 것이다. 우리가 무관심한 태도로 대하는 한, 우리가 무엇을 하느냐는 그다지 중요하지 않다. 그러므로 피론의 철학에 따르면 우리의 목표는 절대적 무관심, 전적인 무관심, 내적 자유, 무감(無感) 상태에서의 안정을 추구하는 것이다. 이는 곧 신적인 상태로 간주되는 상태다.[45] 달리 말하자면, 그에게 무관심을 제외한 나머지는 아무래도 좋은 것이다. 우리가 대수롭지 않은 사물들에 대해 품는 이 무관심이 궁극적으로는 덕, 곧 절대 가치가 된다.[46] 이 같은 무관심을 획득하기란 쉬운 일이 아니다. 피론이 말했듯이 이것은 〈인간을 완전히 벗어 버리는〉,[47] 즉 인간적인 관점으로부터 전적으로 자유로워지는 것이다. 이러한 표현 자체가 우리에게 밝혀 주는 바가 있다. 〈인간을 벗어 버린다는〉 것은 철학자가 더 높은 관점으로 스스로를 고양하기 위하여 인간적인, 너무나 인간적인 제한된 관점을 초월하여 세계에 대한 비전을 완전히 바꾸어야 한다는 뜻이 아니겠는가? 그러한 관점은, 모든 구분들보다 선행하는 소박한 상태에 도달하기 위하여 인간이 덧붙이는 부분적인 대립이나 거짓 가치들 너머에 있는 존재의 벌거벗음을 드러내는 일종의 비인간적인 관점이라 할 수 있다.

만약 이 같은 전적인 벌거벗음에 실패한다면 내적인 담론들에 의지하여, 〈이것보다 저것이 나을 게 없다〉라는 원칙과 그것을 정당화하는 논증들을 다시금 기억하며 훈련을 해야 한다. 그래서 피론과 그의 제자들은 명상이라는 방법을 실천했다. 피론은 스스로 고독을 찾는다고 말했으며 큰 소리로 자기 자신과 대화를 나누기도 했다고 한다.[48] 그래서 사람들이 왜 그렇게 행동하느냐고 묻자 〈나는 쓸모 있는 사람이 되고자 단련하는 중이라네〉라고 대답했다고 한다. 그의 제자였던 아테네의 필론에 대해서는 다음과 같은 묘사가 전해진다. 〈사람들과 떨어져 고독하게 살았고 그 자신의 스승이 되어 자기와 더불어 말하고 영예나 분쟁에는 마음을 두지 않았다.)[49] 따라서 소크라테스나 키니코스학파의 철학과 마찬가지로 피론의 철학 역시 체험의 철학, 생활양식을 변화시키는 훈련이었다고 평가할 수 있겠다.

에피쿠로스주의

에피쿠로스(기원전 342~271년경)[50]는 기원전 306년에 아테네에 학교를 설립했다. 이 학교는 기원후 2세기까지도 아테네에 남아 있었다. 루크레티우스의 장편 시 『사물의 본성에 대하여De rerum natura』와 정확한 때는 알 수 없으나 (기원전 1세기 혹은 기원후 2세기) 에피쿠로스주의자 디오게네스[51]가 에피쿠로스의 학문적 견해를 자기 도시의 시민들에게 알리고자 오이노안다Oinoanda의 거대한 비석에 새기도록 했던 사실은 그의 제자들이 먼 곳에서도 그의 메시지를 전파하기 위해 열심히 노력했음을 보여 준다.

경험과 선택

에피쿠로스주의의 출발점에는 경험과 선택이 있다. 여기서 경험은 우선 〈육신의〉 경험이다. 〈육신의 목소리. 배고프지 않을 것, 목마르지 않을 것, 춥지 않을 것. 이러한 상태에 있는 자, 또한 앞으로 이러한 상태에 있고자 하는 자는 행복을 거머쥐기 위해 제우스와도 맞서 싸울 수 있다.〉[52]

물론 여기서 〈육신〉은 해부학적인 신체 일부를 뜻하는 것이 아니다. 그보다는─철학에 있어서 완전히 새로운 것으로 보이는, 거의 현상학적인 의미에서─고통과 쾌락의 주체, 즉 개인을 가리킨다. 카를로 디아노가 잘 보여 주었듯이[53] 에피쿠로스는 자신의 경험을 이야기하기 위하여 〈고통〉, 〈쾌락〉, 〈육신〉을 언급하지 않을 수 없었다.

〔왜냐하면〕 그것들 외에는 세계 내 존재의 순수하고 단순한 역사성 속에 존재하는 인간에게로 나아가고 그것을 지적할 만한 수단, 나아가 최종적으로 우리가 〈개인〉이라고 부르는 것을 발견할 수단이 없었기 때문이다. 이 개인이라는 것이 없다면 우리는 인격을 논할 수조차 없다. (……) 우리는 〈육신〉을 통해서만 고통스러워하든가 진정하든가 할 수 있고 우리의 〈자아〉─우리의 영혼─도 〈육신〉을 통해서만 그 자체에게나 타인들에게 나타나고 밝혀지기 때문이다. (……) 자비의 가장 위대한 작품들이 (……) 육신의 허기와 갈증을 채우면서 육신 자체를 목적으로 삼는 사람들인 이유가 바로 여기에 있다.

더욱이 정말로 우리가 의식할 수 없는 쾌락이나 고통은 없고 그 같은 의식 상태의 반향이 〈육신〉을 통하여 나타나는 것이라면 〈육신〉은 〈영혼〉과 분리될 수 없는 것이다.

그러므로 하나의 경험은 곧 하나의 선택이기도 하다. 〈육신〉을 고통으로부터 해방시키고 쾌락에 이르게 하는 것이 무엇보다도 중요하다. 에피쿠로스가 볼 때 선에 대한 사랑을 지지하는 소크라테스와 플라톤의 선택은 환상에 불과했다. 현실 세계 안에서의 인간을 움직이는 동기는 쾌락과 이익 추구뿐이기 때문이다. 철학자의 역할은 합리적인 방식으로 쾌락을 추구하는 법을 아는 데 있다. 이는 곧 유일하고도 진정한 쾌락, 존재함이라는 순수한 쾌락을 추구하는 것이다. 그 이유는 인간이 진정한 쾌락이 무엇인지 모르는 것에서 모든 불행과 고통이 비롯되기 때문이다. 인간은 쾌락을 추구하면서도 그것에 도달하지 못한다. 자신이 가진 것에 만족할 줄 모르거나 능력 밖의 것을 원하기 때문이다. 혹은 쾌락을 잃어버리게 될 것을 끊임없이 두려워하느라 쾌락 자체를 망쳐 버리기 때문이다. 어떤 의미에서 인간의 고통은 원칙적으로 그들의 공허한 견해로부터, 즉 영혼에서 오는 것이라고 말할 수 있다.[54] 그러므로 철학의 사명, 에피쿠로스의 사명은 무엇보다도 〈치유〉에 있다. 그 사명은 영혼의 질병을 돌보고 인간에게 쾌락을 경험하는 법을 가르치는 것이다.

윤리학

근본적 선택은 우선 윤리에 대한 이론적 담론을 통해 정당화된다. 이 담론은 진정한 쾌락을 정의하고 금욕주의를 제안한다. 철학사 연구자들은 이러한 에피쿠로스 이론에 플라톤의 아카데메이아에서 벌어진 쾌락에 대한 토론 내용이 반영되어 있음을 제대로 밝혀냈다.[55] 플라톤의 대화편 『필레보스 *Philebos*』와 아리스토텔레스의 『니코마코스 윤리학』 10권은 이를 잘 증명해 준다. 에피쿠로스에 따르면 〈감미롭고 기쁘게 하는〉, 〈운동 중인〉 쾌락이 있다고 한다. 이 쾌락은 육신에 퍼지면서 격렬하지만 일시적인 흥분을 자아낸다. 이 같은 종류의 쾌락만을 좇는 자들은 만족을 얻지 못하고 되레 고통을 얻는다. 이러한 쾌락은 만족시키려야 만족시킬 수 없는 것이어서 어느 정도까지 점점 강해지다가 그 후에는 고통으로 변해 버리기 때문이다. 그러므로 유동적인 쾌락과 안정적인 쾌락, 즉 〈평형 상태〉에 안식하는 쾌락은 엄격히 구분되어야 한다. 후자는 아무 고통 없이 안정을 취하는 육신의 상태, 배고프지 않고 목마르지 않고 추위에 떨지 않는 상태이다.

우리가 하는 모든 일은 고통과 두려움을 피하기 위해서 하는 것이다. 일단 우리가 이렇게 되는 데 성공하면 영혼의 사나운 풍랑은 완전히 걷힌다. 이제 생명을 지닌 존재는 무엇이 결여되었을 때처럼 움직일 필요가 전혀 없기 때문이다. 혹은 영혼이나 육체의 선이 성취될 수 있게 하는 다른 어떤 것을 추구할 필요도 없다. 우리는 쾌락의 결여에 고통스러워하는 바로 그때에만 쾌락을 필요로 하는 까닭이다. 그러므로 우리가 이러한 결여로 인해 고통스러워하지 않는 때라면 쾌락도 필요치 않다.[56]

이러한 관점에서 볼 때 고통의 진압으로서의 쾌락은 절대선이다. 절대선이라는 말은 〈더 이상 맑아질 수 없을 만큼 맑은 하늘처럼〉[57] 여기서 더 커질 수도 없고 여타의 새로운 쾌락을 덧붙일 수도 없다는 뜻이다. 이러한 안정적 쾌락은 유동적 쾌락과 그 본성상 매우 다르다. 이 두 쾌락은 존재 대 생성, 결정된 것 대 비결정적이고 무한한 것, 안식 대 운동, 시간을 벗어난 것 대 일시적인 것으로서 대립한다.[58] 생명체의 필요를 충족하는 배고픔, 갈증 따위에 이처럼 초월성을 부여하는 태도에 놀랄 수도 있을 것이다. 하지만 이같은 육체적 고통의 진압 상태, 평형 상태야말로 자기 존재에 대한 통합적인 감정, 전신적인 체감을 의식하게 해준다는 점을 염두에 두어야 한다. 특정 대상을 찾는 데 몰두하게 하는 불만족의 상태를 없애면 인간은 자기 앞에 있었음에도 의식하지 못했던 어떤 특정한 것을 마침내 자유로이 의식할 수 있게 된다. 그 특정한 것이란 바로 자기 존재의 쾌락, 카를로 디아노의 표현을 빌리자면 〈순수 존재의 정체성)[59]의 쾌락이다. 이 상태는 루소가 『고독한 산책자의 몽상 *Les Rêveries du promeneur solitaire*』에서 말한 바 있는 〈완전하고 충만하며 족한 행복〉과 비견할 만할 것이다.

이 같은 상황에서 무엇을 즐길 것인가? 자기 외의 것은 아무것도, 자기와 자기 자신의 존재 외에는 아무것도 필요 없다. 이러한 상태가 지속되는 한 마치 신과 같아 자기 자신으로 족하기 때문이다.[60]

이 같은 안정적 쾌락과 평형 상태가 아무 근심이 없는 영혼의 평정 상태와도 일치한다는 점을 덧붙여 말해 둔다.

이러한 안정적 쾌락에 도달하기 위한 방법론은 일종의 금욕에 있다. 사실 인간이 불행한 까닭은 인간이 〈광대하지만 공허한〉[61] 욕망, 예를 들어 부, 사치, 지배 등에 대한 욕망에 시달리기 때문이다. 이러한 욕망에 대한 절제(아스케시스)는 자연스럽고 필연적인 욕망, 자연스럽지만 필연적이지는 않은 욕망, 마지막으로 자연스럽지도 필연적이지도 않은 공허한 욕망[62]을 구분하는 데 그 기초를 두고 있다. 이 구분은 이미 플라톤의 『국가』에서 얼개가 그려진 바 있다.[63]

자연스럽고 필연적인 욕망의 충족은 인간을 고통으로부터 해방시켜 준다. 이것은 기본적인 필요 사항, 생명체 본연의 요구와 부합한다. 자연스럽기는 하지만 필연적이지는 않은 욕망은 맛있는 음식에 대한 욕망, 나아가 성적 욕망이다. 자연스럽지도 않고 필연적이지도 않되 공허한 견해로부터 빚어진 욕망은 재물이나 영예, 불멸을 추구하는 한도 끝도 없는 욕망이다. 다음과 같은 에피쿠로스주의의 한 문장이 이 같은 욕망의 구분을 잘 요약해 줄 수 있을 것이다.

　　필요한 것들은 쉽게 얻게 하시고 얻기 어려운 것들은 꼭 필요치 않게 하신 복된 자연에 감사하여라.[64]

그러므로 욕망의 절제는 자연스럽지도 않고 필연적이지도 않은 욕망들을 억누르고 자연스럽지만 꼭 필요하지는 않은 욕망들은 가급적 제한하면서 이것들을 한계 짓는 것이다. 특히 후자의 욕망들은 현실적인 괴로움을 없애 주기보다는 쾌락의 다양성을 겨냥하는 것이며 격렬하고 과도한 정념을 불러올 수 있는 것들이다.[65] 따라서 이러한 쾌락의 절제는 앞으로 우리가 묘사하게 될 특수한 생활 양식을 결정짓는다.

자연학과 기준론

그러나 심각한 위협이 인간의 행복을 짓누르고 있다. 쾌락이 죽음에 대한 두려움과 이 세상 혹은 내세에서의 신의 결정에 의해 방해받는다면 그 쾌락은 완벽한 것인가? 루크레티우스가 각고의 노력을 기울여 증명해 보였듯이[66] 인간을 불행하게 하는 모든 정념의 기반에는 최종적으로 죽음에 대한 두려움이 자리 잡고 있다. 에피쿠로스가 자연학과 관련된 이론적 담론들을 제안했던 것도 다 이러한 인간의 공포심을 치유하기 위해서였다. 무엇보다도 우리는 에피쿠로스학파의 자연학을 무사 무욕의 객관적 질문들에 대해 답변하기 위한 과학적 이론처럼 상상해서는 안 된다. 이미 고대인들조차도 에피쿠로스주의자들이 과학 그 자체를 위해 연구되는 과학이라는 관념에 대해 적대적이었음을 잘 간파하고 있었다.[67] 그와는 정반대로 철학적 이론은 여기서 단지 근원적 삶에 대한 선택의 표현이자 결과에 지나지 않는다. 그것은 영혼의 평정과 순수한 쾌락에 도달하기 위한 하나의 수단인 것이다. 에피쿠로스는 기꺼이 이 사실을 재차 우리에게 말해 준다.

우리가 천체 현상, 죽음―특히 후자는 욕망과 고통의 한계를 모르는 우리에게 매우 두려운 것인데―에 대한 근심에 휘둘리지 않는다면 자연을 연구할 필요도 없을 것이다.

우리가 우주의 본성(자연)이 어떤 것인지 정확하게 알지 못한다면 가장 본질적인 것들에 대한 두려움으로부터 자유로워질 수 없으며, 그저 신화적인 이야기들에 대해 진실성을 약간 의심해 보는 정도에서 넘어설 수 없다. 그렇기 때문에 자연에 대한 연구 없이 순수 상태의 쾌락을 획득한다는 것은 불가능하다.

(……) 다른 모든 연구들의 목표도 마찬가지지만 천체 현상에서 앎을 끌어내더라도 영혼의 평정과 굳건한 확신 외의 다른 보상은 없다.[68]

『피토클레스에게』에 분명히 나타나 있듯이[69] 에피쿠로스는 자연 현상에 대한 연구를 두 가지 영역으로 나누어 생각했다. 일단, 논의의 여지가 없는 체계적인 핵이 있어서 이것이 실존적 선택을 정당화한다. 예를 들어, 원자와 진공으로 이루어져 있고 신들이 개입할 수 없는 영원한 우주의 표상이 그것이다. 다른 한편에는, 부수적으로 중요한 문제들, 예를 들어 천체 현상, 기상 현상처럼 언제나 동일한 엄격성을 지니지 않으며 여러 가지 설명이 가능한 것들에 대한 탐구가 있다. 신과 죽음에 대한 두려움을 없애 줄 근본적인 교리 덕분이든, 또는 부수적인 문제와 관련된 현상들이 순수하게 자연적인 것임을 입증하여 영혼의 불안을 덜어 주는 하나 혹은 다수의 설명들 덕분이든, 이 두 영역에서의 연구 활동은 모두 영혼의 평정을 보장하기 위해서만 이루어진다.

그러므로 신과 죽음에 대한 두려움을 없애는 것이야말로 가장 중요한 문제이다. 에피쿠로스는 이를 위해 — 특히 『헤로도토스에게』와 『피토클레스에게』를 통하여 — 신들이 세계의 창조와 무관하고 인간사와 세상사에 아무 관심이 없음을 보여 주는 한편 죽음이 우리에게 아무것도 아니라는 점을 보여 주고자 했다. 이 같은 목적에서 그는 소크라테스 이전 〈자연 철학자〉들의 이론을 상당 부분 차용하여 세계를 설명했다. 그중에서도 특히 데모크리토스의 이론은 에피쿠로스에게 크게 영향을 미쳤다. 데모크리토스에 따르면 전체는 영원한 것이므로 신의 힘으로 창조될 필요가 없다. 비존재가 존재로부터 나올 수 없는 것과 마찬가지로, 존재 역시 비존재로부터 나올 수 없기 때문이다. 이 영원한 우주는 체(體)들과 그것들이 움직이는 공간, 즉 진공으로 이루어져 있다. 여기서 체는 살아 있는 생명체들의 몸체를 가리키기도 하지만 지구와 그 밖의 천체들이라는 물체를 가리키기도 한다. 이것들은 수적으로 무한하며 분할할 수 없는 불변의 실체, 즉 원자들로 이루어져 있다. 원자는 진공 속에서 자체 무게 때문에 직선 방향으로 등속 운동을 하며 떨어진다. 이렇게 운동을 하던 원자들이 궤도에서 아주 약간 이탈하게 되면서부터 다른 원자와 만나서 물체를 구성하게 된다. 이리하여 각종 물체 혹은 신체, 세계가 탄생했을 뿐 아니라 지속적인 원자의 운동에 의하여 탄생한 것들이 붕괴되기도 했다. 무한한 진공과 시간 속에 나타났다가 사라지곤 하는 세계들의 무한성이 있는 것이다. 그리고 우리가 사는 세계는 이러한 세계들 중 하나에 지나지 않는다. 원자의 일탈이라는 개념에는 이중적인 목적이 있다. 일단 이 개념은 물체 혹은 신체의 형성을 설명해 준다. 만약 원자들이 등속으로 직선을 그리며 떨어지기만 한다면 이것들이 서로 맞부딪치며 새로운 것을 만들어 낸다는 것이 불가능하다.[70] 다른 한편으로 이 개념은 〈필연〉 속에 〈우연〉을 끌어들임으로써 인간 자유의 초석을 마련한다.[71] 여기서 우리는 자연학이 에피쿠로스적 삶의 선택에 맞게 구상된 것임을 다시금 확인할 수 있다. 한편으로 인간은 자기 욕망의 주인이 되어야 한다. 안정적인 쾌락을 얻기 위해서 자유로워지지 않으면 안 되는 것이다. 다른 한편으로 볼 때, 만약 인간의 영혼과 지성이 언제나 예측할 수 있는 방향으로만 운동하는 물질적 원자로 이루어져 있다면 그러한 인간이 자유롭다 말할 수 있을까? 이 문제를 해결하려면 내적 자발성의 원리가 원자들 그 자체에 있다고 받아들이지 않을 수 없다. 내적 자발성의 원리란 원자들이 궤도를 <u>스스로</u> 이탈할 수 있다는 가능성에 다름 아니며, 바로 이것이 인간의 자유 의지의 기반이자 그 자유 의지를 가능케 하는 것이다. 루크레티우스가 다음과 같이 말한다.

정신이 모든 행위에 있어서 필연성에 의해 지배받는 것이 아니라면, 정신이 지배를 피할 수 있고 전적인 수동성으로 한정되지 않는다면, 그것은 어떤 것으로도 결정되지 않는 적절한 시기와 장소에 이루어지는 이 원자들의 미세한 일탈 때문이다.[72]

고대로부터 오늘날에 이르기까지 철학사가들 사이에서 이 이유 없는 일탈, 곧 결정론의 포기가 파문을 일으켰음을

더 말할 필요가 없으리라.[73]

이리하여 일단 인간은 신을 두려워할 필요가 없다. 신은 세상과 인간에게 어떤 행위도 발하지 않기 때문이다. 또한 인간은 죽음을 두려워할 필요도 없다. 원자로 구성된 영혼은 죽음에 이르면 신체와 마찬가지로 분해되어 모든 감각성을 상실하기 때문이다. 〈그러므로 죽음은 우리에게 아무것도 아니다. 우리가 여기에 우리 자신으로 있는 이상 죽음은 여기에 없으며 죽음이 오면 그때는 우리가 더 이상 여기에 있지 않기 때문이다.〉[74] 디아노는 『메노이케우스에게』를 바로 이러한 방식으로 요약한 바 있다. 죽음이 임하는 그 순간부터 우리는 더 이상 우리 자신이 아니라는 것이다. 그렇다면 우리와 상관도 없는 것을 어째서 두려워한단 말인가?

이러한 유물론적 자연학으로부터 소위 〈기준론〉이라 일컫는 에피쿠로스주의의 〈인식론〉이 나왔다. 모든 물질적 대상은 우리의 감관에 와 닿는 미립자의 흐름을 방출한다. 이 흐름의 지속성에 의하여 우리는 물체의 저항력이나 단단한 감촉 등을 느끼게 되는 것이다. 서로 닮은 물체들에서 이러한 감각들을 얻음으로써 — 마치 우리가 다양한 사람들을 대하면서 얻는 감각들의 경우와 마찬가지로 — 일반적인 이미지나 개념이 생성되고 이것들이 우리로 하여금 형태들을 분별하고 확인하게 해준다. 이 점은 이러한 개념들이 낱말이나 언어와 결부되어 있기 때문에 더욱더 참으로 확증된다. 그러나 언어와 더불어 오류의 가능성들도 나타난다. 어떤 발화의 진리성을 분별하기 위해서는 그것이 감각과 일반적 개념이라는 진리의 규준에 합당한지 그 여부를 보아야 한다. 에피쿠로스주의자들이 말하듯이 사유 또한 현존하지 않는 것을 포착하기 위하여 〈스스로를 미리 투사〉할수 있다. 예를 들어 그 정의상 눈에 보이지 않지만 운동 개념을 설명하는 데 꼭 필요한 진공 개념을 긍정하려면 이러한 투사를 거치지 않을 수 없다. 이 같은 투사는 언제나 경험에 의하여, 다시 말해 감각으로 검증되어야 한다.[75]

자연학 이론 체계는 인간을 신과 죽음에 대한 두려움에서 해방시키는 것만을 목적으로 삼지 않는다. 자연학은 신들을 관조하는 기쁨으로 나아갈 수 있게 하기도 한다. 신들은 존재하고, 신들에 대한 우리의 앎은 신들이 존재한다는 명백한 증거다. 인류 안에 신들이 임재한다는 일반적인 선개념*prénotion*에서 그 증거가 드러난다.[76] 추론 역시 필연적으로 모든 것보다 우월하며 지고의 완전성을 갖춘 어떤 자연을 요구한다. 그러므로 신들은 존재한다. 비록 신들이 세계에 아무 작용을 하지 않을지라도, 혹은 그것이야말로 신들의 완전성의 조건 그 자체이기 때문에 그들은 존재한다.

복되고 불멸하는 것은 스스로 아무 근심이 없으며 다른 누구에게도 근심을 끼치지 않는다. 그러므로 그는 분노에도 자비에도 사로잡히지 않는다. 그런 유의 것들은 모두 연약한 것에서만 찾아볼 수 있는 까닭이다.[77]

에피쿠로스의 위대한 직관 중 하나가 바로 이것이다. 에피쿠로스가 생각하는 신은 창조하고 지배하며 자신의 의지를 자기보다 못한 것들에게 행사하는 힘이 아니라 행복, 파괴 불가능성, 미, 쾌락, 평정 등 지고의 존재가 지닌 완전성이다. 철학자는 이 같은 신들의 표상에서 아름다움에 경탄할 때 느끼는 놀라운 쾌락과 더불어, 지혜의 모델을 바라볼 때의 위안을 찾는다. 이러한 관점에서 볼 때 에피쿠로스의 신들은 에피쿠로스학파의 삶에 대한 이상이 구현되고 투사된 바라고 할 수 있다. 신들은 결핍도 없고 근심도 없는 가운데 지극히 평온한 무리와 더불어 살며 실존의 순수 쾌락과 자신들 고유의 완전성을 향유한다. 그들의 신체적 아름다움은 인간의 모습이 지닌 아름다움과 다르지 않다.[78] 우리는 몇 가지 이유에서 이 같은 이상적 신들이 완전히 인간들이 상상한 표상에 지나지 않으며 이 신들의 존재는 오직 인간들에게 달린 것이라고 볼 수도 있겠다. 그럼에도 불구하고 에피쿠로스는 신들을 어떤 것들이 자기들을 파괴시키고 소외시킬 수 있는가를 잘 알기 때문에 영원한 실존을 유지할 수 있는 독립적 실재들로 생각했던 것 같다. 신들은 현자들의 벗이요, 현자들은 신들의 벗이다. 현자들에게는 신들의 광휘를 관조하는 것이 지고의 선이다. 현자들은 신에게 구할 것이 없어도 기도를 드리니, 그 기도는 찬미의 기도다.[79] 그들은 신들의 완전성에 경의를 보내는 것이다. 우리는 〈순수한 사랑〉, 곧 어떤 보상도 바라지 않는 사랑이라는

이 주제에 대하여 여러 가지 이야기를 해볼 수 있겠다.[80]

에피쿠로스적 삶의 양식을 실현하는 이 같은 신들의 표상과 더불어 자연학은 그것이 표현하는 본래의 선택을 구체적으로 실천하라는 권고가 된다. 이리하여 자연학은 영혼의 평정과 신들이 영위하는 관조의 삶과 결부된 존재의 기쁨으로 나아간다. 현자는 신들과 마찬가지로 셀 수 없는 무한한 세계들을 바라본다. 닫혀 있던 세계가 무한으로 확장된다.

수련

영혼의 치유와 근본적 선택에 따르는 삶에 도달하려면 에피쿠로스 철학의 담론을 아는 것으로 충분치 않다. 지속적인 자기 수련이 필요한 것이다. 우선 명상을 해야 하는데, 이는 다시 말해 기본적인 교의들을 마음으로 받아들이고 온 신경을 집중하여 의식하는 것이다. 〈이 모든 가르침들을 너 혼자 있을 때에나 너와 비슷한 친구와 더불어 있을 때에나 밤낮으로 명상하여라. 그리하면 너는 꿈속에서나 깨어서나 근심을 겪지 않을 것이요, 인간들 가운데에서도 신과 같이 살게 되리라. 죽음이 우리에게 아무것도 아니라는 이 생각 속에 살아가도록 너 자신을 길들여라.〉[81]

교의들을 체계화하고 요약하거나 문장들로 추려서 집중시킨 것은 바로 이 교의들을 더욱더 설득적이고 인상적인 것들로 만들어 기억에 오랫동안 남도록 하기 위함이었다. 예를 들어 저 유명한 〈네 가지 치료약*Tetrapharmakos*〉은 영혼의 안녕을 보장하기 위한 것이었다. 에피쿠로스 철학 담론의 요체가 이 안에 다 있다.

> 신들은 두려워해야 할 이들이 아니요,
> 죽음은 염려해야 할 것이 아니다,
> 선은 얻기 쉬우나
> 악은 참기 어렵다.[82]

또한 에피쿠로스나 그 밖의 학파를 이끄는 이들의 교의론을 읽는 것은 명상을 살찌우고 영혼에 근본적인 직관을 불어넣는 데 도움을 준다.

특히 욕망의 자제를 실천하고 얻기 쉬운 것들, 존재의 기본적 욕구를 충족시키는 것들에 자족하며 거기에서 넘치는 것들은 체념할 줄 알아야 한다. 간단한 공식이지만 이것이 인생을 근본적으로 뒤집어 놓을 수 있다. 부와 영예, 사회적 지위를 포기한 채 은둔하여 소박한 음식과 옷가지에 만족하며 살아야 한다는 것 아닌가.

이러한 명상과 금욕은 고독 속에서 실천될 수 없다. 플라톤의 학교에서와 마찬가지로 에피쿠로스의 학교에서도 우정은 자기 자신을 변화시키기 위한 수단이자 왕도였다. 스승과 제자는 영혼의 치유에 이르기 위하여 서로 긴밀하게 도움을 주고받았다.[83] 이 우애 넘치는 분위기 속에서 에피쿠로스 자신은 소크라테스나 플라톤처럼 의식(意識)의 지도자 역할을 했다. 그는 말의 치유 효과를 잘 알고 있었다. 이러한 정신적 지도는 개인 대 개인의 관계에서만 의미를 지닐 수 있었다. 〈나는 이것들을 군중이 아니라 오직 너에게만 말하는 것이다. 우리들 한 사람 한 사람은 다른 이에 대하여 충분히 거대한 청중이니라.〉[84]

그는 죄책감이 도덕적 양심을 괴롭힐 수 있으며[85] 설령 징계가 때로는 〈회한〉의 상태를 불러온다 해도 잘못을 고백하고 징계를 받으면 죄책감에서 벗어날 수 있음을 분명히 알고 있었다. 양심을 시험하고 고백하게 하며 형제애로써 잘못을 교정하는 것은 영혼의 치유에 도달하기 위해 빼놓을 수 없는 수련이었다. 에피쿠로스주의자 필로데모스가 『말의 자유에 대하여』라는 제목으로 집필한 저작이 단편적으로 지금까지 전해지고 있다. 그는 여기서 제자들 사이는 물론이고 스승과 제자 사이도 개방적이면서 신뢰가 있었음을 보여 준다. 자기를 자유롭게 표현한다는 것이 스승에게는 견책하기를 두려워하지 않음을 뜻했고 제자에게는 스승 앞에 자신의 과오를 고백하거나 벗들에게 자신의 과오를 알리기를 주저하지 않음을 뜻했다. 그러므로 에피쿠로스의 학교에서 가장 주된 활동들 가운데 하나는 잘못을 바로잡고 훈육하기 위한 대화였다.

더욱이 에피쿠로스의 사람됨은 이런 면에서 가장 중요한

역할을 수행했다. 〈모든 일을 에피쿠로스가 너를 보고 있는 것처럼 행하라〉라는 원칙을 세운 사람은 다름 아닌 에피쿠로스 그 자신이었다.[86] 에피쿠로스주의자들은 이에 대해 〈우리는 에피쿠로스의 삶의 형식을 선택했으며 그에게 순종하노라〉라고 화답했다.[87] 아마도 이 때문에 에피쿠로스 학파는 창시자 에피쿠로스의 초상화에 그토록 중요성을 부여했던 것이리라. 그들은 에피쿠로스의 초상을 화폭에 남겼을 뿐 아니라 그들이 끼고 다니는 반지에까지 새겨 넣었다.[88] 에피쿠로스는 제자들에게 〈인간들 가운데 거하는 신〉[89]처럼, 달리 말해 지혜의 화신이자 그들이 본받아야 할 모범처럼 보였다.

그러나 이 모든 일에 긴장과 수고가 있어서는 안 된다. 에피쿠로스주의의 근본적인 수련은 오히려 긴장 완화와 평온, 영혼의 쾌락과 신체의 안정적 쾌락을 향유하는 것이었다.

우선 앎의 쾌락이 있다. 〈지혜(철학의 의미)의 훈련에 있어서 쾌락은 앎과 짝을 이루어 온다. 이미 배우고 난 이후에는 즐기지 못하게 마련이요, 배우는 것과 즐기는 것은 함께 오기 때문이다.〉[90]

지고의 쾌락은 우주의 무한과 신들의 위엄을 관조하는 것이다.

또한 에피쿠로스가 죽음을 맞이하며 이도메네우스에게 보낸 편지가 상기하듯이 토론의 쾌락이 있다. 〈나는 지금 이 고통에 우리의 철학적 대화를 추억하며 느끼는 영혼의

기쁨을 대비시킵니다.〉[91]

　그러나 우정의 기쁨도 빼놓을 수 없다. 이 주제에 관해서는 키케로의 증언이 남아 있다.

　　에피쿠로스는 우정에 대해 말하기를, 지혜가 우리에게 행복한 삶을 위해 줄 수 있는 모든 것들 중에서 우정보다 고귀하고 풍요로우며 기분 좋은 것은 없다고 했다. 그는 이렇게 선언하는 데 그치지 않고 평생 행위와 습관을 통하여 이 주장을 확고히 했다. 에피쿠로스의 하나뿐인 작은 집에는 그로 인해 모든 친구들이 더불어 모이지 않았던가! 그 어떤 사랑의 모의가 그들의 마음을 한데 모아 주었던가![92]

　게다가 이 기쁨 넘치는 공동생활은 여자와 노예의 참여조차 경멸하지 않았다. 플라톤의 학교에서 동성애를 이상화했던 것과 비교해 볼 때, 이거야말로 진정한 혁명, 엄청난 분위기의 쇄신이라 하지 않을 수 없다. 여자들은 아주 예외적으로 플라톤의 학교에 들어가기도 했으나 에피쿠로스의 학교에서는 당당한 공동체의 일원이었다. 여자들 중에는 람프사코스의 레온테오스의 아내 테미스타 같은 기혼녀들도 있었고, 〈암사자〉 레오티온 같은 고급 창녀들도 있었다. 화가 테오로스는 명상 중에 레오티온의 초상화를 그리기도 했다.[93]

　마지막으로, 인생의 경이로움을 자각하는 기쁨이 있다.

무엇보다도 자신의 생각을 지배할 줄 알아야 한다. 이는 기분 좋은 것들을 스스로 즐겨 떠올리고 과거의 쾌락을 기억하며 현재의 쾌락을 향유하기 위함이다. 이로써 현재 누리는 쾌락이 얼마나 크고 유쾌한 것인가를 알고 신중하게 긴장의 완화와 평온을 선택해야 한다. 우리가 찾아낼 수만 있다면 자연은 지속적으로 쾌락과 기쁨을 제공한다. 그러므로 우리는 자연과 인생에 대해 깊은 감사를 품고 살아가야 하는 것이다.

죽음에 대한 명상은 실존이라는 놀라운 선물에 대하여 크나큰 감사의 마음을 영혼에 일깨우고자 활용되었다.

새롭게 떠오르는 하루하루가 네 생애 최후의 날인 것처럼 여기라. 그리하면 너는 예기치 않은 매시간을 감사하는 마음으로 받아들이게 될 것이다.

주어지는 매 순간들을 마치 믿을 수 없는 행운 덕분에 누리게 된 것인 양 그 가치를 깨닫고 받아들이라.[94]

에른스트 호프만은 다음과 같은 글로써 에피쿠로스적 삶의 선택이 지닌 본질을 멋들어지게 평가한 바 있다.

생은 우선 일종의 순수한 우연으로서 고려되어야 한다. 그 후에야 비로소 생을 유일한 기적처럼 여기고 완전하게 살아 낼 수 있기 때문이다. 우선 부득이하게도 생은 단 한 번

뿐임을 실감해야 한다. 그때야 비로소 그 유일함과 대체 불
가능함을 절감하고 생을 드높일 수 있기 때문이다.[95]

스토아주의

스토아학파는 기원전 4세기 말에 제논이 설립했다.[96] 이
학파는 기원전 3세기 중반 크리시포스의 지휘 아래 새로운
도약의 국면을 맞이했다. 스토아학파는 기본 교의를 놀라
울 정도로 잘 통일해 놓은 편이었으나 곧 서로 대립되는 경
향들로 나뉘기 시작했다. 이러한 대립적 경향들이 수세기
동안 지속되며 이 학파를 여러 갈래로 나누었다.[97] 기원전
1세기부터 이 학파가 어찌 되었는가에 대해서는 별다른 정
보가 없다. 하지만 기원후 2세기까지 로마 제국에서 스토아
학파가 여전히 번성했음은 확실하다. 세네카, 무소니우스,
에픽테토스, 마르쿠스 아우렐리우스 등의 이름을 거론하는
것으로 충분한 증거가 되겠다.

근본적 선택

우리는 에피쿠로스주의에 대하여 어떤 경험, 곧 〈육신
적〉 경험을, 그리고 쾌락과 개인적 관심에의 선택을―그
러나 이 선택은 존재함의 순수 쾌락으로 변모하게 될 것이

다―말한 바 있다. 우리는 스토아주의에 대해서도 경험과 선택을 말하지 않을 수 없다. 그 선택은 근본적으로 소크라테스의 선택이다. 플라톤이 쓴 『변론』에서 소크라테스는 선언한다. 〈선한 사람에게는 살아서나 죽어서나 어떤 나쁜 일도 일어날 수 없습니다.〉[98] 선한 사람에게 악이란 도덕적 악밖에 없으며 선 또한 도덕적 선, 즉 우리가 의무나 미덕이라고 부르는 것들밖에 없기 때문이다. 선한 사람은 이 최고의 가치를 위해서라면 죽음을 맞닥뜨리는 것도 주저하지 않는다. 스토아학파의 선택은 소크라테스의 선택 그 연장선상에 있으며 에피쿠로스의 선택과는 대립된다. 행복은 쾌락이나 개인적 관심에 있는 것이 아니라 개인성을 초월하여 이성이 명하는 선에 대한 요구에 있다. 또한 스토아학파의 선택은 플라톤주의의 선택과도 대립된다. 그 이유는 스토아학파는 행복을, 다시 말해 도덕적 선을 지상의 모든 이들이 도달할 수 있는 것으로 보기 때문이다.

스토아주의의 경험이란 운명으로 정해진 인간의 비극적 상황을 날카롭게 의식하는 것이다. 인간은 어떤 것에 대해서도 자유롭지 않은 듯하다. 우리가 아름답거나 강하거나 건강한 상태에 있는 것, 부유하거나 쾌락을 체험하거나 고통을 피하는 것 등은 우리 자신에 달려 있지 않기 때문이다. 이 모든 것은 우리 외부에 원인이 있다. 우리의 개인적 이익에 무심한 어쩔 수 없는 필연이 우리의 소망과 열망을 무너뜨린다. 재산을 잃거나 질병이나 죽음을 만나는 등의 우발적인 인생사에 우리는 무방비 상태로 내맡겨져 있다. 인생에는 우리가 어찌할 수 없는 것투성이다. 이 때문에 인간은 불행하다. 인간은 구할 수 없는 선을 구하기 위해 열심을 내고 피할 수 없는 악을 피하고자 노력하기 때문이다. 그러나 한 가지 우리에게 달려 있고 그 무엇으로도 우리에게서 앗아갈 수 없는 것이 있다. 그것은 바로 선을 행하고자 하는 의지, 이성을 좇아 행동하고자 하는 의지이다. 그러므로 우리에게 달려 있는 것과 우리에게 달려 있지 않은 것은 근본적으로 상반된다.[99] 좋고 나쁨이 우리에게 달려 있는 것에 대해서는 우리가 결정을 해야 한다. 반면 우리 바깥에 원인이 있는 것, 운명에 달려 있는 것은 아무래도 좋은 것이다. 선을 행하고자 하는 의지는 누구나 자기 안에 세울 수 있는 난공불락의 요새다. 바로 여기서 이 철학의 자유, 독립성, 요지부동의 굳건함, 특히 자체적 정합성이라는 현저한 가치를 볼 수 있다. 스토아주의의 삶에 대한 선택은 그 자신과의 정합성에 있다고 말할 수도 있을 것이다. 세네카는 이러한 태도를 다음과 같이 요약한 바 있다. 〈언제나 같은 것을 원하고 언제나 같은 것을 물리칠 것. 같은 것은 그것이 도덕적으로 옳을 때에만 사람을 보편적이고 지속적으로 기쁘게 할 수 있기 때문이다.〉[100] 이러한 자신과의 정합성은 곧 이성의 고유성이다. 모든 합리적 담론은 그 자체로 정합적일 수밖에 없기 때문이다. 이성에 따르는 삶, 이는 정합성이라는 의무 사항에 스스로를 복종시키는 삶이다. 제논은 스토아학파의 삶의 선택을 다음과 같이 묘사했다. 〈일관되게 사는 것, 그것은 유일하고 조화로운 삶의 원칙에 따라 사는 것이다. 일관성 없이 살아가는 자들은 불행한 까닭이다.〉[101]

자연학

스토아학파의 철학적 담론은 자연학, 논리학, 윤리학이라는 세 부분으로 구성되어 있다. 자연학과 관련된 철학적 담론은 우리가 방금 논한 삶의 선택을 정당화하고 그 선택이 함축하는 세상에서의 존재 방식을 설명한다. 에피쿠로스주의자들이 그러했듯이 스토아주의자들도 자연학을 그 자체를 위하여 발전해야 할 것으로 생각하지 않았다. 그들에게 자연학은 윤리적인 목적을 띠었다.

> 자연학을 가르치는 목적은 오직 선악에 대해서 두어야 할 차이의 분별을 가르치기 위함이다.[102]

우리는 우선 스토아학파의 자연학이 윤리학에 필수 불가결하다고 말할 수 있을 것이다. 이 자연학은 외재적 원인에 달려 있어 인간의 힘으로 어쩔 수 없긴 하지만 이성적이고 필연적인 방식으로 연결되는 것들이 있음을 보여 주기 때문이다.

또한 인간 행위의 합리성이 대자연의 합리성에 근거하는

한, 자연학은 윤리적인 목적을 띠기도 한다. 자연학적 관점에서 볼 때 스토아주의의 선택의 근간에 있는 자신과의 정합성을 이루려는 의지는 물질적 현실 속에서 모든 존재들과 그들이 이루는 전체에 내재한 근본 법칙처럼 나타난다.[103] 생명체는 생의 첫 순간부터 본능적으로 자기 자신과 조화를 이룬다. 생명체는 자신을 보전하고 자기 생을 사랑하고자 한다. 그러나 세계 그 자체도 하나의 살아 있는 존재로서 자신과 화합하며 정합성을 이루려 한다. 체계적이고 유기적인 단일 개체에서처럼, 세계 내에서도 모든 것이 다른 모든 것과 관계를 이루고 모든 것은 모든 것 안에 있으며 모든 것이 다른 모든 것을 필요로 한다.

스토아주의의 삶에 대한 선택은 우주의 합리성을 가정하는 동시에 요구한다. 〈우리 안에 질서가 있는데 무질서가 전체를 지배한다는 것이 가당키나 한가?〉[104] 인간 이성은 자기 자신과의 변증법적이고 논리적인 정합성을 추구하며 도덕성을 가정한다. 인간 이성은 모든 것이 소유하고 있는 보편적 이성의 한 부분일 뿐이며 그 보편적 이성에 근거를 두어야 한다. 그러므로 이성을 따라 사는 것은 자연을 따라 사는 것, 안쪽에서부터 세계의 진화를 추진시키는 보편적인 법칙을 따라 사는 것이 된다. 이것은 이성적인 세계인 동시에 전적으로 물질적인 세계이다. 스토아주의의 이성은 헤라클레이토스의 불과 동일한 것이다. 조르주 로디에와 빅토르 골드슈미트가 생각했던 것처럼[105] 여기서 다시 한 번 그 이성은 스토아주의의 삶에 대한 선택 때문에 유물론적인 것이 된다. 이 유물론은 행복을 더 나은 어떤 세상과 대립되지 않는 바로 이 세상에서 모든 이가 도달할 수 있는 것으로 상정하고 싶은 욕망으로 설명된다.

스토아학파와 에피쿠로스학파는 근본적으로 다른 선택을 이성적으로 정당화하고자 했기에 그들의 자연학 역시 근본적인 차이를 나타낼 수밖에 없었다. 에피쿠로스학파는 신체 혹은 물체가 원자들의 집합으로 형성되지만 이것들은 진정한 통일체가 아니고 우주는 한데 섞이지 않는 요소들의 병치에 지나지 않는다고 보았다. 각 존재는 하나의 개체이고 그러므로 다른 것들과의 관계 속에서 원자화되거나 고립될 수 있는 것이다. 모든 것은 모든 것에 외재적이다. 또한 모든 것은 우발적으로 도래한다. 무한한 진공 속에 무한한 세계들이 형성되는 것이다. 그런데 스토아학파는 반대로 모든 것이 모든 것 안에 있으며 신체 혹은 물체들은 모두 유기적이고 세계 또한 일종의 유기체라고 생각한다. 여기서는 모든 것이 이성적 필연에 따라 도래한다. 무한한 시간 속에 단 하나의 세계가 무한히 반복된다고나 할까. 이처럼 상반되는 두 가지 자연학이지만 그 발전 과정에는 유사한 데가 있다. 그 이유는 두 학파 모두 실존적 선택의 가능성을 자연 그 자체에 정초하려 했기 때문이다. 에피쿠로스주의자들은 궤도를 벗어날 수 있는 원자의 자발성이 인간의 자유와 욕망의 절제를 가능하게 한다고 믿었다. 반면 스토아주의자들은 자연을 보편적 이성으로 간주하고 여기에 인간 이성을 정초하려 했다. 그러나 인간의 자유의 가능성에 대한 그들의 설명은 훨씬 더 복잡한 내용을 담고 있다.

사실 자유의 가능성을 해명하려면 인간 이성을 우주적 이성에 정초하는 것만으로 충분하지 않다. 그 이유는 우주적 이성이 엄격한 필연에 해당하는 것이기 때문이다. 특히 스토아주의자들이 헤라클레이토스의 〈불〉이라고 하는 일종의 힘의 모델에 따라 우주적 이성을 생각했다는 점을 간과할 수 없다. 불은 일종의 기(氣), 살아 있는 열(熱)로서 질료와 완전히 섞여 만물을 낳는다. 마치 하나의 종자가 모든 종자들을 품고 있어서 그 종자들이 싹을 틔우고 자라나는 것 같다고 할까. 우주도 이성처럼 자기 자신과 조화를 이루고 스스로에게 부합하며 필연적으로 자기 존재 그대로 되기를 원하므로 영원히 동일한 순환을 반복한다. 이러한 순환을 통하여 불은 다른 존재들로 변모되다가 결국 자기 자신으로 돌아온다. 만약 우주가 영원히 동일한 반복을 거듭하는 것이라면 그 이유는 우주가 합리적이기 때문이요, 〈논리적〉이기 때문이며, 그 우주야말로 이성이 생성할 수 있으며 생성할 수밖에 없는 단 하나의 우주이기 때문이다. 이성은 그보다 더 낫거나 더 못한 우주를 생성할 수 없다. 이 우주 안에서는 모든 것이 인과 법칙에 따라 꼬리에 꼬리를 물고 이어진다.

원인 없는 운동은 없다. 만약 그렇다면 모든 것은 〔결과를〕촉발하는 원인에 의해 도래하는 것이다. 만약 그렇다면 모든 것은 운명에 의해 도래하는 것이다.[106]

사소한 사건조차도 일련의 모든 원인을, 앞서 일어난 모든 사건의 연쇄를, 나아가 궁극적으로 우주 전체를 품는다. 인간이 원하든 원치 않든, 사태는 필히 되어야 할 대로 되고야 만다. 보편적 이성은 다른 식으로는 행사되지 않는다. 그 이성이 합리적이라는 바로 그 이유 때문이다.

그렇다면 도덕적 선택이라는 것이 어떻게 가능할까? 도덕성이 가능하려면 선택의 자유가 있어야 한다. 인간이 운명을 받아들이기를 거부하고 우주적 질서에 반항하며 보편적 이성 혹은 자연에 상반되는 행위나 생각을 할 여지가 있어야 하는 것이다. 달리 말하자면, 자기 자신을 우주로부터 분리시켜 스스로 세계라는 거대 도시로부터 유배당한 자, 이방인이 될 수 있어야 한다.[107] 이러한 거부는 세계의 질서를 손톱만큼도 바꾸지 못한다. 세네카가 후대에 다시 취한 바 있는 스토아주의자 클레안테스의 진술에 따르면, 〈운명은 그것을 받아들이는 자를 인도하고 그것을 거부하는 자를 훼방한다〉.[108]

결국 이성은 세계에 대한 계획 속에 모든 저항, 대립, 장애물마저 포함시키고 이것들을 사용하여 계획을 실현한다는 얘기다.[109]

그러나 우리는 이 선택의 자유가 어떻게 가능한가를 다시 한 번 묻지 않을 수 없다. 그 이유는 인간 고유의 이성이 만물에 직접적으로 내재하는 실체적이고 조물주적인 이성 (보편적 이성)이 아니라 추론적 이성이기 때문이다. 추론적 이성은 모든 판단을 통하여, 자신이 현실에 대하여 공표하는 담론을 통하여 운명이 부여하는 사건들과 자신이 행하게 하는 모든 행위에 의미를 부여하는 힘이 있다. 도덕성은 물론이요, 인간의 모든 정념이 이러한 의미의 우주 안에 있다. 에픽테토스의 말을 들어 보자.

사물들이 〔그 물질성을 통하여〕 우리를 근심케 하는 것이 아니요, 우리가 그 사물들에 대해 품게 되는 판단이 〔즉 우리가 그것들에 부여하는 의미가〕 우리를 괴롭히는 것이니라.[110]

인식론

스토아학파의 인식론은 이중적 면모를 지닌다. 이 이론은 감각적 대상들이 우리의 감관에 그 자취를 남긴다는 것을 긍정하는 한편, 반박의 여지가 없는 증거를 지니고 있는 몇몇 표상들에 대해서는 절대로 의심할 수 없다고 주장한다. 이러한 표상들이 소위 〈객관적〉 혹은 〈내포적〉 표상들이다. 이것들은 결코 우리 의지에 달려 있지 않다. 그러나 우리의 내적 담론은 이러한 표상들의 내용을 언명하고 기술한다. 우리는 또한 이러한 언명에 대하여 동의하거나 동의하지 않거나 한다. 바로 여기에 오류의 가능성이 있고 나아가 자유가 있는 것이다.[111] 이러한 표상의 주관적이고 의지적인 측면을 이해시키기 위하여 크리시포스는 원기둥의 비유를 든다.[112] 모든 원인들과 그 결과인 사건들의 연쇄, 이것이 곧 운명이다. 운명은 원기둥을 운동하게 한다. 그러나 원기둥의 운동은 그 자체의 고유한 모양을 따라 이루어질 수밖에 없다. 이와 같은 식으로 원인들의 연쇄는 우리에게 어떤 감각을 일깨우고 이 감각에 대한 판단을 표하거나 이 판단에 동의하거나 반대할 기회를 제공한다. 그러나 동의는 비록 운명에 의해 가동된 것일지라도 여전히 고유한 형식을 지니며 자유롭고 독립적인 것이다.

스토아학파의 주장을 좀 더 쉽게 이해하기 위하여 에픽테토스가 제시한 예를 참고할 수도 있겠다. 망망대해에서 천둥소리와 폭풍우가 몰아치는 소리를 들었다고 치자. 내가 이 무서운 소리를 지각했다는 것은 부인할 수 없다. 그 이유는 그것이 〈객관적〉 혹은 〈내포적〉 표상이기 때문이다. 이러한 감각은 순전히 원인의 연쇄, 즉 운명이 불러온 결과이다. 〈내가 운명을 따라 폭풍우를 만났구나〉라고 그저 마음속으로 확인하는 데 그친다면 나의 내적 담론과 객관적 표상은 정확히 일치하고 나는 진리의 편에 있다. 하지만 나는 무시무시한 소리를 듣고 공포라는 정념에 빠져 버릴 수도 있다. 나는 정서적으로 동요하고 〈내가 드디어 불행에 빠지고 말았구나. 나는 죽을지도 모른다. 그런데 죽음은 나쁜 것이다〉라고 생각할 것이다. 만약 내가 공포가 불러온 이 내적 담론에 동의한다면, 나는 스토아학파의 견지에서 오류를 범한 것이다. 내 본연의 실존적 선택은 도덕적 악 외에는 그 무엇도 나쁜 것으로 보지 않는다는 것이기 때문이다.[113] 그러므로 일반적으로 오류는—그리고 그와 동시에 자유 또한—내가 사건들에 대해 품는 가치 판단에 있다. 좋고 나쁨을 오로지 도덕적으로 좋고 나쁨으로만 인식하고 도덕적으로 좋거나 나쁘다고 할 수 없는 것에 대해서는 좋지도 나쁘지도 않은 것, 즉 아무래도 상관없는 것으로 여기는 것이 도덕적으로 올바른 태도다.

도덕적 이론

〈도덕적인〉 영역과 〈아무래도 상관없는〉 영역의 대립을 다른 식으로 정의할 수도 있다. 도덕적인 것(좋거나 나쁜 것)은 우리에게 달려 있다. 우리에게 달려 있지 않은 것은 아무래도 상관없다. 그런데 우리에게 달려 있는 것이라곤 오직 도덕적 의지 혹은 사건들에 대해 우리가 부여하는 의미뿐이다. 우리에게 달려 있지 않은 것이란 원인과 결과의 필연적인 연쇄, 즉 운명, 자연의 변화, 타인들의 행위 등이다. 삶과 죽음, 건강과 질병, 쾌락과 고통, 아름다움과 추함,

강함과 연약함, 부유함과 곤궁함, 출생의 귀천, 정치적 이력 등은 모두 우리에게 달려 있지 않기 때문에 무차별적인 것, 따라서 원칙적으로는 아무래도 상관없는 것이다. 다시 말해 우리는 이런 것들에 대해 차별성을 두어서는 안 되며 그저 운명이 닥치는 대로 다 받아들여야 한다.

네가 원하는 대로 사태가 일어나도록 하고자 힘쓰지 말라. 그저 일어나야 할 방식대로 일어나기만을 바라라. 그리하면 행복하리라.[114]

여기에 사물을 바라보는 방식의 전면적인 전복이 있다. 현실에 대한 〈인간적인〉 시각으로부터 사물에 대한 〈자연적인〉, 〈물질적인〉 시각으로 옮아가는 것이다. 전자에서는 우리의 가치 판단이 사회적 관습이나 정념에 의존한다. 반면 후자는 각각의 사건들을 자연과 보편적 이성의 관점 안에 다시금 위치시킨다.[115] 스토아주의의 무관심은 피론주의의 무관심과는 근본이 다르다. 피론주의자는 무엇에 대해서든 그것의 좋고 나쁨을 알 수 없다고 생각하기 때문에 모든 것에 무관심하다. 그가 무관심할 수 없는 것은 오직 단하나, 무관심 그 자체뿐이다. 스토아주의자에게도 무관심할 수 없는 것은 단 하나뿐이다. 그게 바로 도덕적 의도다. 도덕적 의도는 어떤 것에 적용되든 그 자체로 선하다. 이 의도가 인간이 스스로를, 나아가 세계에 대한 태도를 개조할 수 있게 한다. 무관심은 차별을 두지 않는다기보다는 운명이 바라는 모든 것을 똑같이, 공평하게 바라는 것이다.

그렇다면 다음과 같은 의문을 품음 직하다. 도덕적 의도 외에는 모든 것이 무차별적이라면 스토아주의자는 어떻게 인생의 방향을 잡아 나가는가? 그가 과연 결혼을 하고 정치적 혹은 직업적 활동을 하며 조국을 위해 봉사하게 될까? 여기서 스토아주의 도덕론의 요체라 할 수 있는 〈의무들*devoirs*(일반적 의미의 의무와는 다름)〉 혹은 〈적절한 행위들〉[116]에 대한 이론이 나타난다. 이 이론 덕분에 선한 의지는 실천의 질료를 찾고, 실용적 지도의 규약을 따라 인도되며, 원칙적으로는 가치가 없는 무차별적인 것들에 상대적인 가치를 부여할 수 있다.

스토아주의자들은 이 〈의무론〉을 정초하기 위하여 그들의 기본적인 직관으로 돌아갔다. 생명체가 본능적, 원초적으로 자기 자신과의 합일을 추구한다는 직관 말이다. 이 직관은 자연의 심오한 의지를 나타낸다. 생명체에게는 자기를 보전하고 자기가 지닌 본래의 완전성을 위협하는 것들을 물리치려는 내적 성향이 있다. 인간에게 이성이 나타나면서부터 자연적 본능도 반성적이고 추론적인 선택이 되었다. 가령, 삶에 대한 사랑, 아이들에 대한 사랑은 자연적 경향에 부응하기 때문에 선택되어야만 한다. 동포애도 사회적 본능을 바탕으로 하기 때문에 그러한 경향에 부응한다. 따라서 결혼을 하고 정치적 이력을 쌓고 조국을 위해 봉사하는 등의 모든 행위들은 인간 본성에 적절한 것이고 일종의 가치를 지닐 수 있다. 〈적절한 행위〉의 특징은 그것이 부분적으로는 우리에게 달려 있다는 데 있다. 그 이유는 그런 행위가 도덕적 의도를 전제하기 때문이다. 또 이 행위는 부분적으로는 우리에게 달려 있지 않다. 그 성공 여부가 우리의 의지에도 달려 있지만 타인들, 상황, 외부 사건들, 나아가 종국적으로는 운명에 달려 있기 때문이다. 의무론 혹은 적절한 행위 이론 때문에 철학자는 삶의 불확실성 속에서 이성이 성공을 보장할 순 없지만 허락할 수 있는 가능한 선택들을 제안하며 일상적인 삶의 방향을 잡아 나갈 수 있게 해준다. 결국 언제나 불확실하기만 한 결과가 아니라 선을 행하고자 하는 의도가 중요한 것이다.[117] 스토아주의자는 언제나 〈만약 운명이 허락한다면 나는 이것을 원한다〉는 식으로 〈유보적으로〉 행동한다. 운명이 허락하지 않는다면 그는 다른 방식으로 성공하기를 꿈꾸거나 그저 〈일어날 일이 일어나기를 바라며〉 운명을 받아들일 것이다.

스토아주의자는 항상 〈유보적으로〉 행동한다. 그러나 어쨌든 사회적, 정치적 삶에 참여하기는 한다. 여기에 스토아주의와 에피쿠로스주의를 가르는 아주 중요한 특징이 있다. 원칙적으로 에피쿠로스주의자는 근심을 불러일으킬 수 있는 모든 것으로부터 물러나 있다. 하지만 스토아주의자는 물질적, 정신적 이해를 떠나 초연하게라도 인간 공동체를 위하여 행동을 하기는 한다.

어떤 학파(학교)도 이보다 선하고 다정할 수 없다. 이보다 더 큰 인류애를 품거나 공동선을 위해 더 많이 헌신할 수 있는 것은 없다. 이 학파가 우리에게 부여한 목표는, 유용한 사람이 되어 다른 사람들을 돕고 자기 자신뿐만 아니라 일반적인 모든 이들과 특별한 한 사람 한 사람을 배려하라는 것이다.[118]

수련

스토아학파에서 실행되었던 정신 수련에 대해 참고할 만한 증거 자료는 에피쿠로스학파의 경우보다 훨씬 부족한 편이다. 창시자 제논과 크리시포스가 쓴 문헌들이 대부분 유실되었기 때문이다. 가장 흥미 있는 자료라고 해봤자 키케로, 알렉산드리아의 필론, 세네카, 에픽테토스, 마르쿠스 아우렐리우스 등 상대적으로 한참 뒤에 나온 문헌들이다. 하지만 이 문헌들은 이전부터 수립되어 내려온 전통을 반영하고 있을 가능성이 크며 제논이나 크리시포스가 어떤 말을 했는지 단편적으로나마 엿볼 수 있게 해준다. 스토아주의에서 철학은 이론들뿐만 아니라 철학자로서 살아가려는 인간이 반드시 구체적으로 실천해야 할 수련 덕목들로 구성되었던 듯하다.

그러므로 논리학 역시 추론을 위한 추상적 이론이나 삼단 논법 연습 따위에 국한되지 않았다. 스토아학파에서 논리학은 오히려 매일매일 삶 가운데 일어나는 문제들에 논리를 적용하는 아주 일상적인 훈련이었다. 그러므로 이때의 논리는 자기 마음속의 담론에 통달하는 것이다. 더욱이 스토아주의자들은 소크라테스의 주지주의에 따라 인간 정념은 이러한 내적 담론의 잘못된 사용, 즉 추론과 판단의 오류에 해당한다고 생각했기 때문에 내적 담론에 통달할 필요성은 더욱더 컸다. 그러므로 내포적, 객관적 표상에 이상한 것을 덧붙여 잘못된 가치 판단을 개입시키지 않았는지 알기 위하여 내적 담론을 항상 잘 살펴야 한다. 마르쿠스 아우렐리우스는 제시되는 대상들 ─ 다시 말해 정념을 불러일으키는 사물이나 사건들 ─ 에 대해 〈자연학적〔물질적〕〉 정의를 스스로 내려 보라고 조언한다. 〈대상이 마치 본질을 드러내 놓고 있는 것처럼 대상 그 자체를 보라. 그리고 그것에 고유한 이름을 스스로 생각해 보라.〉[119] 이것은 관습, 편견, 정념에서 기인한 가치 판단을 끌어들이지 않고 있는 그대로의 현실에 초점을 맞추는 훈련이다. 〈이 자줏빛 옷감은 피조개의 체액으로 염색한 양털이다. 성교는 서로 배를 비비고 부르르 떨면서 끈끈한 체액을 방출하는 것이다.〉[120]

여기서 논리 훈련은 자연학의 영역과 만난다. 이런 식의 정의 내리기는 인간화된 사고방식이나 주관성을 끌어들이지 않고 자연의 시각에 서는 것이기 때문이다. 스토아주의의 자연학이 스토아주의의 논리학과 마찬가지로 추상적 이론을 넘어 정신 수련의 한 주제라는 얘기가 되겠다.

자연학을 실천에 옮기는 첫 번째 훈련은 바로 자기 자신을 전체의 한 부분으로서 인식하고 우주적 의식으로 스스로를 고양하며 우주의 전체성에 묻히는 데 있다. 수련자는 스토아주의의 자연학을 명상하면서 만물을 보편적 이성의 관점에서 바라보고자 노력한다. 이를 위해서는 모든 인간적인 것을 높은 곳에서 굽어본다고 상상하는 훈련이 필요하다.[121]

　같은 관점에서, 사물이 매 순간 변화하는 중에 있는 것처럼 바라보는 훈련이 필요하다.

　　만물이 얼마나 변화를 거듭하고 있는가? 이 변화를 관찰하는 법을 배우고 끊임없이 이 변화에 주목하여 이 분야를 연구하라. 이보다 정신을 위대하게 하는 것은 없다.

　　눈앞에 보이는 것을 하나하나 잘 관찰하고 그것이 분해되고 변화하고 있으며, 말하자면 부패하고 흩어지는 상태에 있으며 만물은 죽기 위해 태어났다는 것을 잊지 말라.[122]

　이 같은 보편적 변형에 대한 시각은 죽음에 대한 명상으로 인도한다. 죽음은 언제나 내재하고 있지만 우리는 그것을 우주적 질서의 근본 법칙으로서 받아들이지 않으면 안 된다. 결국 정신적 훈련으로서의 자연학은 철학자가 우주에 내재하는 보편적 이성의 뜻대로 일어나는 사건들에 대

하여 마음으로부터 동의하게끔 이끌기 때문이다.[123]

　게다가 자신에게 닥치는 사건을 동의하고 받아들이는 데
그치지 않고 대비까지 해야 한다. 스토아주의에서 가장 널
리 알려진 훈련들 가운데 하나가 〈악〉에 대한 〈예비 수련
praemeditatio〉이었다. 이것은 시험에 빠지게 될 때를 예비
하는 연습으로, 재산을 잃는다든가 고통이나 죽음에 맞닥
뜨리는 등 다양한 환란들을 미리 상상하는 것이었다.[124] 알
렉산드리아의 필론이 이와 관련하여 남긴 말이 있다.

　　그들〔이 수련을 행하는 자들〕은 운명이 타격을 입혀도 굽
　히지 않는다. 그러한 공격들을 미리 다 계산하고 있기 때문
　이다. 우리의 의지에 반하여 일어나는 것들 가운데 가장 가
　혹한 것들조차도 예견으로 누그러뜨릴 수 있는 까닭이다.
　이때에 우리의 사고는 사건들로부터 더 이상 예기치 못한
　것을 맞닥뜨리지 않게 되고 마치 오래되고 닳아빠진 것들을
　대하듯이 그것들에 대한 지각은 무뎌진다.[125]

　사실 이 수련은 위에서 기술한 것보다 훨씬 복잡하다. 철
학자는 이를 실행하면서 현실의 충격을 완화하기를 바랄
뿐 아니라 스토아주의의 근본 원리들에 철저히 빠져들어
자기 안에 영혼의 평정을 회복하고자 한다. 흔히 불행한 것
으로 여겨지는 사건들을 미리 상상해 보기를 두려워해서는
안 된다. 오히려 그런 생각을 자주 해야 한다. 일단, 나쁜 미

래는 현존하는 것이 아니므로 사실은 나쁜 것이 아님을 깨닫기 위함이다. 그리고 무엇보다, 다른 사람들이 나쁘다고 생각하는 질병이나 가난, 죽음 같은 사건들은 우리에게 달린 일도 아니고 도덕 차원에 속하는 문제도 아니기 때문에 사실은 나쁜 것이 아님을 깨닫기 위함이다. 내재적 죽음에 대한 생각도 매 순간의 무한한 가치를 깨닫게 되면서부터 행위 양식으로 근본적인 변화를 보게 된다. 〈모든 행위를 마치 그것이 생애 최후의 행위인 것처럼 완수해야 한다.〉[126]

우리는 악과 죽음을 예견하는 훈련을 논하면서 실천적 자연학에서 실천적 윤리학으로 슬그머니 옮겨 온 셈이 되었다. 사실 이러한 예견은 스토아 철학자들이 실천했던 바로 그 행위들과 긴밀하게 연결되어 있다. 그들은 행동을 취하면서 반드시 장애물을 미리 내다보았기에 어떤 것도 그들의 예견을 벗어날 수 없었다. 설령 장애물이 나타나더라도 도덕적 의도만큼은 고스란히 남을 수 있다.[127]

지금까지 우리는 어떤 철학이 실천될 때 그 철학의 각 부분을 가르는 한계가 희미해진다는 점을 볼 수 있었다. 정의 내리기 훈련은 논리학인 동시에 자연학이다. 죽음과 악을 예견하는 연습도 자연학인 동시에 윤리학이다. 스토아 철학자들은 이처럼 철학을 이루는 부분들을 뒤섞으면서 아마도 키오스의 아리스톤의 노력에 부응하고 싶었던 것일지도 모른다. 아리스톤은 스토아 철학의 1세대에 속하는 인물로, 철학에서 자연학적, 논리학적 부분들을 제거하고 윤리학만

을 남기려고 애썼다.[128] 스토아 철학자들이 볼 때 아리스톤
은 철학을 하나의 실천으로 간주했다는 점에서 분명 옳았
다. 철학의 논리학적, 자연학적 부분은 순수하게 이론적이
지 않으며 그것들 역시 체험의 철학에 해당하는 것이다. 이
들에게 철학은 현재의 순간과 자신에 대한 끊임없는 주의,
마음 챙김*procochē*을 통하여 매 순간 실천해야 할 일종의
행동이었다. 스토아주의자의 근본적인 태도는 이 끊임없는
주의, 즉 지속적인 긴장, 의식, 매 순간 조심하는 자세다. 이
러한 주의 덕분에 철학자는 자신이 행하는 바는 물론 자신
의 생각, 자신의 존재(우주 안에서 자신이 차지하는 위치)
를 항상 의식할 수 있다. 여기서 철학자의 생각이 체험적 논
리학의 과제라면 철학자의 존재는 체험적 자연학의 과제이
다. 자기의식은 무엇보다도 일종의 도덕적 양심이다. 이 의
식은 매 순간 우리의 의도를 정화하고 개선하고자 애쓰며
선을 행하려는 의지 외에는 어떤 것도 행위의 동기로 받아
들이지 못하도록 감시한다. 그러나 이러한 자기의식은 도
덕적 양심을 넘어서는 일종의 우주적 의식, 합리적 의식이
기도 하다. 주의 깊은 사람은 언제나 우주에 내재하는 보편
적 이성의 현존 안에 거한다. 그는 이 이성의 관점에서 만물
을 보며 이 이성이 바라는 바에 기쁜 마음으로 동의한다.

　스토아주의자들은 이러한 실천적 철학, 유일하면서도 복
잡한 이 수련을 명제들로 구성된 철학적 담론과 대비시킨
다. 철학적 담론은 논리학, 자연학, 윤리학이라는 각 부분을

포함한다. 스토아주의자들이 이를 통해 말하고자 하는 바는 다음과 같다. 사람들에게 철학을 가르치고 실천으로 이끌고자 할 때에는 담론을 사용하지 않을 수 없다. 다시 말해 논리학적 이론, 자연학적 이론, 윤리학적 이론을 일련의 명제들을 통하여 잘 발표해야 하는 것이다. 하지만 지혜를 도야하고자 한다면, 즉 철학적으로 사는 것이 문제가 될 때에는 따로따로 가르쳤던 담론의 내용들이 떼려야 뗄 수 없는 통합적 방식으로 체험되고 실천되어야 한다.[129]

스토아주의자들에게는 자연의 작업(과 자연학)에 관여하는 이성이나, 개인의 생각(과 논리학)에 관여하는 이성이나 완전히 동일한 것이었다. 그러므로 지혜를 훈련하는 철학자의 유일한 행동은 만물에 임재하며 자기 자신과 조화를 이루는 보편적 이성의 유일한 행동과 일치하게 된다.

아리스토텔레스주의

헬레니즘 시대의 아리스토텔레스주의자들은 주로 학자들이었다.[130]아리스토텔레스의 첫 번째 후계자였던 테오프라스토스만이 그의 스승처럼 명상가이자 연구 체계의 조직자—특히 자연사 부분에 있어서—로서 삶을 살았던 것으로 보인다. 테오프라스토스 이후에 이 학파는 백과사전적 연구 집단으로 전문화된 듯하다. 특히 전기(傳記), 민족학,

성격학 등의 역사학적, 문학적 주제에 연구가 집중되었으며 이 밖에도 자연학적 연구, 논리학의 정교화, 수사학 연습 등에도 관여했던 것 같다. 그러나 불행히도 그들의 광대한 작업 가운데 전해 내려오는 것은 빈약한 단편적 정보들뿐이다. 기원전 3세기의 천문학자인 사모스의 아리스타르코스는 태양과 항성들은 움직이지 않으며 지구와 행성들이 각각의 축을 기준 삼아 태양 주위를 돈다는 가설을 내놓기도 했다.[131] 또한 유물론적 자연학을 가르쳤던 람프사코스의 스트라톤의 작품 속에서는 몇 가지 물리학 실험 시도를 찾아볼 수 있는데 특히 이중에는 진공과 관련된 실험도 있다. 한편, 당시 아리스토텔레스주의자들이 설파했던 정념의 중용을 기조로 하는 윤리학이나 삶을 영위하는 태도와 관련된 참고 자료는 거의 남아 있지 않다.[132]

플라톤의 아카데메이아

기원전 3세기 중반을 전후하여 아르케실라오스가 지도자가 되면서 아카데메이아는 소크라테스적인 삶의 선택으로 일종의 회귀를 실현한다.[133] 철학적 담론은 다시금 본질적으로 비판, 의문, 회의로 기울었다. 게다가 아르케실라오스가 어째서 단 한 편의 저작도 집필하지 않았는가가 이로써 설명된다. 그의 교수법은 청중들로 하여금 어떤 테제를 제시하게 한 뒤 그것을 논변을 통하여 반박하는 것이었다.[134] 그는 주어지는 테제가 무엇이든 간에 그것과 반대되는 명제 역시 입증될 수 있음을 보여 주었다. 이는 곧 절대적 진리와 확실성에 이르는 판단이 불가능하다는 것을 보여 주는 것이다. 그러므로 모든 판단을 유예해야 한다. 모든 탐구와 비판 활동을 유예해야 한다는 뜻이다. 소크라테스는 『변론』에서 자신이 생각하는 지고선은 모든 것을 시험에 부치는 것이라고 했다. 또한 그러한 탐구에 헌신하지 않는 삶은 살 가치가 없으며 행복은 결코 끝나지 않을 이 탐색에 있는 것이라고 말하기도 했다.[135] 이러한 이유에서 아카데메이아는 소크라테스 사상으로 회귀했다. 그러나 신들에게만 속하는 지혜가 자신에게는 없으며 아무것도 알지 못함을 스스로 의식한다는 점에서, 이는 결국 철학에 대한 플라톤의 정의로 회귀한 것이기도 하다.[136] 아르케실라오스가볼 때 플라톤은 인간이 절대적 앎에 이를 수 없음을 잘 간파하고 있었다. 그래서 아르케실라오스도 소크라테스처럼 아무것도 가르치지 않고 다만 청중들의 마음을 사로잡고 뒤흔들어 놓았던 것이다. 그는 소크라테스와 마찬가지로 청중들을 선입견으로부터 해방시키고 스스로를 문제시하게 함으로써 가르침을 폈다.[137]

그렇지만 우리는 소크라테스 사상과의 차이점 한 가지를 발견할 수 있을 듯하다. 소크라테스와 아르케실라오스, 이 두 사람은 거짓 앎, 거짓 확실성을 고발했다는 점에서 일치한다. 하지만 소크라테스가 철학자들(〈소피스트들〉을 가리킴)과 철학하지 않는 이들의 편견과 억견(臆見)을 비난했던 반면, 아르케실라오스의 비판은 주로 독단주의 철학자들의 거짓 앎과 거짓 확실성을 대상으로 삼았다. 아르케실라오스가 생각하는 철학은, 스토아주의나 에피쿠로스주의처럼 인간과 신에 관련된 것들 모두에 있어서 확실성에 도달할 수 있다고 주장하는 철학적 담론들의 모순을 보여 주는 것이었다. 도덕적 삶은 원리들을 바탕으로 정초되거나 철학적 담론으로 정당화될 필요가 없다. 소크라테스나 플라톤처럼 아르케실라오스도 인간에게는 선에 대한 본래적이고 근본적인 욕망과 선하게 행동하고자 하는 경향이 있다고 생각했다.[138] 철학자는 모든 견해들로부터 자신을 정화하고 판단을 전적으로 유보함으로써 모든 사색에 선행하는 그 자연적 경향을 회복한다. 우리가 이 경향을 따른다면 — 이렇게 따르는 것이 합리적이기도 하며 — 도덕적 행위는 저절로 정당화되는 셈이다.[139] 게다가 당대 사람들은 아르케실라오스의 비범한 덕성이나 그가 선을 행할 때의 섬세한 태도에 대해서 일반적으로 동의하고 있었던 듯하다.[140]

아르케실라오스의 후계자 카르네아데스와 라리사의 필론 대에 이르러 아카데메이아는 개연론(蓋然論) 쪽으로 빠진다. 참에 이를 수 없더라도 적어도 참일 법한 것 — 학문적 영역에서도 그렇지만 특히 도덕적 실천에 있어서 이성적으로 받아들일 만한 해결책 — 에는 이를 수 있음을 받아들인 것이다.[141] 이러한 철학적 경향은 키케로의 철학 저작들이 거둔 엄청난 성공 덕분에 근대 철학에—르네상스와 근대 양쪽 모두에—지대한 영향을 미쳤다. 우리는 키케로 저작을 통해서 아카데메이아의 철학이 개인에게 그때그때의 구체적 상황 속에서 가장 최선으로 판단되는 태도를 선택할 수 있도록 자유를 부여한다는 점을 볼 수 있다. 설령 그 태도가 스토아주의나 에피쿠로스주의 혹은 여타의 어떤 철학으로부터 영감을 얻은 것이라 해도 상관없다. 그러나 미리 정해져 있는 원리들이 명하는 대로 행동하는 것은 삼가야 한다. 키케로는 어떤 체계에도 매여 있지 않은 아카데메이아 사람의 자유를 곧잘 자랑스럽게 이야기한다.

> 우리 아카데메이아 사람들은 그날그날을 살아간다(다시 말해 특수한 상황에 입각하여 판단을 내린다는 뜻이다). (……) 바로 이러한 이유에서 우리는 자유롭다.
> 우리는 크나큰 자유를 향유하며, 훨씬 더 독립적이다. 우리의 판단 능력은 장애물을 모른다. 우리는 어떤 처방이나 명령도 따를 필요가 없다. 나는 이렇게까지 말할 수도 있을 것이다. 어떠한 원인이든 간에 그것을 지지하게끔 우리를 강제하는 것은 아무것도 없노라고.[142]

여기서 철학은 본질적으로 선택 활동 및 오직 개인에게만 책임이 있는 결정 활동으로 나타난다.[143] 주어지는 다양한 철학적 담론들 중에서 자신의 삶의 방식에 잘 맞는 것이 무엇인가를 판단하는 사람은 다름 아닌 개인 그 자신이다. 도덕적 선택들은 철학적 담론이 구성하는 형이상학적 가정들과 상관없이 자체적으로 정당성을 찾는다. 마치 인간의 의지가 외부 원인들에 의존하지 않으며 자기 안에서 그 원인을 찾는 것과 마찬가지라 하겠다.[144]

아르케실라오스와 카르네아데스의 ― 그리고 키케로와 그 밖의 후대 인물들, 즉 플루타르코스[145]와 파보리누스 등을 포함하는 ― 아카데메이아에서 철학에 대한 담론과 철학 그 자체는 뚜렷이 구분되는 것이었다. 철학은 무엇보다도 삶의 기술이었다.[146] 혹은 아르케실라오스가 말했던 것처럼, 이론적인 철학의 담론들은 이 삶의 기술을 정초할 수도 없고 정당화할 수도 없으며 오직 비판적 담론만이 여기에 개입될 수 있다 하겠다. 혹은 카르네아데스나 키케로가 생각한 것처럼, 이론적이고 독단적인 철학 담론들은 파편적이고 일시적인 수단에 지나지 않는 것이라고 할 수 있을 것이다. 철학적 삶을 구체적으로 실천하며 날마다 다른 하루하루를 살아갈 때에 그 실효성의 정도에 따라서 사용되는 도구에 지나지 않는다는 말이다.

회의주의

회의주의[147]와 더불어 철학과 철학적 담론을 구분하는 태도는 그 정점에 치달았다. 앞으로 또 언급하겠지만, 보엘케가 잘 보여 주었듯이[148] 회의주의 철학 담론은 서서히 스스로를 억제하는 경향을 보였고 결국 생활 양식이 이 철학의 전부가 되어 버렸기 때문이다.

회의주의 철학, 즉 회의론자들의 생활 양식은 영혼의 평정을 택하는 것이었다. 헬레니즘 시대의 다른 철학 사조들과 마찬가지로 회의주의도 〈인간에 대한 사랑으로〉[149] 인류의 불행을 낳는 원인을 진단하고 이러한 고통에 대한 치료와 처방을 제안한다.

본성을 따라 어떤 것이 아름답다 혹은 추하다 생각하는 자는 근심을 거두지 못한다. 그는 좋게 여겨지는 것이 자기에게 없음을 알고는 최악의 고통을 자신이 감내하는 양 상상하고 그것을 찾는 데 매진한다. 하지만 그것을 소유하자마자 그는 과도한 흥분이 불러오는 이유 없는 온갖 불안에 빠져든다. 그는 행운이 떠나갈 것을 두려워하여 자기가 좋다고 생각하는 것을 빼앗기지 않기 위해 할 수 있는 일이란 일은 다 한다. 반면 자연적으로 좋은 것, 자연적으로 나쁜 것에 대해 아무 견해도 표하지 않는 자는 그 무엇도 피하지 않고 헛된 것을 추구하느라 진을 빼지도 않는다. 이리하여 그는 근심으로부터 자유롭다.

그러므로 회의론자에게 일어나는 일은 화가 아펠레스에게 일어났던 일과 마찬가지라고 할 수 있다. 이 화가는 어느 날 말을 그리면서 말이 입에서 내뿜는 거품을 화폭에 옮겨 보려고 했으나 결국 포기하고 말았다. 그는 화가 나서 붓을 닦는 데 쓰는 해면 조각을 그림에 내동댕이쳐 버렸다. 그런데 그 얼룩이 마치 말 입에서 거품이 뿜어 나오는 듯한 절묘한 효과를 더해 주었다. 회의론자들의 경우도 이와 비슷하다. 그들은 우리에게 나타나는 것과 그에 대한 정신적 개념 사이의 모순을 판단을 통해 해결함으로써 자유를 지키기를 바란다. 그들이 이러한 경지에 이르지 못할 때에는 판단 자체를 유보한다. 다행스럽게도, 마치 몸이 있으면 그 그림자가 있는 것 같이 판단의 유예와 근심으로부터의 자유는 항상 함께한다.[150]

화가 아펠레스가 그리기를 포기하는 순간 완벽한 그림을 그릴 수 있었던 것처럼 회의론자들은 철학(〈철학적 담론〉의 의미)을 포기함으로써 영혼의 평정이라는 철학적 기술의 과업을 성취한다.

사실, 어떤 철학적 담론은 철학적 담론을 제거하기 위해 요청된다. 우리는 기원후 2세기 말에 집필 활동을 했던 의사 섹스투스 엠피리쿠스 덕분에 이 회의주의 철학 담론을 살펴볼 수 있다. 그는 또한 회의주의 운동의 역사에 대해서도 소중한 지표들을 제공해 준다. 회의론자들이 그들의 삶의 본보기로 생각했던 인물은 피론이었다. 그러나 회의론적 철학 담론의 기술적인 논변들은 그보다 훨씬 나중에, 아마도 기원후 1세기쯤에야 이루어진 것으로 추정된다. 이때는 아에네시데모스가 모든 판단을 유보해야 한다는 주장을 정당화하는 10개 유형의 논변을 열거했던 시기이다.[151] 이 논변들은 감각적 지각과 믿음 안에 존재하는 모순과 다양성에 그 기반을 두고 있다. 이는 곧 관습 및 종교적 실천의 다양성, 빈번하게 혹은 드물게 일어나는 현상들에 대한 반응의 다양성, 지각의 다양성 등이 되겠다. 동물이나 인간의 감관에 따라 혹은 상황이나 개인의 내적 성향에 따라 다양한 지각이 있다. 나아가 어떤 규모로 보는가, 어떤 각도에서 보는가, 얼마나 거리를 두고 보는가에 따라서도 지각은 달라진다. 아에네시데모스는 모든 사물이 다른 것과 관계를 맺고 한데 뒤섞여 있으므로 순수 상태의 사물을 지각하는 것은 불가능하다고 생각했다. 아에네시데모스의 후대 인물로 또 다른 회의론자였던 아그리파는 독단주의적 논리학자들에 대항하여 다섯 가지 논변을 추가로 내놓았다.[152] 철학자들은 서로 모순적이다. 어떤 것을 입증하려면 필연적으로 무한으로 소급하며 악순환에 빠지거나 증명될 수 없는 원리를 근거도 없이 자명한 것인 양 가정해야 한다. 결국 모든 것은 상대적이고 모든 사물은 자기들끼리 서로를 전제한다. 그러므로 사물을 별개로나 전체로나 파악한다는 것은 불가능한 것이다.

이러한 철학적 담론은 결국 〈판단 중지〉, 즉 독단주의적 철학 담론 ─ 여기에는 회의주의 그 자체도 포함되어 있다 ─ 에 대한 동조를 유예하는 것으로 나타난다. 회의론은 마치 변비약처럼 자기가 방출하고자 하는 체액과 함께 자기 자신마저 방출한다.[153] 보엘케는 이러한 태도를 비트겐슈타인과 결부시킨 바 있다. 비트겐슈타인은 『논리철학논고』, 일명 〈트락타투스〉 결말부에 이르러 〈마치 〔여기까지 오는 데 사용했지만〕 이제는 쓸모없게 된 사다리를 던져 버리듯〉 자기 책의 명제들을 거부하기에 이른다. 이때 비트겐슈타인은 병리학으로서의 철학과 치료로서의 철학을 대비시켰던 것이다.[154]

이렇게 철학적 담론을 통해 철학적 담론을 제거하고 나면 무엇이 남는가? 삶의 양식밖에 남지 않는다. 모든 이가 영위해 나가는 바로 그 일상생활, 삶 그 자체만이 남는 것이다.[155] 회의론자의 삶의 규칙이 되는 것은 바로 이러한 삶 자체이다. 속세 사람들처럼 자신의 자연적 자원(감각, 지성)을 소박하게 사용하고 관습, 법률, 자기 나라의 제도 등을 따르며 자신의 자연적 경향과 기질을 따라 살아야 한다. 배가 고플 때 식사를 하고 목이 마를 때 물을 마시는 것이다. 단순성으로의 안이한 회귀일까? 아마 그럴 것이다. 〔회의주의가 생각하는〕 철학자는 안이한 존재가 맞다. 회의론자는 어떤 사물 혹은 사건이 다른 것보다 더 낫다는 것을 알 수 없다는 점을 납득하고 모든 것에 대해 가치 판단을 중지함으로써 영혼의 평정에 거하기 때문이다. 이러한 판단 유예는 그가 영원히 마주해야 할 고통과 괴로움을 덜어 준다. 고통이나 좌절에 대해 그것이 나쁘다는 생각 때문에 괴로워하는 일이 없도록 막아 주기 때문이다. 그는 매사에 있어서 자신이 경험한 바를 기술하는 선에서 그치고 사물의 존재나 가치에 대해서는 어떤 말도 덧붙이지 않는다. 그는 자신의 감각적 표상을 묘사하고 감수성의 상태를 표명하는 데 만족할 뿐 어떤 견해도 덧붙이지 않는다.[156] 게다가 회의론자들도 에피쿠로스주의자나 스토아주의자처럼 삶의 순간순간마다 선택을 새롭게 하기 위하여 짧고 인상적인 정리들을 활용하곤 했다.[157] 예를 들어 〈이거나 저거나 마찬가지〉, 〈아마도〉, 〈모든 것이 비결정적이다〉, 〈모든 것이 이해를 벗어난다〉, 〈모든 논변에 대하여 하나의 동등한 논변이 대립된다〉, 〈나는 나의 판단을 유예하노라〉 등이 그 예이다. 그러므로 회의주의적 삶의 양식 역시 사유와 의지의 훈련을 요구한다고 볼 수 있겠다. 철학적 담론의 제거 위에 삶의 선택이 정초된 것이다.

8. 제국 시대의 철학 학파

일반 특징

새로운 학교들

이미 보았듯이 헬레니즘 시대와 로마의 정복 초기에 철학적 학술 기관들은 원칙적으로 아테네에 집중되었다. 그런데 에피쿠로스의 학원을 제외하고 이 모든 기관들이 로마 공화정 말기에서 제국 시대 초기를 거치면서 일련의 복잡한 역사적 정황에 떠밀려 사라진 것으로 보인다. 특히 실라의 아테네 파괴(기원전 87년)는 가장 중대한 영향을 미친 사건이었을 것이다. 우리는 기원전 1세기부터 로마 제국의 여러 도시에서, 특히 아시아의 도시들이나 알렉산드리아, 로마 등에서 철학 학교들이 문을 열었음을 볼 수 있다.[1] 그 결과, 철학 교육의 방법이 근원적으로 변화하게 된다. 그

전에는 크게 보아 플라톤주의, 아리스토텔레스주의, 스토아주의, 에피쿠로스주의라는 네 가지 학파(철학적 경향)밖에 없었다. 여기에 기껏해야 키니코스주의와 회의주의라는 좀 더 복잡한 두 가지 현상이 있었을 뿐이다. 그런데 3, 4세기에 신플라톤주의가 부상하면서 스토아주의, 에피쿠로스주의, 키니코스주의는 거의 자취를 감추다시피 했다. 신플라톤주의는 어떤 의미에서 볼 때 플라톤주의와 아리스토텔레스주의의 혼합이라 할 수 있다. 게다가 이 경향은 1세기초 플라톤의 아카데메이아에 있었던 아스칼론의 안티오코스에게서 그 기본적인 모양새를 찾아볼 수 있다.[2] 하지만 신플라톤주의가 결정적으로 받아들여지게 된 것은 3세기 포르피리오스를 거쳐 플로티노스 후기의 형태에 이르렀을 때이다.[3]

철학적 학설들에 대한 가르침은 더 이상 창립자들과 연속성을 유지하는 각 학술 기관들 내에서 이루어지지 않았다. 주요 도시마다 여러 개의 학술 기관들이 있었고 사람들은 이 기관을 통해 플라톤주의든 아리스토텔레스주의든 스토아주의든 에피쿠로스주의든 다 배울 수 있었다. 당시는 헬레니즘 시대 막바지부터 시작된 하나의 과정, 즉 국가의 철학 교육 주관이 정점에 치달았던 때라고 할 수 있다.[4] 이러한 움직임은 기원전 2세기 아테네에서 공식적인 청년 학교 기관이 철학자들의 가르침을 커리큘럼에 집어넣으면서부터 시작되었다. 이 철학자들은 아마도 4대 학파들 가운데

어떤 것을 대표하는 인물들로 선택되었을 것이다.[5] 국가가
이 같은 공공 봉사의 대가로 철학자들에게 일정한 보수를
지급했을 가능성도 있다. 어쨌든 자치 도시의 철학 교육은
제국 시대로 접어들면서 점점 더 일반화되었다. 이러한 움
직임은 176년 황제 마르쿠스 아우렐리우스가 4대 철학 사
조를 가르치는 4대 강좌를 제정하면서 그 정점과 신성화에
이르게 된다. 마르쿠스 아우렐리우스가 제정한 이 강좌는
아테네에 있던 옛 학원들과는 아무 연속성도 없었다. 그렇
지만 황제로서는 아테네를 다시금 철학 문화의 중심지로
만들기 위해 이러한 시도를 했던 것이다. 실제로 학생들은
다시 한 번 이 옛 도시로 몰려들었다. 특히 아테네의 아리스
토텔레스 강좌는 2세기 말까지 위대한 아리스토텔레스 주
석가로 명성이 높았던 아프로디시아스의 알렉산드로스가
담당했던 것으로 보인다.[6]

자치 도시 혹은 황제 직속의 공무원들 외에도 개인 교습
을 하는 철학 선생들은 항상 있었다. 이들은 제국의 어떤 도
시에서 학교를 차리기도 했고 그러다가 후계자 없이 당대
에서만 끝나는 경우도 많았다. 알렉산드리아의 암모니우스
사카스, 로마의 플로티노스, 시리아의 이암블리코스가 그
예이다. 4~6세기 아테네에 있었던 플루타르코스, 시리아
노스, 프로클로스의 플라톤주의 학교는 부유한 이교도들의
기부금으로 운영되던 사설 학술 기관이었으며 마르쿠스 아
우렐리우스가 설립한 제국 소속의 플라톤주의 강좌와는 아

무 관련도 없음을 기억해 두자.[7] 이 아테네의 플라톤주의 학교는 인위적으로나마 옛 아카데메이아의 조직을 복원했다. 또한 옛 아카데메이아처럼 교장이 학교 재산을 다음 교장에게 물려주게끔 했다. 교장들은 옛날처럼 디아도코스*diadochos*(그리스어로 〈후계자〉라는 뜻)라고 불렸고 학교의 일원들은 옛날 아카데메이아 사람들의 삶의 양식이라고 생각되는 것, 즉 피타고라스주의자 혹은 플라톤주의자의 삶의 양식을 따라 살기 위해 애썼다. 그러나 이 모든 것은 재창조된 것으로, 전통이 아무 단절 없이 살아 내려왔다면 취했을 모습과 직접적 연속성은 없었다.

철학 학파들의 분산이라는 이 현상은 그들의 가르침에도 변화를 가져왔다. 이 같은 상황이 수반하는 모든 이득과 위험 요소를 고려한다면 일종의 민주화를 들먹일 법도 하다. 제국 내 어디에 있든지 간에 이제 더 이상 어떤 특정 철학에 입문하기 위하여 먼 곳까지 떠날 필요가 없었다. 그러나 이 다양한 학파들은 대부분 그 위대한 창시자들과의 생생한 연속성을 지니고 있지 않았다. 그들의 서가에서는 여러 학파 지도자들의 가르침과 토론들을 더 이상 찾아볼 수 없었고 — 이러한 텍스트들은 오직 숙달된 철학도들에 한하여 전달되었다 — 그러한 지도자들과 이어진 연결 고리도 더 이상 찾아볼 수 없었다.

이제는 근원으로 돌아가야 할 때였다. 이때부터 가르침은 〈권위 있는〉 텍스트들을 설명하는 것이 되었다. 이를테면 플라톤의 대화편, 아리스토텔레스의 논문, 크리시포스 및 그 후계자들의 작품 등이 그러한 텍스트였다. 그러니까 이전 시대에는 학술 활동이 학생들에게 사유와 논변의 방법을 가르치는 것이었고 학파의 주요 일원들이 종종 서로 매우 다른 견해를 가질 수도 있었던 반면, 이 시대에는 각 학파의 정통 학설이라는 것을 가르치는 일이 매우 중요해졌다. 토론의 자유는 결코 사라지지 않았지만 어쨌든 상당히 제한되었다. 이 같은 변화에는 다양한 이유가 있다. 우선 아르케실라오스나 카르네아데스 같은 아카데메이아의 주요 인물들이 독단주의적 학파들의 어떤 관념이나 텍스트를 비판하는 데 전념했기 때문으로 볼 수 있다. 텍스트에 대한 논의가 가르침의 중요한 부분이 되어 버린 것이다. 그리고 세월이 흐르면서 학파의 창시자가 쓴 텍스트들이 철학을 공부하는 학생들에게는 너무 어려운 것이 되었기 때문이다. 나중에 또 이야기할 기회가 있겠지만, 이때부터 〈진리〉는 〈권위 있는 인물들〉이 세운 전통에 대해 충실하다는 의미로 받아들여졌다.

이러한 학술적, 학자적 분위기 속에서 자신의 인격 수련에는 신경 쓰지 않고 단지 4대 철학의 주장을 아는 데 만족하는 경향이 곧잘 나타났다. 철학도들은 철학이 요구하는 실존적 선택보다 전반적인 문화적 소양을 갈고닦는 데 더 관심을 보이기도 했다. 그럼에도 불구하고 이 시대에도 여전히 철학은 정신적 발전을 위한 노력, 내적 변화를 도모하는 수단으로 받아들여졌음을 엿보게 하는 증언들이 다수 전해진다.

가르침의 방법: 주석가의 시대

우리는 이 가르침의 근원적 변화가 이미 기원전 2세기부터 서서히 시작되었음을 보여 주는 증거 자료를 여러 가지 가지고 있다. 예를 들어 로마의 정치가 크라수스는 기원전 110년에 아테네에서 아카데메이아 철학자 카르마다스의 지도를 받아 플라톤의 『고르기아스』를 읽은 바 있다.[8] 더욱이 철학적 주석이라는 문학 장르가 아주 오래된 것임을 짚고 넘어가야 한다. 플라톤주의자 크란토르는 이미 기원전 300년경에 플라톤의 『티마이오스』에 대한 주석을 작성했다.[9] 기원전 1세기경에 진행되었던 근원적 변화는 이때부터 철학의 가르침 그 자체가 본질적으로 텍스트에 대한 주석이라는 형식을 취했다는, 바로 이 사실에 있다.

우리는 이 문제에 대하여 2세기에 라틴어로 글을 쓴 작가의 귀중한 증언을 가지고 있다. 이 증언에 따르면 당시 아테네에서 가르침을 폈던 플라톤주의자 타우로스는 원시 피타고라스주의 공동체를 지배하던 규율에 향수를 품고 회상하곤 했다. 그는 이러한 규율을 당대 제자들의 태도와 상반되는 것으로 보고 자기 제자들은 〈철학을 배우게 될 순서를 자기들 맘대로 정하고 싶어 했다고〉 말한다.

이 사람은 알키비아데스의 방탕 때문에 플라톤의 『향연』 부터 시작하고 싶어 안달을 하고 저 사람은 리시아스의 담화 때문에 『파이드로스』부터 시작하고 싶어 한다. 심지어 삶을 좀 더 나은 것으로 만들기 위해서가 아니라 언어와 문체를 꾸미기 위해서 플라톤을 읽으려는 자들도 있다. 좀 더 절제하기 위해서가 아니라 더 많은 매력을 얻고 싶어서 플라톤을 읽으려는 것이다.[10]

그러므로 철학을 배운다는 것이 플라톤주의자에게는 플라톤을 읽는 것이 되고, 아리스토텔레스주의자에게는 아리스토텔레스를 읽는 것, 스토아주의자에게는 크리시포스를 읽는 것, 에피쿠로스주의자에게는 에피쿠로스를 읽는 것이 된다. 또한 이러한 일화로 보건대 타우로스의 학교에서는 플라톤의 텍스트들을 특정 순서에 따라 읽었던 것으로 보인다. 이 특정 순서란 교육 프로그램, 다른 말로 하자면 정신적 진보의 각 단계들에 해당한다. 타우로스는 텍스트를 읽음으로써 우리가 더 나은 인간이 되고 스스로 절제할 수 있게 된다고 생각했다. 그러나 이러한 관점이 그의 가르침을 듣는 자들의 열심을 특별히 일깨우지는 못했던 것 같다.

그 밖의 증언들도 이때부터 철학 강의가 텍스트를 읽고 주해하는 데 집중되었다는 점을 확인시켜 준다. 이를테면 스토아주의자 에픽테토스의 제자들은 크리시포스의 텍스트에 주석을 달았다.[11] 신플라톤주의자 플로티노스의 강의는 플라톤과 아리스토텔레스의 주석을 읽고 그다음에 플로티노스가 앞에서 읽은 주석에 대해 자기 식의 해설을 제안하는 형태로 이루어졌다.[12]

이전 시대에는 가르침이 거의 전적으로 구전되었다. 스승과 제자는 대화를 나누었다. 철학자는 말하는 사람이었다. 그의 제자들도 말을 했으며 말을 더 잘하기 위해 훈련을 했다. 어떤 의미에서 보자면 그들은 말하기를 배우면서 삶을 배웠다고 할 수 있다. 그런데 이제 철학도들은 텍스트를 읽음으로써 철학을 배우게 된 것이다. 그러나 철학 강의는 텍스트를 말로써 설명하는 연습이었으므로 읽기만의 문제는 아니다. 그렇더라도 가장 특징적인 사실은—특히 3세기 이후로—거의 모든 철학 저작이 원래 텍스트에 대한 구어적 주해에 기원을 두고 있으며 나중에 스승 혹은 제자에 의해 문자로 기술된 것이라는 점이다. 플로티노스의 논문 중 상당수가 그러하듯이 이 저작들은 플라톤의 텍스트가 제기하는 〈문제들〉에 대한 연구 보고들이었다.

이제 철학을 공부하는 이들은 문제 그 자체나 사물을 직접적으로 논하지 않았다. 그 대신 플라톤이나 아리스토텔레스, 크리시포스 등이 문제와 사물에 대해 뭐라고 했는가에 대해 논하게 된 것이다. 〈세계는 영원한가?〉라는 물음은 『티마이오스』에 등장하는 데미우르고스, 즉 세계의 장인(匠人) 개념을 받아들인다면 플라톤이 세계를 영원한 것으로 간주했다고 볼 수 있는가?〉라는 물음으로 대치되었다.

사실 우리가 후자와 같은 주해 형식의 물음을 논하자면 플라톤과 아리스토텔레스, 그 밖의 텍스트들을 통해 그 저자들이 무슨 말을 하고 싶었던 것인가를 밝히면서 결국은 근본적인 문제 그 자체에 대해 토론하게 될 것이다.

이때부터 항상 텍스트에서 출발점을 찾아야 한다는 점이 본질적으로 중요해졌다. 셰뉘는 중세 스콜라 철학을 〈권위 있는 것으로 평가되는 어떤 텍스트로부터 출발하여 자발적, 의식적으로 다듬어지는 사유의 이성적 형식〉[13]이라고 멋지게 정의한 바 있다. 이 정의를 받아들인다면 기원전 1세기부터 철학적 담론은 스콜라 철학으로 변해 가기 시작했으며 중세 스콜라 철학이 이러한 흐름을 이어받았다고 할 수 있을 것이다. 우리는 이 시대가 어떤 관점에서 볼 때 철학 선생들이 탄생한 시대라는 것을 살펴본 바 있다.

이 시대는 또한 각종 지침서와 개괄서의 시대이기도 했다. 이것들은 구두로 이루어지는 학술적 발표의 기초로 쓰이거나 학생들 혹은 아마도 더 넓은 범위의 대중을 특정 철학자의 학설에 입문시키기 위한 것이었다. 예를 들어 유명한 라틴어 수사학자였던 아풀레이우스의 『플라톤 학설에 대하여』나 알키노우스의 『플라톤 학설에 대한 가르침』, 아리우스 디디모스의 (여러 학파들의 학설들에 대한) 『요약』이 우리에게 전해 내려온다.

어떤 의미에서 이 시대의 철학적 담론은 — 특히 신플라톤주의에서 그러한 담론이 취한 형식하에서는 — 결국 진

리를 계시되어야 할 것으로 보았다고 할 수 있다. 이미 스토
아주의자들이 생각했던 것처럼 모든 사람에게는 자연 혹은
보편적 이성에게 부여받은 선천적인 개념들이 있다는 것이
다. 이 같은 〈로고스〉의 섬광들은 철학 담론이 과학적인 수
준으로 개진시키고 끌어올리고자 애쓰는 근본적 진리에 대
한 최초의 인식을 가능케 한다. 그러나 이 자연적 계시에 또
다른 계시가 추가된다. 그것은 그리스인들이 항상 믿어 왔
던, 신들과 특정한 인간들에 의한 계시이다. 이 특정한 인간
들은 영감을 받은 자, 차라리 여러 민족들의 근원에 있는 자
라고 할 수 있다. 그들은 입법자, 시인, 나아가 피타고라스
와 같은 철학자들이다. 헤시오도스는 『신들의 계보』에서
뮤즈에게 들었다는 말을 전한다. 플라톤의 『티마이오스』에
따르면 태초에 아테네 여신은 최초의 아테네 시민들에게
신성한 학문, 곧 의학과 예언술을 계시해 주었다고 한다.[14]
우리는 플라톤에서 피타고라스로, 피타고라스에서 다시 오
르페우스로 ─ 이렇게 항상 전통의 근원으로 거슬러 올라
가려 한다. 또한 이 계시들 외에도 다양한 성역에서 다양한
방식으로 선언되었던 신탁을 고려해야 한다. 특히 델포이
신전의 신탁은 고대 지혜의 원천이었다. 그러나 그 외에도
디디모스의 신탁, 클라로스의 신탁 등이 이후에 있었다.[15]
또한 소위 야만인들 ─ 유대인, 이집트인, 아시리아인, 인도
의 거주자들에게 내렸던 계시들을 찾는 자들도 있었다. 〈칼
데아 신탁〉은 2세기경에 계시의 형태로 기록되고 소개되었

던 것으로 보인다. 신플라톤주의자들은 이 신탁을 성서처럼 여겼다. 철학적, 종교적 학설은 오래되면 오래될수록 인문주의의 원시적 형태에 더 가깝고 그 안에 이성이 온전히 순수하게 거하여 더욱더 진실하고 확고한 것이었다. 그러므로 역사적 전통은 진리의 규준이 된다. 진리와 전통, 이성과 권위는 서로 동일시된다. 반(反)그리스도교 논객 켈수스는 자신의 저작에 『진정한 로고스』라는 제목을 붙였다. 그는 이러한 제목을 통해 〈옛 규준〉 혹은 〈진정한 전통〉을 말하고 싶었던 것이다. 진리에 대한 추구는 오직 선재(先在)하며 계시되는 주어진 것에 대한 주해에만 있을 수 있다. 이시대의 학자들은 이 모든 전통들을 화해시키고 그로부터 일반적인 철학 체계를 도출하고자 했던 것이다.[16]

삶의 선택

당시 사람들은 텍스트에 주석을 달면서 철학을 배웠다. 그 방식이 고도의 기술을 요하는 동시에 고도로 우의(愚意)적인 것이었음을 분명히 해두자. 하지만 철학자 타우로스가 말한 것처럼 그 목적도 결국은 〈좀 더 절제하는, 더 나은 사람이 되기 위한〉 것이었다. 여기서 철학의 전통적 개념을 다시 한 번 찾아볼 수 있다. 철학을 배운다는 것은―비록 텍스트를 읽고 주석을 다는 방법을 통해서라고 해도―삶의 방식을 배우는 것과 그것을 실천하는 것, 두 가지 모두를 뜻하는 것이다. 주석을 다는 연습은 형식적으로 생각해서도 그렇지만 그 자체로도, 과거 변증론 연습이 그랬던 것처럼, 이성을 훈련하고 중용으로 이끌며 정관적 삶의 한 요소라는 점에서 이미 인간을 양성하는 방식인 것이다. 나아가 주해된 텍스트의 내용은 ― 그것이 플라톤의 텍스트이든 아리스토텔레스, 크리시포스, 에피쿠로스 가운데 누구의 것이든 간에 ― 일종의 삶의 변화로의 초대이다. 스토아주의자 에픽테토스는 제자들이 단지 으스대려는 목적에서만 텍스트의 해설을 이용한다고 힐책하며 이렇게 말했다. 〈나는 크리시포스에 주석을 달아 달라고 부탁을 받을 때에 나 자신을 뽐내지 않는다. 오히려 내가 그의 가르침과 비슷하고 그에 합당한 행동을 보여 주지 못했다면 얼굴을 붉히며 부끄러워한다.〉[17]

플루타르코스에 따르면, 플라톤, 아리스토텔레스는 철학을 〈신비학 *époptique*〉*의 정점에 올려놓았다.[18] 이 말은 신비 안에, 초월적 실재의 지고한 계시 안에 철학이 있다는 뜻이다. 여러 가지 증거 자료들이 2세기 초부터 철학이 정신이 고양되는 여정으로서 이해되었음을 보여 준다. 이 정신

* 프랑스어 〈*époptique*〉는 거의 쓰이지 않는 말로 그리스어 *epoptai*(고대 그리스어에서 〈*epoptes*〉라는 형태로만 쓰임)에 해당하며 엘레우시스 비교 의식에의 입문을 묘사하는 데 이 단어가 쓰인 바 있다. 현대에는 대체로 〈신비로운〉, 〈초자연적인〉 등의 형용사로 쓰이거나 이러한 분야의 학문을 가리킨다. 문맥 속에서의 정확한 의미는 본문 가운데 저자가 밝히고 있으므로 이를 참고하기 바란다.

적 여정은 철학의 각 부분이 이루는 위계질서에 부합한다. 윤리학은 입문할 때의 영혼의 정화를 보증한다. 자연학은 세계에는 초월적인 원인이 있으며 바로 그 때문에 철학자들이 비물질적인 실재를 찾아야 함을 밝혀 준다. 최종적으로 형이상학 혹은 신학(이 두 가지 모두 신비에의 입문에서 종결점에 해당하기 때문에 〈신비학〉이라고 불린다)은 신을 관조하는 것이다. 주석 연습이라는 관점에서 보자면 이러한 정신적 여정을 거치기 위하여 주해해야 할 텍스트들을 특정 순서에 따라 읽어야 하는 것이다.

플라톤의 경우에는 일단 도덕과 관련된 대화편, 특히 자기 자신에 대한 앎을 다룬 『알키비아데스』, 육체로부터 벗어날 것을 권하는 『파이돈』부터 시작한다. 그다음에는 감각적 세계를 초월하기 위하여 『티마이오스』처럼 자연학을 다루는 대화편으로 넘어간다. 이후에 마침내 일자(一者)와 선을 발견하기 위한 신학적 대화편, 즉 『파르메니데스』나 『필레보스』 같은 저작들에 이르게 된다. 바로 이 때문에 플로티노스의 제자 포르피리오스는 스승의 논문들을—그때까지 이 논문들은 가장 확고부동한 제자들만이 접할 수 있는 것이었다—그것들의 발표 연대순이 아니라 정신적 진보의 단계에 따라 편집했던 것이다. 최초의 아홉 논문이 수록된 『엔네아데스Enneads』제1권은 윤리적 성격을 지닌 글들만을 모아 놓은 것이다. 제2권과 제3권은 감각적 세계와 그 내용을 다루고 있으며 자연학 영역에 해당한다. 제4, 5,

6권은 신성한 것들, 즉 영혼, 지성, 일자를 다루고 있으며 신비학에 해당한다. 플로티노스가 여러 권의『엔네아데스』를 통해 다루었던 플라톤의 주해 문제들은 플라톤주의 학교들에서 요구하던 대화편의 독해 순서와 매우 잘 부합한다. 이 같은 정신적 진보 개념은, 제자들이 어떤 저작의 연구가 유익할 법한 정신적, 지적 수준에 도달하지 못하면 아예 그 연구에 손을 못 대게 했다는 의미로 받아들여진다. 어떤 저작들은 초심자도 접할 수 있었으나 어떤 것들은 숙달된 제자들만이 접할 수 있었다. 그러므로 초심자들을 위한 텍스트에서는 숙달된 제자들에게로 한정된 복잡한 문제들을 드러내지 않았을 것이다.[19]

게다가 각각의 주석도 일종의 정신 수련으로 간주되었다. 텍스트의 의미를 연구하는 것이 진리에 대한 사랑과 절제라는 도덕적 자질을 요구하기 때문만이 아니라 철학 작품의 독해는 그 주해를 듣거나 읽는 사람을 변화시킨다고 생각했기 때문이다. 이것은 아리스토텔레스와 에픽테토스의 주석가였던 신플라톤주의자 심플리키오스가 자신의 몇몇 주해서 맨 끝에 수록했던 기도문들로도 증명된다. 이 기도문들은 매번 각 글의 주석에서 이끌어 낼 수 있는 정신적 유익이 무엇인가를 알려 준다. 예를 들어 아리스토텔레스의『천체에 대하여』를 읽다 보면 영혼의 위대함을 깨닫게 되고 에픽테토스의『제요』를 읽다 보면 이성을 교정하고 개선할 수 있게 된다.

스승과 제자가 대화를 하며 가르침을 전수하는 옛 관습은 아리스토텔레스주의 학교나 플라톤주의 학교에 여전히 남아 있었다. 주석을 다는 훈련이 가장 중심이 되었으나 이러한 관습도 고대가 끝날 무렵까지 여러 학파 내에서 유지되었다. 예를 들어 우리가 에픽테토스의 『담화록』이라고 일컫는 텍스트는 사실 에픽테토스의 제자 아리아노스가 수업 뒤에 벌어진 토론 중에 기록한 것일 뿐이다. 다시 말해 이 기록은 텍스트에 대한 설명에 따라 나온 것이다. 예를 들어 아울루스 겔리우스는 그의 스승이자 플라톤주의자였던 타우로스가 강의 후에 청중들에게 마음껏 질문을 하도록 했음을 보여 준다. 그래서 겔리우스 본인도 과연 현자는 화를 낼 수 있는가에 대해 스승에게 물었고 스승은 이에 대해 구구절절하게 답변한 것으로 나와 있다.[20] 플로티노스에 대해서도 우리는 그의 제자 포르피리오스가 전하는 말을 통해 알 수밖에 없다. 플로티노스 역시 청중들에게 질문을 하도록 했다고 한다. 포르피리오스는 이러한 질문과 답변이 종종 쓸데없는 수다로 이어지기도 했다고 덧붙인다.[21] 그런데 에픽테토스의 『담화록』이나 플로티노스의 논문들을 살펴보면 스승의 답변은 제자들에게 삶을 바꾸거나 정신적으로 진보할 것을 촉구하는 경우가 대부분이다.

일반적으로 철학 선생은 이전 시대와 마찬가지로 제자 집단 전체를 지도할 뿐 아니라 제자들 한 사람 한 사람을 살피는 역할도 했다. 제자들은 특정 상황에서 스승과 함께 식사를 했다.[22] 그리고 스승의 집 가까이서 사는 경우도 많았다. 이 같은 공동생활은 훈육의 가장 주된 요소 중 하나였다. 선생은 가르침을 전달하는 것으로 만족하지 않고 제자들의 영혼의 문제를 관심 있게 지켜보며 진정한 의식의 지도자 역할을 했던 것이다.

이러한 맥락에서 보건대, 이 시대에 피타고라스적 전통이 되살아났음을 주목해야 할 것이다. 피타고라스의 시대 이후로 그와 연합하려는 이들의 공동체들은 끊임없이 존재해 왔다. 이들은 특정한 삶의 태도로 인해 보통 사람들과 확실히 구분되었다. 숙련된 제자들은 고기를 먹지 않았으며 다음 세상에서 더 나은 운명을 누리기 위해 금욕적으로 생활했다.[23] 이들의 관습이나 절제는 곧잘 희극 시인들의 놀림감이 되었다.

그들은 채식주의자에 물만 마시고
해충이 우글대는 외투 하나로 영원히 지내며
목욕을 두려워하니 우리 시대의 그 누가
이와 같은 일상 습관을 감내할 수 있으리오.[24]

피타고라스주의자들의 생활 양식은 〈아쿠스마타 akous-mata〉, 즉 음식물에 대한 금지, 금기, 도덕적 권면, 이론적 정의, 의례 규정 등을 총망라하는 금언들의 총체를 실천하는 것이었던 것 같다.[25] 대체로 서력기원이 시작될 무렵부터 피타고라스주의의 부활은 다른 학파들의 부활과 거의 비슷하게 이루어졌다. 피타고라스 위서(僞書)들이 크게 성행했는데, 저 유명한 『황금시편』도 이때 나온 것이다.[26] 피타고라스의 생애를 다룬 여러 작품들 중에서 특히 포르피리오스와 이암블리코스의 것은 그 학파의 유유자적한 철학적 삶과 원시 피타고라스주의 공동체의 조직 방식을 잘 묘사하고 있다.[27] 여기서는 몇 년에 걸친 수습 기간 동안에 침묵을 지키게 하여 지원자들 가운데 적합한 사람을 뽑았다고 한다. 그 외에도 공동체의 재산 공유, 금욕 생활, 정관적 삶 등이 잘 묘사되어 있다.[28] 피타고라스주의 공동체가 재창조되면서 수(數)에 대한 사유가 특히 발달했다. 그리고 플라톤주의자들은 진리의 전통이라는 연속성의 원리에 입각하여 플라톤주의를 피타고라스주의의 연장선상에 있는 것으로 간주하게 된다.

플로티노스와 포르피리오스

삶의 선택

우리는 지금까지 피타고라스주의의 부활에 대해 이야기했다. 플로티노스의 제자 포르피리오스가 학파의 다른 일원이었던 카스트리시우스에게 채식주의를 길들이기 위하여 썼다는 『금욕에 대하여』를 상기해 보면 이러한 현상을 다시금 발견할 수 있다.[29] 포르피리오스는 카스트리시우스가 철학에 있어서 조상들이 따르던 법도를 충실히 지키지 않는다고 꾸짖는데, 이 철학은 곧 그 자신이 정통했던 피타고라스와 엠페도클레스의 철학을 가리킨다. 포르피리오스는 여기서 단순히 인문주의의 기원 이래로 계시된 철학으로 통하던 플라톤주의를 두고 이렇게 말한 것이다. 그러나 정확히 말하자면, 이 철학은 실존의 모든 측면들을 아우르는 삶의 양식으로서 나타났다. 포르피리오스는 이러한 삶의 양식이 보통 사람들의 그것과는 근본적으로 다르다는 점을 확실히 자각하고 있었다. 그는 자신이 〈판에 박힌 일을 하는 사람들이나 운동선수, 군인, 뱃사람, 연설가, 정치가들은〉 상대로 여기지 않는다고 말한다.

　〔그가 상대하는〕 그 사람은 다음과 같은 질문을 곰곰이 생각해 보는 자이다. 〈나는 누구인가? 나는 어디서 왔는가? 어디로 가야 하는가?〉 또한 그는 음식물에 있어서나 다른 영역에 있어서 다른 종류의 삶을 다스리는 규칙들과는 차별화되는 원리를 스스로 세운 자이다.[30]

　포르피리오스가 권고하는 것이자 플로티노스의 학교에서 지켜지기도 했던 그 생활 양식은 아리스토텔레스의 학교가 그러했듯이 〈정신을 따라 사는 것〉이었다. 이는 다시 말해 〈지성〉이라고 하는, 우리 자신의 가장 고매한 부분을 따라 사는 것이다. 여기서 플라톤주의와 아리스토텔레스주의가 하나로 융합된다. 이와 동시에 아카데메이아는 물론 원시 피타고라스주의 공동체에도 존재했던 철학자들의 정치적 행동이라는 관점은 사라졌다. 혹은 적어도 새로운 국면에 들어섰다고 할 수 있을 것이다. 그러나 정신을 따라 사는 삶은 순수하게 이성적이고 추론적인 하나의 행동으로 축소될 수 없다.

〈테오리아〉 혹은 우리를 행복으로 이끄는 관조는 보통 생각하는 것처럼 추론의 축적 혹은 방대한 양의 지식 획득에 있지 않다. 테오리아는 그렇게 조각조각 모여서 이루어지는 것이 아니다. 추론의 양은 그것을 발전시키지 못한다.[31]

포르피리오스는 아리스토텔레스의 주제를 다시 취한다. 앎을 획득하는 것으로는 충분치 않으며 이 앎이 〈우리 안의 본성이 되어서〉, 〈우리와 함께 자라나도록〉 해야 한다.[32] 포르피리오스는 앎이 우리 안에서 〈삶(생명)〉이 되고 〈자연(본성)〉이 될 때가 아니고서야 관조도 있을 수 없다고 말한다. 더욱이 그는 『티마이오스』에서 이러한 생각을 재발견한다. 관조하는 자는 스스로를 자신이 바라보는 것과 비슷하게 만들어야 하며 자신의 내적 상태로 〈회귀〉해야 한다는 말이 이 책에 나오기 때문이다.[33] 플라톤은 이 같은 동화 작용을 통하여 인간이 삶의 목표에 도달할 수 있다고 했다. 그러므로 관조는 추상적인 앎이 아니요, 자기 자신의 변화다.

만약 행복이 담론들을 기록함으로써 얻어질 수 있다면 이 목표에는 음식을 가려 먹거나 어떤 특정 행위를 수행해야 한다는 마음 씀 없이도 다다를 수 있을 것이다. 그러나 또 다른 삶을 위해 우리의 현재 삶을 바꾸어야 하기 때문에, 담론과 행동 양쪽 모두를 통하여 우리를 정화함으로써 어떤 담론, 어떤 행동이 우리로 하여금 또 다른 삶을 대비하게 할 것인지 살피자.[34]

게다가 이러한 자기 변화는 아리스토텔레스가 원했던 것과 같은 진정한 자아로의 회귀[35]다. 자아는 우리 안의 정신, 우리 안의 신적인 것에 다름 아니다. 〈회귀는 진정한 우리 자신 외의 다른 것을 향할 수가 없고, 동화〔문자 그대로의 뜻, 즉 〈본성(자연)과 같게 함〉〕란 우리를 우리의 진정한 자아 외의 그 어떤 것과 동화시키는 것이 아니다. 우리의 진정한 자아, 그것은 바로 정신이다. 그리고 우리가 추구하는 목표, 그것은 바로 정신을 따라 사는 것이다.〉[36] 우리는 지금까지 고대 철학사를 통해서 보았던, 내적 자아로부터 자신의 진정한 초월적 자아로의 이행을 새삼 발견한다.

포르피리오스는 철학자에게 특징적인 삶의 양식을 기술했다. 철학자는 감각, 상상, 정념에 얽매여서는 안 되고 육

체에 대해서는 엄격하게 따져 꼭 필요한 것만을 제공해야
한다. 또한 피타고라스주의자들 혹은 플라톤이『테아이테
토스』에서 묘사한 철학자들이 그러했듯이[37] 군중의 난동
따위에 끼어들지 말고 벗어나 있어야 한다. 그러므로 정관
적 삶은 금욕적 삶을 포함한다. 그러나 금욕적인 삶에는 그
자체만의 가치도 있다. 플로티노스의 제자이자 로마 원로
원의 일원이었던 로가티아누스는 자신의 지위, 집안, 하인
들이 모두 무색하게도 이틀에 한 번만 식사를 했다고 한다.
그러나 그의 대화가 전하는 바에 따르면 이러한 생활이 오
히려 건강에 이로운 영향을 미쳤다.[38] 그는 극소량의 약만
쓰고도 병에서 회복되었다고 한다.[39]

  금욕은 무엇보다도 영혼의 연약한 부분이 정신에 쏠려야
할 주의를 빼앗아 가지 못하도록 하기 위한 것이었다. 주의
력은 〈우리의 전 존재로 쏟는 것이기〉[40] 때문이다. 그러므
로 금욕적 생활 양식은 주의를 통제하는 데 그 목적이 있다.
이것은 스토아주의자나 플로티노스나 다 같이 엄격하게 지
켰던 사항이다. 포르피리오스는『플로티노스의 생애』에서
다음과 같이 지적한다.

  그는 잠자고 있는 동안이 아니면 자신에 대한 주의가 결
  코 흐트러지는 법이 없었다. 더욱이 그는 잠조차도 제대로
  이루지 못했다. 그는 너무 식사를 적게 할 뿐 아니라(때때로
  그는 빵조차도 먹지 않았다) 끊임없이 자신의 사유를 정신

쪽으로 돌렸기 때문이다.[41]

그러나 이러한 생활이 플로티노스가 타인을 보살피는 데 방해가 되지는 않았다. 그는 로마 귀족정의 주요 인사들이 죽으면서 맡긴 자제들을 돌보는 후견인이었다. 그래서 이 학생들의 교육과 재산을 책임져야만 했다.

여기서 정관적인 삶이 꼭 타인에 대한 관심을 배제하는 것은 아님을 볼 수 있다. 타인에 대한 관심은 정신을 따라 사는 삶과도 조화될 수 있는 것이다. 플로티노스는 모든 것에 전념할 수 있었다. 〈그가 깨어 있을 때면 결코 지성에 대한 긴장을 늦추는 법이 없었다. 그는 자기 자신과 다른 이들에 대하여 동시에 신경을 썼다.〉[42] 여기서 〈자기 자신〉은 결국 〈자신의 진정한 자아〉, 곧 지성을 뜻한다.

그러므로 『금욕에 대하여』에서 포르피리오스는 철학자들이 추구하는 목표가 정신, 곧 지성을 따라 사는 것임을 긍정하는 셈이다. 여기서 지성이라는 단어는 소문자로 시작되는 지성이자 대문자로 시작되는 지성이기도 하다. 이것은 우리 지성*intelligence*의 문제인 동시에, 인간 지성이 참여하는 신적 지성*Intelligence*의 문제이기 때문이다. 하지만 우리는 『플로티노스의 생애』에서 〈(……) 플로티노스의 목표와 목적은 지고의 신과 하나가 되는 것, 그에게 더 가까이 다가가는 것이었다〉[43]라는 구절을 읽을 수 있다. 지고의 신은 절대 지성*Intellect*보다 더 위에 있다. 포르피리오스가 말한 것처럼 신은 지성과 가지적인 것 위에 수립되기 때문이다. 따라서 정관적 삶에도 두 가지 유형이 있으며 삶의 목표도 두 가지가 있다고 생각할 수 있다. 그러나 플로티노스의 철학적 담론은 우리에게 신적 차원에서 이 차이를 설명해 주며 그 두 가지 목표가 근본적으로는 동일함을 보여 준다. 포르피리오스는 플로티노스가 신과의 합일이라는 이 〈목표〉에 6년 동안 네 번이나 도달한 바 있다고 전한다. 이 6년이라는 기간은 포르피리오스가 플로티노스의 학교에 드나들던 시기이다. 한편 포르피리오스는 68세에 술회하기를 자신은 평생 단 한 번 그러한 경지에 도달한 적이 있다고 했다. 그러므로 그는 아주 드문 경험, 소위 〈신비 체험〉이나 〈합일의 경험〉을 말하는 듯 보인다. 이 같이 예외적이고 특별한 순간은 끊임없이 지성을 향하는 행위라는 배경에서 단연 두드러져 보인다. 이러한 경험은 지극히 드물지만 플로티노스의 생활 양식에 근본적인 바탕을 마련한다. 이 특수한 순간이 삶에 의미를 주고 이제 플로티노스의 삶은 바로 그 예기치 않게 나타날 순간에 대한 기다림으로 조명된다.

플로티노스는 이 경험들을 여러 차례 기술한 바 있다. 여기서 그 예를 하나만 들어 보자.

영혼이 〈그〉를 만나는 행운을 누릴 때, 〈그〉가 영혼에게 다가올 때, 그리고 더 좋게는, 〈그〉가 영혼에 임재할 때, 영혼이 가능한 한 가장 아름다운 모습으로 자신을 예비하기 위하여 그 밖의 모든 현존하는 것들로부터 돌아설 때, 그렇게 해서 〈그〉와의 닮음에 도달했을 때(이러한 예비, 이러한 순서 지우기는 그것을 실행하는 자들에게 잘 알려져 있다) 견자는 갑작스레 영혼 속에서 그가 나타나심을 본다(그것들 사이에는 이제 아무것도 없으며 그들은 둘이 아니라 하나이다. 사실 〈그〉가 임재하는 이상 그대는 영혼과 〈그〉를 더 이상 구분할 수 없다. 이것의 이미지는 한 몸이 되기를 갈망하는 이 세상의 사랑하는 자와 사랑받는 자일 것이다). 그러면 영혼은 더 이상 자신의 신체를 의식하지 못하고 신체 안에 거하지도 않는다. 영혼은 이제 자신이 〈그〉가 아닌 다른 무엇이라고 말할 수 없게 된다. 인간도 아니요 동물도 아니며 존재도 아니고 전체도 아니다(이러한 것들을 보기 위해서는 다소간의 차이가 도입되어야 하는데, 영혼은 자기 자신으로 향할 겨를도 없거니와 그렇게 할 마음도 없기 때문이다. 하지만 〈그〉를 찾기만 하면 〈그〉를 만나게 되고 자기 자신 대신 〈그〉를 보게 된다. 그리고 영혼은 그를 바라보는 자신이 누구인지를 알게 될 겨를이 없다). 설령 천국을 온전히 준다 해도 영혼은 〈그〉를 다른 어떤 것과 분명히 바꾸지 않을 것이다. 〈그〉보다 더 귀하고 좋은 것이 있을 수 없음을 알기 때문이다(영혼은 더 높은 곳으로 갈 수 없고, 그 밖의 것들이 설령 높은 곳에 있다 해도 영혼에게는 단지 하락에 지나지 않는다). 그러므로 이 순간에 영혼은 이것이 내가 갈망하던 〈그〉임을 확실히 알고 판단할 수 있게 되고

〈그〉보다 더 바랄 것이 없음을 깨닫게 된다(여기에는 어떤 속임수도 있을 수 없기 때문이다. 어디서 더 참되게 〈참〉을 찾을 수 있단 말인가? 그래서 영혼은 〈그로구나!〉라고 부르짖는다. 그리고 좀 더 나중에도 여전히 같은 말을 외치지만 지금은 기쁨으로 가득 찬 영혼이 침묵으로 외친다. 기쁨으로 가득 차 있다는 바로 그 이유 때문에 영혼이 잘못 말한 것이 아니다. 영혼은 어떤 쾌락이 자신의 육체를 만족시켰기 때문이 아니라 자신이 한때 머물렀던 상태, 자신이 행복했을 때의 상태가 되었기 때문에 그렇게 부르짖은 것이다). (……) 영혼 주위의 만물이 파괴되는 일이 일어난다면 영혼이 〈그〉와 함께했다는 한에서, 그것은 전적으로 영혼이 원하는 바에 따라 그리된 것이다. 영혼이 도달한 기쁨은 그렇게나 크다.⁴⁴

고대 철학사의 맥락에서 봤을 때 비교적 새로운 인상, 어떤 분위기가 여기에 있다. 여기서 철학적 담론은 자신을 초월하는 것을 나타내는 데에만 ─ 그것이 무엇인지 표현하지는 않은 채 ─ 쓰인다. 다시 말해 모든 담론이 무화되어 버리고 개인으로서의 자기를 더 이상 의식할 수 없게 되며 오직 현존과 기쁨의 감정만이 남는 어떤 경험을 나타내는 데에만 소용되는 것이다. 그럼에도 불구하고 이 경험은 최소한 플라톤의 『향연』으로까지 거슬러 올라가는 전통에 속한다. 『향연』은 〈경이로운 자연의 아름다움〉에 대한 〈갑작

스러운〉 비전을 말한다.[45] 선 자체와 다르지 않은 이 아름다
움을 플라톤은 엘레우시스 비교(祕敎)의 입문자들이 보았
다는 비전과 같은 것으로 여긴다. 더욱이 신비 체험이 〈신
비 체험〉으로 불리게 된 것은 그것이 〈신비〉, 다시 말해 엘
레우시스의 〈밀교적〉 비전 — 이것 역시 급작스럽게 나타난
다 — 과 관련이 있기 때문이었다. 플라톤은 이 같은 비전은
수고하며 살아갈 가치가 있는 삶의 지점이라고 말한다. 인
간의 아름다움을 향한 사랑이 우리로 하여금 우리 자신을
벗어나게 해준다면 이 같은 〔초월적〕 미가 불러일으키는
사랑의 힘은 도대체 어떤 것이겠는가?[46] 알렉산드리아의
필론에게도 이러한 전통의 자취가 나타난다. 다음 인용문
에서 그러한 경험의 일시적 성격은 강하게 나타난다.

인간 지성이 신성한 사랑에 사로잡힐 때, 그가 지극히 비
밀스러운 성역에 이르기 위하여 모든 노력을 기울일 때, 그
가 신에게 이끌려 온 힘과 열정으로 나아갈 때, 그런 때에 인
간은 모든 것을 잊는다. 그는 자기 자신조차 잊고 신밖에 기
억하지 못한다. 그는 신에게 매달린 자가 되는 것이다.
(……) 그러나 열성이 사라지고 욕망이 그 열렬함을 잃으면
그는 다시 인간이 된다. 신전을 나서는 입구에서부터 그를
기다리고 있는 인간사를 마주치면서 그는 성스러운 것들로
부터 멀어진다.[47]

게다가 우리는 이러한 경향이 아리스토텔레스주의에서는 전혀 이질적인 것이 아니었음을 기억해야 한다. 아리스토텔레스주의는 인간의 행복이 사유에 대한 사유를 그 지고한 목표로 삼는 관조에 있다고 가르쳤다. 우리가 여기서 아프로디시아스의 알렉산드로스라는 아리스토텔레스의 위대한 주석가를 짚고 넘어가지 않는 이유는, 그의 생애나 가르침에 대해 알려진 바가 거의 없기 때문이다. 학자들이 그의 〈신비주의적 아리스토텔레스주의〉를 운운하는 까닭은 그가 인간 지성이 신적 지성과 합일을 이룬다는 개념을 내세웠기 때문이다.[48]

신비 체험과 더불어 우리는 철학적 삶의 또 다른 국면을 만나게 된다. 그것은 더 이상 삶의 양식에 대한 선택, 결정이 아니라 어떤 말로도 표현할 수 없는, 모든 담론을 넘어서는 경험이다. 이 경험이 개인에게 파고들어 도저히 표현이 불가능한 현존의 감정으로 모든 자의식을 뒤집어엎는 것이다.

자아의 수준과 철학적 담론의 한계

우리는 플로티노스가 남긴 53편의 논문에서 하나의 이론을 이끌어 낼 수 있다. 실재가 시원적 단일체로부터 발생했다는 이론이 바로 그것이다. 여기서 시원적 단일체란 일자 혹은 선이며, 점점 더 그보다 열등하고 다자성(多者性)으로 더럽혀진 실재의 수준들 — 처음에는 지성이, 그다음에는 영혼이, 그다음에는 감각적인 것들이 나타났다는 것이다. 사실 플로티노스도 아리스토텔레스나 플라톤처럼 어떤 체계를 발표하기 위해서가 아니라 자기 가르침에 대한 청중의 질문들에 답하기 위해 저작을 집필했다.[49] 플로티노스가 실재에 대해 통일된 시각을 지니지 못했던 것은 아니지만 적어도 그의 저작들은 그때그때의 상황에 따라 나온 것이다. 그리고 어떤 부분에서는 청중 혹은 독자들이 어떤 특정한 태도나 삶의 형식을 취하게끔 권고하는 데 그 목적이 있다. 플로티노스의 철학적 담론은 실재의 모든 수준에 있어서 오직 금욕과 진정한 앎이라는 내면적 경험으로 이끌 뿐이기 때문이다. 철학자는 그러한 경험을 통하여 점점 더 높고 점점 더 내면적인 자의식에 도달하게 되며 결국 지고의 실재로 고양된다. 플로티노스는 〈비슷한 것은 비슷한 것만이 알아볼 수 있다〉[50]라는 오래된 격언을 상기시킨다. 하지만 그는 단지 자신이 알고자 하는 실재에 정신적으로 가까워질 때에만 그것을 파악할 수 있다는 뜻으로 이 말을 따왔을 뿐이다. 게다가 플로티노스의 철학은 이로써 플라톤주의의 정신, 즉 지덕 일치의 정신을 드러낸다. 선의 인도를 따라 실존적으로 발전하는 데에만, 나아가 그러한 발전을 통할 때에만 앎이 있을 수 있다는 것이다.

이 같은 향상의 첫 번째 단계는 합리적 영혼은 비합리적 영혼과 한데 섞일 수 없음을 깨닫는 것이다. 비합리적인 영혼의 소임은 육체에 생기를 주는 것이다. 이러한 영혼은, 육체 안의 삶이 낳는 고통이나 쾌락에 따라 동요하게 마련이다. 철학적 담론은 합리적 영혼과 비합리적 영혼의 구분에 대한 논변을 펼칠 수 있다. 하지만 중요한 것은 합리적 영혼이 존재한다는 결론에 이르는 것이 아니라 자기가 그러한 영혼으로서 살아가는 것이다. 철학적 담론은 〈어떤 사물에 부차적으로 더해지는 것은 그 사물을 제대로 아는 데 방해가 되기 때문에〉 영혼을 〈순수한 상태로 고려하면서〉 사유하려고 애쓴다.[51] 그러나 자기 자신을 외적인 것들에서 분리된 영혼으로서 참되게 인식시키는 것은 오직 금욕뿐이다. 다시 말해 금욕은 의식적이고 구체적으로, 영혼을 자기도 모르게 과거의 상태로 돌아가게 한다. 〈다 떨쳐 버리고 너 자신을 살피라〉라든가 〈넘치는 것은 제거하라. (……) 너 자신의 상(像)을 새겨 나가기를 멈추지 말아라〉라는 말을 보라.[52] 이를 위해서는 스스로 합리적 영혼에 대해 부차적인 것들로부터 벗어나 자신이 어떻게 변했는가를 볼 수 있어야 한다.

그러나 철학적 담론도, 내적 발전의 여정도 항상 영혼을 합리적 상태에만 머물게 하지는 못한다. 아리스토텔레스가 그렇게 했듯이, 철학적 담론은 영혼에 선재하는 실체에 대한 사유가 없으면 영혼은 추론도 사유도 할 수 없음을 인정하게 한다. 그 실체에 대한 사유가 추론과 인식의 가능성을 정초하는 것이다. 영혼은 이러한 사유, 이러한 초월적 지성의 자취를, 영혼으로 하여금 추론을 가능하게 하는 원칙들이라는 형식으로 자기 안에서 인식한다.[53] 아리스토텔레스에게서와 마찬가지로, 플로티노스에게도 영혼을 따라 사는 삶은 위계질서를 갖춘 수준들 사이에 놓인다. 맨 처음에 이러한 삶은 지성에 의해 깨어난 합리적 영혼의 수준에 위치한다. 그다음에는 철학적 추론 활동과 이성에 의해 인도되는 덕의 실천으로 옮아간다. 그러나 철학적 반성이 이 삶을 지성에게로 인도한다지만 이 지성이라는 실재에 이르는 길은 두 가지가 더 있다. 그중 하나는 철학적 담론이고 다른 하나는 내적 경험이다. 그러니까 플로티노스가 말한 대로 자기 인식에는 두 가지 형태가 있는 것이다. 하나는 지성 ─이 지성은 여전히 이성의 단계에 머문다─에 의존하는 합리적 영혼으로서 자기를 인식하는 것이고, 다른 하나는 자기 자신이 지성이 되어 가는 것으로 인식하는 것이다. 플로티노스는 이것을 다음과 같은 방식으로 묘사했다.

그렇게 되면 자신을 안다는 것이 더 이상 인간 존재로서의 자신을 안다는 것이 아니요, 전적으로 다른 것이 되어 버린 것으로서 ─영혼으로부터 최고의 부분만을 끌어내기 위해 저 높은 곳으로 쳐들린 사람처럼 ─안다는 것이다.[54]

이제 자아는 영혼에서 가장 높은 것이 지성과 정신이라는 것을, 영혼은 항상 지성으로서의 삶을 산다는 것을 무의식적으로 깨닫는다. 아리스토텔레스가 말했고 포르피리오스가 재차 지적했던 것처럼[55] 삶의 목표는 바로 이 〈영혼에 따르는 삶〉, 곧 〈지성에 따르는 삶〉인 것이다. 그러므로 이 무의식적 활동을 자각하고 자아를 향해 열려 있는 이 초월에 주의를 기울여야 한다.

이는 간절히 듣기를 원하는 음성을 기다리는 사람의 경우와 같다. 그는 다른 소리는 다 제쳐 두고 자기가 좋아하는 소리가 들려오는가를 알기 위해 귀를 기울인다. 이와 매한가지로 우리는 순수한 영혼의 의식이 지닌 힘을 지키고 저 높은 곳으로부터 들려오는 소리를 들을 준비를 하기 위하여 감각적 세계로부터 오는 잡음들은 꼭 필요한 것이 아닌 이상 모두 제쳐 두어야 한다.[56]

우리는 여기서 신비 체험의 첫 번째 단계에 이르게 된다. 바로 여기에 합리적 영혼의 고유한 활동의 초월, 즉 〈다른 것 되기〉, 저 높은 곳을 향한 〈쳐들림〉이 있기 때문이다. 합리적 영혼과 동일시된 자아는 이제 신적 지성을 지닌 자와 동일시된다. 자아가 지성이 되는 것이다. 하지만 이 〈지성이 된다〉는 말이 뜻하는 바는 어떤 식으로 나타낼 수 있을까? 플로티노스는 지성을 아리스토텔레스적 사유 모델에 따라 이해했다. 즉 지성이 완벽하게 투명하고 충족적인 자기 인식이라고 보았던 것이다. 그는 이와 동시에 지성이 모든 형상들, 이데아들을 내포한다고 생각했다. 이것은 곧 각각의 형상이 지성이라는 뜻이 된다. 지성은 형상들의 전체이고 스스로를 사유하기 때문에, 그리고 각 형상은(인간의 이데아든, 말의 이데아든) 나름의 방식대로 형상들의 전체이기 때문이다. 지성을 통해서는 모든 것이 모든 것에 내재한다. 따라서 〈지성이 된다는 것〉은 스스로를 전체의 관점에서 생각하는 것, 자신을 개체로서가 아니라 전체에 대한 사유로서 생각하는 것이다. 이는 전체를 조각조각 나눔으로써가 아니라 오히려 집중, 내면성, 심오한 일치를 경험함으로써 가능하다.[57] 플로티노스가 말했듯이 〈우리는 정신을 우리 자신으로 보아야 한다〉.[58] 그러므로 결국 〈지성이 된다는 것〉은 이러한 내면성, 자기 자신에게로 물러나 명상을 이룰 수 있는 자아의 상태에 도달하는 것이다. 그리고 바로 그 자기 투명성이야말로 지성의 특징을 이루는 것이다. 자신을 수단으로 하여 자신을 보는 빛이라는 관념이 그 특징을 잘 상징화한다.[59] 그러므로 〈지성이 된다는 것〉은 바로 (영혼과 육체에 연결되어 있는) 자아의 개인적인 측면을 떨쳐 버림으로써 자기와의 관계에 있어서 완벽한 투명성에 도달하는 것이다. 이는 사유가 그 사유 자체에 대해 지니는 순수한 내면성 외에는 아무것도 남기지 않기 위함이다.

자신으로부터 모든 것을 떨쳐 내며 지성을 그 지성을 통하여 볼 때, 자기 자신을 자기 자신을 통하여 볼 때 그 사람은 자기 자신이 될 수 있다.[60]

규정된 하나의 개체가 된다는 것은 스스로에게 차이를 부여하면서 전체로부터 분리된다는 것이다. 플로티노스는 이 차이를 〈부정négation〉이라고 말한다.[61] 개인적인 차이들, 즉 자신의 고유한 개별성을 떨침으로써 우리는 다시 전체가 될 수 있다. 그러므로 지성이 된다는 것은 자기 자신과 모든 사물을 신성한 〈정신〉의 전체화된 관점으로 바라보는 것이 된다.

하지만 자아가 이 지점에 이른다고 해서 그 향상의 종착점까지 온 것이라고는 할 수 없다. 플로티노스가 품고 있었던 이미지를 따르자면[62] 지성은 우리가 몸을 담그고 있는 바다의 파도와 같다. 그래서 지성은 파도처럼 솟아오르면서 우리를 새로운 비전으로 떠올려 준다.

여기서 철학적 담론은 다시금 지성이 표상하는 통합된 전체성 — 그러나 이것도 파생된 단일체에 지나지 않는다—을 넘어서 제1의 절대적인 단일체를 받아들일 수밖에 없음을 보여 준다.[63] 그러나 철학적 담론은 이로써 스스로의 한계에 이르게 된다. 담론은 그 절대적 단일체가 무엇인지 표현할 수 없다. 말하기는 동사를 매개로 하여 주어에 대해 보어와 한정사를 덧붙이는 것이기 때문이다. 달리 말하자면, 일자는 절대적인 하나이기 때문에 보어도 한정사도 덧붙여질 수 없다는 말이다. 그러므로 우리는 다만 일자가 아닌 것에 대해서만 말할 수 있을 따름이다. 예를 들어 우리가 일자에 긍정적 술어를 붙여 〈일자는 만물의 원인이다〉

라고 말한다고 치자. 이것은 일자가 그 자체로 무엇인가를 말하는 것이 아니라 우리가 그것과의 관계 속에서 무엇인가를 말하는 것이다. 즉, 우리도 일자의 결과들이다. 달리 말해, 우리는 일자에 대해 말하고 있다고 생각하지만 사실은 우리 자신에 대해 말하고 있을 뿐이다.[64] 상대적 존재들인 우리는 항상 우리 자신에 대해 상대적일 뿐이고 절대에는 도달할 수 없다.

우리가 이 초월적 실재에 도달할 수 있는 유일한 통로는 추론으로 설명할 수 없는 합일의 경험뿐이다. 지성에 대한 경험은 완벽한 자기 투명성과 내면성에 이르게 되는 자아의 상태에 해당한다. 반면, 일자에의 경험은 자아의 새로운 상태에 해당한다. 이 상태에서는 자아가 자신을 잃었다가 되찾는다고 말할 수 있을 것이다. 자신을 잃는다 함은 자신이 더 이상 자신이 아니요, 자신에게 속하지도 않으며 전혀 다른 것에 사로잡힌 느낌을 겪기 때문이다.[65] 하지만 이와 동시에 이러한 개인적 정체성의 무화 상태는 〈자아의 번영〉이자 〈자아의 강화〉로서 지각된다.[66] 우리는 〈모든 것을 떨침으로써〉[67] 이 수준에서 더 이상 전체성을 찾아볼 수 없다. 자신을 포함하는 만물의 기반에 있는 현존, 모든 결정과 개별화에 앞서는 현존을 찾아볼 수 있을 뿐이다.

사실 이러한 경험은 도저히 표현할 수 없다. 플로티노스 역시 그러한 경험을 묘사하면서 일자에 대해서는 아무 말도 할 수 없었다. 그는 다만 그것을 경험하는 자의 주관적 상태에 대해서만 말했을 뿐이다. 그러나 이 경험은 확실히 일자에로 이끌어 주는 것이다. 여기서 플로티노스는 추론적 가르침과 비추론적 경험을 매우 분명하게 구별하고 있다. 추론적일 수밖에 없는 신학은 우리에게 선과 일자에 대한 가르침과 훈계를 전해 준다. 하지만 우리를 실제로 일자에로 이끄는 것은 덕, 영혼의 정화, 정신의 삶을 살아가기 위한 노력이다. 가르침은 우리가 어떤 방향으로 가야 하는 가를 가르쳐 주는 이정표다. 하지만 일자에 도달하려면 진짜로 걷기 시작해야만 하는 것이다. 그 길은 〈홀로 있는 자〉를 향하여 홀로 여행해야 하는 길이다.[68]

　　그러나 철학적 담론은 이 일자에 대한 경험이 어떻게 가능한가를 설명하는 대목에서 다시 등장한다. 자아가 일자에 도달할 수 있는 이유는 자아가 정신의 삶을 살기 때문이다. 정신 혹은 지성에는 두 가지 수준이 있다. 그중 사유하는 지성은 스스로를 형상들의 전체로 생각하는, 완벽하게 구성된 지성의 상태에 해당한다. 한편 지성이 태어날 때의 수준이 있다. 이 상태는 아직 지성이라 할 수도 없고 사유하지도 못하지만 마치 뿜어져 나오는 빛처럼 일자로부터 퍼져 나오기 때문에 그것과 직접적인 관계를 맺고 있다고 할 수 있다. 플로티노스는 지성이 이러한 일자와의 접촉으로 인해 〈사랑에 취하고〉, 〈넥타르에 취하며〉, 〈희열 속에서 활짝 피어난다〉고 말한다.[69] 사유하는 지성이 된다는 것 자체가 자아에게는 신비 체험이다. 그러나 사랑하는 지성이 된다는 것은 더 높은 신비 체험으로 고양되는 것이다. 그것은 우리 자신을 만물이 선(善)으로부터 솟아 나오는 지점에 위치시키는 것이요, 지성의 탄생에 다름 아니다. 우리는 원의 중심과 일치를 이루고자 하는 반지름 위의 한 점을 상상할 수 있을 것이다. 반지름 위의 이 점은 원의 중심에 무한히 가깝지만 또 무한히 떨어져 있다. 어쨌든 그 점은 중심이 아니고 반지름이 뻗어 나가는 출발점이기 때문이다.[70] 이것이 상대적인 것과 절대적인 것의 관계다.

플로티노스가 생각한 철학적 담론과 실존적 선택 사이의 관계는 그가 그노시스주의자들에게 반박하기 위해 남긴 다음 문장에 잘 요약되어 있다. 〈실제로 덕을 행하지 않고 신을 말한다면 신은 한낱 말에 지나지 않는다.〉[71] 오직 도덕적, 신비적 경험만이 철학적 담론에 내용을 부여할 수 있다.

플로티노스 이후의 신플라톤주의와 신비 전례학

철학적 담론: 전통들을 조화시키려는 의지

플로티노스가 죽은 후 이암블리코스, 시리아노스, 프로클로스, 다마스키오스 등으로 대표되던 신플라톤주의는 우선 플로티노스가 마련한 위계적 체계의 발전으로 나타났다. 그러나 우리가 이미 지적한 바 있듯이, 사실상 이 발전은 고대의 철학적, 종교적 전통 가운데 가장 이질적인 요소들을 종합해 보려는 막대한 노력으로 특징지어진다. 여기서 플라톤주의는 오래된 전통을 따라 피타고라스주의와 동일시되었다. 또한 아리스토텔레스의 저작이 플라톤주의적인 방향에서 해석되고 일반적인 신플라톤주의 교육 〈코스〉에서 첫 번째 단계로 제시된 이상, 아리스토텔레스주의도 여기서는 플라톤주의와 화해할 수 있었다. 이 첫 번째 단계란 우선 아리스토텔레스의 몇몇 논문들을,[72] 그다음에는 정신적 발전의 단계에 따라 플라톤의 대화편을 설명하는 것이었다.[73]

그러나 조화의 움직임은 여기서 그치지 않았다. 철학적 전통과의 일치를 도모하려는 움직임도 있었지만 다른 한편으로는 오르페우스 신비 종교의 문헌 및 『칼데아 신탁』 같은, 신들에 의해 계시된 전통과의 일치를 도모하는 움직임도 있었던 것이다. 그러므로 오르페우스 숭배, 헤르메스 숭배, 칼데아 신앙 등의 모든 계시적 신앙을 피타고라스주의나 플라톤주의 같은 철학적 전통과 함께 체계화해야만 했다.

이리하여 기막힌 곡예 놀음과 흡사해 보이는 결과에 이르렀다. 신플라톤주의자들은 이미 잘 알려져 있던 일자에 대한 가설들 — 플라톤이 『파르메니데스』에서 개진한 바 있는 — 과 관련된 변증법 논증을 조목조목 따져서 『칼데아 신탁』에서 다양한 신들의 위계를 찾아냈다. 뿐만 아니라 플라톤의 대화편에서 인위적으로 끌어낸 개념적 위계들이 오르페우스 및 칼데아 신앙에서의 존재 위계들과 일대일로 대응하는 것처럼 여겼다. 이리하여 오르페우스 및 칼데아 신앙의 계시들은 신플라톤주의 담론으로 완전히 파고들게 된다. 그렇다고 해서 신플라톤주의 담론이 잡동사니를 모아 놓은 데 지나지 않는다고 생각해서는 안 된다. 사실 어떤 학술 활동이든 주석을 달고 체계화하려는 이성적 시도가 아닌 것은 없다. 그 어떤 것이든 정신으로 하여금 지성을 단련하지 않을 수 없게 하는 것이다. 이러한 단련은 결국 교육적인 것으로, 논리적 엄격성과 개념 분석 능력을 발달시킨다. 예를 들어, 우리는 프로클로스가 『신학 원리*Institutio theologica*』에서 〈기하학적 방법에 따라〉 존재들의 발현을 설명하려 했던 시도에 경탄하지 않을 수 없다. 플라톤에 대한 프로클로스의 주석은 문헌 해석의 금자탑이라 해도 과언이 아니다. 또한 다마스키오스가 〈모든 것의 원리〉 개념이 함축하는 문제들에 대해 남긴 성찰들 역시 심오한 경지를 보여 준다. 프로클로스의 〈체계〉가 서구의 사상사, 특히 르네상스와 독일 낭만주의 시대에 지대한 영향을 미친 것은 전혀 놀라운 일이 아니다.

플로티노스 이후 신플라톤주의자들의 활동은 플라톤과 아리스토텔레스의 텍스트에 주석을 다는 데 가장 큰 비중을 두었다. 아리스토텔레스에 대한 주석들 가운데 일부는 라틴어로 번역되어 중세에 이루어진 아리스토텔레스 철학 해석에 크게 영향을 미쳤다.

삶의 양식

플로티노스에게 그러했듯이 후기 신플라톤주의자들에게도 철학적 담론은 구체적 실천이나 삶의 양식과 긴밀하게 연결된 것이었다. 그러나 플로티노스에게 있어서 정신에 따르는 삶은 철학적 삶, 곧 도덕적이고 신비한 경험과 금욕에 있었다. 반면, 후기 신플라톤주의자들의 사정은 전혀 달랐다. 물론 그들에게도 금욕과 미덕의 철학적 실천은 확실히 보전되었다.[74] 그러나 이들은 소위 〈신비 전례학적〉 실천이라는 것에도 마찬가지로 중요성을 부여하고 있었으며, 이암블리코스와 같은 경우에는 금욕과 미덕의 실천보다 이것을 더욱더 중요시하기도 했다. 2세기가 되어서야 겨우 등장하기 시작한 이 〈신비 전례학〉이라는 낱말은 『칼데아 신탁』의 저자(혹은 저자들)가 영혼과 그 〈직속 매체〉(천체)를 정화하고 그로써 신들을 관조할 수 있게 해주는 의례들을 가리키기 위해 만들어 낸 말로 보인다.[75] 이 의례에는 목욕재계(세정), 희생을 바치는 제사, 종종 이해하기 힘든 주문을 이용하는 기원 등이 포함되어 있다. 〔현대에는 〈마술〉, 〈마법〉의 의미로 통하는〕 신비 전례학은 신들에게 무엇을 꼭 해달라고 요구하기보다는 오히려 신들이 정해 놓은 것으로 간주되는 의례를 거행함으로써 그들의 의지에 복종하려 했다는 점에서 마술과 다르다. 이암블리코스는 신과 하나가 되는 유일한 방법은 이론적 철학이 아니라 바로 우리가 이해하지 못하는 이 의례들이라고 했다.[76] 이 의례들은 사유 활동을 통해 수행할 수 있는 것이 아니다. 만약 그런 경우라면 그것들의 효과는 우리에게 달려 있을 것이기 때문이다. 의례들을 맨 처음 창시하고 물질적 〈징표〉들, 즉 신들을 끌어와 우리로 하여금 신적인 것과 접촉하고 신적인 것을 볼 수 있게 하는 〈성사(聖事)〉를 선택한 이들은 다름 아닌 신들이다. 그러므로 우리는 여기서 구원의 은총이라는 교리와 만나게 된다. 이러한 생각에서 신비로운 결합이라는 관념은 아예 사라지지는 않지만 신비 전례학의 전반적인 관점 안에 포섭되어 버린다. 최고의 신도 다른 신들과 마찬가지로 프로클로스가 〈영혼의 일자〉라고 불렀던 것을 매개로 하여 신비 체험을 통해 영혼에 나타날 수 있다.[77] 이 〈영혼의 일자〉는 달리 말해 영혼에서 가장 고매하고 초월적인 부분을 가리킨다. 그러므로 이것은 일상적인 신비 전례의 실천에서 신들을 영혼으로 끌어당기는 〈징표〉에 어느 정도 상응하는 것으로 볼 수 있겠다.

이처럼 신비 전례학이 플라톤주의로 침투한 것은 우리에게 매우 의아하게 여겨진다. 어째서 고대 말에 이르러 신플라톤주의가 철학적 실천에 신비 전례 실천을 도입했는가를 이해하기란 매우 어렵다. 사프레가 잘 지적했듯이, 이러한 태도는 인간의 위치를 신과의 관계 속에서 찾았던 후기 신플라톤주의자들의 사유에서 기인할 것이다.[78] 플로티노스가 인간 영혼은 언제나 지성 혹은 정신의 세계와 무의식적으로 접촉하고 있다고 생각했던 반면, 후기 신플라톤주의 자들은 영혼이 육체와 별개이기 때문에 물질적, 감각적 의례를 거쳐야만 신에게로 올라갈 수 있다고 믿었던 것이다. 요컨대, 이러한 전개 방식은 그리스도교의 그것과 흡사하다. 그리스도교에서 이미 원죄에 물든 인간이 하느님과 접촉하려면 강생한 로고스(예수 그리스도)와 성사라는 감각적 징표의 중재를 거쳐야만 한다. 신플라톤주의와 그리스도교, 이 두 가지 흐름은 고대 말기를 지배하며 서로 대립했지만 인간이 자기 힘으로는 구원받을 수 없으며, 구원받기 위해서는 신이 창시한 무엇이 필요하다고 보았다는 공통점이 있다.

9. 철학과 철학적 담론들

철학과 철학적 담론의 애매성

스토아주의자들은 철학과 〈철학에 따른 담론〉을 구분했다. 그들에게 철학은 논리학, 자연학, 윤리학의 덕을 실천하는 것이었다.[1] 반면에 후자는 철학의 이론적 가르침을 뜻하는 것으로, 여기서도 논리학적 이론, 자연학적 이론, 윤리학적 이론은 각기 나뉘어 있었다. 이 구분은 스토아철학 체계에서 매우 특수한 의미를 지닌다. 동일한 구분이 좀 더 일반적으로는 고대의 〈철학〉이라는 현상을 기술하는 데 활용될 수 있다. 우리는 지금까지 한편으로는 철학적 삶, 보다 정확히 말하자면 철학적이라고 특징지을 수 있으며, 철학자가 아닌 이들의 삶의 양식과는 근본적으로 차별화되는 〈삶의 양식〉이 존재했음을 알 수 있었다. 다른 한편으로는 이러한 삶의 선택을 정당화하고 이것에 동기를 부여하고 영향을 미치는 철학적 담론이 있었다는 것도 알 수 있었다.

이렇듯 철학과 철학적 담론은 같은 기준으로 판단할 수도 없지만 서로 떼어 놓고 생각할 수도 없는 것으로 보인다.

일단 〈같은 기준으로 판단할 수 없다〉 함은, 고대인들에게 철학자라는 칭호는 독창적이거나 풍부한 철학적 담론을 전개한 사람에게 주어지는 것이 아니라 그가 실제로 살아가는 방식에 따라 주어지는 것이었기 때문이다. 중요하기로는, 더 나은 사람이 되는 것이 으뜸이었다. 담론은 삶의 양식으로 변화했을 때에만 〈철학적인〉 것이 될 수 있었다. 철학적 삶의 정점이 정신에 따르는 삶이라고 보았던 플라톤과 아리스토텔레스 전통에서는 분명히 그러했다. 하지만 철학적 담론이 최소한으로 — 어떨 때는 단순한 의사 표시 수준으로까지 — 축소되었던 키니코스학파에서도 이것은 여전히 진실이었다. 키니코스주의자들은 철학자라는 칭호를 얻는 데 아무 부족함이 없었고 심지어 때로는 철학자의 귀감으로 여겨지기까지 했다. 우리는 또 다른 예를 들어 볼 수도 있다. 로마의 정치인이었던 우티카의 카토는 카이사르의 독재에 반대하다가 결국 유명한 자살로 생을 마감했다.[2] 후대 사람들은 그를 철학자로 여겼을 뿐 아니라 스토아주의자들 가운데 보기 드문 현자로 칭송하기까지 했다. 이것은 카토가 정치 활동을 통하여 스토아주의의 미덕을 실천했기 때문이다. 루틸리우스 루푸스나 퀸투스 무시우스 스카이볼라 폰티펙스처럼 스토아주의를 문자 그대로 충실히 실천했던 로마 정치가들도 마찬가지였다. 이 로마인들은 속주의 행정을 맡아보면서 가히 모범이 될 만한 무사 무욕을 보여 주었다. 이들은 사치나 향락에 반대하는 법의 입안을 심각하게 고려했던 유일한 인물들이었다. 또한 이들은 법정에 설 때에도 수사학적 미사여구에 의존하지 않고 스토아주의자 특유의 양식으로 변론을 펼쳤다.[3] 우리는 또한 황제 마르쿠스 아우렐리우스도 언급해 볼 수 있을 것이다. 당시 사람들은 그가 『명상록』을 쓰고 있다는 것을 몰랐다. 따라서 그는 철학적 이론가로 여겨지지는 않았을 것이다. 하지만 그 역시 생전에 이미 공공연하게 〈철인〉으로 일컬어지곤 했다.[4] 앞서 언급한 바 있는 로가티아누스도 철학을 가르친 적이 없지만 철학자로 여겨졌다. 플로티노스의 제자이자 로마 원로원의 일원이었던 그는 집정관 직분을 맡게 된 바로 그날로 자신의 부와 정치적 지위를 모두 버렸다.[5]

일단, 철학적 삶과 철학적 담론은 전적으로 이종(異種)적인 차원에 속하기 때문에 같은 기준으로 판단할 수 없다. 철학적 삶에서 본질을 이루는 것은 어떤 특정한 삶의 양식, 특정한 상태에 대한 경험, 특정한 내적 기질에 대한 실존적 선택이다. 철학적 담론의 표현으로는 이것을 절대로 온전히 담아낼 수 없다. 이 점은 사랑에 대한 플라톤적 경험, 심지어 단순 실체에 대한 아리스토텔레스적 직관에서도 분명하게 나타나지만 역시 플로티노스가 말하는 합일의 경험에서 가장 극명하게 드러난다. 합일의 경험은 그 특이성을 통해 전적으로 표현 불가능한 것으로서 나타난다. 누구든 이 경험에 대해 말한다는 것은 일단 그 경험이 종결된 시점에서 말하는 것이므로 이미 그 경험을 생생하게 겪던 때와는 심리적으로 동일한 수준에 있지 않기 때문이다. 그러나 이 점은 에피쿠로스주의, 키니코스주의, 스토아주의의 삶의 경험에 대해서도 마찬가지다. 순수 쾌락에 대한 경험이든 자기 자신과의, 그리고 대자연과의 일치에 대한 경험이든 이 경험은 외부에서 그것을 규정하고 기술하는 담론과 전혀 다른 차원에 속한다. 이 경험은 담론과 명제의 차원에 속할 수 없다.

그러므로 철학과 철학적 담론은 같은 기준으로 비교할 수 없다. 하지만 이 두 가지는 분리하여 생각할 수 없는 것이기도 하다. 담론을 철학적 삶과 떼어 놓고 생각한다면 철학적이라는 말을 들을 만한 담론은 없다. 또한 철학적 담론과 긴밀하게 연결되지 않은 이상, 철학적 삶도 있을 수 없다. 게다가 바로 여기에 철학적 삶에 내재하는 위험 ― 소위 철학적 담론의 애매성이라고 하는 ― 이 있다.

사실 어떤 학파도 철학적 담론이 삶과 일치하지 않더라도 그 자체로 충분하다고 생각하는 우를 범하지 않았다. 플라톤주의자 폴레몬의 표현을 빌려 말하자면,[6] 오히려 모든 학파가 능숙한 삼단 논법으로 존경받고자 하면서 실제 행실은 모순적인 자들을 끊임없이 공격했다. 혹은 에피쿠로스의 문장을 빌려 표현하자면, 그들은 공허한 담론만을 개진하는 자로 여겨졌다.[7] 스토아주의자 에픽테토스는 그들 자신이 인간답게 살아가지 않으면서 인간답게 사는 법을 논한다고 꼬집기도 했다.[8] 세네카의 표현에 따르면 이런 사람들은 〈지혜에 대한 사랑*philosophia*〉을 〈말에 대한 사랑*philologia*〉으로 전환시킨 사람들이다.[9] 전통적으로, 자신들의 삶을 담론과의 관계에 놓으려 하거나 경험과 삶으로부터 담론을 이끌어 내려는 노력을 하지 않으면서 철학적으로 보이는 담론을 전개한 이들은 소피스트라는 칭호를 얻었다. 플라톤과 아리스토텔레스 이후로 플루타르코스에 이르기까지 이것은 분명한 사실이었다.[10] 플루타르코스는 소피스트들이 연단에서 일어나 책과 지침서를 내려놓으면 그때부터는 〈삶의 실제 행동에 있어서〉 여느 사람들보다 하등 나을 것이 없다고 비꼬았다.[11]

역으로, 철학적 담론이 삶을 통해 영감과 생기를 얻는 한 담론 없는 철학적 삶 또한 있을 수 없었다. 담론은 철학적 삶을 구성하는 한 부분이다. 우리는 철학적 삶과 철학적 담론 사이의 관계를 세 가지 방식으로 생각해 볼 수 있다. 이 세 가지 방식은 각기 다르지만 서로 밀접하게 연결되어 있다. 첫째, 담론은 삶의 선택을 정당화하며 그것이 지닌 모든 함의들을 발전시킨다. 우리는 일종의 상호 인과성을 통하여 삶의 선택이 철학적 담론을 결정하고 철학적 담론 역시 그 선택을 정당화하면서 그것을 결정짓는다고 말할 수 있을 것이다. 둘째, 철학적으로 살려면 자기 자신과 타인들에 대하여 어떤 행동을 해야만 한다. 그리고 이러한 관점에서 볼 때 진정한 실존적 선택의 표현으로서 나온 철학적 담론은 필수 불가결한 수단이 된다. 셋째, 철학적 담론은 철학적 삶의 양식을 실천하는 형식들 그 자체 가운데 하나이다. 타인 혹은 자기 자신과의 대화라는 형식인 것이다.

먼저 철학적 담론은 이론적으로 삶에 대한 선택을 정당화한다는 말을 보자. 우리는 고대 철학사를 줄곧 살펴보면서 이 점을 확인한 바 있다. 삶에 대한 선택의 합리성을 정초하기 위하여 철학자들은 가급적 엄격한 합리성을 겨냥하는 담론에 기댈 수밖에 없었다. 플라톤은 선을 택했고, 에피쿠로스주의자들은 순수 쾌락을 택했으며, 스토아주의자들은 도덕적 의도를 선택했고, 아리스토텔레스와 플로티노스는 정신을 따르는 삶을 택했다. 각각의 경우마다 선결 조건, 함축하는 바, 어떠한 태도의 결과 들을 정확하게 분리해 내야 한다. 가령 이미 보았듯이 스토아주의나 에피쿠로스주의에서는 실존적 선택이라는 관점에서 볼 때 세계 내에서 인간이 차지하는 위치를 연구하지 않으면 안 되었고 그 결과 〈자연학〉이 발달했다. 또한 같은 인간들끼리의 관계를 정의하기 위해 〈윤리학〉을 발전시키게 되었다. 최종적으로, 윤리학과 자연학에 쓰이는 추론의 규칙 그 자체를 정의하려다 보니 〈논리학〉과 인식론을 발전시키게 된 것이다. 그러므로 우리는 기술적인*technique* 용어들을 사용해야 한다. 원자, 무형성, 이데아, 존재, 일자 같은 용어들과 토론의 논리적 규칙들을 사용해야 하는 것이다. 심지어 철학적 담론을 극도로 축소했던 키니코스주의자들의 삶의 선택에서조차도 그 배경에는 〈관습〉과 〈자연〉의 관계에 대한 그들의 성찰이 깔려 있다. 개념화와 체계화에 대한 시도는 다소간 표명의 차이가 있을 뿐 분명히 고대 철학 전체를 관통한다.

둘째, 담론은 철학자가 자기 자신과 타인들에게 행사할 수 있는 특권적 수단이다. 담론이 그것을 지지하는 자의 실존적 선택의 표현으로서 나온 것인 이상, 그 담론은 항상 직접적으로든 간접적으로든 교육하고, 훈육하고, 영혼을 유혹하며, 치유하는 역할을 하기 때문이다. 담론은 언제나 어떤 효과를 미치고 영혼에 어떤 습관을 들이며 자아를 변화시키려 한다. 플루타르코스가 넌지시 말하고자 했던 것이 바로 이 담론의 창조적 역할이다.

철학적 담론은 부동의 상들을 조각하려 하지 않는다. 담론은 자기가 건드리는 것마다 생생하게 살아 움직이고 효력을 발휘하도록 만들고자 한다. 담론은 운동의 계기가 되는 충동, 유용한 행위를 낳는 판단, 선을 위한 선택에 영감을 준다.[12]

이러한 시각에서 본다면 철학적 담론도 일종의 정신 수련으로, 즉 존재의 근본적 변화를 도모하는 실천으로 정의될 수 있다.

다양한 유형의 철학적 담론들은 각자 다른 방식으로 이러한 자아의 변화를 실현하고자 노력한다. 그 자체로 축소된 순수하게 〈이론적이고〉 독단적인 담론도 명증성의 힘으로 그러한 노력을 수행한다고 하겠다. 예를 들어 에피쿠로스주의자들이나 스토아주의자들의 이론은, 담론의 엄밀한 체계적 형식을 통해서, 혹은 현자의 삶의 방식을 그려 낸 그 매혹적인 특징들을 통해서 그 이론이 내포하는 삶의 형태를 선택하지 않을 수 없게끔 몰아붙인다.

이론들은 매우 압축적인 요약으로 정리되면서 더욱 설득력을 높일 수도 있다. 혹은 에피쿠로스주의자들의 〈네 가지 치료약〉처럼 아주 간결하고 인상적인 격언들로 나타날 수도 있다. 이 때문에 스토아주의자들과 에피쿠로스주의자들은 제자들에게 기본적 교의들을 암송할 뿐 아니라 필사하면서 밤낮으로 되새기게끔 했던 것이다. 마르쿠스 아우렐리우스의 『명상록』이 이루고 있는 훈련은 바로 이 같은 관점에서 이해해야 한다.

황제이자 철학자였던 마르쿠스 아우렐리우스는 자기 자신을 위해 스토아주의의 교의들을 글로 썼다. 그러나 이것은 요약이나 여러 번 읽기만 하면 되는, 기억을 돕는 문장들이 아니었다. 또한 일단 한번 받아들이기만 하면 기계적으로 적용할 수 있는 수학적 공식들도 아니었다. 핵심은 이론적, 추상적 문제들을 푸는 것이 아니라 자신이 스토아주의자로서 살아갈 수밖에 없음을 느끼게 하는 내적 기질로 돌아가는 것이다. 그러므로 〈말〉을 다시 읽는 것으로는 충분하지 않으며, 격언들을 인상적인 방식으로 언제나 새롭게 진술하여 그것을 읽거나 듣는 사람들이 행위의 실천으로 나아가게끔 인도해야 한다. 중요한 것은 글을 쓰는 행위, 자기 자신에게 말하는 그 행위다.[13] 일반적으로 스토아주의와 에피쿠로스주의의 체계적인 구조가 지닌 장점은 교의에서 섬세한 부분은 전문가들에게로 한정되어 있는 반면 그 핵심만큼은 폭넓은 대중에게 이해될 수 있다는 점이라고 할 수 있을 것이다. 여기에는 그리스도교와 비슷한 점이 있다. 교리 논쟁은 신학자들에게로 한정된 반면, 교리 문답은 보통 교구민들도 얼마든지 감당할 수 있다. 그러므로 이 같은 성격의 철학은 〈대중적〉, 〈전도적〉이 되는 것이다.

이론적 차원에 속하기는 마찬가지지만 유형이 전혀 다른 담론들도 있다. 이러한 담론들은 의문, 탐구, 〈아포리아〉의 형태를 취한다. 이것들은 체계도 교의도 제시하지 않지만 제자들을 수련 활동과 개인적 연단을 위한 노력으로 이끈다. 이러한 담론들은 그 담론을 접하는 자의 영혼 속에 어떤 태도, 〈습관〉을 낳고 그 사람을 삶에 대한 특정 선택으로 이끈다.

소크라테스적 유형의 대화에서 스승은 아무것도 모르는 자로 자처하고 대화 상대에게 아무것도 가르쳐 주지 않는다. 결국 이 대화 상대는 스스로를 문제시할 수밖에 없다. 그는 자신이 어떻게 살아왔고 또 살고 있는가를 생각해 보게 된다. 그러므로 소크라테스의 질문은 질문을 받는 사람에게 자신에 대한 관심을 불러일으키고 이로써 삶의 방식의 전환을 촉구한다.

『소피스트』나 『필레보스』 같은 대화편은 보다 지적인 훈련이라고 할 수 있다. 하지만 이것 역시 〈훈련〉이라는 점을 명심해야 한다. 우리가 이미 보았듯이 핵심 목표, 유일한 목표는 주어진 문제를 해결하는 것이 아니라 〈사람들을 더 나은 변증론자로 만드는 것〉이다. 그리고 더 나은 변증론자가 된다는 것은 추론을 구성하거나 추론 과정의 맹점이나 속임수를 잘 잡아내는 사람이 된다는 뜻이 아니다. 그것은 무엇보다도 대화를 할 줄 아는 사람이 된다는 것, 대화가 포함하는 모든 요구들을 충족시킬 수 있는 사람이 된다는 것 ─ 대화 상대의 존재와 권리를 인정할 것, 대화 상대가 알고 있다고 인정하는 사항을 토대로 답변을 구성할 것, 토론의 각 단계마다 대화 상대와 합의를 볼 것 등 ─ 이다. 대화를 할 줄 안다는 것은 무엇보다도 이성의 요구와 규준에, 진리에의 추구에 복종한다는 것이다. 이는 결국 선의 절대적 가치를 인정하는 것이다. 그러므로 개인의 관점을 벗어나 보편적 관점으로 고양되어야 한다. 이는 곧 사물을 전체의 관점, 신의 관점에서 보기 위해 노력하는 것, 세계에 대한 비전과 자신의 고유한 내적 태도를 변화시키는 것이다.*

* 프랑스어판 원서에는 다음 단락과의 사이에 한 단락이 더 있으나 영문판 번역서에서는 삭제되었다. 문제의 단락은 어떤 맥락에서 나온 것인지가 모호

마지막으로, 철학과 철학적 담론의 관계가 지닌 세 번째 측면을 살펴보자. 여기서 철학적 담론은 그 자체가 철학적 삶의 양식의 훈련 형식들 중 하나다. 우리는 대화가 플라톤주의의 삶의 양식을 구성하는 부분들 가운데 하나라는 점을 이미 살펴보았다. 아카데메이아에서의 삶에는 대화를 통해서는 물론, 학문적 연구를 통해서도 지속적으로 지적, 영적 교감을 나누는 것이 포함되어 있었다. 이러한 철학자 공동체는 곧 수학, 천문학, 정치적 성찰 등을 실행하는 학자 공동체이기도 했던 것이다.

　　아리스토텔레스의 학교는 아카데메이아 이상으로 학자 공동체였다. 아리스토텔레스적 삶, 곧 〈지성을 따라 사는 삶〉에 대한 선택은 연구 활동에서 삶의 의미와 기쁨을 찾았기 때문이다. 이는 결국 학자다운 정관적 삶을 영위하면서 인간과 우주의 현실이 지닌 모든 측면에 대하여 연구를—때로는 공동 연구도—수행하는 것이다. 아리스토텔레스에게 철학적이고 학문적인 담론들은 변증론적이기만 한 것이 아니었다. 그는 이 담론들도 정신을 따라 사는 삶의 본질적 요소라고 생각했다. 더욱이 인간 지성이 신적 지성과 추론으로 설명할 수 없는 접촉에 들어갈 때면 학자적 활동은 이 신비적 직관을 통하여 스스로를 초월할 수도 있다.

　　이렇게 연구와 토론을 함께하고 자신과 상대에게 관심을

한데다가 전체 논지를 오히려 산만하게 만드는 면이 없지 않아서 이 번역서에서는 영문판의 편집을 따랐음을 밝혀 둔다.

쏟으며 서로를 교정해 주던 공동체는 다른 학파들에도 있다. 우리는 스토아주의 및 신플라톤주의의 의식(意識) 지도라든가 에피쿠로스주의의 우애에서 이를 살펴볼 수 있었다.

철학적 생활 양식을 훈련하는 또 다른 방법은 명상적 담론에 있었다. 명상적 담론은 철학자가 자기 자신과 홀로 나누는 대화라고 할 수 있다. 자신과의 대화는 고대에 널리 이용되던 방법이다. 예를 들어 피론은 우렁찬 목소리로 자기 자신과 대화를 나누어 같은 도시 사람들을 놀라게 했다고 하지 않는가.[14] 스토아주의자 클레안테스도 같은 식으로 자기 자신에게 비난을 퍼부었다고 한다. 묵언 명상은 소크라테스처럼 서서 부동자세로 수행하기도 하고 시인 호라티우스가 말했듯이 걸어가면서 수행하기도 했다. 〈너는 조용히 걸어가라. 머릿속에는 현자와 선한 사람에게 합당한 생각들만을 품은 채 건강에 유익한 나무 숲 사이를 작은 걸음으로 거닐어라.〉[15] 또한 스토아주의자 에픽테토스는 〈홀로 산책하며 너 자신과 대화를 나누라〉라고 하기도 했다.[16] 명상은 모든 담론의 질서에서 벗어나지만 철학자가 개인적으로 맹세한 신념들을 확증하는 실천들의 총체를 이루는 일부였다. 이러한 실천들은 철학자가 스스로 변화하고 스스로에게 영향을 미치게끔 돕는 수단들이었다. 우리가 지금부터 살펴보고자 하는 것이 바로 이러한 정신 수련이다.

정신 수련

지금까지의 연구를 통틀어 우리는 어떤 학파에서든, 심지어 회의주의에서조차 어떤 훈련, 다시 말해 자아의 변화를 수행하기 위한 자발적이고 개인적인 실천들을 만날 수 있었다. 이 실천들은 철학적 삶의 양식 본연의 것이다. 그래서 지금부터는 다양한 학파들의 실천에서 찾아낼 수 있는 공통적 경향을 조명해 보겠다.

역사 기록 이전 시대

정신사가 언제부터 시작되었다고 딱 잘라 말할 만한 정확한 시점 따위는 없다. 그러므로 고대 그리스와 소크라테스 이전 사상가들에게도 정신 수련이 역사적 기록 이전 형태로 존재했을 것이라고 추정할 수밖에 없다. 불행히도 우리가 소크라테스 이전 철학자들에 대해 알고 있는 사항에는 누락된 부분이 너무 많다. 증거 자료들은 대부분 한참 뒤에야 기록된 것이고 남아 있는 단편들은 거기에 사용된 말들의 의미가 항상 확실하게 파악되는 것이 아니기 때문에 해석이 매우 어렵다. 일례로, 엠페도클레스는 상궤에서 벗어난 어떤 인물—아마도 피타고라스—에 대해 다음과 같은 식으로 말한 바 있다.

그들 가운데 누구도 따를 수 없는 지혜를 지닌 자가 살고 있었는데 그는 사유 능력*prapidōn*으로 막대한 보물을 얻었다. 그는 모든 종류의 일에 능했다. 그가 사유에*prapidessin* 온통 집중할 때면 모든 존재들 각각을, 심지어 인간 열 명, 스무 명의 세대에서 일어나는 일들조차도 아무 어려움 없이 볼 수 있었기 때문이다.[17]

이 마지막 구절은 피타고라스의 윤회와 결부되어 ― 그러나 이렇게 결부시키는 것은 잘못이라고 할 수 있는데 ― 그가 행하던 기억술 훈련을 암시하는 것으로 제시되어 왔다.[18] 우리는 곧 이 문제로 다시 돌아오게 될 것이다. 우선 지금은 이러한 회상 훈련이 〈모든 사유 능력을 집중시키면서〉 이루어진다는 점만 기억해 두자. 인용문에서 두 번이나 사용된 〈프라피데스*praphides*〉라는 단어는 원래 긴장해서 숨을 멈출 때 닫히는 횡격막을 뜻한다. 따라서 이 단어는 수사적으로 사유 능력, 성찰 등을 의미하게 되었다. 마치 프랑스어에서 〈쾨르*cœur*〉라는 단어가 그러하듯이* 〈프라피데스〉 역시 생리적 의미와 심리적 의미를 동시에 지니게 된 것이다. 베르낭은 루이 제르네를 따라서[19] 이 엠페도클레스의 텍스트가 회상의 〈정신 수련〉을 암시한다고 생각한다.[20] 이 훈련의 특징은 〈횡격막을 이용하여 호흡을 조절함

* 프랑스어 〈쾨르*cœur*〉는 심장(생리학적 의미)을 가리키기도 하지만 마음(심리학적 의미)을 가리키기도 한다.

으로써 영혼이 스스로에게 집중하여 육체를 벗어나 저 너머를 자유로이 돌아다닐 수 있게 해주는 기술〉에 있다.

위에서 문제의 단어가 사유와 성찰을 의미하고, 따라서 심리적 의미를 지니는 것은 비교적 분명해 보인다. 그렇지만 이 단어가 회상에 관련된 맥락에서 생리적 의미도 지닌다는 점을 받아들일 수 있을까? 엠페도클레스의 또 다른 텍스트를 잠시 살펴보자.

신적 사유*prapidōn*라는 위대한 부를 얻은 자는 행복하다. 신에 대해 암울한 견해만을 간직한 자는 불행하다.[21]

우리는 여기서 〈프라피데스〉라는 단어가 마찬가지의 〈심리적〉 의미로 사용된 것을 볼 수 있다. 대립되는 문장에서 〈견해*opinion*〉라는 용어가 사용되었기 때문에 이 의미는 더욱더 확고해진다. 사실상 이 맥락에서 〈호흡을 조절하는 기술〉이 존재했다는 판단은 오로지 〈프라피데스〉라는 단어가 지닌 애매성에만 의존하고 있다. 그런데 방금 인용한 텍스트만 봐서는 〈프라피데스〉가 횡경막을 뜻한다는 증거가 없다.

고대 그리스 철학 전통에 호흡법 따위는 존재하지 않았다고 말하려는 것이 아니다. 호흡으로서의 영혼 관념은 이러한 기술의 존재를 충분히 가정해 볼 수 있다.[22] 보통 신체의 각 부분에 흩어져 있는 영혼을 집중시키는 플라톤주의자들의 훈련을 이 같은 관점에서 이해할 수도 있을 것이다.[23] 또한 철학자들의 죽음을 전하는 이야기들을 보면—디오게네스와 메트로클레스라는 두 명의 키니코스주의자들의 죽음도 그 예가 될 수 있겠는데[24]—종종 이 인물들이 〈숨을 죽임으로써〉 생애를 마쳤노라는 말을 접할 수 있다. 그러므로 그와 비슷한 훈련이 전기적(傳記的) 전통 속에 언급되었으리라는 추정도 가능하다. 그렇지만 나는 여기서 단지 고대 그리스와 소크라테스 이전 시대를 다루는 모든 가설과 재구성을 짓누르는 불확실성과 어려움 가운데한 가지 예를 들고 싶었을 뿐이다.

베르낭은 이러한 호흡 조절 기술을 〈샤머니즘〉 전통에 위치시켜야 한다고 덧붙인다.[25] 샤머니즘은 근본적으로 사냥 문명과 연결되어 있는 사회적 현상이다.[26] 이 현상은 남아메리카와 시베리아에 아직도 중요하게 남아 있으나 상당히 오래 전에 타 문화나 종교와 융합되거나 그에 맞게 변형되었다. 그나마 스칸디나비아 반도와 인도네시아에는 그 토대가 가장 가시적으로 남아 있다. 샤머니즘의 중심에는 사냥이나 목축이 잘 되기를 기원하고 산 자 혹은 죽은 자의 영혼을 치유하기 위하여 어떤 의식 행위를 통해 동물 혹은 사람—죽어 있는 것일 수도 있고 살아 있는 것일 수도 있는—의 영의 세계와 접촉하는 샤먼이란 존재가 있다. 카를 모일리[27]와 도드[28] 이후 연구자들은 영혼, 영혼과 육체의 분리 등에 대한 그리스 철학자들의 관념의 기원을 샤머니즘에서 찾으려 했다. 또한 샤머니즘은 육체를 벗어난 영혼이 여행을 한다는 관념, 정신 집중의 기술 등의 기원으로 간주되기도 했다. 나아가 엘리아데의 저작이 나온 이후로는[29] 황홀경에 이르는 기술의 기원으로 간주되었다. 나 자신은 이러한 종류의 설명들을 극도로 경계하는 편이다. 여기에는 기본적으로 두 가지 이유가 있다.

첫째, 설령 역사적 기록 이전에 대한 샤머니즘적 설명을 받아들인다 하더라도 우리가 관심을 두고 있는 정신 수련과 샤먼의 의식 사이에는 아무 공통점이 없음이 분명하다. 오히려 그러한 정신 수련은 이성으로 엄격히 통제하고자 하는 욕구에 부응한다. 우리가 아는 한, 그 욕구는 그리스 최초의 사상가들에게서 나타났고 소피스트들과 소크라테스에게서도 볼 수 있었다. 그러므로 지나치게 편협한 비교주의는 그리스 철학에 대한 우리의 생각을 왜곡할 소지가 있다.

둘째, 내가 보기에 철학사가들은 샤머니즘이라는 관념을 대단히 이상화하고 정신적인 것으로 다루는 것 같다. 그러다 보니 아무데서나 샤머니즘을 찾는다고 할까. 예를 들어, 앙리 졸리는 이렇게 썼다.

소크라테스가 최후의 샤먼이자 최초의 철학자였다는 사실은 이제 인류학적으로 참으로 받아들여지고 있다.[30]

도대체 〈인류학적으로 참으로 받아들여진다〉는 것이 무슨 뜻인가? 게다가 정말로 소크라테스를 최초의 철학자라고 말할 수 있을까? 여기서 〈샤먼〉은 무엇을 뜻하는가? 샤머니즘의 핵심은 수렵과 어로라는 관점에서 인간 영혼과 동물 영이 결합하는 것으로, 이것이 바로 혼례의 모델이다. 이 핵심에 따르자면 소크라테스에게는 의식의 신부 ― 〈양식을 주는 세계의 여성적 영, 즉 인류에게 사냥감을 주는 숲의 영이나 물고기를 주는 물의 영의 딸〉로 믿어지는 여성 ― 가 있어야 하지 않았겠는가? 또 의식이 진행되는 동안 동물을 상징하는 옷차림을 하고 동물의 몸짓을 해야 하지 않았겠는가? 동물의 수컷이 다른 수컷들과 싸우고 암컷과 짝을 지을 준비를 하듯이 큰 소리로 울부짖고 날뛰어야 하지 않았겠는가? 나는 여기서 나의 동료 아마용이 최근에 발표한 연구 중에서 샤먼의 활동에 대한 묘사를 가져왔을 뿐이다.[31] 내 생각에 이 연구는 샤먼의 육체적 행위 전체를 묶어서 〈트랜스*transe*〉(〈황홀경〉이라는 뜻에 가까운)라는 용어로 말하면서, 이 말의 사용에 대한 본래적인 애매성을 탁월하게 조명했다는 점에도 의의가 있다.[32] 우리는 샤먼의 몸짓을 묘사할 때 그저 그가 〈트랜스 상태〉에 있다고 말하는 것으로 만족한다. 그러나 사실 중요한 것은 그 몸짓의 세부 사항들이다. 덜덜 떨거나 뛰어오르는 등의 몸짓은 동일한 관계를 표현하는 것이 아니며 다양한 유형의 영들을 향한 것이다.

동물 영들과의 결합의 상징성에 샤먼의 의식적인 동물 흉내가 포함된다는 점에서, 샤먼의 기이한 행위들은 충분히 이해될 수 있다. 이 상징성 덕분에 샤먼의 본성이 정상적이냐 병적이냐 혹은 그 행위가 인위적이냐 자연스러우냐 따위의 질문은 필요가 없다. 또한 특정한 심리나, 신체적 조건 상태에 호소할 필요도 전혀 없다. 서로 다른 종(種)들이 공통의 언어가 없어도 몸짓으로 소통하듯이, 샤먼은 신체적 움직임을 통하여 동물의 영들과 소통하는 것이다. 마구 날뛸 때에나 아무 움직임도 없이 꼼짝 않고 있을 때에 그는 정신이 나갔거나 실신한 것이 아니며 히스테릭하거나 경직 증상을 보이는 것도 아니다. 그는 자기 역할을 수행하고 있는 것이다. 그에게 중요한 것은 몇몇 서구의 해석이 말하는 것처럼 어떤 경험을 겪거나 어떤 상태에 도달하는 것이 아니라, 자기 부족 사람들이 기대하는 어떤 행위를 수행하는 것이다. 그러므로 트랜스, 황홀경, 의식의 〈변화된 상태〉 등의 단어들에 기댈 필요는 전혀 없다. 이러한 단어는 신체적 상태, 심리적 상태와 상징적 행위 사이의 어떤 관계를 함축하는데 이 관계를 증명해 줄 수 있는 것이라곤 아무것도 없으므로 애매하기만 하다.[33]

소크라테스가 샤먼이었다고 말하려면 샤먼이라는 개념에 고유한 특수성을 부여하는 요소들을 죄다 제거해야만 할 것 같다. 앙리 졸리는 소크라테스가 혼자 외딴 곳에서 부동자세로 명상을 했다는 사실, 〈정신을 그 자신에게 집중했다는〉[34] 사실이 그가 〈매우 잘 알려진 호흡 조절 기술〉에 의지했음을 증명한다고 본다.[35] 우리가 이미 살펴보았듯이 여기서 〈매우 잘 알려진〉이라는 표현은 상당히 과장된 것이며 〈존재했을 것으로 추정되는〉이나 〈존재했을 수도 있는〉 정도의 표현이 적당하지 싶다. 내 견해를 밝히자면 누구든 조용히 명상을 하고 싶으면 따로 떨어져 부동자세를 취하는 것이 당연하고, 따라서 그러한 태도는 샤먼의 〈은둔〉과 아무런 상관이 없다. 도드는 이러한 종교적 〈은둔〉이 고독과 금식 가운데 엄격한 연단을 거치는 기간, 성욕의 심리학적 변화를 포함하는 기간이라고 보았다. 이 기간을 마치고 나면 샤먼의 영혼은 육체를 떠나 머나먼 곳까지, 영들의 세계까지 여행할 수 있다. 그러나 현실은 언제나 동물의 영 혹은 죽은 자들의 영에 대한 의례 문제와 결부되어 있으므로 훨씬 더 복잡하다. 엘리아데와 도드는 샤머니즘을 개인이 의지에 따라 영혼과 신체의 관계를 수정할 수 있는 힘으로 생각했던 것 같다. 하지만 중요한 것은 오히려 어떤 구체적 상황들과 관계된 상징적 행동 양식을 수행하는 기술이다. 그리고 샤먼의 은둔에 대해서는 아마용의 텍스트를 다시 한 번 인용하면서 설명을 해보겠다.

동물 영과의 결합이 샤먼의 의식적 행동 양식이 지니는 야성적이면서도 자연스러운 측면의 토대가 된다. 또한 이 결합은 샤먼이라는 직무의 계기를 만든 의식 외적인 행동 양식—탈주, 육식을 스스로 금함, 불면 등—의 토대가 되기도 한다. 사춘기 무렵부터 나타나기 시작한 이러한 행동 양식은 동물 영과의 접촉 통로가 열리고 남성성의 시험을 구성하는 것으로 간주된다.[36]

소크라테스의 행동 양식과 관련될 만한 것은 여기에 전혀 없다. 도드는 아바리스, 프로콘네소스의 아리스테아스, 클라조메나이의 헤르모티모스, 에피메니데스 등 육체를 벗어나 여행을 했다고 하는 인물들의 이야기 속에서도 샤머니즘의 자취를 찾아내고자 했다. 아리스테아스의 모험에 대한 기록은 그의 생존 시기보다 무려 9세기나 뒤에, 즉 2세기 후반에야 나왔다. 게다가 이 기록은 흔히 샤머니즘을 이상화해서 생각하는 경향을 더욱 강화하는 듯하다.

그가 땅에 누워 거의 숨을 쉬지 않을 때면 그의 영혼은 육체를 버리고 떠나가 한 마리 새처럼 방황하며 땅, 바다, 강, 도시, 인류의 풍습과 정념, 모든 종류의 자연 등등 그 모든 것을 굽어보았다. 그 후에 다시 육체로 돌아와 몸을 일으키고 다시 한 번 그 몸을 도구 삼아 자신이 보고 들은 것을 말해 주는 것이었다.[37]

제임스 볼턴의 섬세한 연구는 아리스테아스의 이야기가

이렇게 해석된 것이 이 현상에 대한 관심이 남달랐던 플라톤의 제자 헤라클레이데스 폰티쿠스의 영향 때문이라고 지적한다.[38] 그러나 볼턴에 따르면, 기원전 7세기에 살았던 아리스테아스가 실제로 현재 러시아 영토의 남부 지역과 아시아 스텝 지역을 여행하고 돌아와서 자신의 모험 이야기를 담은 『아리마스페아』라는 시를 썼다고 볼 만한 근거는 충분하다. 그러므로 아리스테아스는 심리적 여행이 아니라 실제 세상을 여행한 것일지도 모른다. 그는 6년 동안이나 떠나 있어서 모두들 그가 죽었다고 생각했다고 한다. 그래서 죽은 것처럼 보이는 상태에서 영혼이 여행을 했다고 생각했던 것 같다. 여기서 다시 한 번 〈샤머니즘적〉 해석을 약화시키는 불확실성을 볼 수 있다.

고대 그리스의 종교 및 의식이라는 측면에서 샤머니즘의 자취를 발견할 수도 있을 것이다. 하지만 아리스테아스에서 피타고라스에 이르는 이 현자들의 존재와 실천 양식들을 샤머니즘으로 해석하려 한다면 대단히 신중해야 할 것이다. 그러한 현자들은 금욕적인 삶을 수양한 덕분에 자기 영혼의 주인이 될 수 있었을 것이다. 이러한 영역에서는 신중을 기하는 것이 마땅하다. 베르낭은 아바리스나 아리스테아스 같은 인물들을 다루면서 바로 그러한 신중함을 보여 주었다.

우리로서는 샤머니즘의 결과보다는 오히려 요가와 같은

유형의 기술들과의 비교 접근을 시도하고 싶어질 것이다.[39]

　　사람들이 엠페도클레스가 말하는 사유의 훈련에서 전생을 회상하기 위한 노력을 보고자 했다는 점은 이미 언급한 바 있다. 그러나 쿤트츠가 문법적 분석으로 보여 주었듯이, 엠페도클레스는 피타고라스가 소유했던 비범한 지각 능력을 말하고자 했을 뿐이다. 이것은 포르피리오스가 『피타고라스의 생애』에서 문제의 텍스트를 해석한 내용으로 추론해 볼 수도 있다.[40] 그렇지만 피타고라스가 윤회에 대한 기억을 지니고 있었다는 전설이 전해 내려오는 것은 사실이다. 그는 전생에 트로이 전쟁에서 메넬라오스의 칼에 전사한 판투스의 아들 에우포르보스였다고 한다.[41] 고대인들 역시 피타고라스주의자들이 밤낮으로 전날 혹은 최근의 모든 사건들을 하나하나 떠올리는 기억술 훈련을 했다고 기술하고 있다.[42] 이러한 훈련은 종국적으로는 전생들을 떠올리기 위한 것이었다.[43] 사실 이러한 해석은 상당히 후대에 이르러서야 나온 히에로클레스의 기록에만 의존하고 있다. 히에로클레스는 5세기의 작가로 신피타고라스주의 위서 『황금시편』에 주석을 단 인물이다. 여기에는 여러 가지 내용이 담겨 있지만 특히 의식의 감찰을 규칙적으로 행하라는 조언이 눈에 띈다. 히에로클레스는 이 실천의 도덕적 중요성을 보여 준 뒤에 이렇게 덧붙인다.

이처럼 일상적 삶을 되새기는 것이 우리가 전생에서 행했던 것들을 기억해 내고 그로써 우리의 불멸성을 느끼기에 적합한 훈련이었다.[44]

하지만 이보다 앞서 디오도로스 시켈로스와 키케로가 피타고라스주의자들의 기억술 훈련을 증언하면서 그저 기억력 증진 훈련으로만 묘사했다는 점을 주목해야 한다.[45] 한편, 포르피리오스에게는 의식을 살피는 훈련이라는 점이 더욱 중요했다. 이는 자기 자신의 과거 행동들을 돌아보고 다가올 미래에는 어떤 식으로 행동할 것인가를 내다볼 수 있어야 했기 때문이다.[46]

피타고라스학파의 생활을 묘사한 자료들은 많다. 그러나 불행히도 이 자료들은 상당수가 피타고라스주의에 뒤이어 등장한 여러 학파들이 이상적으로 생각했던 철학적 삶이 투영된 데 지나지 않는다. 그러므로 피타고라스주의자들의 삶의 모델을 이 자료들에 의지하여 재구성할 수는 없다. 우리는 플라톤이 『국가』에서 그들의 생활 양식에 찬사를 보냈다는 것을 알고 있다.[47] 그러나 책에서 그 생활 양식은 구체적으로 소개되지 않는다. 우리가 확실히 말할 수 있는 것은, 피타고라스주의자들이 피타고라스 생전에나 그 이후에나 이탈리아 남부의 여러 도시에 정치적으로 큰 영향을 행사했고 철학자들이 통치하거나 조직하는 도시라는 플라톤적 이상에 하나의 모델을 제공해 주었다는 사실이다.[48] 또한 이러한 정치적 활동이 실패로 돌아간 이후에도 그리스의 나머지 지역과 남부 이탈리아에 우리가 이미 보았던 것과 같은[49] 금욕적 삶을 실천하는 피타고라스주의 공동체들이 있었던 것도 분명한 사실이다.

그 외 소크라테스 이전 사상가들의 정신적 수행에 대해서도 우리는 많은 것을 알지 못한다. 우리는 다만 세네카나 플루타르코스 같은 철학자들이 그들이 가장 선호하던 주제들 가운데 하나인 영혼의 평정을 논하면서 데모크리토스가 〈에우튀미아euthymia〉, 즉 기쁨에 해당하는 영혼의 좋은 기질에 대해서 썼다는 저작을 거론하는 데 주목한다.[50] 세네카에 따르면 데모크리토스는 영혼의 균형 상태에서 그것을 찾았다고 한다. 우리는 행위를 자신이 능히 할 수 있는 바에 맞출 때에 이러한 균형 상태에 도달할 수 있다. 그러므로 기쁨은 자기 인식에 해당한다. 중요한 것은 〈자기 일을 잘 돌보는 것〉이다. 그러므로 자기 자신에 대한 행위는 가능한 것이다.

또한 데모크리토스의 이름으로 수많은 도덕적 단편들이 남아 있다는 점도 주목해야 한다.[51] 게다가 그는 『트리토게네이아Tritogeneia』라는 저작을 쓰기도 했다. 트리토게네이아는 그가 지혜 및 신중과 동일시하는 아테네 여신의 별칭이다. 그는 지혜를 추론과 언변에 능하고 반드시 해야 하는 일을 하는 것이라고 정의했다.[52]

소피스트들 중에서 안티폰은 말을 통하여 고통과 슬픔을

달래는 치료법에 특별한 관심을 보였다.[53] 그가 어떻게 이 치유를 행했는지는 알려진 바가 없지만 그의 단편들 가운데 몇몇은 인간 심리에 대한 그의 식견을 보여 주는 귀중한 자료가 되고 있다. 여기서는 몇 가지 예만 들어 볼까 한다. 일례로, 그는 몸소 치욕과 악을 겪어 보지 못한 사람은, 다시 말해 스스로를 이겨 내지 못한 사람은 결코 지혜로워질 수 없다고 했다. 또한 이웃에게 악을 행하고자 하나 실패하거나 좋지 않은 결과가 나타날까 두려워 곧장 행하지 못하는 자는 결국 대부분 그 뜻을 포기하게 된다고 했다.[54] 신중함은 성찰함, 행동에 대하여 거리를 두는 것이라는 뜻이다. 여기서 삶을 영위하는 데 있어서 반성이 어떤 역할을 하는지 엿볼 수 있다. 또한 안티폰은 해몽가로도 명성이 높았다고 한다. 그는 삶의 유일무이함과 진지성을 다음과 같이 강조한다.

현세의 삶을 살지 않는 자들이 있다. 그들은 마치 온 열정을 다하여 알 수 없는 그 어떤 다른 삶을 살기 위하여 준비하는 것처럼 보이지만 이승의 삶에 대해서는 그러지 않는다. 그러나 그들이 그렇게 지내는 동안에도 세월은 흐르고 그렇게 간 세월은 영원히 잃어버리게 된다. 우리는 삶을 마치 또다시 던질 수 있는 주사위처럼 다시 살 수는 없다.[55]

여기에서 이미 에피쿠로스 혹은 세네카의 목소리를 들을

수 있다. 〈우리가 삶을 기다리는 동안에도 삶은 흘러가고
있다.〉

우리는 이상과 같은 몇몇 예들을 살펴보면서 역사 기록
이전에도 철학적 삶의 양식과 이와 관련된 실천들이 존재
했음을 짐작할 수 있었다.[56] 그러나 남아 있는 단편들이 매
우 부족하고 해석에도 어려움이 있기 때문에 이러한 실천들
을 정확하게 기술하려면 매우 오랜 연구가 필요할 듯하다.

신체 단련과 영혼 단련

비록 여러 텍스트들에서 엿볼 수 있다고는 하지만, 실제
로 철학적 단련*askēsis*의 이론 및 기술을 철저하게 체계화하
여 문자로 기술한 논문은 단 한 편도 없다. 우리는 이러한
실천들이 무엇보다도 말로 전달되는 가르침의 일부였으며
영혼의 지도 관습과 긴밀하게 연결되었을 것으로 추정한
다. 다만 『단련에 대하여』라는 제목의, 지금은 전하지 않은
글들이 있었다는 사실을 알 뿐이다. 이 제목이 달렸던 글들
가운데 현재 우리가 참조할 수 있는 것은 무소니우스 루푸
스의 아주 짧은 논문뿐이다.[57] 무소니우스 루푸스는 먼저
철학자가 되고자 하는 자들은 스스로를 단련해야 한다고
주장한다. 그리고 영혼에 적합한 단련과 영혼과 신체 모두
에 공통적으로 적합한 단련을 구분한다. 영혼에 적합한 단
련의 일부는 〈언제나 행할 수 있는〉 것으로 행동을 좌우하

는 기본적 교의를 수립하는 논변이나 명상에 적합한 것이었다. 또한 이 단련에는 새로운 관점에서 사물들을 개념화하는 것과 진정으로 선한 것, 즉 순수한 도덕적 의도만을 바라고 추구하는 것도 포함되어 있었다. 한편 〈추위, 더위, 갈증, 배고픔, 간소한 음식, 불편한 잠자리, 기분 좋은 것들에 대한 금욕, 괴로운 것들에 대한 인내에 익숙해진다면〉 우리는 영혼과 육체에 모두 적합한 단련을 한 셈이 된다. 이렇게 해서 육체는 고통에 무감각해지고 행위에 걸맞게 된다. 또한 영혼은 영혼대로 이러한 단련 덕분에 강건하면서도 온화하게 된다.

무소니우스의 지적은 철학적 단련 개념이 김나시온에서 행해지던 일상적인 신체 단련이나 운동 경기의 이상에 뿌리내리고 있음을 보여 주기 때문에 귀중하다. 운동선수가 반복적인 신체 훈련을 통하여 힘과 새로운 형태를 자신의 몸에 더하듯이 철학자 또한 철학적 훈련을 통하여 영혼의 힘을 발전시키고 스스로 변화하는 것이다. 철학을 가르치는 장소로 애용되던 곳이 바로 신체를 단련하던 체육관, 곧 〈김나시온〉이었다는 점에서 이 같은 유비 관계는 더욱더 뚜렷해진다.[58] 강하고 자유로우며 독립적인 참 인간을 양성하기 위해서 영혼 단련과 육체 단련은 이렇게 결합되었던 것이다.

여러 학파에서 실시되던 이러한 단련에 대해서는 많은 예를 들 수 있다. 이제 우리는 이러한 단련들에서 나타나는 근원적인 유사성을 보여 주고 이것들이 자기 의식의 대립적이면서도 상호 보완적인 두 가지 흐름으로 정리될 수 있음을 인정해야 한다. 그 두 흐름 가운데 하나는 자아에 대한 집중이고 다른 하나는 자아의 확장이다. 이러한 실천들은 하나의 이상을 겨냥하고 있기에 통합될 수 있다. 겉으로 보이는 차이에도 불구하고 여러 학파들이 생각하던 지혜의 모습에는 공통점이 많다.

자기와의 관계와 자아에의 집중

금욕

거의 모든 학파들이 금욕적 단련과 극기(克己)를 제안했다. 금욕을 뜻하는 그리스어 〈아스케시스〉는 〈단련, 연습〉과 정확하게 같은 의미로 쓰였다. 플라톤주의의 금욕은 감각적 쾌락을 포기하는 것이었는데, 이것은 신피타고라스주의자들의 영향을 받아 특정 식이 요법을 준수하는 것이었고, 때때로 육식을 완전히 금하기도 했다. 이러한 금욕은 단식과 철야로 육체를 약화하여 개인이 보다 정신적인 삶을 살도록 하는 데 그 목적이 있었다. 그다음으로는 키니코스주의자들의 금욕이 있다. 스토아주의자들 중 일부도 실천했던 이 금욕은, 독립성과 강건한 원기를 얻기 위해 모든 사치와 안락, 모든 문명의 인위적인 것들을 제거하고 배고픔, 추위, 모욕을 견디는 것이었다. 또한 어떤 것에 대해서도 좋다 나쁘다를 말할 수 없기 때문에 모든 것을 무차별적으로 받아들이도록 스스로를 길들이는 피론주의의 금욕도 있었다. 에피쿠로스주의의 금욕은 순수한 쾌락에 접근하기 위하여 욕망을 제한하는 것이었고, 스토아주의의 금욕은 무차별적인 사물들에 애착을 가져서는 안 된다는 점을 깨닫고 대상들에 대한 판단을 재고하는 것이었다. 이상의 금욕적 실천들은 모두 어떤 자기 분열을 상정한다. 자아는 스스로 욕망, 욕구와 섞이기를 거부하고 자기가 욕심내는 대상들에 대해 거리를 취하며 그러한 것들로부터 스스로 분리될 수 있는 능력을 자각한다. 이렇게 해서 자아는 부분적이고 편파적인 관점에서 보편적인 관점 ― 그것이 자연의 관점이건 정신의 관점이건 간에 ― 으로 고양된다.

나, 현재, 죽음

정신 수련은 대체로 자아가 자신이 스스로 생각하던 그것이 아님을 깨달으면서, 집착하던 대상들과 자기를 혼동하지 않게 되면서부터 자기에게 집중하는 움직임에 해당한다.

죽음에 대한 생각은 여기서 결정적인 역할을 한다. 우리는 플라톤이 어떻게 철학을 죽음의 연습으로 정의했는가를 살펴보았다. 죽음이 영혼과 육체의 분리인 이상, 철학자는 영적으로 육체를 벗어나야 한다. 그렇게 함으로써 우리는 플라톤의 시각에서 순수한 〈나〉를 발견하고 개인성 속에 꿈틀대고 있는 이기적인 자아를 초월하는 금욕으로 돌아가게 된다. 이는 자기 자신에게 결부되어 있거나 자신이 집착하는 모든 것들, 자기 자신을 의식하는 데 방해가 되는 모든 것들 — 플라톤이 언급했던 바다의 신 글라우코스가 조개 껍질, 해초, 조약돌 따위로 뒤덮여 있었듯이[59] — 로부터 스스로를 분리해 내는 것이다. 의식을 취한다는 것은 바로 금욕과 분리의 행위인 것이다. 이는 자아로부터 자아 아닌 것들을 모두 떨치라고 했던 플로티노스의 조언대로이다.

만약 아직까지 그대 자신의 아름다움을 보지 못했다면 아름답게 되어야 할 조각상을 새기는 조각가처럼 행하라. 그는 그 조각상에 아름다운 얼굴이 나타날 때까지 이 부분을 깎아 내고 저 부분을 갈아 내며 어떤 부분은 매끈하게 하고 어떤 부분은 깨끗하게 한다. 그대도 이와 마찬가지로 넘치는 것은 모두 제하고 굽은 것은 곧게 하고 어두운 것은 밝아지도록 정화하여 덕의 신성한 빛이 그대 안에서 발할 때까지 그대 자신의 조각상을 쉬지 말고 조각해 나가라.[60]

우리가 방금 말한 단련은 마르쿠스 아우렐리우스 같은 스토아주의자들에게서도 찾아볼 수 있다.[61] 그는 〈자신〉에게서(그의 말에 의하면 〈자신의 생각〉으로부터) 다른 사람들이 말하고 행하는 바, 그 자신이 과거에 말했거나 행했던 바를 분리하라고 몸소 권고했다. 그는 또한 미래에 걱정을 끼칠 수 있는 모든 일들(육체, 심지어 그 육체에 생기를 불어넣는 영혼까지도), 보편적 인과 법칙으로부터 연쇄되는 사건들(즉 운명), 그리고 자기가 집착한 탓에 자아에 결부되어 있는 모든 것들을 자아로부터 분리해야 한다고 했다. 그는 이렇게 자신을 과거나 미래로부터 분리하여 현재 속에서 살아간다면 평정의 상태에 도달할 수 있음을 약속했다.

이러한 단련을 통하여 자아는 전적으로 현재의 경계 안에 머물고 그가 살아가는 것, 즉 현재만을 살게 된다. 그는 자신이 과거에 말하고 행했던 것과 미래에 살아가게 될 것으로부터 자신을 〈분리〉하는 것이다. 마르쿠스 아우렐리우스는 〈우리는 이 무한히 작은 현재밖에 살 수 없다. 그 나머지는 이미 살아 본 것이거나 불확실한 것이다〉라고 말한다.[62] 과거는 이제 나와 상관없고 미래 역시 마찬가지이다.[63] 여기서 스토아주의의 구분, 즉 우리에게 달려 있는 것과 우리에게 달려 있지 않은 것 사이의 구분을 다시금 발견한다. 우리에게 달려 있는 것은 행위와 결정과 자유의 장(場)인 현재다. 우리에게 달려 있지 않은 것은 우리의 힘으로 어찌할 수 없는 과거와 미래다. 과거와 미래는 상상적인 고통 혹은 쾌락을 의미할 뿐이다.[64]

현재에 대한 집중은 제대로 이해해야 한다. 스토아주의자들이 아무것도 기억에 담지 않았다거나 미래에 대해 아무 생각도 없었다고 생각해서는 안 된다. 그들은 미래 혹은 과거에 대한 생각을 거부한 것이 아니라 그 생각이 끌어들이는 정념, 곧 헛된 희망이나 아무짝에도 소용없는 회한을 거부했다. 스토아주의자들은 스스로 행동하는 인간이 되기를 원했다. 살기 위해, 행동하기 위해 미래에 대한 계획을 세우지 않을 수 없고 행위를 예견하기 위해서는 과거를 생각하지 않을 수 없다. 그러나 정확히 말해, 행동은 현존하는 행동밖에 없기 때문에 과거와 미래는 단지 우리 행동과 관련된 것일 뿐이다. 행동에 대해 어떤 유용성을 지니는 한에서만 과거와 미래에 대해 생각해야 한다. 그러므로 현재의 밀도를 결정하는 것은 바로 선택, 결정, 행동이다.

스토아주의자들은 현재를 정의하는 방식을 두 가지로 구분했다. 첫 번째 방식은 현재를 과거와 미래 사이의 한계로 이해하는 것이었다. 이러한 관점에서 보면 시간은 무한대로 나뉠 수 있기 때문에 현재의 시간이란 있을 수 없다. 이것은 수학적 차원에서의 추상적 분할이기 때문에 현재는 지극히 미세한 순간으로 축소되어 버린다. 한편 두 번째 방식은 현재를 인간 의식과의 관계 속에서 정의하는 것이다. 여기서 현재는 체험되는 의식의 집중에 해당하는 어떤 밀도, 어떤 지속으로 표상된다.[65] 현재에 대한 집중을 말할 때는 바로 이러한 체험된 현재라는 개념을 두고 말하는 것이다.

자기의식은 현존하는 순간에 살아 움직이는 〈나〉에 대한 의식이다. 예를 들어 마르쿠스 아우렐리우스는 다음과 같은 내용을 끊임없이 반복하여 말한다. 내가 현재 생각하고 있는 것, 현재 하고 있는 것, 현재 나에게 일어난 일에 주의를 집중시킨다. 그렇게 해서 나는 사물들을 이 순간 내 앞에 있는 것처럼 보고 내가 하는 행동의 의도를 바로잡는다. 나는 인류 공동체에 소용이 닿는 일만을 하고자 해야 하며 내게 지금 닥치는 일, 내게 달려 있지 않은 일들은 운명의 바람으로 여기고 수긍해야 할 것이다.[66]

자기의식 훈련은 이리하여 자기 자신에 대한 주의*prosokhē*와 경계의 연습이 된다.[67] 여기에는 우리가 매 순간 삶에 대한 선택, 곧 의도의 순수성, 보편적 자연의 의지에 대한 개인적 의지의 일치를 새롭게 한다는 전제가 깔려 있다. 또한 우리가 항상 그 선택을 표현하는 삶의 원리와 법칙들을 염두에 둔다는 전제도 깔려 있다. 철학자는 매 순간 자신의 존재, 자신이 하는 바를 완벽하게 의식하고 있어야 한다.

플라톤적 자기의식과 마찬가지로 현재 순간에 대한 이러한 집중 역시 〈죽음의 연습〉이다. 죽을 수도 있다는 생각은 삶의 모든 순간, 모든 행위를 진중하고 가치 있는 것으로 만든다.

언제라도 삶을 떠날 수 있는 사람처럼 행동하고 말하고 항상 생각하라.

경박함을 멀리하고 네 생애의 행동 하나하나를 생애 마지막 행동인 양 행하라.

삶의 방식에 완전성을 가져다주는 것은 그날그날을 생애

최후의 날처럼 보내는 것이다.

　죽음이 매일매일 네 눈앞에 있기를, 네게 천박한 생각이
나 과도한 욕망이 깃들지 않기를.[68]

이 같은 관점에서 모든 주의와 의식을 현재에 기울이는
자는 자신이 현재 안에서 모든 것을 가지고 있다는 기분을
느끼게 된다. 이것은 그가 이 순간 실존의 절대적 가치와 도
덕적 의도의 절대적 가치를 동시에 지니기 때문이다. 더 이
상 바랄 것은 없다. 생애 전체와 영원조차도 그에게 이 이상
의 행복을 가져다줄 수는 없다. 〈한순간이라도 지혜를 누리
는 자의 행복은 지혜를 영원히 누리는 자의 행복에 전혀 뒤
지지 않는다.〉[69] 모든 원은 크기가 크건 작건 원이다. 이처
럼 행복은 전적으로 행복일 뿐이다.[70] 무용 공연이나 연극
은 누군가 방해를 하면 완성되지 못하지만 도덕적 의도는
매 순간 전적으로 완전하다.[71] 그러므로 이러한 현재의 순
간은 생애 전체와 맞먹는다. 우리는 이 순간에 대해 이렇게
말할 수 있을 것이다. 〈나는 내 삶을 실현했다. 인생에서 기
대할 수 있는 모든 것을 가졌다. 그러므로 이제 죽어도 여한
이 없다.〉

　잠자리에 들 때 가볍고 기쁜 마음으로 이렇게 말하자. 〈나
는 살아 냈다. 나는 운명의 여신이 내게 정해 준 길을 걸어왔

다.〉 만약 어떤 신이 우리에게 내일을 허락한다면 그 또한 가벼운 마음으로 받아들이자. 아무 불안도 없이 내일을 기다리는 자는 행복으로 충만하고 자기 자신에 대한 평온한 소유를 누린다. 〈나는 살아 냈다〉라고 말하는 자는 누구든지 매일매일을 예기치 못한 선물로 여기며 일어난다.

서둘러 살아라. 하루하루를 하나의 완성된 삶으로 여기라. (……) 매일매일 자기 삶을 완성하는 자는 영혼의 평정을 누린다.[72]

우리는 이러한 단련이 어떻게 시간과 인생을 전적으로 달리 보게 하는지, 어떻게 현재의 진정한 변모가 이루어지는지 살펴보았다. 흥미롭게도 스토아주의와 에피쿠로스주의는 이 같은 정신적 행보에서 여러 차례 일치를 본다.

에피쿠로스주의에도 자기에 대한 집중과 금욕과 결부된 자기의식이 있다. 여기서의 금욕은 욕망을 육체, 곧 개인에 대해 안정적인 쾌락을 보장해 주는 자연적이고 필연적인 것들로 한정하는 것이다.[73] 아리스토텔레스는 〈살아 있음을 느끼는 것이 쾌락이다〉라고 했다.[74] 하지만 사는 것이 곧 느끼는 것이므로, 이 말은 〈느끼고 있음을 느끼는 것이 쾌락이다〉라고 고쳐 말할 수 있겠다. 에피쿠로스에게 있어서 느끼는 존재란 스스로 자각할 수 있는 존재이다. 이 자각이야말로 철학적 쾌락, 실존의 순수한 쾌락이다.

이러한 자각에 이르기 위하여 다시금 자아로부터 자아가 아닌 것들을 분리해야 한다. 분리해야 할 것들에는 비단 육체가 야기하는 정념뿐 아니라 영혼의 헛된 욕망이 낳는 정념들까지 포함된다. 우리는 여기서 현재에 대한 집중을 다시 한 번 발견한다. 만약 미래에 대한 기대와 희망에 끌려다니고 동요한다면 그 이유는 영혼이 과거와 미래를 생각하기 때문이다.[75] 영혼이 자연스럽지도 않고 필연적이지도 않은 욕망들, 예를 들어 부나 명예에 대한 추구 따위를 떨치지 못한 것이다. 이러한 추구는 오랫동안 고되고도 불확실한 노력을 기울여야만 채워질 수 있다.

어리석은 자들은 장차 좋은 일이 있을 것이라는 기대 속에서 살아간다. 그들은 그것이 불확실하다는 점을 알기에 불안과 두려움으로 진을 뺀다. 그리고 나중에야—이것이 그들의 고통 중에서도 가장 최악의 것인데—돈, 권력, 영광을 추구한 것이 부질없음을 깨닫는다. 그들은 자신들이 바라던 모든 것에서 아무런 쾌락도 끌어내지 못하면서 그저 얻어 내겠다는 일념으로 힘겹게 일했기 때문이다.

어리석은 이의 삶은 고되고 근심스럽다. 그 삶은 전적으로 미래에만 열중하는 삶이다.[76]

과거에 대해서 에피쿠로스주의자들은 그것이 안정적인 쾌락을 줄 수 있다 하더라도 그것은 어디까지나 우리가 그것을 〈다시 현실화하는〉 한에서만 가능하다는 점을 인정한다.[77] 이런 까닭에서 에피쿠로스는 제자들과 철학을 논하던 기억이 육신의 고통을 덜어 주었다고 썼던 것이다.[78] 이것은 단순히 과거의 쾌락을 기억하는 것이 현재의 쾌락을 가져다주었다는 의미가 아니라 그가 상기한 철학적 추론 역시 고통을 넘어서는 데 도움을 주었다는 뜻이다.

스토아주의자들처럼, 에피쿠로스주의자들에게도 근본적인 정신 수련은 현재, 곧 현재의 자기의식에 집중하고 욕망을 미래에 투사하지 않는 데 있었다. 현재만으로도 (우리는) 충분히 행복할 수 있다. 그 이유는 현재가 안정적인 쾌락을 주는 가장 단순하고 필연적인 욕망들을 채울 수 있게 하기 때문이다. 이것은 호라티우스가 가장 선호하던 주제 중 하나이다.

현재에 행복한 영혼이 나중에 일어날 일들에 대해 근심하지 않기를.

현재를 어떻게 잘 쓸까 평온한 마음으로 생각하라, 나머지는 모두 강물처럼 흘러갈 것이니.[79]

게다가 스토아주의자들에게서 그러했듯이 이 훈련은 죽음에 대한 생각과 밀접하게 이어져 있다. 삶의 순간순간, 그날그날에 가치를 부여하는 것은 바로 죽음에 대한 생각이다. 그 때문에 매 순간을 인생의 마지막 순간처럼 여기고 살아야 하는 것이다.

우리가 말하는 동안에도 질투심 많은 시간은 도망간다. 그러니 오늘을 붙잡아라. 내일은 믿지 말라!

밝아 오는 새날이 너의 마지막 날이 될 것이라고 생각하라. 그러면 기대치 못했던 시간을 감사한 마음으로 받아들이게 되리라.[80]

죽음을 바라볼 때에는 매 순간이 놀라운 선물처럼, 기대 못했던 은총처럼 유일무이한 것으로 나타나기 때문에 〈감사한 마음〉이 샘솟는다. 〈주어지는 시간의 모든 순간들을 마치 믿을 수 없을 만큼 놀라운 행운 덕분에 얻는 것인 양 그 가치를 온전히 인정하면서 받아들이라.〉[81]

이 같은 실존의 광휘를 의식해야만 한다.[82] 대부분의 사람들은 이 광휘를 의식하지 못하고 삶 그 자체를 가리는 헛된 욕망에 자기를 소진시킨다. 스토아주의자 세네카는 〈삶을 기다리는 동안에도 삶은 흘러간다〉라고 말했다.[83] 그의 말은 에피쿠로스의 다음과 같은 말에 대해 화답하는 것처럼 보인다.

사람은 단 한 번 태어난다. 두 번은 용납되지 않는다. 그

러므로 필연적으로 우리는 영원히 존재할 수 없다. 그러나
내일의 주인이 아닌 그대는 기쁨을 내일로 미룬다. 하지만
삶은 이러한 유예 속에 헛되이 소진되어 가고 우리들 한 사
람 한 사람은 결코 기쁨을 맛보지 못한 채 죽는다.[84]

스토아주의자처럼 에피쿠로스주의자도 현재에서 완전
성을 발견한다. 지금 이 순간의 쾌락은 지속되지 않더라도
완전한 것이다. 찰나의 쾌락도 영원한 쾌락과 똑같이 완전
하다.[85] 여기서 에피쿠로스는 아리스토텔레스의 쾌락 이론
을 계승했다고 할 수 있다.[86] 아리스토텔레스에게 [눈으로]
보는 행위가 그 특수성으로 인하여 그것이 지속되는 매 순
간에 완전하고 완결된 것이듯, 쾌락은 매 순간 특수하게
[그것의 고유한 특수성으로] 완성된 것이다. 쾌락은 시간
속에서 전개되는 운동이 아니다. 그것은 지속성에 의존하
지 않는다. 쾌락 그 자체가 시간이라는 범주 안에 위치하는
실체가 아니다. 스토아주의의 덕이 그렇듯, 에피쿠로스주
의의 쾌락도 그 양이나 지속이 본질에 아무 변화를 가하지
못한다고 말할 수 있겠다. 원은 엄청나게 크든 아주 작든 간
에 원이다. 그렇기 때문에 쾌락이 장차 증가하기를 바라는
것은 쾌락의 본성 그 자체를 모르는 것이다. 욕망을 한계 짓
지 않고 비이성적으로 끌려다니는 일 없이 현재에 도달할
수 있는 것만을 바라는 사람에게만 안정적이고 마음을 가
라앉혀 주는 참된 쾌락이 있을 수 있다. 이처럼 스토아주의

의 덕과 에피쿠로스주의의 쾌락은 매 순간 완전한 것이다. 그러므로 호라티우스의 시구는 스토아주의자뿐 아니라 에피쿠로스주의자에게도 들어맞는다. 〈매일매일 나는 살아냈다라고 말하는 자는 행복한 자요, 자기 자신의 주인이다.〉[87] 쾌락의 비시간성을, 안정적인 쾌락의 완전성과 절대적 가치를 알게 되었기에 〈나는 살아냈다〉라고 말하는 것이요, 또한 존재의 비시간성을 알게 되었기에 〈나는 살아냈다〉라고 말하는 것이다. 사실 어떤 것도 내가 존재 안에 거한다는 것, 즉 살아 있음을 느끼는 쾌락에 접근하는 것을 막을 수는 없다.[88] 죽음에 대한 에피쿠로스의 명상은 실존의 절대적 가치와 죽음의 무(無)를 의식하게 하는 동시에 삶에 대한 사랑을 불러일으키고 죽음에 대한 두려움을 제거하는 데 그 목적이 있다. 〈잘 살기 위한 훈련과 잘 죽기 위한 훈련은 하나다.〉[89] 잘 죽는다는 것, 그것은 죽음이 비존재인 이상 우리에게 아무것도 아님을 이해하는 것이요, 매 순간 존재에 참여함을 기뻐하고 존재의 쾌락이 지닌 충만함을 죽음이 전혀 축소하지 못한다는 점을 아는 것이다. 디아노가 잘 지적했듯이 죽음이 내게 아무것도 아니라는 이 관념의 배후에는 심오한 존재론적 직관이 자리 잡고 있다. 존재는 비존재가 아니다. 존재에서 무로 향하는 통로 따위는 없다. 비트겐슈타인은 아마도 에피쿠로스를 염두에 두고 이러한 글을 썼을 것이다.

죽음은 생의 한 사건이 아니다. 우리는 죽음을 겪지 않는다. 우리가 영원이라는 말로 시간적으로 무한한 지속을 가리키는 것이 아니라 비시간성을 가리킨다면, 누구든 현재 속에 사는 자는 영원히 사는 것이다.[90]

우리는 여기서 스피노자가 죽음에 대한 명상과 삶에 대한 명상을 대립시켰던 것이 어떤 의미에서는 잘못이었음을 엿볼 수 있다.[91] 이 두 가지 명상은 사실상 서로 떼어 생각할 수 없으며 근본적으로는 동일하기 때문이다. 이 두 가지는 모두 자기의식을 갖는 데 필수 불가결한 조건이다. 같은 관점에서 볼 때 플라톤이 말하는 죽음의 연습과 스토아주의 및 에피쿠로스주의의 그것을 근본적으로 대립시키는 것 역시 잘못이다. 어느 경우든 이 연습의 목표는 죽음에 대한 생각을 수단으로 삼아 자기인식에 이르는 것이었다. 어떤 방식으로든 자신의 죽음에 대해 생각하는 자는 스스로를 존재 혹은 정신의 비시간성 속에서 생각하게 마련이기 때문이다. 그러므로 죽음에 대한 연습은 가장 기본적인 철학적 훈련들 가운데 하나라 하겠다.

자기에 대한 집중과 양심 성찰

우리가 살펴보고 있는 체험의 철학이라는 관점에서, 자기를 의식한다는 것은 본질적으로 윤리적인 행동이다. 이 행동 덕분에 존재하고 살아가며 사물을 바라보는 방식이 변화하게 된다. 그러므로 자기의식을 갖는다는 것은 자신의 도덕적 상태를 의식하는 것이다. 그리스도교 전통에서 양심 성찰이라 일컫던 수련은, 이미 고대의 철학 학파들 사이에 널리 퍼져 있었다.[92] 이 수련은 무엇보다도 모든 학파에 있어서 우리가 철학으로 돌아서기 전에 처해 있던 소외, 이산, 불행을 자각함에서 철학의 시초가 비롯되었다는 단순한 사실에 근거를 둔다. 에피쿠로스의 원칙에 따르면 〈오류를 아는 것이 구원의 시초다〉.[93] 스토아주의의 원칙도 다음과 같이 화답한다. 〈철학의 출발점은 (……) 자기 연약함을 아는 것이다.〉[94] 그러나 단지 오류를 생각하는 것만이 아니라 진보를 이루어 나가고 있음을 확인하는 것이 중요하다.

스토아주의자들에 대해서는 이 학파의 창시자 제논이 철학자들에게 영혼의 진보를 자각하기 위하여 꿈을 살필 것을 권고했다는 사실이 알려져 있다. 이로써 양심 성찰이 실제로 이루어졌음을 짐작할 수 있다.

그는 각자가 꿈을 이용하여 자신이 이룬 진보를 의식할 수 있다고 생각했다. 꿈에서 어떤 수치스러운 정념에 굴복하거나 악하거나 불의한 것에 넘어가거나 그러한 것을 범하는 모습을 더 이상 보지 않게 된다면, 영혼의 표상 및 정서 능력이 이성에 의해 이완되어 어떤 파도도 일지 않는 투명하고 잔잔한 바다 안에서처럼 빛을 발한다면, 그 영혼은 진짜로 진보한 것이다.[95]

앞에서 보았듯이 플라톤도 꿈이 영혼의 상태를 밝혀 줄 수 있다고 주장한 바 있다.[96] 이 주제는 그리스도교 정신에서 또 나올 것이다.[97]

문헌에 명시적으로 나오지는 않지만 에피쿠로스학파에서도 양심 성찰이 실행되었으리라고 상정하는 데에는 무리가 없을 것이다. 에피쿠로스학파 사람들끼리 자기 잘못을 고백하고 바로잡았던 실태와 양심 성찰은 불가분의 관계에 있기 때문이다.

기원전 2세기의 『아리스테아스의 서한』에서도 양심 성찰의 자취를 찾아볼 수 있다.[98] 이 문헌에 따르면 훌륭한 왕은 그가 저질렀을 수도 있는 오류를 시정하기 위하여 그날그날 자신의 모든 행위를 기록으로 남기게 하는 것을 의무로 여긴다고 한다.

서력기원이 시작될 무렵 신피타고라스주의는 옛 피타고라스주의자들이 실천하던 기억술 훈련을 도덕적 의미에서 다시 도입했다. 이는 『황금시편』에 잘 나타나 있다.

하루 동안의 모든 행위를 가늠하기 전까지는
네 풀어진 눈에 잠이 내려앉게 하지 말라.
어디서 실패했나? 무엇을 했나? 어떤 의무를 빠뜨렸나?
이렇게 시작하여 계속 성찰하라. 그 후에
잘못 행한 것은 비난하고 잘한 것은 기뻐하라.[99]

이 구절은 훗날 양심 성찰을 옹호하는 작가들에 의해 자주 인용되거나 암시되곤 했다. 그러한 작가들로는 스토아주의자였던 에픽테토스, 독립적인 철학자였던 갈레노스, 그리고 특히 피타고라스주의 공동체의 삶을 이상적인 철학적 삶으로 묘사했던 포르피리오스와 이암블리코스 같은 신플라톤주의자들이 있다. 의사였던 갈레노스는 어떤 학파에도 매이지 않았지만 육체를 돌볼 뿐 아니라 영혼을 돌보는 데에도 관심을 가지고 있었다.[100] 그는 양심 성찰을 정신의 지도와 연결 지었다. 실제로 그는 자기 잘못을 나이가 지긋하고 경험이 많은 사람에게 고하고 그 후에는 아침저녁으로 자기 자신을 돌아보라고 권고했다.

세네카는 스스로 이 연습을 실천하며 아우구스투스 시대에 살았던 섹스티우스라는 신피타고라스주의 철학자의 모범을 따르고 있다고 말하기도 했다.

우리는 매일매일 영혼에게 전말을 밝힐 것을〔계산서를 제시할 것을〕요구해야 한다. 섹스티우스는 바로 이렇게 했다. 그는 하루를 보내고 밤의 휴식을 위하여 일단 방에 들어가면 자신의 영혼에게 질문을 했다. 〈오늘 어떤 악을 치유했는가? 어떤 악덕과 싸웠는가? 어떤 면에서 더 나은 사람이 되었는가?〉 하루의 행위를 온전히 살피는 것보다 더 아름다운 것이 있겠는가? 자기 자신을 살핀 후에 취하는 수면보다 더 좋은 것이 있겠는가? 정신이 칭찬을 받거나 경고를 받을 때에, 또한 자기 자신의 관찰자이자 은밀한 재판관이 되었을 때에 그 정신은 얼마나 자유롭고 심오하며 평안할까! 나는 이 힘을 사용하며 매일매일 나 자신 앞에서 스스로를 변호한다. 호롱불도 이미 없어지고 내 습관을 잘 아는 아내가 조용해질 때면 나는 나의 하루 전체를 살피며 내가 한 일과 말을 가늠한다. 나는 아무것도 감추지 않는다. 어떤 것도 그냥 넘기지 않는다.[101]

세네카는 법정 소송에 대한 비유를 더욱 발전시키기도 했다. 〈우선 너 자신이 피고의 입장이 되고 그다음에 판관의 입장, 마지막으로 변호인의 입장에 서라.〉[102] 우리는 여기서 의식에 대한 〈내면의 법정〉 개념을 볼 수 있는데, 이 개념은 여러 텍스트들에 나타나지만 그중에서도 히에로클레스의 『황금시편』 주석에서 찾아볼 수 있다.[103] 이것이 곧 칸트가 말한 〈내면의 법정〉이다. 칸트는 자기 자신이 판관의 입장에 설 때 스스로 보편적 관점에 서서 자신의 법을 스스로에게 부여하는 지성적 자아와 감각적, 개인적 자아로의 분열이 일어난다고 보았다.[104] 여기서 금욕과 자기의식에 함축된 자아의 분열이 다시 한 번 발견된다. 여기서 자아는 공평하고 객관적인 이성과 동일시되게 된다.

에픽테토스는 어떤 빈도로 잘못을 저지르는지 정확하게 살펴보라고 권한다. 예를 들어 매일 화를 내는지, 아니면 이틀에 한 번 혹은 사나흘에 한 번꼴로 화를 내는지 기록해야 한다.[105] 따라서 양심 성찰이 때로는 글쓰기를 통해 실행되었으리라 짐작된다.

그러나 양심 성찰은 일반적으로 소소한 일들에 얽매이지 않았다. 영혼의 상태가 긍정적인가 부정적인가를 보여 주는 대차 대조표라기보다는 오히려 이성의 힘, 자기에 대한 주의, 자기의식을 수립하기 위한 〈수단〉으로서의 성격이 더 강했다. 마르쿠스 아우렐리우스의 예를 통해 이를 확인해 볼 수 있다. 그는 다른 사람들을 만나면서 겪게 될 어려움에 대비하라고 스스로를 타이르면서 타인과의 관계를 좌우하는 근본적인 삶의 규칙들을 되새기곤 했다고 한다.[106] 같은 방식으로 갈레노스도 아침에 일어나 하루의 행동에 들어가기 전에 정념의 노예로 사는 것이 나은가 아니면 매사에 추론을 이용하면서 사는 것이 나은가를 스스로에게 물어보라고 권고한다.[107] 에픽테토스 역시 우리가 이루어야 할 진보뿐 아니라 행동의 기반이 되어야 할 원칙들을 떠올리기 위하여 아침마다 자신을 살피라고 충고한다.

아침에 일어나자마자 그대 자신에게 물어보라. 〈편견 없이 공평하고 근심 없는 상태에 이르려면 무엇을 더 해야 하는가? 나는 누구인가? 육체인가? 소유인가? 평판인가? 아니, 이런 것이 아니다. 그러면 무엇인가? 나는 이성적인 존재인가?〉 그렇다면 그러한 존재에게는 무엇이 요구되겠는가? 그대의 행동을 마음속에 떠올리라. 〈행복으로 인도하는 것들 중에서 내가 간과하고 있었던 것은 무엇인가? 우정, 사회적 의무, 마음의 좋은 자질들에 반(反)하여 저지른 일은 무엇인가? 이런 것들 중에서 내가 망각한 의무는 없는가?〉[108]

에픽테토스가 제우스의 예를 들어 철학자들에게 자기 자신과 더불어 홀로 살아갈 것을 권고하는 대목에서는 더욱 광대한 시각마저 엿보인다. 제우스는 우주의 주기적 대란 이후 새로운 우주 시대가 열릴 때까지 홀로 지냈다. 그는 〈그 자신 안에 거하여 자신의 통치를 성찰하고 자기에게 걸맞은 사유에 대해서 자기 자신과 대화를 나누었다〉. 에픽테토스는 이어서 다음과 같이 말한다.

우리 역시 자기 자신과 대화를 나누어야 한다. 다른 사람들 없이 지내는 법을 배워야 하고 혼자 있을 때에도 목적을 잃어버린 듯한 기분이 되어서는 안 된다. 신의 통치, 우리와 그 나머지 세계와의 관계에 대해 성찰하고 사건들을 마주하는 우리의 태도가 지금까지 어떠했는지, 지금은 어떠한지 생각해야 한다. 우리에게 슬픔을 야기하는 것들이 무엇인지, 그것들을 어떻게 근절할 것인지 생각해야 한다.[109]

여기서 양심 성찰은 명상 훈련보다 훨씬 광대한 훈련의 일부로 나타난다. 자기에 대한 집중과 주의라는 움직임은 상반된 움직임, 확장과 팽창이라는 움직임과 긴밀하게 연결되어 있다. 이 움직임에 의해 자아는 전체의 관점에, 나머지 세계와의 관계, 사건들 속에서 드러나는 운명과의 관계의 관점에 놓인다.

우주와의 관계와 자아의 확장

우주 속에서의 자아의 확장

이미 보았듯이 플라톤이 권유했던 정신 수련 중 하나가 실재의 전체성을 통한 자아의 팽창이다. 영혼은 끊임없이 〈전체와, 인간 및 신의 보편성을 끌어안고자 해야만〉 하고 〈시간과 존재의 전체성에 대한 관조〉로 나아가야 한다.[110] 이처럼 영혼은 광대하다 말할 수 있을 정도로 펼쳐지고 육체가 도시에 홀로 남은 동안에도 〈저 높은 곳으로 고양되어 전 세계를 다스린다〉.[111]

그의 사고는 모든 인간사를 사소하거나 아무것도 아닌 것으로 여겨 경멸하지요. 그의 사고는 핀다로스의 말마따나 〈땅 밑으로까지〉 온갖 곳을 날아다니며 땅 표면을 측량하기도 하고, 〈하늘 위의〉 천체를 관측하기도 합니다. 그의 사고는 자연을 그 전체 속에서 존재하는 것들 하나하나로 탐색할 뿐, 주변에 있는 것들로 자신을 낮추는 법이 결코 없답니다.[112]

아리스토텔레스의 자연에 대한 관조는 별들을 향한 애정 어린 시선에서 자연의 작품이 주는 경이로운 쾌락으로 옮겨 간다. 이 관조도 동일한 사유를 고양시킨다.

에피쿠로스주의자들에게도 우주 속에서의 자아의 확장이 있다. 이 확장은 무한 속에 잠길 때의 쾌락을 안겨 준다. 우리가 보는 세상은 에피쿠로스주의자들에게 무수히 많은 세상들 가운데 하나일 뿐이다. 이 수없이 많은 세상들은 무한한 시간과 공간 속에 펼쳐져 있다.

정신이 도약하고 모든 방향으로 뻗어 나가 멈출 수 있는 어떤 경계나 한계도 만나지 않게 되는 것은 바로 이 무한하고 수없는 공간들 안에서이다.

공간이 이 세상의 벽들을 넘어서 무한하게 확장되기 때문에 정신은 이 광대함 속에 무엇이 있는가를 알고자 한다. 정신은 여기에서 자신이 원하는 만큼 멀리까지 시선을 던질 수 있고 자발적이고 자유로운 도약으로 날아오를 수 있다.

세상의 벽들이 날아오른다. 나는 이 광대한 공허 속에서 사물들이 태어나는 것을 본다. (⋯⋯) 대지는 내가 내 발 아래 저 깊은 공허 속에서 일어나는 모든 일들을 알아보는 데 방해가 되지 않는다. 나는 이 광경을 보면서 신성한 쾌락의 전율에 사로잡힌다.[113]

지나가는 말로 지적해 두자면 ─ 몇몇 역사학자들은 어떻게 생각할지 모르지만 ─〈세상의 벽들이 날아오른다〉라는 구절이나 〈닫힌 세계에서 무한한 우주로〉[114]의 이행을 보기 위해 코페르니쿠스의 등장까지 기다릴 필요는 없었다.

에피쿠로스주의의 자연에 대한 관조는 실존에 대한 의식과 마찬가지로 비시간성으로의 고양이다. 이는 에피쿠로스의 문장이 잘 말해 주고 있다.

비록 죽을 수밖에 없는 몸으로 태어나 제한된 삶을 부여받았지만 자연에 대한 학문을 통해 영원에 이르기까지 높아져 사물의 무한을, 사물의 과거와 미래를 보게 되었음을 기억하라.[115]

스토아주의자들에게도 자아를 확장하는 훈련이 있다. 이 훈련 역시 무한 속에서 이루어지지만 여기에 관련되는 것은 무수히 많은 세계의 무한성이 아니라 ─ 스토아주의는 세계를 유일무이하고 유한한 것으로 보기 때문에 ─ 시간의 무한성이다. 세계를 구성하는 사건들의 동일한 흐름이 이 무한한 시간 속에서 영원히 반복되는 것이다. 자아는 세계의 전체성에 젖어 들어 그것을 구성하는 일부가 되었다는 기쁨을 체험한다.

오히려 인간이 생각을 무한히 펼치는 것이 얼마나 자연스러운 일인가를 우리에게 말하라. 인간의 영혼은 위대하고 고귀한 것이다. 영혼이 받아들이는 한계는 신에게조차도 한계일 뿐이다. (……) 그의 고국은 하늘과 세계를 순환적인 운동으로 에워싼 곳이다.

영혼은 자연의 심장부에까지 진입하고 그렇게 높아질 때에야 인간 조건으로 다다를 수 있는 충만하고 완전한 행복에 이른다. (……) 영혼은 별들 사이를 거닐며 흡족해한다. (……) 그 높이에 이르러 영혼은 스스로를 살찌우며 커진다. 속박에서 풀려나 그 기원으로 돌아가는 것이다.

영혼은 온 세상과, 그 세상과 그 형태를 둘러싸고 있는 공허를 사방으로 돌아다닌다. 영혼은 끝없는 시간의 무한성 속에서 확장되고 세계의 주기적인 재생을 포용하고 이해한다.

별들의 공전에 휩쓸려 가기라도 하는 것처럼 별들의 행로를 눈으로 좇고 이해하기, 요소들이 이것에서 저것으로 변화함을 끊임없이 생각하기 — 이 같은 상상은 지상적 삶의 더러움들로부터 우리를 정화해 준다.

항상 세계의 전체성을, 그리고 실재의 전체성을 상상하라.[116]

『국가』, 『파이드로스』, 『테아이테토스』를 주로 참조하는 플라톤주의 전통에서 영혼이 우주를 날아다닌다는 주제는 매우 빈번하게 등장한다. 〈인간들은 평화롭고 평온한 삶을 열망할 때 자연을 관조한다. 모든 것이 다 그 안에 있다. (……) 그들은 생각을 통해 달과 태양, 행성과 항성의 움직임에 함께한다. 물론 그들의 육신은 땅에 머물러 있으나 그들은 세계 시민이 된 이들답게 자기들의 영혼에 날개를 주어 에테르 속을 날아다니며 거기에 있는 힘들을 관찰한다.〉[117]

우리는 천문학자 프톨레마이오스에게서 플라톤주의, 스토아주의, 아리스토텔레스주의의 영향을 찾아볼 수 있다. 실제로 그가 남긴 말일 가능성이 농후한 어느 경구에서, 그는 자신이 사유를 통해 천상의 공간을 날아다니며 신성한 삶에 연합되었음을 느꼈노라 말한다. 〈나는 죽을 수밖에 없는 몸, 하루밖에 지탱하지 못할 몸이다. 나도 그것을 안다. 그러나 순환 운동을 하는 별들의 빽빽한 행렬과 함께하는 나의 발은 더 이상 땅에 닿지 않는다. 나는 제우스 바로 옆에서 신들처럼 암브로시아로 배를 채운다.〉[118]

자아의 확장 훈련을 실천하는 학파들에서 사유와 상상 연습은 결국 철학자로 하여금 전체 속에서 자기 존재를 의식하게 하는 것이었다. 전체 속의 존재는 미미한 점(點)이자 미약한 지속에 불과하지만 광대한 장, 무한한 공간까지 확장될 수 있고 단 한 번의 직관으로 실체의 전체성을 파악할 수도 있다. 이렇게 해서 자아는 이중적인 감정을 맛보게 된다. 시공간의 무한성 속에서 어찌할 바를 모르는 육체적 개체성을 생각하면 너무나 작고 보잘것없다는 감정이 드는 반면, 사물의 전체성을 포용할 수 있는 자신의 힘을 체험하면 크고 위대하다는 감정이 드는 것이다.[119] 또한 이것은 사물을 객관적이고 무사 공평하게 보는 법을 가르치는 초탈, 거리 두기의 연습이라고 할 수 있다. 이것이 바로 근대인들이 〈시리우스의 관점〉이라고 불렀던 것이다. 1880년에 에른스트 르낭은 이렇게 썼다. 〈태양계의 관점에서 보면 우리의 혁명은 고작 원자의 운동만큼의 폭밖에 안 될 것이다. 그리고 시리우스의 관점에서 보자면 그보다 더 미미할 것이다.〉[120]

이러한 보편적, 합리적 비전이 샤먼의 소위 〈트랜스〉 상태와 아무 관련도 없음은 굳이 부연할 필요도 없을 것이다.

높은 곳으로부터의 응시

사유를 통해 올라간 높은 곳으로부터 철학자는 대지와 인간들을 굽어보며 그들의 진정한 가치를 판단한다. 중국 철학의 한 텍스트가 말하듯 〈그는 천상의 빛으로 사물들을 본다〉.[121] 플라톤이 『국가』에서 말한 시간과 존재의 전체성에 대한 비전은 죽음을 멸시하게 만든다. 그리고 『테아이테토스』는 실재의 모든 지경을 둘러본 철학자에게는 인간사가 보잘것없는 무에 지나지 않으며 〈온 땅을 한 눈에 파악하는〉 그에게 인간의 소유란 지극히 적은 것일 뿐이라고 말

한다.[122]

이 주제는 유명한 『스키피오의 꿈』에서 다시 등장한다. 여기서 키케로는 스키피오 아이밀리아누스가 꿈에서 자신의 조상 스키피오 아프리카누스를 만난 이야기를 전한다. 스키피오 아이밀리아누스는 은하수로 건너가서 그곳으로부터 온 우주를 관조한다. 땅을 굽어보니 그저 작은 반점처럼 보일 뿐이다. 그래서 그는 로마 제국의 지경이 얼마나 작은가를 생각하며 부끄러움에 사로잡힌다. 그의 조상은 사막의 광대한 지경을 가리키며 비록 사람들은 명성에 그토록 높은 가치를 부여하지만 한 인간이 명성을 떨칠 수 있는 판도가 얼마나 보잘것없는가를 깨닫게 한다.[123]

오비디우스는 신피타고라스주의 자료의 영향을 받아 『변신 이야기』에서 피타고라스의 입을 빌어 다음과 같이 말한다.

나는 높은 별들 가운데서 나의 길을 찾으리라. 나는 대지를, 이 생기 없는 체류를 떠나고 싶다. 구름을 타고 날아다니고 싶다. (……) 저 높은 곳에서 나는 인간들이 모험으로 떠돌아다니고 부족한 이성 때문에 죽음을 생각하며 두려워하는 모습을 보리라.[124]

에피쿠로스주의자들과 스토아주의자들도 이 같은 태도를 추천한다. 루크레티우스는 평온한 지역의 고지대에 올라가 사람들을 내려다보면서 그들이 〈천지 사방으로 방황하고 우연에 의지하여 삶의 길을 찾는〉 모습을 보았다.[125] 세네카는 철학자의 영혼이 별들 사이로 옮겨져 하늘만큼 높은 데서 일개 점처럼 조그맣게 보이는 땅을 향해 시선을 던진다고 했다.[126] 그렇게 되면 그 영혼은 부자들의 사치를 웃음거리로밖에 생각지 않게 된다. 국경을 두고 맞붙는 전쟁도 그에게는 우스꽝스러워 보일 뿐이다. 영토를 침략하는 군대도 좁은 공간에 연연하여 싸우는 개미 떼처럼 보인다.

이것은 루키아노스의 재치 넘치는 이야기 『이카로메니포스*Icaromenippos*』에서 키니코스주의자 메니포스가 달에서 사람들이 나라의 경계를 두고 어리석게 다투는 모습, 부자들이 자기들 땅에서 거들먹거리는 모습을 내려다보며 생각했던 바이기도 하다. 메니포스는 그 부자들의 땅이 에피쿠로스의 원자보다 크지 않다고 말한다. 또한 그도 높은 곳에서 내려다본 사람들의 모습을 개미에 비유했다. 『카론*Charon*』이라는 또 다른 저작에서는 죽은 자를 인도하는 뱃사공 카론이 현기증이 날 만큼 높은 데서 지상의 사람들을 내려다본다. 그는 그들을 곧 죽을 사람들로 여기며 어쩌면 저들의 소행이 저리도 어리석은가 생각한다.

이 관찰자가 죽은 자를 인도하는 사람이라는 점은 의미심장하다. 높은 데서 내려다본다는 것은 죽은 자의 관점에서 바라보는 것이다. 이 두 경우에는 사물들을 초탈하여, 거리를 두고, 물러서서, 객관적으로, 사물들을 그 자체로서 바라보게 된다. 사물들을 우주의 광대함 속에, 자연의 전체성 안에, 인간의 관습이나 정념이 빌려준 거짓 명성을 덧붙이지 않고 바라보는 것이다. 높은 곳으로부터의 시선은 사물들에 대한 우리의 가치 판단을 바꾼다. 사치, 권력, 전쟁, 국경, 일상적인 삶에 대한 걱정 따위가 모두 우습기만 하다.

자기에 대한 집중 운동에서든 전체를 향한 확장 운동에서든 자기에 대한 의식은 필연적으로 죽음의 연습을 요구한다. 플라톤 이래로 이 연습이 철학의 본질 그 자체가 되었다고 해도 과언은 아니다.

정신 수련으로서의 자연학

우리는 이미 자연학이라는 정신 수련에 대해 언급한 바 있다.[127] 우리 현대인들에게는 이 표현이 이상하게 여겨질 것이다. 하지만 이 표현은 고대의, 적어도 플라톤 이후의 철학에서 자연학이 지녔던 이미지와 아주 잘 부합한다.

일반적으로 고대 자연학은 세부 사항들까지 엄밀한 전체적 자연 체계를 제시하지 않는다. 물론 반박할 수 없는 설명의 원리들은 있다. 예를 들어 『티마이오스』에는 더 나은 것에 대한 선택과 필연적인 것 사이의 대립이 나타난다. 또한 에피쿠로스주의에는 공(진공)과 원자들 사이의 대립이 있다. 나아가 웬만큼 포괄적인 우주관도 있다. 그러나 고대 철학자들은 특수한 현상을 설명하면서 확실성에 도달하는 것을 목표로 삼지 않았다. 그들은 정신을 만족시키고 자기 자신에게 흡족한 설명들, 곧 합리적이거나 개연성이 높은 설명들을 내놓는 데 만족했다. 일례로, 플라톤은 금속에 대해 이렇게 말했다. 〈그와 같은 것들 중에서 나머지 다른 것도 그럼 직한 이야기 방식을 좇아 더 거론하는 것은 전혀 복잡할 게 없습니다. 어떤 사람이 휴식을 위해서 언제나 존재하는 것들에 관한 논의를 집어치우고 생성에 관한 그럼 직한 설명들을 검토하여 후회 없는 즐거움을 얻게 될 때, 그는 언제나 삶에 있어서 절도 있고 슬기로운 오락거리를 얻는 것입니다.〉[128]

늘 그렇지만 여기서도 플라톤의 반어법을 염두에 두어야 한다. 그는 가장 중요하게 생각하는 것을 심각하게 여기지 않는 척한다. 그렇지만 플라톤은 신들이 만든 자연적인 것들이 결국은 우리의 인식을 벗어난다고 믿었다. 일반적으로 자연학에 대한 고대의 문헌들은 그 자체로서 검토된 자연학적 현상들에 대한 체계적이고 명확한 이론을 결정적으로 발표하는 논문들이라고 보기 어렵다. 그것들의 목적은 다른 데 있었다. 그 목적은 아리스토텔레스의 경우처럼 문제들을 방법론적으로 다루는 법을 배우는 것이든가, 아니면 에피쿠로스가 자연 과학의 지속적인 실행*energēma*이라고 불렀던 것 — 에피쿠로스는 그 실행이 〈이러한 삶에서 평정의 최고점까지 올라가게〉해준다고 했다[129] — 에 헌신하는 것이든가, 그것도 아니면 자연을 관조함으로써 정신을 고양하는 것이었다.

그러므로 이러한 실행은 도덕적인 목적을 지닌다. 물론 그 도덕적 목적은 각 학파들마다 색깔을 달리하지만 그럼에도 불구하고 항상 알아볼 수 있다. 『티마이오스』만 봐도 이미 그렇다. 여기서 플라톤은 인간 영혼에게 사유 운동을 통하여 세계영혼을 모방하고 그로써 인생의 목표에 도달할 것을 권고한다.[130] 아리스토텔레스에게 탐구의 실천은 영혼에 기쁨을 안겨 주고 삶의 지고한 행복에 이르게 하는 것이었다. 많은 경우에 철학자들은 있음 직한 것*eulogon*에밖에 이르지 못한다. 그것은 정신밖에 만족시켜 주지 못하지만 그래도 기쁨을 준다.[131] 한편 에피쿠로스에게 자연 과학의 훈련은 신에 대한 두려움, 죽음에 대한 공포에서 해방된다는 것을 뜻했다.

아마도 신(新)아카데메이아의 철학으로부터 영감을 얻었을 키케로의 텍스트 속에서 정신 수련으로서의 자연학에 대한 가장 뛰어난 묘사를 찾아볼 수 있을 것이다. 아르케실라오스와 카르네아데스의 훌륭한 제자였던 키케로는 우선 자연에 대한 지식에 결부된 불확실성, 특히 관찰과 실험의 어려움을 다루는 플라톤의 성찰들을 되새기는 것으로 시작한다. 그럼에도 불구하고 자연학적 연구는 도덕적 목적을 띠고 있다.

우리가 자연학자들의 질문들을 포기해야 한다고는 생각지 않는다. 자연에 대한 관찰과 관조는 영혼과 정신에게 일종의 자연적 양식이 된다. 우리는 우리 자신을 세우고 확장시킨다. 우리는 높은 곳에서 인간사를 굽어보고 고귀한 천상의 것을 관조한다. 우리는 인간적인 것을 비루하고 편협한 것으로 여기기에 경멸한다. 가장 위대한 것, 동시에 가장 불분명한 것에 대한 탐구는 쾌락을 가져다준다. 이 같은 탐구 속에서 사실임 직한 어떤 것이 나타나면 우리 영혼은 고귀한 인간적 쾌락으로 가득 찬다.[132]

세네카 역시 『자연의 의문들*Naturales quaestiones*』의 도입부에서 자연학을 정당화하는 원리가 영혼의 고양에 있다고 보았다. 〈이러한 것들을 관조하고 연구하며 그 일에 헌신하고 몰두하려면 인간 조건을 초월하여 더욱 상위의 조건으로 진입해야 하지 않겠는가? 그대는 나에게 공부를 해서 무슨 이익을 얻을 수 있습니까?라고 물었다. 만약 다른 이익들이 없다 해도 이 한 가지 이익만은 확실히 있을 것이다. 신의 기준으로 볼 때에는 모든 것이 작을 뿐이라는 것을 나는 알게 되리라.〉[133]

게다가 자연에 대한 관조는 합리적으로 설명하려는 노력이 수반되든 그렇지 않든 실존적으로 의미가 있다. 에피쿠로스의 영향을 받은 것으로 추정되는 시인 메난드로스에 따르면 자연을 관조함은 지상에서 누릴 수 있는 가장 큰 행복이다. 〈내가 볼 때, 우리가 온 그곳으로 속히 돌아가기 전에는 (……) 아무 근심 없이 이 존엄한 것들, 곧 모든 이에게

비치는 태양, 별, 물, 구름, 불을 관조한 것보다 더 큰 행복이 없다. 백 년을 살든 몇 년 못 살고 죽든 간에 우리 눈에는 언제나 동일한 광경이 비친다. 우리의 칭송을 받기에 이보다 더 합당한 것은 볼 수 없으리라.〉[134]

여기에 고대 철학의 변함없는 전통이 있다. 인생에 가치와 의미를 주는 것은 〈대자연〉에 대한 관조다. 이 관조 덕분에 선한 사람에게는 하루하루가 축제다.[135]

자연학 훈련은 스토아주의에서 그 가치를 온전히 보전한다. 스토아주의자는 그 누구보다도 매 순간 자신이 우주 전체와 접촉함을 의식한다. 현재의 사건 하나하나가 우주 전체를 함축하기 때문이다.

그대에게 무엇이 닥치든 그것은 그대를 위해 아주 오랜 세월 동안 미리 예비된 것이다. 원인들의 얽힘은 항상 그대의 실체, 그대와 이 사건의 만남을 한데 얽어 놓고 있었다.

이 사건이 그대를 만나러 왔고, 그대에게 일어났다. 이 사건은 시초부터, 가장 오래된 원인부터 그대와 얽혀 있었으므로 그대에게 맞추어졌고 그대와의 관계 속에 수립되었다.

그대를 만나러 온 사건들 하나하나가 그대와 운명으로 이어져 있다. 시초부터, 전체로부터 출발하여 그대와 함께 실을 자아내어 온 것이다.[136]

이처럼 현재에 대한 자기 집중과 우주 속에서의 자아의 팽창은 동일한 순간에 실현된다. 이는 세네카가 말한 대로이다. 〈그는 아직 존재하지 않는 것에 의존하지 않고 현재를 향유한다. (……) 그는 희망도 없고 욕망도 없다. 그는 자기 소유에 만족해하기 때문에 불확실한 목표를 향해 달려드는 법이 없다. 가진 것이 거의 없는데도 만족해하는 것이 아니다. 그는 우주를 가졌다. (……) 그는 신과 같이 이 모든 것이 내 것이로구나라고 말한다.〉[137]

그러므로 매 순간 사건을 만나는 나는 우주의 과거와 미래의 모든 흐름과의 관계 속에 있다. 스토아주의자의 삶의 선택이란, 전체로서의 우주에 대한 긍정, 따라서 나에게 어떤 일이 일어날 때에 일어나야 할 일들이 일어나기를 원하는 것이다. 마르쿠스 아우렐리우스는 우주에게 〈나는 너와 더불어 사랑하노라!〉라고 말했다.[138] 그런데 크리시포스가 말한 것처럼 포도주 한 방울이 바다에 섞여 온 세계로 퍼질 수도 있음을 깨우쳐 주는 것이 바로 자연학이다.[139] 우주와 운명에 대한 합의는 매 사건을 계기로 삼아 새로워진다. 이러한 합의야말로 체험되고 실천되는 자연학이다. 이 훈련은 개인의 이성으로 하여금 보편적 이성이라는 자연과 일치를 이루게 한다. 이는 곧 전체와 동등해지기, 전체 속에 잠기기, 더 이상 〈인간〉이 아닌 〈자연〉이 되기이다.[140] 인간성을 떨치고자 하는 경향은 피론에서 아리스토텔레스, 플로티노스 등에 이르기까지 여러 학파에서 지속적으로 나타났다. 피론은 인간다움을 떨쳐낸다는 것이 실로 어렵다고 토로한 바 있다. 아리스토텔레스 또한 정신을 따르는 삶은 초인적인 삶이라고 했다. 그리고 플로티노스는 신비 체험을 겪을 때 우리가 〈인간이기를 그친다고〉 했다.[141]

타인과의 관계

우리는 다양한 철학 학파들을 소개하면서 철학자가 타인과 맺는 관계, 도시 내에서 철학자가 수행해야 할 역할, 학파의 다른 일원들과의 생활 등의 문제를 맞닥뜨렸다. 철학의 실천에서 변함없이 주목해야 할 사항들이 여기 있다. 우리는 먼저 정신 지도의 중요성을 인정해야 한다.[142] 여기에는 두 가지 측면이 있는데, 한쪽으로는 일반적인 도덕 교육의 행위가 있고 다른 쪽으로는 스승과 제자를 개인적으로 이어 주는 관계가 있다. 고대 사유사의 막바지에 이르러 심플리키오스가 쓴 바와 같이, 양쪽 측면 모두에서 고대 철학은 일종의 정신 지도로서 나타난다.

철학자가 도시에서 어떤 위치를 차지해야 할까? 그것은 인간을 조각하는 자의 위치, 충실하고 훌륭한 시민들을 만들어 내는 장인의 위치일 것이다. 그러므로 철학자의 일은 자신을 정화하고 남들 또한 정화하여 모두가 인류에게 합당한 자연을 따라서 살도록 하는 것이다. 그는 모든 시민들의 공통의 아버지이자 교육자요, 그들의 개혁가이며 조언자이자 보호자이다. 그는 모든 선의 실현을 위해 협력하도록 자신을 내어 주고 행복한 이들과 더불어 기뻐하며 괴로움을 당하는 이들에게는 동정과 위안을 보낸다.[143]

일반적인 도덕 교육에 대해서는 이미 살펴본 바가 있듯이 철학이 도시를 대신한다. 일세트라우트 아도가 잘 보여주었듯이 그리스 도시들은 시민의 도덕성 함양에 각별히 신경을 썼다.[144] 델포이의 지혜의 말씀과 격언들을 기둥에 새겼던 것도 이러한 사실을 잘 증명해 준다. 각각의 철학 학파들은 나름의 방식대로 이러한 교육적 임무를 완수하고자 했다. 그 방식은 플라톤주의나 아리스토텔레스주의에서처럼 도시의 교육자로 간주되는 입법자나 정치가들에게 영향을 행사하는 것일 수도 있었고 스토아주의, 에피쿠로스주의, 키니코스주의에서처럼 성별이나 사회적 지위에 상관없이 개인들에게 가르침을 선전하고 전파하는 것일 수도 있었다.

그러므로 정신 지도는 개인적인 교육의 방법으로 나타난다. 여기에는 두 가지 목적이 있다. 우선 제자들에게 자기 자신에 대한 의식을, 즉 자신의 오류와 진보가 무엇인가를 일깨워야 한다. 마르쿠스 아우렐리우스는 자기 생애에서 유니우스 루스티쿠스가 바로 그런 역할을 해주었다고 말한다. 그 역할이란 〈나의 도덕적 상태를 바로잡고 돌볼 필요

가 있다는 생각을 일깨워 준 것〉이었다.[145] 또한 정신 지도
는 제자들이 하루하루를 살면서 합리적으로 선택을 내릴
수 있게 해야 한다. 합리적이라는 말은 곧 〈개연적으로 선
한(좋은)〉이라는 뜻이다. 우리에게 완전히 달려 있지 않은
행동들 ― 항해, 전쟁, 결혼, 출산 등 ― 을 결정할 때에는 반
드시 확신을 얻은 후에 행동에 들어갈 수가 없다. 이것은 대
부분의 학파들이 인정하는 바이다. 이럴 때에 우리는 개연
성을 따라 선택을 해야 한다. 이런 점에서 조언자가 반드시
필요한 것이다.

　파울 라보우와 일세트라우트 아도는 대부분의 학파들에
서 실천되었던 것으로 증명된 개인적 정신 지도의 방법론
과 형태들을 매우 잘 분석했다.[146] 플라톤의 대화편들이나
크세노폰의 『소크라테스 회상』에 나타나는 소크라테스는
정신 지도자의 전형으로 간주해도 좋을 것이다. 그는 담화
와 생활 양식으로 대화 상대의 영혼에 충격을 주고 스스로
삶을 문제 삼게 하는 정신 지도자였다. 플라톤이 시라쿠사
의 디온에게 전했던 도덕적, 정치적 조언과 이 과정에서 행
사했던 영향력 또한 〈정신 지도〉라는 용어로 규정할 수 있
을 것이다. 더욱이 전통적으로 플라톤은 제자들 각자의 특
수한 성격에 주의를 기울였던 것으로 나타나 있다.[147] 〈그에
게는 제동 장치가 필요하다〉는 플라톤이 아리스토텔레스
를 염두에 두고 했던 말로 추정된다. 또한 언제나 엄격하고
진중했던 크세노크라테스에게는 〈미의 여신들에게 희생을

바치라〉고 자주 말했다고 한다.

플라톤은 『일곱째 편지』에서 정치적 행동은 물론 정신 지도에도 해당되어야 할 원칙들을 친히 제시했다. 〈병들고 건강에 나쁜 생활 방식을 영위하는 자들에게 조언하려는 사람은 무엇보다도 우선 그들의 생활을 바꿔 놓아야 합니다.〉

보살핌을 받으려면 삶의 변화가 있어야 한다. 변화를 받아들이는 사람에게만 조언을 해줄 수 있다. 〈만일 누군가가 자기 삶을 둘러싼 어떤 큰 문제에 관해 나에게 조언을 구할 경우, 이를테면 돈 버는 데 유용한 일 혹은 육체 및 영혼을 돌보는 법에 관해 조언을 구할 경우, 내 생각에 그가 적절한 방식으로 자신의 일상생활을 꾸려 가고 있다고 여겨지거나 또 상담 내용에 관한 조언을 따를 용의가 있다고 여겨지면, 나는 기꺼이 조언해 주고 있습니다. 나 자신이 그저 욕먹지 않을 정도로 적당히 끝맺지는 않습니다.〉[148]

여기서 대화의 윤리학이라는 원칙을 다시 한 번 찾아볼 수 있다. 대화라는 것은 진심으로 대화하기를 원하는 상대하고만 할 수 있는 것이다. 그러므로 생활 방식을 바꾸려 들지 않는 자들을 붙들고 강요할 필요는 없다. 대화 상대의 심기를 상하게 해서도 안 되고 비위를 맞추려 들어서도 안 된다. 그에게 쓸데없이 질책을 할 필요도 없지만 그가 우리가 동의할 수 없는 욕망의 충족을 맛보도록 도와서도 안 된다. 생활 방식을 바꾸려 들지 않는 도시에 대해서도 마찬가지다. 철학자가 도시의 부패를 척결하는 것도 그러한 행위가 어느 정도 소용이 있을 때에나 가능한 것이다. 하지만 철학자는 어떤 경우에도 폭력을 쓸 수 없다! 〈사람을 추방하거나 죽이는 일 없이는 최선의 정치 체제를 실현하는 것이 불가능한 경우일지라도 (……) 폭력을 조국에 가해서는 안 됩니다. 그때는 오히려 평온을 유지하면서 자신과 나라를 위해 최선의 것을 기원해야 합니다.〉

키니코스주의자들에 대해서는 스승이 어떤 제자를 꾸짖거나 모욕하면서 시험했다는 몇 편의 일화들 외에는 알려진 바가 없다.[149] 한편 에피쿠로스의 학교에 대해서는 그곳에서 실행되었던 정신 지도에 대한 귀중한 증언들, 특히 편지 형식의 증언들을 참조할 수 있다. 필로데모스가 에피쿠로스주의자 제논(시돈의 제논)의 가르침을 따라 작성한 논문 『말의 자유에 대하여』가 보여 주듯이, 정신 지도의 실천은 가르침의 대상 자체가 되기도 했다.[150] 여기서 스승의 솔직한 구변은 시기와 상황을 고려해야 하는 것이기 때문에 〈짐작과 계산으로 진행되는 것〉, 곧 요행이나 우발성과 결부된 일종의 기술이다. 그러므로 스승은 실패를 예견하고 제자들의 어려움을 충분히 동감하면서 그들의 행실을 바로잡고자 노력하고 또 노력해야 한다. 그렇지만 이를 위해서는 제자들이 기탄없이 자기들의 실책이나 고충을 고백할 수 있어야 한다. 즉, 말의 자유가 절대적으로 보장되어야 하는 것이다. 이미 보았듯이, 에피쿠로스주의 전통은 말의 치유적 가치를 인정한다. 한편 스승 쪽에서는 제자들의 말을 그 감정을 헤아려 들어야 하며 빈정대거나 악의를 품어서는 안 된다. 스승 역시 제자의 〈고백〉에 부응하여 완전히 자유롭게 훈계하되, 그러한 질책의 진정한 목적이 무엇인가를 제자들에게 이해시켜야 한다. 필로데모스는 에피쿠로스가 제자 아폴로니데스에게 보낸 편지에서 상당히 신랄한 비난을 퍼붓기를 주저하지 않았다고 전한다. 훈계는 차분하고 항상 선의에서 우러나온 것이어야 한다. 철학자는 정치가들을 비판하기를 두려워해서는 안 된다는 필로데모스의 주장 또한 우리의 관심을 끈다.

우리는 에피쿠로스의 학교에서 정신 지도의 한 예를 볼 수 있다. 에피쿠로스의 제자였던 메트로도로스가 청년 피토클레스에게 보낸 편지가 바로 그것이다.

너는 육체의 유혹이 사랑의 쾌락을 남용하도록 몰아가노라고 내게 말했다. 만약 네가 법을 어기는 바가 없고 이미 수립된 훌륭한 도덕성이 어떤 식으로든 동요되지 않는다면, 네가 어떤 이웃에게도 불편을 끼치지 않는다면, 기력을 소진하고 재산을 낭비하지 않는다면, 양심의 가책 없이 네 마음이 가는 대로 행하려무나. 그렇지만 적어도 이러한 장벽들 가운데 어느 하나에는 걸리지 않을 수 없겠지. 사랑의 쾌락은 누구에게도 도움이 되지 못한다. 기껏해야 해를 입히지 않는 것이 최선이다.[151]

고대 스토아주의의 정신 지도에 대해서는 알려진 바가 별로 없다. 어쨌든 타르수스의 안티파트로스와 바빌론의 디오게네스가 쓴 스토아주의 결의론 논문들이 의식 지도의 오랜 경험을 요약하고 있다고 추정할 수 있다. 이 논문들에는 키케로의 『의무론』의 흔적이 남아 있다. 아무튼, 스토아주의의 역사에서 영혼을 지도하는 인물들을 볼 수 있는 것은 사실이다. 세네카는 『루킬리우스에게 보낸 편지』에서, 무소니우스 루푸스는 그의 글들에서, 에픽테토스는 아리아노스가 기록한 『담화록』에서 이러한 모습으로 나타난다. 세네카의 정신 지도는 매우 문학적이었다. 그는 편지들 전반에 걸쳐 인상적인 경구, 이미지, 심지어 단어의 음악적 울림까지 의도적으로 선택했다. 그러나 여기에 나타난 스토아주의 훈련에 대한 묘사라든가 심리 관찰 역시 매우 귀중한 자료다. 유니우스 루스티쿠스가 스승으로서 마르쿠스 아우렐리우스의 의식 지도를 이끌었고 미래의 로마 황제가 스승의 기탄없는 비판 때문에 자주 심기가 상했을 것이라고 추정할 만한 자료들은 충분하다.

포르피리오스가 쓴 『플로티노스의 생애』나 고대 말기에 철학자들에 대해 집필되었던 전기들에는 당시의 정신 지도를 보여 주는 일화들이 많이 등장한다. 예를 들어 플로티노스가 끊임없이 자살의 상념에 시달리는 포르피리오스에게 여행을 하라고 권고했다는 일화는 잘 알려져 있다.[152] 또한 4세기에 페르가몬에서 가르침을 폈던 철학자 아이데시오스가 제자들의 교만을 어떻게 바로잡았는가도 상세하게 알려져 있다.

아이데시오스는 사람들을 상냥하고 친근하게 대하며 살았다. 그는 변론술 시합이 끝난 뒤에 가장 뛰어난 제자들과 더불어 페르가몬을 거닐곤 했다. 그는 제자들이 마음속에 인류에 대한 책임감과 조화의 감정을 갖기를 원했다. 그래서 제자들이 자기들의 견해에서 얻어 낸 자긍심 때문에 무례하거나 거만한 태도를 보이면 그는 그들에게 이카로스처럼 내려가게 했다. 그러나 그들이 내려가야 할 곳은 바다가 아니라 지상 위, 인간들의 삶 한가운데였다. 어쩌다 채소를 파는 여자 행상을 만나면 그는 기뻐하며 가격을 흥정하기도 하고 하루 벌이가 얼마나 되는지 묻거나 채소를 키우는 법에 대해 이야기를 나누곤 했다. 그는 직조공이나 대장장이, 목수를 만날 때에도 같은 식으로 행동했다.[153]

마침 철학 학파들에서 시행되던 정신 지도와 여기에서 중요시되었던 말하기의 자유에 대해 우리가 지금까지 살펴본 바를 잘 요약해 줄 수 있는 플루타르코스의 텍스트가 있다. 그는 철학자의 가르침을 들으러 온 자가 심란해하는 문제가 있으면, 그러니까 어떤 정념에 짓눌려 그것을 없애야만 하거나 어떤 고통을 달래야만 한다면, 그는 우선 그 일부터 모든 사람들 앞에 털어놓고 나서 치료를 해야 한다고 말한다.

분노의 격발, 미신의 개입, 주변 사람들에 대한 마뜩지 않은 감정, 사랑이 야기하는 열정적인 욕망 등이 여태껏 울리지 않았던 심금마저 울리며 사유를 동요시키거든 비난이 두려워 스승과 다른 것들에 대해서만 이야기하려 들지 말고 바로 그러한 정념을 두고 담화를 나누라. 되레 그것에 대해서는 반드시 가르침을 들어야 하며, 가르침이 끝나면 스승을 개인적으로 찾아가 보충 질문을 던져야 한다. 우리는 이와 반대로 행동하지 않도록 힘써야 한다. 그런데 사람들은 대부분 그렇게 생각하지 않는다. 그들은 철학자가 여타의 주제들에 대해 이야기할 때에만 좋은 평가를 내리고 존경을 바친다. 반면 철학자가 다른 문제들은 제쳐 두고 개인적으로 솔직하게 그들에게 가장 중요한 것을 일러 주고 일깨워 주면 그들은 이러한 태도를 무례하게 여기고 견디지 못한다.[154]

　이어서 플루타르코스는 보통 사람들은 철학자나 소피스트나 그게 그거라고 생각하나 사실 소피스트들은 단상에서 떠나 책과 교재를 젖혀 놓으면 〈삶의 실제 행위에 있어서〉 되레 보통 사람만도 못하다고 말한다. 하지만 진짜배기 철학자들의 생활 양식은 소피스트들의 태도와 전혀 다르다.

　그리하여 고대 철학자들은 영혼의 치유에 대한 온갖 종류의 실천들을 발전시켰다. 이 실천들은 권고, 견책, 위로, 훈계 등 다양한 형식의 담론을 수단으로 삼았다. 우리는 그

리스에서 호메로스와 헤시오도스 이래로 설득에 유리한 말
을 능숙하게 선택하여 마음속의 의향이나 결정을 바꾸게
할 수 있었음을 알고 있다.[155] 소피스트 시대에 수사학적 기
술과 규칙이 수립된 것도 바로 이러한 전통 안에서였다. 철
학적 정신 지도와, 개인이 스스로에게 영향력을 행사하고
스스로를 변화시킬 수 있게 하는 정신 수련도 대화를 이끌
어 내고 확신을 주기 위해 이 같은 수사학적 과정들을 사용
한다.

　특히 정신 지도의 관습과 영혼 치유는 고대 철학자들을
〈인간의 마음〉에 대한 심오한 앎으로 이끌었다. 의식, 무의
식을 막론한 동기 부여, 순수와 비순수를 떠난 깊은 의향을
알 수 있게 이끈 것이다. 플라톤의 『파이드로스』는─세세
한 사항까지 보여 주지는 못해도─다양한 유형의 영혼에
맞게 담론의 성격을 조율하는 수사학의 가능성을 보여 준
다. 이것은 순전히 의식 지도에 관한 기획이다. 아리스토텔
레스의 『수사학』 제2권은 이러한 기획을 부분적으로 실현
한다. 이 책은 청중의 기질에 대해 알아야 할 모든 것, 이를
테면 청중이 좋아하는 것, 그들의 사회적 지위, 연령에 따라
어떻게 영향력이 행사되는지를 기술한다. 아리스토텔레스
의 윤리학 저작들 중에서 미덕과 악덕에 대해 기술하는 부
분 역시 매우 중요하다. 이러한 기술은 입법자들에게 인간
을 다스리는 방식을 알려 주고자 했다. 『말의 자유에 대하
여』라는 에피쿠로스주의 논문은 개인이 견책, 고백, 죄의식

등과 더불어 어떤 감정을 품게 되는가를 정밀하게 연구한 글이었다. 우리는 에피쿠로스주의자 루크레티우스와 스토아주의자 세네카에게서 영혼이 스스로를 갉아먹게 만드는 고통들에 대한 탁월한 묘사들을 볼 수 있다. 〈저마다 자기에게서 도망가고자 한다. (……) 그러나 우리 마음과 달리 우리는 사람들이 혐오하는 이 나에 매여 있다.〉[156] 이 묘사는 〈욕지기가 치밀 지경까지〉 이어지며 〈언제까지 똑같은 일들이 계속될까?〉라는 말이 절로 나게 하는 권태에 대한 것이다.[157] 혹은 철학으로의 전향에 대한 망설임에 대한 것이기도 하다. 세네카는 『마음의 평정에 대하여』의 프롤로그에서 자기 벗 세레누스를 등장시켜 이러한 망설임을 묘사했다. 여기서 세레누스는 이렇게 고백한다.

나 자신을 들여다보면 어떤 결점들은 손에 잡힐 듯 아주 분명히 드러나지만 어떤 결점들은 깊숙이 숨어 있네. 또 어떤 결점들은 항상 그 자리에 있는 것이 아니라 가끔씩 돌아다니기도 한다네. 나는 이런 결점들이 가장 성가신 것이라고 말하고 싶네. (……) 한데 나는 대체로 이런 상태에 있네. 의사에게 말하듯이 자네에게 사실대로 말하면 안 될 이유가 어디 있겠나? 나는 내가 두려워하고 혐오하는 결점들로부터 완전히 자유롭지 못하지만 그것들에 완전히 예속되어 있지도 않네.[158]

세레누스는 소박한 삶과 호사스러운 삶, 영혼의 평정을 가져다주는 유유자적한 삶과 사람들을 위해 일하는 활동적인 삶, 문명을 떨침으로써 불멸의 존재가 되고 싶은 욕망과 오직 도덕적 소용에 닿는 글만을 쓰겠다는 의지 사이에서 우유부단하게 망설이며 자신의 태도를 다양한 측면에서 조목조목 분석한다.

또한 신플라톤주의자 심플리키오스가 에픽테토스의 『제요』에 달았던 장문의 주해에서도 흥미로운 관찰을 엿볼 수 있다.

의식 지도라는 전통적 실천은 도덕적 행위의 순수성이 요구하는 모든 것을 쉬이 이해하게 해준다. 마르쿠스 아우렐리우스의 『명상록』이 그 예가 될 수 있겠는데, 이 책에서 우리는 타인에 대한 행위 양식의 이상(理想)의 묘사를 찾아볼 수 있다. 예를 들어 아우렐리우스가 타인의 의식에 영향력을 행사하기 위해 지녀야 할 태도, 실수를 범한 자에게 보여야 할 관용, 그러한 사람에게 어떻게 말을 걸어야 할 것인가 등을 다루면서 보여 주는 그 극단적인 섬세함에는 감탄하지 않을 수 없다.

그를 꾸짖어서는 안 되며 남들이 자신에 대해 마지못해 참고 있다는 느낌을 받게 해서도 안 된다. 다만 솔직하게 선의를 가지고 (……) 빈정대거나 비난하는 기색 없이 다정하게 대하며 애정을 갖고 신랄함 없는 마음으로 대한다. 학교

선생처럼 훈계하거나, 혹은 구경꾼들에게 존경을 받기 위해 이렇게 대해서는 안 되며, 다른 사람들이 함께 있더라도 그와 단 둘이만 있는 것처럼 대하라.[159]

아우렐리우스는 이렇게 말하는 듯하다. 다정함이란 극도로 섬세한 것이어서 인위적인 허식에도 파괴될 수 있다. 따라서 다정하게 대한다는 것이 오히려 다정함과는 거리가 있는 결과를 낳을 수 있다. 게다가 우리는 타인에 대해 어떤 영향력을 행사하려 들지 않을 때, 우리 자신에게나 타인에게나 폭력 —정신적 폭력을 포함해서— 을 행사하지 않을 때, 오직 이럴 때에만 가장 효율적으로 영향력을 미칠 수 있다. 바로 이 순수한 다정함, 이 섬세함이 의견의 수정과 전향을, 타인의 변화를 낳는 것이다. 타인에게 선행을 할 때에도 마찬가지이다. 선을 행하려는 의도는 자발적이고 자기 자신을 의식하지 않는 것이라야만 진정으로 순수하다고 할 수 있다. 완벽한 선행자는 곧 자신이 행한 바를 알지 못하는 자이다. 〈선을 무의식적으로 행하는 자들 중의 하나가 되어야 한다.〉[160]

여기서 우리는 숭고한 역설에 도달한다. 의지는 너무나 강력한 나머지 의지로서의 자신을 제거하고 습관은 본성이자 자발성이 된다. 이와 동시에 타인과의 관계의 완전성은 타인에 대한 사랑과 존경 속에서 그 정점에 이르는 것으로 나타난다. 게다가 어느 학파에서 삶에 대한 선택, 담론에 대한 선택의 동기를 부여하는 것은 근본적으로 인류에 대한 사랑이다. 바로 이 사랑이 『변론』이나 『에우튀프론』에 등장하는 소크라테스는 물론,[161] 스토아주의와 에피쿠로스주의의 전도 활동과 회의주의 담론에까지도 영감을 불어넣었던 것이다.[162]

현자

현자의 모습과 삶의 선택

고대를 통틀어 지혜는 존재 양식으로서, 인간이 다른 사람들과는 근본적으로 다르게 〈존재하는〉 상태로 이해되었다. 지혜 속에 있는 인간은 일종의 초인이다. 철학은 철학자들이 스스로 지혜를 훈련하는 활동이다. 그렇다면 필연적으로 철학이라는 활동은 어떤 방식에 따라 말하고 담론을 펴는 데 그치지 않고, 특정 방식대로 존재하고 활동하며 세상을 바라보는 것까지 뜻한다. 철학이 담론에만 그치지 않고 삶의 선택, 실존적 선택, 살아 있는 훈련이라면, 그것은 철학이 지혜에 대한 욕망이기 때문이다. 사실, 지혜 개념에는 완전한 앎의 관념이 포함되어 있다. 그렇지만 우리가 플라톤과 아리스토텔레스에게서 보았듯이, 이 앎은 실재에 대한 정보의 소유 여부와 상관없다. 이 앎 역시 인간이 수행할 수 있는 것 가운데 가장 숭고한 활동에 해당하는 삶의 양식이며, 영혼의 덕과 탁월성에 긴밀하게 연관되어 있다.

각 학파마다 현자의 존재는 철학자의 삶의 양식을 결정 짓는 초월적 규준이었다. 우리는 이 규준에 대한 묘사를 통해 어떤 심오한 일치, 공통적 경향이 서로 다른 학파들을 초월하여 존재했음을 확인할 것이다. 그리고 이미 정신 수련에 대해 기술했던 것과 같은 현상을 여기서 다시금 발견할 것이다.

우선 현자는 언제나 완전히 고른 영혼의 상태를 유지하는 사람이다. 그는 어떤 상황에서든 행복하다. 플라톤의 『향연』에서 소크라테스는 추위와 허기를 참아야 할 때에나 그 반대로 풍족하게 지낼 때에나 변함없는 태도를 보였다. 소크라테스의 제자 아리스티포스도 주어진 것을 즐기고 뭔가 부족해도 괴로워하지 않으며 모든 상황에 적용했다고 한다.[163] 피론 역시 언제나 동일한 내면 상태를 유지했다고 한다. 이 말은 외부 상황이 어떻게 변하든 간에 자신의 의향이나 결의를 전혀 수정하지 않았다는 뜻이다. 자기와의 합일과 불변의 정체성은 스토아학파 현자의 중요한 특징이기도 하다. 지혜는 언제나 같은 것을 원하고 언제나 같은 것을 원치 않음에 있다.

현자는 지혜를 자기 안에서 구하므로 외부의 사물과 사건에 대해 독립적이다. 크세노폰의 『소크라테스 회상』에 따르면 소크라테스는 자신에게 과분한 일에는 신경 쓰지 않고 스스로 족하게 살았다고 한다. 플라톤은 이것이야말로 현자의 특징이라고 보았다. 그는 소크라테스의 입을 빌려 이렇게 말한다. 〈행복에 대해 스스로 만족해하는 자가 바로 현자이다. 만인 중에서 그는 가장 타인을 필요로 하지 않는 자다.〉[164] 아리스토텔레스는 현자란 자신을 단련하는 데 외부 사물을 필요로 하지 않기에 정관적인 삶을 영위하고 이 삶에서 완벽한 독립성과 행복을 누린다고 말한다.[165] 자기 자신에게만 의존하기, 욕구를 최소한으로 줄이고 스스로 만족하기, 이것은 특히 키니코스주의자들의 이상이었다. 한편 에피쿠로스주의자들은 자기 욕망의 주인이 되는 것으로 이 이상에 참여했다. 그들은 욕구에 더 이상 의존하지 않고자 노력했다. 한편 스토아주의자들은 덕은 온전히 그 자체만으로도 행복을 얻기에 족하다고 표현하는 입장이었다.

현자는 언제나 자기 자신으로서 동일하고 스스로 만족할 줄 안다. 적어도 피론, 키니코스주의자, 스토아주의자들의 현자는 확실히 그러하다. 그 까닭은 외부 사물들이 그를 동요시키지 못하기 때문이다. 그리고 이것은 다시, 현자가 그 사물들을 좋은 것으로도 나쁜 것으로도 여기지 않기 때문이다. 현자는 가치 판단을 거부하고 그런 것들이 아무 차이도 없다고 선언한다. 이렇게 행동하는 이유는 여러 가지가 있는데, 예를 들어 피론에게 사물들이 차이가 없는 이유는 우리가 무엇이 좋고 나쁜지 알 수 없기 때문이었다. 또 스토아주의자들은 우리에게 달려 있지 않은 것들은 모두 차이가 없다고 보았다. 우리에게 달려 있으며 아무래도 상관없지 않은 유일한 것은 선을 행하려는 의도다. 그 이유는 그 의도야말로 선한 것이기 때문이다. 그 밖의 것들은 그 자체로 선하지도 악하지도 않다. 다만 우리가 그것을 사용하는 방식은 선할 수도 있고 악할 수도 있다. 부유함과 가난함, 건강과 질병이 다 그러하다. 그러므로 그것들의 가치는 현자가 그것들로부터 끌어내는 탁월한 사용법에 있다. 현자의 무관심은 모든 것에 대해 흥미가 없다는 뜻이 아니다. 그는 다른 사람들의 관심과 주의를 독점하는 것들과는 다른 어떤 것에 관심과 주의를 돌린다. 이를테면 스토아학파의 현자는 차이가 없는 것들이 자기 의지에 달려 있지 않고 보편적 자연의 의지에 달려 있음을 깨닫는 순간부터 되레 그것들에 무한한 관심을 둘 것이다. 그는 그것들을 애정으로 받아들이지만 이 애정은 동등한 애정이다. 그는 그것들을 아름답다 여기지만 어디까지나 동등한 찬사를 보낼 뿐이다. 스토아학파의 현자는 우주 전체와 그 부분들을, 그 사건들을—그 부분이나 사건이 수고롭거나 혐오스러워 보일지라도—똑같이 긍정한다. 게다가 이것은 아리스토텔레스가 자연에 대해 취했던 태도이기도 하다. 자연이 만들어낸 어떤 현실적 존재를 대하면서 치기 어린 반감을 품어서는 안 된다. 헤라클레이토스가 말했듯이 신들은 부엌에도 존재하기 때문이다. 이러한 현자의 무관심은 세계와의 관계의 전면적 변화에 상응한다.

영혼의 동등성, 욕구의 부재, 차이가 없는 것들에 대한 무관심 ─ 현자의 이러한 특성은 아무 근심 없는 영혼의 평정의 토대가 된다. 영혼의 근심을 낳는 근원은 여러 가지가 있을 수 있다. 플라톤에게는 그 근원이 육체였다. 그는 육체의 정념과 욕망이 영혼에 무질서와 근심을 안겨 준다고 보았다. 그러나 개인적 삶, 특히 정치적 삶에 대한 관심도 빼놓을 수 없다. 크세노크라테스는 〈삶에 대한 걱정이 낳는 근심을 없애기 위해 철학이 발명되었다〉라고 말한 장본인으로 여겨지고 있다.[166] 정치 활동이나 불확실한 행동을 멀리하는 아리스토텔레스주의의 정관적 삶은 평온함을 가져다준다. 에피쿠로스에 따르면 인간을 걱정에 몰아넣는 것은 죽음과 신들에 대한 쓸데없는 공포심이다. 또한 도시의 일에 대한 참여나 난잡한 욕망도 근심의 근원이다. 욕망과 행동에 선을 그을 줄 알고 고통을 제거할 수 있는 현자는 이렇게 해서 영혼의 평정을 얻고 지상에서도 〈인간들 가운데 거하는 신과 같이〉 살아간다. 피론은 사물의 좋고 나쁨을 구분 짓기를 거부함으로써 평화를 얻을 수 있었다. 회의주의자들에게 영혼의 평정은 가치 판단의 유보, 즉 사물들에 대해 가치 판단을 품지 않는 것과 〈바늘과 실처럼〉 함께 간다. 스토아주의자들에 따르면 결국 현자는 효율적인 행동과 마음의 평정을 화해시킬 줄 아는 사람이다. 그는 항상 운명에 동의하고 자신의 순수한 의도를 지키기 위해 애쓰면서 성공의 불확실성 속에서도 행동한다.

그러므로 현자의 모습은 공략할 수도 없고 길들일 수도 없는 자유의 핵처럼 나타난다 하겠다. 이것이 바로 유명한 호라티우스의 텍스트가 탁월하게 묘사하고 있는 바이다.

정의롭고 결의가 굳건한 이는 그에게 악한 일을 명하는 군중들의 소요에도, 폭군의 위협하는 얼굴에도 흔들리지 않는다. 그의 정신 또한 아드리아 해의 사나운 바람을 이끄는 아우스테르*에게도, 뇌우의 신 제우스의 강한 손에도 동요하지 않는다. 세계가 부서지고 붕괴해 버리기를, 그 파편이 그를 후려친대도 그는 두려워하지 않으리라.[167]

우리는 이미 지혜의 연습에서 밝힌 바 있었던 두 가지 움직임을 현자의 모습에서 다시 볼 수 있다. 현자는 자아를 의식한다. 이 자아는 가치 판단에 대한 힘을 통하여 그 판단을 내리거나 유예하며 모든 사물에 대한 자신의 독립성과 완벽한 내적 자유를 공고히 한다. 그러나 이 내적 자유는 임의적인 자유가 아니다. 이 자유는 오직 자연 혹은 정신의 관점에 위치하여—적어도 회의주의의 경우에는 비판적 이성의 관점이라고 할 수도 있겠다—스스로를 초월할 때에만 난공불락의 자유가 된다.

* 고대 그리스 신화에 등장하는 남풍(南風)의 여신. 노토스라고도 한다.

현자에 대한 철학적 담론

따라서 현자의 모습은 철학적 삶의 선택에 결정적인 역할을 한다. 그러나 그 모습은 살아 있는 인간의 몸으로 나타난 일종의 본보기라기보다는 철학적 담론이 묘사하는 하나의 이상으로 제시된다. 스토아주의자들은 현자는 극히 드물다고 했다. 현자는 거의 없으니, 단 한 명도 있을까 말까 하다. 에피쿠로스를 진정한 의미에서의 현자로 추앙하기를 주저하지 않는 에피쿠로스학파를 제외하면, 대부분의 학파들이 이 점에 동의한다. 이 나머지 학파들이 보편적으로 인정하는 유일한 현자가 소크라테스다. 소크라테스는 자신이 현자라는 것을 몰랐던, 사람들에게 혼란의 여지를 주는 현자였다. 물론 어떤 철학자가 자신의 스승들 중 한 사람이나 과거의 유명한 인물을 현자로 추앙하는 경우도 분명히 있었다. 세네카가 카토와 섹스티우스를 그런 식으로 추앙했다. 또한 철학자들의 생애를 기록한 포르피리오스가 자신의 스승 플로티노스를 다룰 때의 태도도 그러했다.

철학사가들은 고대의 철학적 가르침에서 현자를 묘사하는 담론의 중요성을 다소 간과해 왔다. 특별히 빼어난 철학자들이나 현자들의 구체적인 특징을 좇는 것은 그들의 생애를 다루는 평전이 감당하면 될 역할이다. 그보다는 현자의 이상적인 행동 양식을 정의하는 것이 더욱 중요하다. 〈어떠어떠한 상황에서 현자라면 어떻게 행동할 것인가?〉

더욱이 이것은 곧잘 여러 학파들에서 그들에게 고유한 삶의 양식의 특성들을 이상적 형태로 묘사하는 수단이 되곤 했다.

스토아주의자들은 현자의 역설에 대한 〈테제〉 토론에 매우 큰 교육적 중요성을 부여했다. 그들은 현자가 오류가 없고, 대적할 자가 없으며, 공평무사하고, 행복하며, 자유롭고, 아름다우며, 부유할 수 있는 유일한 존재임을 증명했을 뿐 아니라 오직 현자만이 정치가, 입법자, 군사적 지도자, 시인, 왕이 될 수 있다고 했다. 다시 말해, 현자만이 이성을 완벽하게 사용하기 때문에 이 모든 역할들을 수행할 수 있다는 것이다.[168]

어떤 학자들은 현자의 역설을 〈전형적인 스토아주의〉로 간주하며 매우 중요하게 여기기도 했다. 하지만 사실상 이 역설은 순전히 학술적인 주제 연습에 해당했을 것이다. 그러한 연습은 소피스트 시대부터 있었고 어떤 경우에는 플라톤의 아카데메이아 내에서도 이루어졌다. 이러한 주제들은 강의 시간에 〈테제〉의 형태로 토론되었다. 크세노크라테스는 〈오직 현자만이 좋은 군사적 수장이 될 수 있다〉라는 테제에 대해 강의를 한 적이 있었다.[169] 이 날 스파르타의 왕 에우다미다스도 그의 가르침을 들으러 아카데메이아에 왔다. 강의가 끝난 뒤에 에우다미다스는 다음과 같은 말로 뛰어난 분별력을 보여 주었다. 〈담론은 참으로 훌륭했다. 하지만 그 담론을 전하는 사람에게 믿음이 가질 않는다.

그가 전쟁의 나팔 소리를 한 번도 들어본 적이 없는 사람이기 때문이다.〉 에우다미다스는 이러한 연습이 지혜에 대한 이론을 추상적으로 토론만 하고 실제로 그것을 행하지는 않기 때문에 갖게 되는 위험을 제대로 지적했던 것이다.

이것은 『파이드로스』의 마지막 기도에 등장하는 것과 같은 종류의 연습을 두고 하는 말로 짐작된다. 여기서 소크라테스는 현자는 부유하다는 명제를 납득하고자 애쓴다. 고대 철학사를 살펴보면 〈현자는 사랑받을 수 있는가?〉, 〈현자가 정치적 일에 관여할 수 있는가?〉, 〈현자는 화를 내는가?〉 등등 이러한 종류의 물음들을 몇 번이고 발견할 수 있다.

그러나 한층 더 의미심장한 스토아주의의 역설이 있다. 그것은 우리는 차츰차츰 현자가 되어 갈 수는 없고 오직 즉각적인 변화를 통해서만 현자가 될 수 있다는 것이다.[170] 지혜란 우리가 이미 보았듯이 더하고 덜함을 논할 수 있는 것이 아니다. 바로 이 때문에 〈비(非)지혜〉에서 〈지혜〉로 이행되는 과정은 점진적인 진보가 아니라 전격적인 변화인 것이다.

이 역설은 우리를 또 다른 역설로 이끈다. 〈만약 현자가 보통 사람들의 공통적인 존재 방식과는 다른 존재 방식을 표상한다면 현자의 모습은 신 혹은 신들의 모습과 닮아 가려는 것이라고 할 수 있겠는가?〉라는 이 역설은 모든 철학 학파들에서 찾아볼 수 있다.[171] 특히 에피쿠로스주의에서 가장 분명하게 관찰된다. 에피쿠로스가 볼 때 현자는 〈인간들 가운데서도 신과 같이〉살아간다.[172] 그런데 다른 한편으로, 에피쿠로스의 신들이 ─ 이 신들은 전통적인 신, 즉 에피쿠로스에 의해 재해석된 올림포스의 신들이다 ─ 현자처럼 살아간다고 말할 수도 있다. 이 신들은 인간의 모습을 띠고, 원자의 운동에 따르게 마련인 부패를 피하여 에피쿠로스가 〈간세계(間世界)〉라고 부르는 세계들 사이 진공의 공간 속에서 산다. 그들은 현자처럼 완벽한 평온 속에 살아가며 어떤 식으로도 세계의 창조나 통치에 관여하지 않는다.

신적 자연은 필연적으로 우리의 근심과 유리되고 분리된 채 지극히 심오한 평화 속에서 영원한 지속을 누리게 마련이다. 어떤 고통이나 위험도 없이, 그 자신과 자력으로 인해 강성하고 우리의 협력을 필요로 하지 않는 이 자연은 이익에 유혹당하거나 분노에 마음이 흔들리지 않는다.[173]

신성을 이런 식으로 생각하는 태도는 신에 대한 두려움을 없애는 데 그 목적이 있다. 에피쿠로스주의는 신들이 세계에 전혀 관여하지 않음을 납득시키기 위해 필연적으로 창세를 유물론적 철학 담론으로 설명할 수밖에 없다. 그러니까 그러한 설명의 이유도 에피쿠로스주의적 삶의 선택에 근거한 것이다. 그렇지만 우리가 보기에 이 같은 개념화에는 신성의 본질이 근심의 부재, 평온, 쾌락, 기쁨에 있는 이상, 신들을 현자의 이상으로서 제시하려는 또 다른 목적도

있는 듯하다. 요컨대 신들은 죽지 않는 현자들이요, 현자들
은 죽을 수밖에 없는 신들이다. 현자들과 신들은 서로 대등
한 친구다. 현자는 신들의 현존에서 기쁨을 얻는다. 〈그는
자연과 신들의 조건을 숭상한다. 또한 신들에게 가까이 가
고자 한다. 말하자면, 신들과 접촉하고 더불어 살기를 열망
하는 것이다. 그리고 그는 현자는 신들의 친구, 신들은 현자
의 친구라 일컫는다.〉[174]

신들은 인간사에 관여하지 않는다. 그러므로 현자는 자
신의 이익을 신들에게 구하지 않으며 다만 신들의 평온함
과 완전성을 관조하고 그들의 기쁨에 연합하는 데서 행복
을 찾는다.

아리스토텔레스가 생각하는 현자는 사유의 연습과 정신
을 따르는 삶에 헌신하는 사람이다. 여기서 신은 다시 한 번
현자의 본보기로 등장한다. 아리스토텔레스가 지적했듯이
인간 조건은 정신 활동을 연약하고 간헐적인 것으로 만들
며 시간 속에 흩어지게끔, 망각과 오류에 종속되게끔 하기
때문이다. 그러나 그 조건을 최대치까지 밀고 나간다면, 영
원한 현재 속에서 지속적이고 완전하게 사유를 단련하는
정신을 상정할 수 있다. 그러한 사유는 영원한 행위 안에서
자기 자신을 생각한다. 사유는 인간 정신이 아주 드문 순간
에만 알 수 있는 행복과 쾌락을 영원히 알게 될 것이다. 그
래서 아리스토텔레스는 신을 우주의 최종 원인, 제1운동인
으로 기술한다. 신이 지속적으로 사는 바를 현자는 간헐적

으로나마 살 수 있다. 그는 이렇게 하면서 인간 조건을 초월하지만 인간에게 보다 본질적인 것에 부합하는 삶, 곧 정신의 삶을 산다.

플라톤에게서 신 관념과 현자 관념 사이의 관계는 다소 불분명하다. 이는 아마도 플라톤의 신 관념이 극도로 복잡하고 위계적인 형태로 나타나기 때문일 것이다. 신은 선, 이데아, 신적 지성, 데미우르고스(세계를 만들어낸 장인), 세계영혼 등등 다양한 수준에 위치하는 본체들을 포함하는, 널리 퍼진 실재다. 그러나 어쨌든 플라톤은 우리의 관심을 모으는 주제에 대해서 근본 원리를 말한 바 있다. 악과 반대되는 방향으로, 즉 지혜의 방향으로 나아가는 것, 이것은 〈가능한 한 신과 동화되는 것〉 혹은 〈정의롭고 성스러워지면서 명철한 정신과 동화되는 것〉이다.[175] 그러므로 여기서 신성은 인간의 도덕적, 지적 완전성의 본보기로 나타난다. 게다가 플라톤은 일반적으로 신 혹은 신들을 도덕적 자질들을 타고난 존재들로 그리고 있다. 이 도덕적 자질들은 현자의 그것이 될 수도 있는 것이다. 현자는 진실하고 현명하며 선하다. 현자는 시샘하지 않으며 언제나 최선의 것을 이루기를 소망한다.

플로티노스에게서 현자와 신의 관계는 두 가지 수준에 위치한다. 우선, 신적 지성은 그 자신과 사유, 정체성, 활동—지성의 본질과 섞여 있는—에 대한 관계에서 네 가지 덕을 소유하고 있다. 그 네 가지 덕이란 사유(혹은 신중함),

정의, 힘, 절제이다. 이러한 상태에서 네 가지 덕은 지혜의 초월적 본보기가 되고 지성은 〈오류나 실수가 없는, 지고의 현명한 삶〉[176]을 산다. 하지만 플로티노스에게서 영혼은 아주 드문 순간에만 신비 체험을 통해 지성보다 더 높은 수준까지 고양되기 때문에 우리는 일자 혹은 선에 대한 묘사에서도 현자의 특징들을 찾아볼 수 있다. 그 특징이란 절대적 독립성, 욕구의 부재, 자기 자신에 대한 동일성이다. 그러므로 플로티노스가 신의 표상에 현자의 모습을 투사한 것만큼은 분명하다.

플라톤, 플로티노스, 아리스토텔레스, 에피쿠로스의 철학은 아마도 신의 존재와 현자의 존재를 동일시했기 때문에 신을 창조의 힘보다는 일종의 인력(引力)처럼 상정했던 것 같다. 신은 존재들이 닮고자 하는 본보기요, 절대적 가치는 존재들의 선택을 방향 짓는다. 프리셔가 지적한 바와 같이 에피쿠로스의 신들과 현자는 아리스토텔레스의 신과 마찬가지로 부동의 운동인이다. 그들은 자신의 이미지를 다른 이들에게 전달함으로써 그들을 끌어당긴다.[177]

스토아주의의 현자는 제우스로 우의적으로 형상화된 보편적 이성과 똑같은 행복을 누릴 수 있다. 그 이유는 신과 인간이 동일한 이성을 지니기 때문이다. 똑같은 이성이 신들에게는 완전하게 있고 인간에게는 완전의 가능성으로 있을 뿐이다.[178] 또한 현자는 자신의 이성을 신적 이성과 합치시키고 자신의 의지를 신적 의지와 합치시키면서 이러한 완전한 이성에 도달할 수 있다. 신이 지닌 미덕이 현자의 미덕보다 우월하지는 않다.

우리는 그리스 철학자들의 신학을 현자의 신학이라고 할 수 있을 것이다. 니체는 이러한 접근 방식에 반하여 다음과 같이 썼다. 〈신 개념에서 지고의 선의를 제거해 버리자. 그것은 신에게 걸맞지 않는다. 지고의 지혜도 마찬가지로 분리해 내자. 그것은 이 터무니없는 생각 ─ 지혜의 괴물인 신 ─ 에 책임이 있는 철학자들의 허영일 뿐이다. 신은 가급적이면 그 철학자들을 닮아야만 했다. 아니, 아니다. 신은 지고의 힘이다. 이것으로 충분하다! 그 힘에서 모든 것이 나온다. 그 힘에서 세계가 나온 것이다.〉[179]

신은 전능인가 아니면 선의인가? 우리는 이 문제에 대해 논의하지 않을 것이다. 하지만 분명히 짚고 넘어갈 것이 있다. 니체가 말하고자 했던 것으로 여겨지는 바와는 정반대로, 현자의 이상은 〈고전적인〉 혹은 〈부르주아적인〉 윤리와는 아무 상관도 없다. 그 이상은 오히려 ─ 니체의 표현을 빌자면 ─ 관습적이고 주어진 가치의 전복에 해당된다. 우리가 이미 여러 철학 학파들의 맥락에서 살펴보았듯이 그 이상은 지극히 다양한 형태로 제시되어 왔다.

또 다른 예를 들자면 스토아학파의 제논이 『국가』에서 사회의 〈자연〉 상태, 즉 부패되지 않은 상태라고 일컬었던 것을 어떻게 묘사했는가를 언급하는 것으로 충분할 듯싶다. 이 묘사에는 파란을 일으킬 만한 요소가 있다. 제논은 이 상태를 현자들의 공동체 생활로 묘사하기 때문이다. 현자에게는 단 하나의 조국이 있을 뿐인데 그 조국이란 세계그 자체이다. 그 조국에는 법률이 없다. 현자는 자신의 이성만으로도 그가 해야 할 바를 충분히 알기 때문이다. 그곳에는 법정도 없다. 현자는 잘못을 저지르지 않기 때문이다. 신전도 없다. 신들이 신전을 필요로 하지 않는 데다가 인간들의 손으로 지은 것을 성스럽게 여기는 것은 사리에 맞지 않기 때문이다. 그곳에는 화폐도 없다. 결혼에 대한 법도 없으며 누구나 원하는 이와 결합할 수 있는─근친상간 관계까지 포함하여─자유가 있을 뿐이다. 죽은 자의 장례에 대한법 또한 존재하지 않는다.

현자와 세계에 대한 관조

그뢰튀셍은 고대의 현자가 지닌 매우 특수한 측면을 제대로 지적했다. 그 측면은 바로 현자가 우주와 맺고 있는 관계이다.

현자가 세계에 대해 품고 있는 의식은 그에게 매우 특수한 것이다. 오직 현자만이 모든 것을 변함없이 정신에 지속적으로 품을 수 있고, 세계를 망각하지 않으며, 우주와의 관계 속에서 생각하고 행동할 수 있다. (……) 현자는 우주의일부이다. 그는 우주적이다. 그는 세계로부터 이탈하거나 우주적 전체로부터 떨어져 나오지 않는다. (……) 현자의 전형적인 모습과 세계의 표상은 떼려야 뗄 수 없는 하나의 전체라고 할 수 있다.[180]

우리는 자기의식이 전체 속에서의 확장에 대해, 그리고 자아가 자신을 둘러싸는 전체성 속에서 — 그러나 이 전체성은 자아를 가두기는커녕 오히려 무한한 시공간으로 확장될 수 있도록 해준다 — 본래의 위치로 되돌아가는 운동에 대해 불가분의 관계에 있음을 보았다. 〈너는 사유를 통해 우주 전체를 끌어안으며 거대한 빈 공간을 너 자신에게 열게 되리라.〉[181] 여기에서도 현자의 존재는 세계에 대한 지각의 전면적인 변화로 우리를 초대하고 있다.

세네카의 탁월한 텍스트를 잠시 살펴보자. 이 텍스트 안에서 세계에 대한 관조와 현자에 대한 관조는 서로 결합되어 있다.

　　내 경우에는 오랜 시간을 들여 지혜를 관조하는 습관이 있다. 나는 지혜를 세계를 바라볼 때와 같은 망연한 심정으로 바라본다. 내게는 세계를 마치 난생처음 보는 기분으로 바라보게 되는 순간이 여러 차례 있었다.[182]

우리는 여기서 두 가지 정신 수련을 재발견한다. 그중 하나는 우리가 잘 알고 있는 것으로, 세계에 대한 관조가 바로 그것이다. 다른 하나는 우리가 방금 엿보았던, 현자의 존재에 대한 관조다. 이 텍스트의 맥락을 밝혀 말하자면, 여기서 세네카가 관조하는 현자는 섹스티우스이다. 〈그는 행복한 삶의 위대함을 계시할 때에 그러한 삶에 도달할 수 있다는 희망을 네게서 앗아가지 않으리라.〉 이것은 대단히 중요한 지적이다. 지혜를 관조하려면 세계를 관조할 때와 마찬가지로 우리의 시각을 쇄신해야 한다. 여기서 철학자와 시간의 관계가 지닌 새로운 측면이 나타난다. 매 순간을 생애의 마지막 순간처럼 느끼는 것도 중요하지만 처음 출현할 때의 낯설고 놀라운 느낌 역시 중요하다. 에피쿠로스주의자 루크레티우스가 말한 대로다. 〈모든 대상이 인간들의 눈에 갑작스레 출현한다면 그 전체보다 더 경이로운 무엇, 인간 정신이 감히 그 존재조차 상상하지 못할 그 무엇을 찾을 수 있겠는가?〉[183]

세네카가 세계를 관조하면서 그 시선의 순수성을 되찾는 연습을 했다고 볼 만한 이유는 충분하다. 비록, 〈야성의 신비주의〉—미셸 윌랭의 표현—라는 일종의 자발적 경험이 얼핏 드러난 것일지라도 말이다.[184]

세계에 대한 관조와 현자에 대한 관조의 긴밀한 관계를 설명해 주는 것 역시 지혜의 성스러운, 다시 말해 초인적인—거의 비인간적인—성격이다. 세네카가 다른 곳에서 말한 바 있듯이 인간의 영혼은 고대 숲의 깊은 곳에서, 야성의 고독 속에서, 거대한 강물의 발원지에서, 깊이를 헤아릴 수 없는 호수의 어두운 물 앞에서 성스러운 것의 현존을 느낀다. 그런데 현자를 존경할 때에도 똑같은 감정을 경험할 수가 있다. 〈위험에도 겁에 질리지 않고 정념에도 마음이 움직이지 않으며 역경 속에서도 행복하고 폭풍 속에서도 평온하며 인간들을 위에서 굽어보고 신들과 대등하게 마주하는 인간을 만난다면 그대 마음은 존경심으로 가득 차지 않겠는가? (……) 선한 사람 한 사람 한 사람에게는 각기 어떤 신이 거하고 있다. 어떤 신이냐고? 그것은 분명히 말할 수 없으나 신임은 분명하다.〉[185]

세계를 관조하고 현자를 관조함, 이는 결국 철학함이다. 이것은 사실상 내적 변화, 시각의 변화를 수행하는 것이다. 이로써 우리는 일반적으로 주의를 잘 기울이지 않는 두 가지, 곧 세계의 광휘와 현자가 표상하는 규준의 광휘를 동시에 알아본다. 〈별이 빛나는 하늘은 내 위에 있고 도덕 법칙은 내 안에 있다.〉[186]

결론

거의 접근이 불가능한 현자의 이상, 실제로 철학자들이 도달할 수 없었던 이상을 두고 빈정대기는 쉽다. 현대 작가들도 이러한 태도에서 예외가 아니었으며 〈자신의 몽상적 성격을 의식하고 있는 향수 어린 반(反)사실주의〉[187]라고 비꼬기를 서슴지 않았다. 풍자가 루키아노스를 비롯한 고대인들도, 평생을 잠도 못 자고 힘겹게 보냈으면서도 여전히 지혜에 이르지 못한 불쌍한 인간을 조소했다.[188] 이것이 일반적으로 굳어진 상식의 목소리이다. 그러나 이러한 상식은 플라톤의 『향연』이 철학자를 〈비지혜〉, 곧 〈지혜 아님〉으로 정의한 까닭을 전혀 이해하지 못한 것이다. 하지만 칸트는 이 정의 덕분에 철학자의 진정한 위상을 이해할 수 있었다.[189] 조롱하기는 쉽다. 철학자들이 현자의 이상을 말로만 떠든다면 그렇게 조롱해도 괜찮다. 하지만 그들이 실제로 지혜를 단련하기로 진지하게 결심했다면 — 이 결심은 중대한 결과를 낳을 법한 것인데 — 설령 그들의 진보가 아주 미미한 것이었다 할지라도 그들은 존경받을 자격이 있다. 지혜를 향한 그들의 노력을 논할 계제가 되려면 우리는 〈그들이 어떤 개인적 대가를 치렀는지〉 — 이 말은 비트겐슈타인 사상을 표현하기 위해 부브레스가 사용했던 것이다[190] — 알아야만 한다.

　미셸 윌랭이 불교에서 영감을 얻어 신비 체험의 실존적 뿌리를 연구한 바는 고대 현자의 이상과 그 성격이 비슷해 보인다. 이 두 가지 정신 연구의 유사성은 나에게 깊은 인상을 남겼다. 나는 철학에 있어서 비교주의를 경계하는 편이지만 여기서는 이 유사성이 어느 정도인가를 강조하면서 이 장을 마칠까 한다. 나는 브레이예의 『크리시포스』를 다시 읽고서 나의 접근법과 저자의 접근법의 유사성에 얼마나 놀랐는지 모른다! 그는 우선 이렇게 쓴다. 〈불행이나 오류를 모르며 인간보다 우월한 현자라는 생각은 이 시대에 스토아주의자들에게만 해당되는 것이 아니었다. 그것은 키니코스주의의 시대 이래로(저자는 아마도 〈소크라테스와 플라톤의 시대 이래로〉라는 뜻으로 이 표현을 썼을 것이다) 모든 학파에 공통되는 생각이었다.〉 그다음에 그는 각주를 통해 불교의 현자에 대한 기술을 인용한다. 〈승리한 자, 모든 것을 알고 모든 것을 이해하는 자, 존재와 상황의 짐을 벗은 자, 아무런 욕구도 없는 자. 이것이 바로 현자로 칭송받을 만한 자의 모습이다. (……) 고독한 여행자는 남들의 찬양이나 비난에 신경을 쓰지 않는다. (……) 남들을 이끌되 남에게 이끌리지는 않는 사람, 이것이 현자로 기릴 만한 이의 모습이다.〉[191]

그런데 윌렝의 묘사에서 특히 나의 주의를 끄는 것은 바로 이 〈짐을 벗은〉이라는 관념이다. 이것은 고대 현자의 이상적인 모습에 영감을 불어넣은 정신적 경험에 대해 어떤 유비 관계를 제시하는 것처럼 보인다. 윌렝은 불교에서 가장 우선시되는 네 가지 귀한 진리인 사성제(四聖諦) 가운데 첫 번째에 해당하는 〈모든 것은 고통이다〉에서 〈고통〉이라는 말은 우리가 보통 말하는 고통보다는 〈기쁨과 슬픔의 갈마듦, 따로 떼어 놓을 수 없는 그것들의 교착성, 그것들의 대비와 상호적인 조건 지움〉을 의미한다고 풀이한다. 자기에게로 닫혀 있는 개인성을 긍정하게 되면 유쾌한 것과 불쾌한 것, 〈나에게 좋은 것〉과 〈나에게 나쁜 것〉을 대립시키게 된다. 이 대립은 언제나 자기의 이익을 관심에 두도록 만든다. 앞에서 말한 〈짐〉이란 바로 이 대립을 뜻하는 것이다. 우리는 이러한 대립의 배후에서 소위 실존의 번민이라고 일컫는 〈새롭게 태어나는 조용한 불만족〉의 영속성을 감지한다. 이러한 불만족으로부터 벗어나려면 우리는 과감하게 〈짐을 벗어야〉 한다. 〈세속적인 관심을 좇느라 긴장에 시달리며 분투하는 우리로서는 짐을 벗었을 때 느끼게 되는 그 커다란 안도감을 전혀 알 수가 없다. 짐을 벗는다는 것은 세계의 질서를 거스르면서까지 우리를 주장하고자 하는 ─ 어떤 대가를 치르더라도, 타인을 희생해서라도 ─ 노력을 포기한다는 것이다.〉[192]

제3부

단절과 연속: 중세와 현대

10. 계시 철학으로서의 그리스도교

철학으로서 정의된 그리스도교

원래 예수의 말씀에 나타난 그리스도교는 말세와 하느님 나라의 도래를 선포한다. 이 메시지는 유대교 정신세계에 속하는 것이기 때문에 그리스적 정신이나 철학의 관점에는 전적으로 낯선 것이었다. 이 메시지는 유대교를 전복시켰지만 그렇더라도 유대교 특유의 몇 가지 기본 개념은 그대로 보전했다. 예수가 죽은 지 한 세기 후 몇몇 신자들이 그리스도교를 〈하나의〉 철학으로 생각하는 데 그치지 않고 유일한 〈철학〉으로 여기게 될 거라고는 상상하기 어려웠다.

하지만 유대교와 그리스 철학의 상호 관계가 사실 오래전부터 존재했음을 잊어서는 안 된다. 그리스도 생존 당시의 유대교 철학자였던 알렉산드리아의 필론이 그 상호 관계의 한 예다. 이 같은 전통에서는 소피아 혹은 로고스라고 불리는, 신과 세계의 중재자가 중요한 역할을 한다. 여기서 로고스는 창조의 말이자(하느님께서 〈빛이 생겨라!〉라고 말씀하셨다) 계시된 신이다. 『요한의 복음서』 1장은 이러한 관점에서 읽어야만 한다.

태초에(몇몇 주석가들의 해석에 따르면, 〈원리 안에〉, 즉 〈하느님 안에〉라는 뜻) 말씀[로고스]이 계셨다. 말씀은 하느님과 함께 계셨고 하느님과 똑같은 분이셨다. (······) 모든 것은 말씀을 통하여 생겨났고 이 말씀 없이 생겨난 것은 하나도 없다. 생겨난 모든 것이 그에게서 생명을 얻었으며 그 생명은 사람들의 빛이었다. (······) 말씀이 사람이 되셔서 우리와 함께 계셨는데 우리는 그분의 영광을 보았다. 그것은 외아들이 아버지에게서 받은 영광이었다.*

그리스도교 철학은 로고스라는 말의 애매성 덕분에 가능했다. 헤라클레이토스 이래로 〈로고스〉 개념은 그리스 철학의 중심이었다. 이것은 로고스가 〈말〉, 〈담론〉, 〈이성〉 등 여러 의미를 지니기 때문이다. 특히 스토아주의자들은 로고스가 세계, 인간 본성, 각각의 개인들에게 내재하는 이성적 힘이라고 생각했다. 이 때문에 『요한의 복음서』 1장은 예수를 영원한 로고스, 하느님의 아들과 동일시하며 그리

---

*『요한의 복음서』, 1장 1~14절. 공동 번역 성서를 그대로 인용하되 〈말씀〉의 그리스어 원어가 〈로고스〉라는 것만 표시해 주었다.

스도교를 일종의 철학으로서 제시할 수 있었다. 하느님의 실체적인 말씀은, 세상을 창조하고 인간의 사유를 인도하는 이성으로 이해되었다. 더욱이 플로티노스의 제자이자 신플라톤주의자였던 아멜리우스 겐틸리아누스는 아예 『요한의 복음서』 1장을 철학적 텍스트로 간주하면서 다음과 같이 썼다.

로고스는 바로 이것이니, 이것은 헤라클레이토스가 생각했던 것처럼[1] 언제나 스스로 존재해 왔고 생겨난 모든 것들이 그것 덕분에 생성될 수 있었다. 복음서 저자 요한이 기록한 바와 같이 로고스는 〈하느님과 함께 계셨고〉 근본 원리의 위엄과 지위를 갖춘 〈하느님과 같은 분〉이니 〈모든 것이 그로 인하여 생겨났고〉, 〈그 안에서 생겨난 모든 것은 생명체, 생명, 존재의 본성을 지녔다〉. 그 로고스가 육체들 가운데 내려와 육신을 입고 인간의 형상을 띠게 되었다. 그러나 동시에 이것은 그 본성의 위대함을 보여 준다. 로고스는 [육신으로부터] 자유로워질 때에 다시 한 번 신이 될 것이다. 로고스는 하느님, 즉 인간들의 세계에 내려오기 이전, 강생하기 이전 모습대로의 하느님이다.[2]

아멜리우스는 『요한의 복음서』의 저자가 1장에서 원래 신적이지만 어떤 식으로 육신에 깃든 세계영혼을 묘사했다고 보았다.[3] 하지만 아멜리우스의 해석 자체는 별로 중요하지 않다. 여기서 관심을 끄는 것은 복음서의 어휘와 철학 분야의 고유한 어휘가 매우 유사하다는 점이다. 신플라톤주의자들은 이 유사성을 제대로 알아보았다.

2세기부터 그리스도교 저자들은 이 종교를 〈유일한 철학〉으로서 정의하기 위해 로고스 개념을 사용했다. 이들은 당시의 그리스-로마 세계가 이해할 수 있는 형태로 그리스도교를 소개하기 위해 각고의 노력을 기울였기 때문에 〈그리스도교 변증가〉라고 불리기도 한다. 변증가들은 그리스 철학 사조들은 로고스의 일부, 즉 완전한 이성과 참된 담론의 일부밖에 지니지 못했지만[4] 그리스도교도들에게는 로고스, 곧 예수 그리스도로 나타난 완전한 이성과 참된 담론이 있다고 했다. 철학함이 곧 이성을 따라 사는 것이라면 신적 로고스를 따라 사는 그리스도교도들도 철학자다.[5] 그리스도교의 철학으로의 변형은 3세기에 알렉산드리아의 클레멘스에 이르러 더욱 두드러진다. 클레멘스는 그리스도교가 로고스의 완전한 계시이며 진정한 철학이라고 보았다. 이 철학은 〈우리에게 신을 닮아 가는 방식으로 행동하게끔 가르치고 하느님의 계획을 우리에 대한 교육을 지도하는 원리로서 받아들이게 한다〉.[6]

그리스도교 철학은 그리스 철학과 마찬가지로 담론인 동시에 삶의 양식이었다. 이미 보았듯이, 그리스도교의 태동기였던 1, 2세기에 철학적 담론은 주로 각 학파의 창시자들이 남긴 텍스트들을 해명하는 형태를 취했다. 그래서 그리스도교 철학 담론 역시 자연스럽게 주석으로 흐르게 된다. 구약 성서 및 신약 성서 주석 학교들은 당시의 철학 학교들과 아주 비슷한 방식으로 가르침을 폈다. 알렉산드리아의 클레멘스의 스승이나 오리게네스 자신도 알렉산드리아에 이러한 성서 주석 학교를 열었다. 플라톤주의자들이 정신적 진보에 따라 대화편을 읽어 나가는 순서를 제시했듯이 오리게네스 같은 그리스도교 스승도 제자들에게 일정한 순서에 따라 성서를 읽게 했다. 처음에는 『잠언』을, 그다음에는 『전도서』, 그다음에는 『아가』를 읽게 했는데 오리게네스는 이 책들이 각기 윤리학, 자연학, 신학 혹은 신비학에 해당한다고 보았다. 윤리학은 입문을 예비하는 정화에 해당하고 자연학은 감각적 사물들을 초월하게 하며 신학 혹은 신비학은 신과의 합일로 이끈다.[7] 게다가 여기서도 성서 읽기는 당대 철학자들의 텍스트 읽기와 마찬가지로 일종의 〈정신적〉 읽기, 영혼의 진보와 긴밀하게 연결되어 있는 읽기였다. 정신적 진보라는 철학적 개념은 그리스도교적 가르침과 훈육의 뼈대를 이룬다. 철학적 삶의 양식을 설파했던 고대의 철학적 담론처럼 그리스도교 철학 담론도 그리스도교적인 삶의 양식을 실현하는 수단이었다.

그럼에도 불구하고 혹자는 양자 사이의 차이를 지적할 수 있을 것이며, 물론 이 지적은 타당하다. 그리스도교의 주석은 성전(聖典)에 대한 주석이고 그리스도교 철학은 어디까지나 계시에 바탕을 두고 있기 때문이다. 로고스는 바로 신의 계시이자 발현이다. 그리스도교 신학은 구약 및 신약의 주석에 기초한 교리 논쟁을 통하여 차츰차츰 형성되었다. 그렇지만 분명히 그리스 철학에도 체계적인 신학 전통이 있어 왔다. 플라톤의 『티마이오스』와 『법률』 제10권에서 시작되어 아리스토텔레스의 『형이상학』 제12권에서 더욱 발전한 이 전통은 계시의 다양한 원천, 행동 양식, 신적 실재의 다양한 단계들을 구별한다. 후기 신플라톤주의에 이르러 이 전통은 모든 종류의 계시들을 통합했다. 이러한 관점에서도 그리스 철학은 그리스도교 철학의 모델로 이용되었다.[8]

그러나 어떤 그리스도교도들은 이 종교를 하나의 철학 사조, 혹은 더 나아가 〈단 하나의 진정한〉 철학으로 제시했다. 그리스도교가 이교도들의 신학 및 주해와 비슷한 신학이나 주해를 제시해서가 아니라, 이 종교 자체가 고대 철학과 마찬가지로 생활 양식, 존재 방식이었기 때문이다. 르클레르크는 이 점을 잘 지적했다. 〈수도자적인 중세 시대에도 고대와 마찬가지로 철학은 이론이나 인식의 방식이 아니라 체험의 지혜, 이성을 따라 사는 삶의 방식이었다.〉[9] 이성을 따라, 다시 말해 로고스를 따라 산다는 얘기다. 분명 그리스도교 철학은 로고스를 따라, 이성을 따라 사는 것이다. 그렇기 때문에 유스티누스는 〈소크라테스, 헤라클레이토스, 그리고 이들과 비슷한 부류의 인물들은 비록 무신론자로 알려져 있었으나, 그리스도가 오시기 전이라 해도 이성(로고

스)과 함께하는 삶을 살았던 사람들은 다 그리스도교인들이다〉라고까지 말했다.[10]

그리스도교가 철학에 동화되면서 세속 철학에 고유한 것이었던 정신 수련이나 실천 들도 그리스도교에 나타났다. 예를 들어, 알렉산드리아의 클레멘스는 다음과 같이 썼다. 〈철학자가 자기 자신에 대한 주의*prosokhē*와 신중*eulabeia*을 통해 영혼의 평정*amerimnia*을 획득하고 보존하려면 신의 율법을 경외해야만 한다.〉[11]

이 대목에 고대 철학의 사유 세계 전체가 엿보인다. 신의 율법이란 철학자들의 로고스이자 그리스도교도들의 로고스이다. 그 법이 행위에 있어서의 용의주도함을, 신중함과 자기 자신에 대한 주의를 불러일으킨다. 그런데 이것이야말로 영혼의 평정, 모든 학파들이 추구하던 내적 성향을 가져다주는 스토아주의자들의 근본적인 태도 아닌가. 또한 우리는 오리게네스에게서 양심 성찰이라는 지극히 철학적인 훈련을 발견할 수 있다. 그는 『아가』의 한 구절, 곧 〈오 여인들 가운데 가장 아름다운 이여, 네가 너를 알지 못하겠거든〉을 영혼에게 자기 자신을 주의 깊게 감찰하라고 이르는 말씀으로 해석했다.[12] 영혼은 자신의 감정과 행위를 살펴보아야 한다. 영혼이 스스로에게 선을 제시하는가? 다양한 미덕들을 찾고 있는가? 영혼은 발전하고 있는가? 예를 들어, 분노나 슬픔, 두려움이나 영광에 대한 사랑 같은 정념을 완전히 억제하고 있는가? 영혼이 진리를 주고받으며 판단하는 방식은 어떤 것인가?

4세기의 교부들 중에서 알렉산드리아의 클레멘스와 오리게네스의 전통에 속하는 자들, 예를 들어 카이사레아의 바실리우스, 나지안조스의 그레고리우스, 니사의 그레고리우스, 폰토스의 에바그리우스, 어떤 의미에서는 알렉산드리아의 아타나시우스까지도, 더 나아가 6세기에 글을 썼던 가자의 도로테우스 같은 후기의 수도사들조차도 금욕주의를 〈그리스도교 철학〉이라는 방향에서 해석했다. 금욕주의라는 현상은 이집트와 시리아에서 4세기 초부터 발달했다. 몇몇 그리스도교도들이 복음서의 권면을 영웅적으로 실천하고 예수의 삶을 본받음으로써 그리스도교도로서의 완전성에 도달하고자 했던 것도 바로 이 시기다. 그들은 사막에 은둔하여 명상과 엄격한 금욕에 전념했다. 이 신자들은 교육을 제대로 받은 사람들이 아니었고 철학과의 관련성을 염두에 두고 금욕을 실천한 것도 아니었다. 그들은 구약과 신약에서 본보기를 찾았고 아마 불교나 마니교 신자들의 금욕에서도 본받을 만한 요소를 찾아냈을 것이다(적어도 그랬을 가능성을 애초에 배제할 수는 없다).[13] 또한 이미 필론과 예수의 시대에도 정관적 삶을 살아가는 금욕주의자들의 공동체가 있었다는 점을 잊어서는 안 된다. 알렉산드리아의 필론은 『정관적인 삶에 대하여』라는 논문에서 치료술사들의 공동체를 묘사하고 그들을 〈철학자들〉이라고 칭했다.[14] 또한 당시에는 쿰란 유대교파 같은 공동체도 있었다.

〈그리스도교 철학〉의 신도들 중 일부는 자발적으로 수도 생활을 실천하는 자들이었다. 바로 이것이 루이 부이예가 〈학문적 수도 생활〉이라고 일컬었던 움직임이다.[15] 이때부터 그리스도교도들에게 〈철학〉은 곧 그리스도의 완전한 삶을 본받는 수도자적 생활 양식이었다. 그러나 이 〈철학〉은 이후에도 영혼의 평정, 정념의 부재,[16] 〈자연과 이성을 따르는 삶〉[17] 등과 같은 세속 철학의 범주들과 긴밀하게 연결되었다. 세속 철학과 마찬가지로 수도자적 삶도 정신 수련을 실천에 옮겼다.[18] 이 훈련들 중 일부는 그리스도교 고유의 것이었으나 상당 부분은 세속 철학에서 따온 것들이었다.

스토아주의자들과 신플라톤주의자들의 근본적인 태도였던 자기 자신에 대한 집중도 다시금 볼 수 있다.[19] 이 태도가 알렉산드리아의 아타나시우스에게는 수도자의 자세에 대한 정의 그 자체였다.[20] 그는 『성 안토니우스의 생애』에서 안토니우스가 수도 생활에 귀의한 과정을 이야기하면서 안토니우스는 그저 자기 자신에게 주의를 기울이기 시작했노라고 말한다. 그리고 안토니우스가 임종 때에 제자들에게 남긴 말을 전한다. 〈나의 권고를 기억하고 너희들 자신에게 주의를 기울이면서 매일 죽어야 하는 사람처럼 살아가라.〉

한편, 나지안조스의 그레고리우스는 〈자기 자신에 대한 집중〉이라는 표현을 썼다.[21] 자기에 대한 주의를 기울이기, 현재에 집중하기, 죽음을 생각하기 ― 세속 철학에서처럼 이러한 수련은 수도자적 전통 전반과 연결되었다. 일례로,

안토니우스는 제자들에게 아침에 깨어날 때는 저녁까지 살지 못할 수도 있음을 생각하고 잠이 들 때에는 다음 날 깨어나지 못할 수도 있음을 생각하라고 했다.[22] 또한 가자의 도로테우스는 제자들에게 이렇게 말했다. 〈형제들아, 우리 자신에 주의를 기울이자. 우리에게 시간이 있는 한은 깨어 있다. (……) 우리의 대화가 시작된 지 두세 시간이나 되었고 우리는 죽음에 가까워지고 있다. 그러나 우리는 두려움 없이 우리가 시간을 잃어버리고 있음을 알아야 한다.〉[23]

이러한 자기 자신에 대한 주의가 결국 일종의 대화, 자신의 고매한 부분을 향한 방향 잡기라는 것은 명백하다. 이는 카이사레아의 바실리우스가 성경 본문을 주제로 삼아 펼친 설교에서 매우 분명하게 나타난다. 〈마음속에 불의한 생각이 없도록 주의를 기울이라.〉[24] 우리는 바실리우스의 주석에서 스토아주의와 플라톤주의의 모든 주제들을 만날 수 있다. 자기 자신에게 주의를 기울이라는 것은 신께서 주신 우리 안의 행위와 사유의 이성적 원리들을 일깨우라는 것이다. 이는 우리 자신을 살피는 것으로, 곧 우리의 영혼과 정신을 살피는 것이지 우리가 가진 것, 우리의 육체나 소유를 살피라는 것이 아니다. 그리고 이것은 또한 우리의 의식을 감찰하고 우리 자신을 앎으로써 영혼의 아름다움을 살피라는 뜻이다. 이렇게 하여 우리는 우리의 참된 헐벗음과 부요함, 우주가 우리에게 부여한 광휘, 우리의 육체, 지상, 천상, 별들, 그리고 무엇보다도 영혼의 운명을 알게 되고 우

리 자신에 대한 판단을 재고하게 된다.[25]

자기 자신에 대한 주의는 양심 성찰이라는 훈련을 전제
한다. 유명한 수도자 성 안토니우스는 제자들에게 글쓰기
를 통하여 이 훈련을 실천하라고 권고했다. 〈각 사람은 행
위와 영혼의 움직임을 다른 사람에게 알릴 때처럼 문자로
기록할지어다.〉[26] 이는 매우 귀중한 심리학적 지적이 아닐
수 없다. 양심 성찰의 치유적 가치는 글쓰기를 통해 외면화
됨으로써 더욱더 커진다. 사람들 앞에서 잘못을 저지르면
수치심이 커진다. 그런데 글쓰기는 우리에게 사람들 앞에
있는 듯한 느낌을 준다. 〈그러므로 글쓰기가 타인의 시선
역할을 하게 하라.〉 어떤 경우에든 양심 성찰은 규칙적이고
빈번하게 이루어져야만 한다. 심지어 가자의 도로테우스는
여섯 시간마다 자기 자신을 감찰하고 매주, 매달, 매년마다
영혼의 상태에 대한 전반적인 대차대조표를 작성하라고 권
고한다.[27]

우리가 이미 보았듯이 자기 자신에 대한 주의, 깨어 있음
은 사유의 연습 또한 전제한다. 이것은 명상하고 기억을 되
새기며 언제나 적용할 수 있도록 행동의 원칙들을 끊임없이
〈예비〉하고 가능한 한 짧은 문장들로 정리하는 것을 가리킨
다. 수도사들의 문학에서 〈아포프테그마타 *apophtegmata*〉와
〈케팔라이아 *Kephalaia*〉라고 부르는 것이 바로 이러한 요구
에 부응하여 나온 작품들이다. 세속 철학에서 디오게네스
라에르티오스가 모았던 것과 같은 유명하고 인상적인 말

들, 정신의 위대한 스승들이 어떤 특정 상황에서 썼던 말들을 모은 것이 〈아포프테그마타〉이다.[28] 한편 〈주요 핵심들〉이라는 뜻을 가진 〈케팔라이아〉는 상대적으로 짧은 말이나 경구를 보통 한 세기 단위로 정리해 놓은 것이다. 세속 철학에서 그러했듯이 사례나 문장들에 대한 명상은 지속적으로 이어졌다. 에피쿠로스와 에픽테토스는 밤낮으로 명상에 임하라고 권고하기도 했다. 가자의 도로테우스 역시 행위의 원칙들을 적절한 때에 적용할 수 있도록 쉬지 말고 명상하라고 권고했다.[29] 그는 이렇게 해서 〈모든 사건들로부터 유익을 구할 수 있게〉 된다고 했다. 이는 곧 어떤 사건을 맞닥뜨리든 간에 자신이 해야 할 일이 무엇인지 알 수 있게 된다는 뜻이다.

자기 자신에 대한 주의는 금욕의 실천을 통해 습관과 인내심을 길러야만 얻을 수 있는 자제와 극기로 해석된다. 이러한 실천은 정념에 대한 이성의 승리, 정념을 완전히 뿌리뽑을 정도의 승리를 그 목적으로 삼는다. 정념에 대한 치유 전체가 여기에 적용된다. 이 같은 정념으로부터의 해방(아파테이아*apatheia*)에 이르려면 먼저 대상들에 대한 초탈(아프로스파테이아*aprospatheia*)를 거쳐야 한다. 이러한 초탈은 욕망의 점진적 제거를 뜻하며, 사물들을 차별 없이 바라보는 것을 목표로 삼는다. 스토아주의자 에픽테토스처럼, 호기심과 수다를 제어하는 훈련을 했던 플라톤주의자 플루타르코스처럼, 가자의 도로테우스 역시 먼저 쓸데없는 호기심이나 필요 없는 말을 삼가는 등 작은 것부터 시작하여 장차 커다란 희생도 감당할 수 있도록 차츰 자기 자신을 준비시키라고 조언한다.[30] 가자의 도로테우스가 생각할 때 이러한 훈련을 통하여 점차 버려야 할 것은 이기적 의지, 곧 대상에서 쾌락을 찾으려는 인간 특유의 의지다.

이렇게 해서 그는 마침내 더 이상 자기 고유의 의지를 품지 않게 되고 무슨 일이 일어나든 간에 그것이 자기로부터 [자신의 의지로부터] 온 것인 양 족히 여기기에 이른다.

자기 고유의 의지가 없는 자는 언제나 자기가 원하는 것을 하고 어떤 일이 일어나든 만족해하며 언제나 자신의 의지에 따라 행동하게 된다. 그는 사태가 자기가 원하는 대로 되기를 바라지 않고 사태가 그 자체로 존재하기를 바라기 때문이다.[31]

우리는 여기서 에픽테토스의 『제요』의 유명한 여덟 번째 문장의 영향을 볼 수 있다. 〈네가 원하는 대로 사태가 일어나도록 하고자 힘쓰지 말라. 그저 일어나야 할 방식대로 일어나기만을 바라라. 그리하면 행복하리라.〉 그러므로 수도사들도 스토아주의자처럼 현재의 순간을 있는 그대로 원하는 것이다.

전통적 철학의 또 다른 조언에 따르자면,[32] 초심자들은 처음부터 정념에 대립되는 미덕을 실천하며 직접적으로 정념과 싸우기보다는 그 정념에 대립되는 또 다른 정념을 이용하는 것이 바람직하다. 이를테면 향락에 빠지고 싶은 정념을 좋은 평판을 얻고 싶다는 또 다른 정념으로 다스릴 수 있겠다.[33]

나지안조스의 그레고리우스의 제자였던 폰토스의 에바그리우스는 플라톤주의자와 신플라톤주의자들의 개념 작용에서 더욱 많은 영향을 받았다. 일례로, 그는 덕의 상태를 정의하기 위해 플라톤이 말한 영혼의 삼분할(三分割)을 이용하기도 했다. 〈합리적인 영혼은, 영혼에서 욕망하는 부분이 덕을 욕망하고 싸우는 부분이 덕을 위해 싸우며 합리적인 부분이 존재들을 관조할 때에 자연(본성)을 따라 행동한다.〉[34]

금욕은 종종 플라톤 식으로 육체와 영혼의 분리로 이해되기도 했다. 이 분리는 하느님을 바라보기 위한 선결 조건이다. 이 주제는 이미 알렉산드리아의 클레멘스가 다룬 바 있다. 그에게 〈하느님을 향한 진정한 신앙심은 우리 자신을 육체나 육체의 정념과 영영 분리하는 데 있었다. 소크라테스가 철학을 죽음의 연습이라고 불렀던 이유도 마찬가지일 것이다〉.[35] 진정한 실재를 알려면 먼저 감각을 이용하는 것을 포기해야 하기 때문이다. 나지안조스의 그레고리우스는 병든 친구가 자기 고통을 영원히 벗어날 수 없는 것인 양 불평하자 이를 나무라며 다음과 같이 권고한다.

자네는 오히려 그 고통을 통해 철학해야 하네[철학자로서 살아가는 연습을 해야 하네]. 지금은 그 어느 때보다도 사유를 정화하고 자네를 묶어 두고 있는 속박(육체에 묶어 두고 있는 속박)보다 우월한 것으로 스스로를 드러낼 만한 때라네. 자네의 병에서 자네를 유익한 것으로 이끌어 줄 〈교육자〉를 볼 때란 말일세. 이는 곧 자네가 온전히 드높은 부분에 속할 수 있도록 육체와 육체의[물질적인] 것들, 흘러갈 것들, 근심의 원천이자 썩어 없어질 것들을 멸시하는 것일세. (……) 플라톤이 말한 것처럼 이 지상에서의 삶을 죽음의 연습으로 삼으며, 이러한 방식으로 육체(소마 *sōma*)로부터든 무덤(세마 *sēma*)으로부터든―이 또한 플라톤이 썼던 말이지―영혼을 가능한 한 해방하는 것이지. (……) 자네는 많은 이들에게 고통을 통해 철학하는 법을 가르치게 될 걸세.[36]

에바그리우스도 명백히 신플라톤주의적인 용어들을 사용하여 같은 주제를 다루었다. 〈육체와 영혼의 분리는 오직 그것들을 연합하셨던 그 분의 소관이다. 그러나 영혼을 육체에서 분리하는 것은 덕으로 향하는 이에게도 속한다. 왜냐하면 교부들께서 죽음의 연습과 육체로부터의 도피를 아나코레시스*라고 부르셨기 때문이다.〉[37]

포르피리오스는 이렇게 썼다. 〈자연은 자신이 매었던 것

---

* *anachōrēsis*. 세상에서 분리되어 살아감. 구도의 삶.

을 풀어 준다. 영혼이 맨 것, 그것을 푸는 것도 영혼이다. 자
연은 육체를 영혼에 매었으나, 영혼은 스스로 육체에 매인
바 되었다. 그러므로 자연은 영혼으로부터 육체를 풀어 주
나, 영혼은 자기 스스로 육체에서 풀려나야 한다.)[38]

그는 여기서 영혼에 대한 육체의 자연적 속박—영혼이
깃들어야 육체가 살아갈 수 있으므로—과 육체에 대한 영
혼의 정서적 속박을 대립시킨다. 이 정서적 속박이 너무나
강력한 나머지 영혼은 자신을 육체와 동일시하고 오직 육
체의 만족에만 관심을 두게 된다. 에바그리우스에 따르면
수도사-철학자가 연습하는 죽음이란 곧 영혼과 육체를 연
결하는 정념들을 근절하는 것이다. 이로써 그는 아파테이
아(정념의 부재)를 통하여 육체를 완전히 초탈할 수 있다.

그리스도교와 고대 철학

그리스도교도들은 그리스도의 완전한 삶을 본받는 수도
생활을 〈철학〉 곧 〈필로소피아〉라는 그리스어로 지칭했다.
이렇게 할 수 있었던 이유는 〈필로소피아〉가 생활 양식을
가리키는 말이었기 때문이다. 〈그리스도교 철학자〉들은 이
용어를 빌리면서 결과적으로 세속 철학에서 비롯된 태도와
실천까지 그리스도교에 도입했다. 이러한 결과에 놀랄 필
요는 없다. 궁극적으로 세속 철학자의 삶과 수도자의 삶에

는 비슷한 요소들이 많았다. 물론 고대 철학자들이 사막으로 은둔하거나 수도원에 틀어박힌 것은 아니었다. 그들은 오히려 속세에서 살아갔고 개중에는 정치 활동을 펴는 이들도 있었다. 하지만 어떤 이가 진정한 철학자라면 그는 전향을 하지 않을 수 없다. 다시 말해 철학을 고백하고 모든 국면에서 세상에서의 행동 양식을 변화시킬 실존적 선택을 하지 않으면 안 되었다. 그런데 이것은 어떤 의미에서 세계에서 분리되는 거나 마찬가지다. 그들은 정신적 스승의 지도 아래 어떤 공동체에 들어가고 그 공동체의 창시자를 기리며 다른 일원들과 더불어 먹고 마셨다. 그는 자기 양심을 성찰해야 하고 아마도 에피쿠로스 학파에서처럼 다른 이에게 자기 잘못을 고백하는 경우도 더러 있었을 것이다. 또한 금욕적인 삶을 영위하며 모든 안락과 부유함을 포기해야 할 것이다. 키니코스주의자는 채식주의자가 되어야 했고 피타고라스주의자나 신플라톤주의자는 정관에 힘쓰고 신비로운 합일을 추구해야 했다.

그리스도교가 생활 양식이라는 점에는 이의의 여지가 없다. 그러므로 그리스도교가 철학으로 제시되었다 해도 전혀 문제가 되지 않는다. 하지만 이 종교는 고대 철학에 고유한 가치와 실천을 그 과정에서 일부 차용했다. 과연 이 차용도 합당한가? 이러한 진화가 그리스도교 본래의 정신과 부합하는가? 이 까다로운 질문에 대해 우리가 철저하게 규명된 확답을 제시하기란 무리다. 그러자면 먼저 원시 그리스도교가 어떤 것이었는가를 엄격하게 규정해야 할 텐데, 이는 이 책의 목표에도 어긋날 뿐 아니라 우리 역량으로 감당할 수 있는 문제가 아니기 때문이다. 우리는 그저 본질적이라고 생각되는 몇 가지 핵심만 지적하고자 한다.

우선 가장 중요한 핵심을 지적하겠다. 우리는 비록 그리스도교 정신이 고대 철학에서 몇 가지 정신 수련들을 차용했으나 이 수련들이 그리스도교 내의 특수한 실천들이라는 더 넓은 전체 안에서 정착되었다는 점을 잊어서는 안 된다. 수도자적 삶 전체는 항상 신의 은총으로 인한 구원과 겸손이라는 기본 태도를 전제한다. 이는 종종 다른 수도사들 앞에서 엎드린다든가 하는 신체적인 태도로, 즉 신에 대한 종속과 자신이 죄인임을 나타내는 몸짓으로 드러난다. 자기고유의 의지에 대한 포기는 윗사람의 명령에 대한 절대복종을 통해 실현된다. 죽음의 연습은 그리스도의 죽으심을 기리는 것과 관련되며 고행은 그분의 수난에 동참하는 것으로 이해된다. 마찬가지로, 수도사는 모든 인간들에게서 그리스도를 보아야 한다. 〈형제에게 분노를 발하고 험담을 한 것이 부끄럽지 않느냐? 그 형제가 그리스도요, 네가 고통을 준 상대가 그리스도이심을 알지 못하단 말이냐?〉[39] 이때 덕의 실천은 완전히 다른 의미를 띠게 된다.

그리스도교 철학자들은 세속 철학의 주제들을 그리스도교화하려고 애썼다. 이를 위해 그들은 이 주제들에 대한 연습이 이미 구약 및 신약에서 권장되었던 것이라는 인상을 주고자 했다. 예를 들어 『신명기』에서 〈주의를 기울이라〉는 구절을 보고 바실리우스는 이것이 스스로에게 주의를 기울이는 철학적 연습을 권고하는 것이라고 결론 내린다. 이러한 태도는 또한 〈마음의 지킴〉으로 불리기도 하는데, 이것은 『잠언』에 〈무엇보다도 네 마음을 지켜라〉[40]라는 구절이 있기 때문이다. 그리스도교인은 『고린토인들에게 보낸 둘째 편지』에서 〈스스로를 살피라〉[41]라는 구절을 양심 성찰에 대한 권고로 해석하고 『고린토인들에게 보낸 첫째 편지』에서 〈나는 날마다 죽노라〉[42]라는 고백을 보면서 죽음의 연습에 대한 본보기를 발견한다. 그러나 우리가 이미 보았듯이 그리스도교 철학자들은 이처럼 성경 본문을 언급하기는 했으나 정신 수련을 세속 철학의 용어와 개념 들로 기술했다. 성경 본문에 대한 암시는 상당수의 경우 그저 우의적인 해석에 바탕을 두고 있을 뿐이었다. 이러한 우의적 해석은 결국 저자의 원래 의도와는 상관없이 해석자가 자기 의도대로 의미를 부여하는 데 이용된다. 사실상 현대 철학자들이 고대 텍스트들을 해석하는 방식도 다르지 않다. 어쨌든 교부 철학자들이 〈하늘나라〉라든가 〈하느님의 나라〉 같은 복음서 고유의 표현을 철학의 부분들로 해석할 수 있었던 것도 이 같은 과정이 있었기 때문이다. 우리는 폰토스의 에바그리우스의 『프락티코스』의 첫 부분에서 이러한 해석을 찾아볼 수 있다. 이 논문은 이렇게 시작한다. 〈그리스도교는 우리 구세주 그리스도의 교의이다. 이 교의는 실천, 자연학,

신학으로 구성된다.〉[43]

여기서 우리는 플라톤주의 학교에서—적어도 플루타르코스 시대 이후로는[44]—분명히 가르쳤던 철학의 세 부분이 차례대로 열거되고 있음을 볼 수 있다. 이 세 부분은 영혼 진보의 세 단계에 차례대로 해당되는 것이다. 물론 엄밀히 말하자면 그리스도의 도덕적 조언과 세상의 종말에 대한 가르침에서 이 철학의 세 부분들을 찾아볼 수도 있겠지만, 그렇다고는 해도 그가 실천, 자연학, 신학을 제시했다고 말하는 것은 놀랍지 않은가!

하지만 에바그리우스가 철학의 세 부분을 상세하게 정의하는 대목에 이르면 더욱더 놀라지 않을 수 없다. 그에게는 자연학이 〈하늘나라〉, 신학이 〈하느님 나라〉였던 것으로 보인다.[45] 이 두 가지 표현이 복음서에서 하느님의 권세가 미치는 지경을 가리키기 위해 거의 동의어나 다름없이 쓰였던 것을 생각하면 놀라움을 금할 수 없다. 이 개념은 원래 유대교에서 나온 것으로, 하느님과 그의 법이 지상의 모든 민족들을 다스리게 될 미래에 대한 전망에 해당한다. 예수의 메시지에서 이 하느님의 왕국은 이미 현존하는 것이자 임박한 것으로 나타난다. 그것은 예수가 문자를 좇지 않고 정신(靈)을 좇아 대화, 회개, 이웃 사랑, 하느님의 뜻을 실현함으로써 이 왕국을 이미 실현하기 시작했기 때문이다. 그러므로 〈하늘나라〉, 〈하느님 나라〉에 자연학과 신학이라는 철학의 부분들을 동일시한 것은 전혀 예상 밖의 개념들을 덧붙인 셈이다. 게다가 에바그리우스는 오리게네스의 영향에 힘입어 [원래 동의어나 다름없던] 〈하늘나라〉와 〈하느님 나라〉를 구별하기까지 했다. 하늘나라와 하느님 나라는 영혼의 두 가지 상태 혹은 정신적 진보의 두 가지 상태가 되었다. 〈실천〉은 정념에 대한 무사 무욕(아파테이아)에 도달하기 위한 예비 정화 단계에 해당한다. 수도자는 이 단계를 넘어선 뒤에 〈자연학〉을 접할 수 있게 된다. 자연학은 가시적인 것과 비가시적인 것을 모두 포함하는 〈자연들〉 혹은 신의 피조물들을 관조함이다. 수도자는 이것들을 〈창조된 것들로서〉, 즉 신과의 관계 속에서 바라보아야 한다. 이러한 정관을 통해 무사 무욕 상태는 더욱더 공고해진다. 에바그리우스는 바로 이 상태를 〈하늘나라〉라고 불렀던 것이다. 여기서 더 멀리 나아가야 〈하느님 나라〉 혹은 삼위일체되신 하느님의 신비를 관조할 수 있다. 바로 이것이 〈신학〉의 단계가 될 것이다. 하지만 〈하늘나라〉와 〈하느님 나라〉에 대한 이 같은 해석이 에바그리우스 한 사람만의 것은 아니다. 이러한 해석은 알렉산드리아의 클레멘스와 오리게네스가 이미 그 초안을 마련한 바 있으며 그 이후의 작가들에게도 폭넓게 인정받았다.[46]

히포의 아우구스티누스는 그리스도교에 귀의한 이후 몇 년 동안 『진정한 종교에 대하여』라는 저서를 통해 그리스도교와 플라톤주의를 비교했다. 그는 플라톤주의 교의의 핵심이 그리스도교 교의의 핵심과 중첩된다고 보았다. 플

라톤의 논리는 감각적 이미지들이 우리의 영혼을 오류와
잘못된 의견들로 채운다고 가르친다. 그러므로 우리는 이
영혼의 질병을 치유해야만 신적인 실재를 발견할 수 있다.
한편 자연학은 만물이 태어나고 죽으며 사라져 간다고 가
르친다. 만물은 오직 그것들을 만드신 신이라는 참된 존재
에 힘입을 때에만 존재할 수 있다. 그러므로 영혼은 감각적
사물들을 떨치고 만물에 형상을 부여하는 불변의 형상만
을, 〈공간에도 나뉘지 않고 시간에도 변치 않으며 언제나
동일하고 모든 면에서 그 자신을 닮은〉 아름다움만을 바라
보아야 한다. 마지막으로 윤리학은 합리적이고 지성적인
영혼만이 신의 영원을 관조하는 기쁨을 누리고 그로써 영
생을 얻는다고 가르친다.[47]

　이상이 아우구스티누스가 생각하는 플라톤주의의 핵심,
나아가 그리스도교의 핵심이다. 아우구스티누스는 그 증거
로 가시적인 세계와 비가시적인 세계, 영혼과 육체를 대립
시키는 신약 성서의 몇몇 대목들을 인용해 보인다. 그렇다
면 플라톤주의와 그리스도교의 차이점은 무엇인가? 아우
구스티누스는 플라톤주의는 대중들을 전향시켜 지상적인
것들에서 정신적인 것들로 돌아서게 하지 못했으나 그리스
도가 나타난 이후 온갖 다양한 조건에 처했던 이들이 이 삶
의 양식을 채택하고 인간성의 진정한 변화에 참여하게 되
었다는 점에 그 차이가 있다고 보았다. 만약 플라톤이 지상
에 돌아온다면 〈이것이야말로 내가 감히 많은 사람들 앞에

서 전하지 못했던 것이다〉라고 말할 것이다. 〈육체적 오점들 때문에 눈먼〉 영혼들이 〈철학적 논의를 힘입지 않고도〉, 〈그들 자신으로 돌아가 그들이 태어난 곳을 바라보게 된〉 것은 하느님께서 성육신을 통해 신적 이성의 권위를 인간의 몸에 깃들도록 낮추어 주셨기 때문이다.[48] 아우구스티누스의 관점에서 볼 때 그리스도교는 플라톤주의와 내용상 동일하다. 중요한 것은 감각적 세계에 등을 돌리고 하느님과 신적 실재를 관조하는 것이다. 하지만 많은 사람들에게 이러한 삶의 태도를 선택할 수 있게 하는 것은 그리스도교뿐이다. 이런 점에서, 니체는 〈그리스도교는 대중을 위한 플라톤주의이다〉[49]라는 주장의 근거로 아우구스티누스의 철학을 들 수도 있었을 것이다.

그리스도교에서 아주 부차적이었거나 아예 존재하지도 않았던 일부 가치들이 고대 철학의 영향 덕분에 가장 중요한 것들로 부상했다는 점도 기억해야 한다. 하느님이 통치하실 때가 다가오고 있다는 복음서의 관념은 금욕과 정관을 통해 도달할 수 있는 신과의 합일 혹은 신격화로 대치되었다. 때때로 그리스도교적인 삶이란 한 인간의 삶이라기보다는 한 영혼의 삶이었다. 이는 곧 세속 철학자들의 삶처럼 이성에 따르는 삶, 심지어 플라톤주의 특유의 〈정신에 따르는 삶〉이 되었다. 이러한 삶에서는 지성적, 초월적 실재를 향해 돌아서기 위해 육체로부터 도피해야 하고 가급적이면 신비 체험을 통해 그 실재에 도달해야만 한다. 어쨌든 자기에 대해 주의를 기울이기, 무사 무욕의 추구, 영혼의 평정, 근심의 부재, 그리고 특히 육체로부터의 벗어남 등과 같은 개념들은 정신적인 삶의 기본적인 목표가 되었다. 가자의 도로테우스는 영혼의 평정은 너무나 중요한 것이기 때문에 필요하다면 그것을 잃지 않기 위해 지금까지 관리해 오던 모든 것을 단념할 수도 있노라고 주저 없이 말한다.[50] 중세와 현대의 그리스도교적 삶의 양식이 이어받은 것은 바로 고대 철학의 여러 학파들이 삶의 양식을 통해 특히 강조했던 이 정신성이다.

11. 고대 철학 개념의 실종과 재출현

고대 철학이 철학적 담론과 삶의 형태를 그토록 긴밀하게 연결지었던 데 반해, 어째서 오늘날의 철학 교육 — 일반적으로 철학사를 가르치는 형태로 이루어지는 — 에서는 철학이 주로 담론으로서 제시되고 있을까? 그것도 이론적, 체계적 담론 혹은 비판적 담론, 어쨌든 철학자의 삶의 방식과는 직접적인 관련이 없는 담론으로서 말이다.

그리스도교와 철학에 대한 재고

이 변화의 원인은 일차적으로 역사적 차원에서 찾아볼 수 있다. 그리스도교의 급부상이 바로 그 원인이다. 우리가 이미 살펴보았듯이 그리스도교는 일찍이 고대적 의미에서의 〈철학〉으로 제시되었다. 다시 말해 특수한 담론을 함축하는 삶에 대한 선택이자 그 삶의 양식이었던 것이다. 물론 여기서 그 삶은 그리스도를 따라 사는 삶이다. 이러한 그리스도교 담론과 삶의 양식은 전통적인 그리스-로마 철학의 요소들을 상당 부분 흡수하고 통합했다. 그러나 앞으로 차차 살펴볼 이유들에 의해, 그리스도교 내에서 삶의 양식과 담론이 차츰 단절되기 시작했고 그러한 현상은 특히 중세에 두드러졌다. 고대의 다양한 학파들 고유의 생활 양식들 중 어떤 것은 완전히 사라져 버렸다. 예를 들어 에피쿠로스학파의 생활 양식은 그 자취를 찾아보기 어렵다. 그리고 스토아학파, 플라톤주의의 생활 양식은 그리스도교 생활 양식에 흡수되어 버렸다. 중세에 수도자적 삶의 양식 자체가 〈철학〉으로 불렸던 것이 어느 정도 사실이라 할 수 있다.[1] 그렇지만 이 삶의 양식은—비록 고대 철학 고유의 정신 수련들을 통합한 양식이라고는 해도—전에는 긴밀하게 연결되었던 담론과 분리되어 나타났다. 그래서 몇몇 고대 학파들의 철학적 담론들만이, 특히 플라톤주의와 아리스토텔레스주의 담론들이 살아남았다. 그렇지만 원래 영감을 불어넣어 주던 삶의 양식들과 분리되어 버린 이상, 이 담론들은 신학적 논쟁에 사용될 수 있는 단순한 개념적 자료 차원으로 전락할 수밖에 없었다. 신학의 시녀가 되어버린 〈철학〉은 이제 이론적인 담론에 불과했다. 그리고 근대 철학자들이 17세기, 특히 18세기에 철학의 자율성을 획득했을 때에도 철학은 이러한 관점으로 스스로를 제한하는 경향을 보였다. 나는 〈경향〉이라는 말을 특히 강조하고 싶은데, 그 이유는 사실상 그리스-로마 철학의 본래적이고 진정한 개념은 결코 잊힌 적이 없기 때문이다. 이 점에 대해서는 또 언급할 기회가 있을 것이다.

도만스키의 연구[2] 덕분에 나는 이전 연구[3]에서 아주 간략하고 불분명하게 제시할 수밖에 없었던 이 철학의 〈이론화〉 과정을 수정, 발전시킬 수 있었다. 나는 여전히 이 현상이 그리스도교와 철학의 관계에 긴밀하게 연결되어 있다고, 특히 중세 대학들에서 정의되었던 대로 연결되어 있다고 믿는다. 하지만 철학을 생활 양식으로서 재발견한 것이 내가 이전 연구에서 밝혔던 것처럼 뒤늦은 시기는 아니라고 인정해야 할 것 같다. 그리고 중세 대학들에서 이미 그 재발견의 초안이 마련되기 시작했다는 점도 인정한다. 다른 한편으로, 나는 삶의 양식으로서의 철학의 재발견을 기술함에 있어서 미묘한 차이들, 상세한 정보들을 추가해야 할 성싶다.

신학의 시녀로서의 철학

16세기 말엽의 몇 년 동안 스콜라 철학 연구자 수아레스는 17세기에서 19세기까지의 많은 철학자들에게 영향력을 행사하게 되는 저작 『형이상학 논쟁Disputationes Metaphysicae』을 쓰면서 이렇게 선언한다.

이 저작에서 나는 철학자의 역할을 맡고자 한다. 우리의 철학은 그리스도교 철학이자 성스러운 신학의 시녀임을 염두에 두면서 이 역할을 맡겠다는 것이다.[4]*

그에게 〈그리스도교〉 철학은 그리스도교의 교리들과 어긋나는 말을 하지 않으며 신학적 문제들을 해명하는 데 사용될 수 있다는 점에서 그리스도교적인 것이었다. 그러나 이 철학이 가르치는 교의가 그리스도교에 특수한 것이라는 뜻은 아니다. 오히려 그 반대로, 여기서 문제가 되는 철학은 특히 13세기 스콜라 철학을 통해 그리스도교에 동화된 아리스토텔레스주의를 가리키는 것이었다.

철학을 신학이나 좀 더 우월한 지혜의 시녀, 더 나아가 노예로까지 보는 시각에는 사실 기나긴 역사가 있다.[5] 우리는 이 역사를 서력기원이 시작될 무렵부터, 정신 수련과 훈육의 일반적인 도식을 제시했던 알렉산드리아의 필론에게서 찾아볼 수 있다.[6] 이 도식에서 첫 번째 단계는 플라톤의 『국가』의 기획에 따라 기하학, 음악, 문법, 수사학 등의 학문을 공부하는 것이다. 필론은 『창세기』 주해에서 이 학문들을 하갈과 동일시한다.[7] 이집트인 노예였던 하갈은 원래 아브라함의 아내 사라의 몸종이었다. 아브라함은 아내 사라와

* 수아레스는 토마스 아퀴나스 이래 최고의 스콜라 철학자로 추앙받는 스페인의 신학자이자 철학자이다. 그의 저작 『형이상학 논쟁』은 약 한 세기 동안 가톨릭과 프로테스탄트를 가리지 않고 유럽의 대학들에서 교재로 쓰일 만큼 지대한 영향력을 행사했다.

한 몸이 되기 전에 먼저 하갈과 몸을 섞어야 했다. 여기서 사라는 철학을 상징하는 인물이다. 그러므로 이 학문들의 시기는 철학에 종속된 노예의 시기로 보아야 한다. 그러나 철학 역시 지혜 혹은 진정한 철학의 노예로 간주되어야 한다. 필론은 이 진정한 철학이 모세에게 계시되었던 하느님의 말씀이라고 생각했다.[8] 알렉산드리아의 클레멘스나 오리게네스 같은 교부들은, 필론이 이처럼 한편으로는 학문의 시기와 그리스 철학을, 다른 한편으로는 그리스 철학과 모세의 철학을 두고 수립했던 비례 관계를 다시 취했다. 물론 이 과정에서 모세의 철학이 그리스도의 철학으로 대치되었음은 두말할 필요가 없겠다.

그러나 여기서 말하는 그리스 철학이 이미 담론으로 축소된 철학이라는 점을 명심해야 한다. 이미 보았듯이 그리스도교는 하나의 철학으로서, 다시 말해 삶의 양식으로서, 유일하게 가치 있는 생활 양식으로서 제시되었다. 그러나 여러 학파들의 철학적 담론들은, 세속 철학에서 차용한 뉘앙스들로 물들어 버린 그리스도교적 삶의 양식과 마주하는 와중에도 계속 살아남았다. 아니, 좀 더 정확하게 말하자면 신플라톤주의 담론이 살아남았다. 3세기 이후에는 플라톤주의와 아리스토텔레스주의를 종합한 신플라톤주의가 유일하게 잔존하는 철학 사조였기 때문이다. 알렉산드리아의 클레멘스와 오리게네스에 뒤이은 교부들이 신학을 발전시키기 위해 사용했던 것도 이 신플라톤주의 담론이다. 그리스도교가 나타난 고대부터 이러한 관점에서 철학은 신학의 시녀가 된 것이다. 철학은 신학에 자신의 노하우를 알려 주면서 신학의 요구에 스스로를 적응시키지 않으면 안 되었다.

이리하여 혼합적인 결탁이 이루어졌다. 삼위일체에서 성부 하느님은 신플라톤주의의 첫 번째 신의 특징을 덧입었다. 성자는 누메니오스의 두 번째 신 혹은 플로티노스의 지성 모델로 이해되었다. 그러나 신학적 논쟁이 발전하면서 결국 동체적(同體的) 삼위일체 개념이 등장한다. 신플라톤주의가 통합한 아리스토텔레스 논리학과 존재론은 자연(본성), 본질, 실체, 원질hypostasis(그리스도의 인성) 등의 개념들을 구분하게 해주었고 삼위일체와 성육신 교리를 형성하는 데 없어서는 안 될 개념들을 제공해 주었다. 또한 역으로 신학적 논의가 더욱 세밀해지면서 아리스토텔레스 존재론도 더욱 발전되고 정밀해질 수 있었다.

필론과 오리게네스에 따르면 교양 학문들은 그리스 철학의 예비 과정이었고, 그리스 철학은 계시 철학의 예비 과정이었다. 그러나 이 예비 단계들은 차츰 서로 뒤섞이는 경향을 보였다. 예를 들어 히포의 주교 아우구스티누스는 『그리스도교 교의에 대하여De doctrina christiana』에서 그리스도교 해석학자가 되는 데 필요한 세속적 지식들을 열거하면서 한편으로는 수학, 변증론 같은 교양 학문들을, 다른 한편으로는 철학을 같은 단계에 놓고 언급한다.[9] 우리는 이처럼 철학이 차지하는 지위가 하향한 것을 중세 초기, 카롤링거

시대의 앨퀸에게서도 볼 수 있다.[10]

9세기부터 12세기까지 그리스 철학은 계속 신학적 토론에 이용되었다. 이것은 플라톤의 작품들이 고대 말엽에 이루어진 보이티우스, 마크로비우스, 마르티아누스 카펠라 등의 번역과 주석 작업을 통해 알려져 있었기 때문이다. 그러나 그리스 철학은 신학적 토론뿐 아니라 세계의 개념화 작업을 공고히 하는 데에도 이용되었다. 샤르트르 학파의 플라톤주의는 잘 알려진 일대 현상이었다.[11] 이 기간 동안 교양 학문은 수도원이나 대성당 부속 학교의 학업 과정에 포함되었다.[12]

13세기부터 두 가지 새로운 사태가 중세 사유의 발전에 크게 영향을 미친다. 하나는 대학들의 출현이고, 다른 하나는 아리스토텔레스 번역서의 폭넓은 확산이다. 대학의 설립이라는 현상은 도시의 비약적인 발달과 수도원 학교의 쇠퇴와 맞물려 있었다. 셰뉘가 지적한 바와 같이 수도원 학교는 〈아무런 야망도 없이 성경을 읽고 성직에 종사할 수 있도록 젊은 수도사들을 준비시키는〉[13] 곳이었다. 대학은 도시에서 대학생과 스승들의 지적 단체 구실을 하는 동시에 교회에서 성직자의 권위에 의존하는 조직이었다. 대학은 학년, 수업, 토론 연습, 시험 등등의 학업 과정을 조직했다. 교육은 주로 교양 학문을 가르치는 교양 학부와 신학부로 나뉘어 이루어졌다.

13세기에도 아리스토텔레스의 주요 저작들을 찾아볼 수

있으며 이 저작들은 그리스어나 아랍어로 번역이 되었기 때문에 그리스어나 아랍어 주석을 단 인물들도 많았다. 아리스토텔레스 철학, 즉 그의 철학적 담론은 교양 학부에서나 신학부에서나 중심적인 역할을 했다. 신학자들은 그리스도교 교리가 이성에 제기하는 문제들을 해결하기 위해 아리스토텔레스의 변증론은 물론, 그의 인식론, 질료와 형상을 대비시키는 자연학 등도 빌려 왔다. 또한 교양 학부에서는 아리스토텔레스 철학 교육이 교양 학문의 상당 부분을 대체했다.[14] 이는 곧 〈대철학자〉라고 불리던 아리스토텔레스의 변증론, 자연학, 윤리학 저작들에 대한 주해가 교양 학문의 주요 내용이 되었다는 뜻이다. 철학은 아리스토텔레스주의와 동일시되었고 철학 활동, 곧 철학 선생의 일은 아리스토텔레스의 저작에 주석을 달고 그 저작들이 야기하는 해석의 문제들을 해결하는 것이 되었다. 우리는 이러한 주석가들과 선생들의 철학(혹은 신학)을 〈스콜라 철학〉이라고 부른다. 스콜라 철학자들의 〈읽기〉와 〈논쟁〉은 고대 학파들에서 유행하던 가르침과 훈련의 방법론들의 연장선상에 있다.[15] 따라서 우리가 보았듯이[16] 스콜라 철학 그 자체는 고대 말에 널리 실천되던 철학적 방법론의 후계자일 뿐이다.

이성의 예술가들

나는 〈이성의 예술가들〉[17]이라는 이 표현을 칸트에게서 빌려 왔다. 그는 순수한 사변에만 관심을 두는 철학자들을 가리키기 위해 이러한 표현을 썼다. 철학을 이처럼 개념적 내용으로만 축소하여 생각하는 태도는 오늘날까지도 이어지고 있다. 이 태도는 대학 강의나 모든 학업 수준의 교과서들에서 아주 일상적으로 볼 수 있다. 아마 고전적이고 학술적으로 생각할 때의 철학, 대학에서 생각하는 철학이 이렇다고 하겠다. 오늘날의 대학들은 의식적으로나 무의식적으로나 항상 〈학파(학교)〉의 전통, 다시 말해 스콜라학파의 전통을 계승하고 있다.

게다가 19세기와 20세기 교황들이 전통적으로 가톨릭 재단 대학들에게 토마스주의를 권고했다는 점에서 이 〈학파〉는 오늘날까지 살아 있다고 하겠다. 정확히 말하자면, 신스콜라주의 혹은 토마스주의 지지자들은 아직도 중세 때처럼 철학을 순수하게 이론적인 활동으로 간주한다는 뜻이다. 일례로, 1930년경에 그리스도교 철학의 의미와 가능성을 둘러싸고 벌어졌던 논쟁에서 생활 양식으로서의 철학이라는 문제가 제기되지 않았던 — 내가 아는 한 절대로 그런 적은 없었다 — 데에는 그러한 이유가 있다. 에티엔 질송 같은 신스콜라주의 철학자도 이 문제를 순수하게 이론적인 용어들을 써서 〈그리스도교는 새로운 개념과 문제점 들을 철학적 전통에 도입했는가?〉라고 진술했다. 그는 특유의 명철한 정신으로 문제의 본질을 파악하고 있었기에 이렇게 썼다. 〈가장 바람직한 철학적 입장은 철학자의 입장이 아니라 그리스도교인의 입장이다.〉[18]

그리스도교의 위대한 우수성은 그것이 〈진리에 대한 단순히 추상적인 지식이 아니라 구원에 유효한 방법〉이라는 사실에 있다. 물론 질송은 철학이 고대에는 학문이자 곧 삶이었다는 점을 잘 알고 있었다. 그러나 그리스도교가 볼 때에 고대 철학은 구원의 메시지를 순수한 사색으로 묘사하는 반면, 그리스도교는 〈스스로 교의이자 그 교의를 실천하기 위한 모든 수단들을 가져다주는 것〉이었다.[19] 철학의 실존적 차원이, 교의인 동시에 생활 그 자체였던 그리스도교의 관점에서 더 이상 의미를 지닐 수 없었기 때문에 이로부터 근대 철학이 이론적 학문으로만 여겨지게 되었다고 보는 것보다 더 분명한 판단은 없으리라.

그렇지만 스콜라 신학의 전통만이 존재하는 것은 아니다. 다른 학파들도 있다. 물론 고대와 같은 철학자 공동체는 아니지만 지금은 대학들이 있다. 이 대학들은 그 재단이나 기능은 서로 다를지언정 아직도 중세 대학의 전통을 이어가고 있다. 고대에 철학적 학술 기관이라는 사회적 구조와 철학의 개념화 사이에 밀접한 상호 작용이 있었던 것처럼, 중세 이래로도 대학 기관의 구조와 그곳에서 이루어지는 철학의 본성에 대한 개념 작용 사이에는 일종의 상호 인과성이 있다.

이것은 미구엘 아벤수르와 피에르-장 라바리에르가 인용한 헤겔의 문장을 통해 엿볼 수 있는 내용이기도 하다. 아벤수르와 라바리에르는 쇼펜하우어의 소책자 『대학 철학에 반(反)하여』에 빼어난 서문을 달면서 헤겔을 인용했다. 이 인용문에서 헤겔은 철학이 이제 고대 그리스에서와 같은 의미를 지니지 못한다고 지적한다. 〈(……) [철학은 더 이상 고대 그리스에서처럼] 하나의 개인적 기술로서 단련되지 않고 공식적 직무로서 존재할 뿐이다. 그러므로 오늘날의 철학은 대중에 관련되며, 기본적으로 혹은 전적으로 공무에 속한다.〉[20]

고대의 철학 학파와 대학이 분명히 대립된다는 것을 알아야 한다. 전자가 각 사람에게 전인격적인 변화를 요청하는 반면, 후자의 임무는 객관화할 수 있는 지식의 일정 수준에 상응하는 학위를 수여하는 것이다. 물론 대학이 공무에 속한다는 헤겔의 관점을 일반화할 수는 없다. 그렇더라도 대학이, 국가나 다양한 종교적 단체들(가톨릭, 루터파, 칼뱅파, 영국 국교회 등등) 같은 상위의 권위가 주도할 때에만 설립될 수 있다는 점은 분명히 인정해야 한다. 그러므로 오늘날의 대학 철학은 중세와 마찬가지 조건에 처해 있는 셈이다. 다시 말해 철학은 여전히 신학이나 과학의 시녀 노릇을 면치 못한다. 어쨌든 철학은 전반적인 교육 조직의 명령이나 과학 연구의 명령—지금은 특히 더 그렇다—을 따

라야 한다. 교사, 교재, 시험 등에 대한 선택은 언제나 〈객관
적〉, 정치적, 재정적 규준을 따라야 한다. 그리고 불행히도
대개 이 규준은 철학과 아무 상관도 없다.

여기에 한 가지 덧붙일 사실이 있다. 대학 기관은 철학 선
생들이 공무원 역할을 하게 한다. 오늘날 철학 선생의 일에
서 상당 부분은 또 다른 공무원들을 양성하는 것이다. 고대
에 그러했듯이 인간 구실을 하게끔 사람들을 가르치는 것
이 아니라 사무원이나 선생 같은 직업적 전문가, 이론가, 정
도의 차이는 있지만 어떤 비법과 관련된 특정 지식의 보유
자를 만들어 낸다는 뜻이다.[21] 하지만 그런 유의 지식은 결
코 전 생애를 좌우할 수 없다.

자크 부브레스는 철학 선생의 일에 대한 비트겐슈타인의
생각을 탁월하게 분석했다. 비트겐슈타인은 철학 선생의
앞길에 〈지성적, 도덕적 파멸〉의 위험이 도사리고 있다고
보았다.

어떤 점에서, 한 인간에게 그가 꼭 일말의 자격이 있다고
할 수 없는 경우에도 직업적으로 어떤 의견을 갖게 하는 것
보다 더 참을 수 없는 노예 상태는 없을 것이다. 비트겐슈타
인의 관점에서 볼 때 여기서 문제가 되는 것은 철학자의 〈지
식〉, 즉 그가 활용할 수 있는 이론적 지식의 축적이 아니라
그가 말하고 생각할 수 있다고 믿는 것에 대해 치러야 했던
개인적 대가이다. (……) 결국 철학이란 모범적인 인간 경험

의 표현 외에는 아무것도 아니다.[22]

더욱이 헤겔에서 실존주의의 출현에 이르기까지 대학 철학 전체를 지배했던 관념론과 그 이후에 선풍을 일으켰던 구조주의는, 이론적이고 체계적인 것이 진정한 철학이라는 생각을 크게 확산시켰다.

이러한 것들이 철학을 순수한 이론으로 이해하게끔 이끌어 간 역사적 요인들이라고 생각된다.

생활 양식으로서의 철학 개념의 영속성

그러나 이러한 변화는 겉으로 보이는 것만큼 근원적이지는 않다. 서양 철학사를 통틀어 보건대 고대적인 철학 개념이 어느 정도 남아 있음을 확인할 수 있다. 때로는 대학 기관 자체 내에서, 그리고 좀 더 빈번하게는 대학의 철학 교육에 반대하는 움직임 속에서 그 개념의 자취를 찾을 수 있다. 이러한 움직임은 대학 기관과는 별개의 현장들, 예를 들어 종교 및 세속의 공동체들에서 일어나는 경우가 많다. 그러나 중세에서부터 오늘날에 이르기까지 개인적으로 고대 철학의 생생하고 실존적인 차원에 충실하게 머물렀던 철학자들도 있었다.

앞에서 보았듯이 교양 학부 선생들은 그리스어나 아랍어

번역서들 덕분에 고대의 한 철학자, 즉 아리스토텔레스의 거의 모든 저작들을 접할 수 있었다. 그들이 이 텍스트들에 힘입어 철학은 그저 담론에 지나지 않는 것이 아니라 삶의 양식이기도 하다는 사실을 재발견하게 된 것은 대단히 의미심장하다.[23] 그러나 가장 흥미로운 점은 여기서 그 문제의 철학자가 다름 아닌 아리스토텔레스, 보통 순수한 이론가로 여겨지는 철학자였다는 것이다. 하지만 아리스토텔레스 주석가들은 탁월한 통찰력으로 이 〈대철학자〉에게 본질적인 핵심이 연구와 정관에 헌신하는 삶, 그리고 무엇보다도 신적 지성에 동화되고자 하는 노력에 있음을 꿰뚫어 보았다. 그래서 다키아의 보이티우스는 『니코마코스 윤리학』 제10권의 마지막에 등장하는 아리스토텔레스의 유명한 주장을 인용하여 인간의 목적과 행복은 존재의 가장 지고한 부분을 따라, 다시 말해 진리를 관조할 수 있는 지성을 따라 사는 데 있다고 말한다.[24] 이 같은 삶은 열등한 힘을 우월한 힘에 종속시키는 자연의 질서를 따른다. 그러므로 오직 자신의 삶을 진리를 사색하는 데 바치는 철학자만이 자연을 따라 살며 지극히 유쾌한 삶을 영위한다. 랭스의 성 알베리히의 선언은 보이티우스의 글에 다음과 같이 화답한다. 〈목적에 도달했음을 알게 되면 오직 쾌락을 음미하고 즐기는 것밖에 할 일이 없다. 이것이 소위 지혜요, 우리가 찾을 수 있었던 감미로움은 그 자체로서 사랑받을 수 있는 것이다. 이것이 철학이요, 여기가 우리가 멈춰야 할 지점이다.〉[25]

이와 유사한 태도를 단테와 마이스터 에크하르트에게서도 찾을 수 있을 것이다. 그러므로 도만스키가 언급했듯이 이러한 사유의 흐름은 〈철학에 완전한 자율성을 부여하며 철학을 단순히 그리스도교 교리의 예비 교육으로 간주하지 않는다〉.[26]

14세기에 페트라르카는 이론적이고 기술적인 윤리학 관념을 거부했다.[27] 그는 윤리학을 주제로 다룬 아리스토텔레스의 저작을 읽고 주석을 단다고 해서 실제로 더 선한 인간이 되는 것은 아니라고 말했다. 이 때문에 그는 〈강단에 앉아 있는 선생들〉은 철학자라고 부를 수 없으며 이 철학자라는 칭호는 오직 가르침을 실천에 옮기는 이들에게만 주어져야 한다고 했다.[28] 〈진리를 아는 것보다 선을 행하고자 하는 것이 더 중요하다.〉[29] 우리의 연구 시각에서 본질적인 중요성을 지니는 이 표현 역시 페트라르카에게서 빌려온 것이다. 에라스무스에게서도 같은 태도를 찾아볼 수 있다. 그는 소크라테스, 키니코스주의자 디오게네스, 에픽테토스는 물론, 세례 요한이나 예수 그리스도, 그리스도의 제자들이 그랬던 것처럼 철학적으로 살아가는 사람만이 철학자로 불릴 수 있다고 여러 차례 주장했다.[30] 페트라르카와 에라스무스가 철학적인 삶을 거론하면서 교부들이나 일부 수도사들의 구도적 삶을 염두에 두었다는 점은 짚고 넘어갈 필요가 있다. 그렇지만 우리가 보았듯이, 그들은 그리스도교가 아닌 사람들도 철학자의 이상을 실현할 수 있다고 인정했다.

르네상스 시기에는 에피쿠로스주의, 스토아주의, 플라톤주의, 회의주의 등 고대 학파들의 교의 경향들뿐 아니라 그들의 구체적인 태도까지 새롭게 소생했다. 예를 들어 몽테뉴의 『에세』는 고대 철학이 제시하는 다양한 삶의 양식들을 실천하고자 애쓰는 한 철학자의 모습을 보여 준다. 〈나의 일, 나의 기술은 삶이다.〉[31] 그의 정신적 여정은 세네카의 스토아주의에서 비롯되어 플루타르코스의 개연론으로 나아갔으며,[32] 회의주의를 거쳐 결국 최종적으로는 에피쿠로스주의에 이르렀다.

「나는 오늘 아무것도 안 했네.」「뭐? 자네는 그럼 살아 있지도 않았단 말인가? 자네의 소임들 중에서 가장 근본적일 뿐 아니라 가장 빛나는 것은 삶 그 자체라네. (……) 우리의 위대하고 영예로운 걸작, 그것은 적절한 삶을 살아가는 것일세. 자기 존재를 충실하게 향유할 줄 아는 것이야말로 신과 같은 절대적 완전함이라네.」[33]

푸코는 철학의 이론화가 비롯된 시점을 중세가 아니라 데카르트로 보았다.[34] 내가 이미 다른 지면에서 밝힌 바 있듯이, 내가 〈데카르트 이전에는 주체가 자신이 진리를 인식할 수 있게끔 해줄, 자신에게 부여된 특정한 작업을 먼저 수행한 이후에라야 진리에 대해 접근할 수 있었다〉라는 푸코의 판단에 동의하는 이유는 그저 앞에서 아리스토텔레스와 포르피리오스에 대해 말한 바를 상기시키는 것으로 충분히 설명되지 싶다.[35] 하지만 나는 푸코의 다음과 같은 판단에는 동의하지 않는다. 〈데카르트에 따르면, 진리에 접근하기 위해서는 어떤 주체든 간에 명백한 것을 알 수 있는 주체가 되는 것만으로 충분하다. (……) 명증성이 금욕을 대치하게 된 것이다.〉

하지만 나는 데카르트가 자기 저작에 〈성찰〉이라는 제목을 붙였을 때 이 단어가 고대 및 그리스도교의 정신적 전통에 속하는 영혼의 훈련을 지칭한다는 점을 알고 있었으리라 생각한다. 이 훈련은 자기 혼자, 자기 자신에 대해 실천해야 하고 이것이 끝나야만 다음 단계로 나아갈 수 있다. 게다가 철학자이자 소설가인 미셸 뷔토르가 섬세하게 입증해 보였듯이, 데카르트는 빼어난 문학적 기술로 이 훈련들을 제시했다.[36] 비록 데카르트가 일인칭 시점으로 말하고(그는 자신이 잠옷을 입고 불가에 앉아 있으며 자기 바로 앞에 종이가 있다고 말한다) 자신의 느낌을 묘사하고 있다고는 해도, 그가 정말로 원했던 것은 독자들이 자신이 기술하는 마음속의 발전 단계들을 실제로 거치는 것이었다. 다시 말해 『성찰』에서의 일인칭 대명사 〈나〉는 사실상 독자에게 말을 거는 이인칭 대명사로서의 의미를 갖는다. 여기서 고대에 자주 드러났던 하나의 움직임을 볼 수 있다. 이 움직임을 통해 개인적인 자아는 보편성의 수준으로 고양된 자아로 나아간다. 각각의 〈성찰〉은 한 가지 주제밖에 다루지 않는다. 예를 들어 첫 번째 성찰은 방법적 회의를 다루고 두 번째 성찰은 사유하는 실재로서의 자아의 발견을 다룬다. 이것은 독자들이 각 성찰에서 시행되는 훈련을 잘 소화할 수 있도록 하기 위한 배려였다. 아리스토텔레스는 〈우리가 배우는 것이 우리의 본성이 되려면 시간이 필요하다〉고 했다. 데카르트 역시 이렇게 획득한 새로운 자기의식을 기억의 차원으로 남기기 위해서는 매우 긴 〈성찰〉이 필요함을 통찰했던 것이다. 그가 방법적 회의에 대해 하는 말을 들어 보자.

나는 그것[방법적 회의]에 성찰 하나를 고스란히 부여하지 않을 수 없었다. 나는 독자들이 독서에 필요한 약간의 시간만 들일 것이 아니라, 다른 것으로 옮겨 가기 전에 그것이 다루고 있는 것들을 생각하면서 몇 달 혹은 다만 몇 주만이라도 보내기를 바란다.[37]

세 번째 성찰 역시 도입부를 보면 매우 플라톤주의적인 정신 수련처럼 제시된다. 이것은 이 세 번째 성찰의 목표가 감각적 앎으로부터 스스로를 분리하는 데 있기 때문이다.

이제 나는 눈을 감고 귀를 막고 물체적인 것들의 모든 이미지들조차 내 생각에서 지워 버리려 한다. (……) 이렇게 해서 오직 나 자신에게만 이야기하고 내 속을 깊이 살핌으로써 조금씩 나 자신을 나에게 더 잘 알려지게 하고 더 친숙한 것이 되게 하련다.

좀 더 일반적으로 보자면, 내가 생각할 때 아무 주체나 데카르트적 명증성에 도달할 수 있는 것이 아니다. 사실상 명증성의 교훈을 언급하는 『방법서설』에서 스토아주의의 합당한 표상(내포적 표상)에 대한 정의를 보는 것은 지극히 자연스러운 일이다. 〈첫째는 내가 명증적으로 참되다고 안 것 외에는 어떤 것도 참된 것으로서 받아들이지 않을 것. 즉 속단과 편견을 조심스럽게 피할 것. 그리고 의심의 여지가 없을 정도로 아주 명석하게, 아주 판명하게 내 정신에 나타나는 것 외에는 어떤 것도 내 판단에 넣지 않을 것이다.〉[38]
이것은 스토아주의의 동의에 대한 규율과 완전히 일치한다.[39] 그리고 스토아주의에서와 마찬가지로, 이 명증성은 어떤 정신의 소유자든 접근할 수 있는 것이 아니다. 이 명증성 역시 경솔을 회피하고자 하는 노력과 금욕을 요구하기 때문이다. 고대적인 철학 개념이 데카르트에게 얼마나 잘 남아 있는지 모른다. 예를 들어 『엘리자베스 왕녀에게 쓴 편지』는 사실상 정신 지도를 위한 편지들이라고 할 수 있기 때문이다.

칸트에게도 〈지혜에 대한 사랑〉, 곧 지혜에 대한 욕망, 사랑, 연습이라는 고대적인 철학 개념은 언제나 유효했다. 그는 철학이 〈(단순한 학문이 아닌) 지혜의 연습이자 교의〉라고 했다. 또한 칸트는 지혜와 철학의 간격에 대해서도 잘 알고 있었다. 〈인간은 지혜를 소유하지 않는다. 다만 지혜를 향하고 그것에 대한 사랑을 느낄 뿐이다. 그것만으로도 충분히 칭찬할 만한 것이다.〉[40]

인간에게 철학은 지혜를 향한 노력이며 이 노력은 항상 미완으로 남는다.[41] 칸트의 비판 철학이라는 기술적 위업 전체도 지혜의 관점, 또는 차라리 현자의 관점에서 볼 때에만 의미를 지닐 수 있다. 칸트는 지혜를 언제나 현자의 모습이라는 이상적 규준 아래에서 개념화하는 경향이 있기 때문이다. 이 규준은 결코 어떤 한 인간을 통해 실현된 적이 없지만 그래도 철학자들은 이 규준에 따라 살아가고자 노력한다. 칸트는 이러한 현자 모델을 〈철학자의 이데아〉라고 일컬었다. 〈진정한 그리스도교인이 실제로는 존재하지 않는 것과 마찬가지로, 이 모델에 부합하는 철학자 또한 존재하지 않는다. 이 두 가지는 모두 모델일 뿐이다. (……) 모델은 규준으로 쓰여야 한다. (……) 철학자는 이데아에 지나지 않는다. 우리는 아마 그에게 시선을 돌리고 어느 정도 그를 모방할 수도 있을 테지만 절대로 그에게 미칠 수는 없다.〉[42]

여기서 칸트는 소크라테스의 전통 안에 위치한다. 소크라테스는 『향연』에서 자신이 알고 있는 단 한 가지는 자신이 현자가 아니며 아직 현자의 이상적인 모델에 다다르지 못했다는 것뿐이라고 했다. 이 소크라테스주의는, 자신은 스스로 그리스도교인이 아니라는 점을 알고 있는 한에서만 그리스도교인이라고 했던 키에르케고르의 사상을 예고한다. 〈신성성이 그리스도교의 토대이듯, 철학의 토대는 지혜의 관념이어야 한다.〉[43]

더욱이 칸트는 〈철학 혹은 철학자의 이데아〉라는 표현뿐만 아니라 〈지혜의 이데아〉라는 표현을 썼다. 사실상 지혜라는 이상이야말로 철학자가 좇는 이상에 다름 아니기 때문이다.

몇몇 고대 철학자들은 진정한 철학자 모델에 다가갔다. 루소도 마찬가지였다. 그러나 그들은 그 모델에 미치지 못했을 뿐이다. 아마도 많은 이들이 우리가 지혜의 교의를 이미 가지고 있고 그 교의를 단순한 관념으로 여겨서는 안 된다고 믿고 있을 것이다. 그것은 온갖 처방들로 가득 찬 수많은 책들이 우리에게 어떻게 행동해야 할지를 말하고 있기 때문이다. 하지만 이것들은 우리에게 어떻게 그 행동들에 이를 수 있는지 방법들을 전혀 보여 주지 않기 때문에 대부분 동어 반복적인 명제들과 도저히 참고 들어 줄 수 없는 요구들에 지나지 않는다.[44]

칸트는 이어서 고대 철학을 두고 다음과 같이 말한다.

철학의 숨겨진 관념이 인간들 가운데 이미 오래 전부터 현존해 왔다. 그러나 사람들은 그 관념을 이해하지 못하거나 그저 학식에 기여하는 것 정도로만 여겼다. 우리가 에피쿠로스, 제논, 소크라테스 등과 같은 고대 철학자들을 살펴본다면 그들의 학문적인 주요 목표가 인간의 운명과 그것을 실현하기 위한 수단에 있었음을 발견할 것이다. 그러므로 그들은 철학자의 진정한 관념에 보다 충실하게 머물 수 있었건만, 이성의 예술가로서의 철학자밖에 만날 수 없는 오늘에는 그러지 못한다.[45]

칸트는 특히 에피쿠로스, 디오게네스, 소크라테스 등의 삶을 기술한 뒤에 고대인들은 철학자들에게 그들이 가르치는 바대로 살아갈 것을 요구했다고 분명히 지적한다. 〈한 노인이 플라톤에게 자신은 덕에 대한 가르침을 들었노라고 말했다. 플라톤은 그 노인에게 그래서 결국 당신은 언제 덕을 실천하면서 살려고 합니까?라고 물었다. 사색만이 능사가 아니요, 궁극적으로는 사색의 결과를 적용하는 것에 대해 생각해야만 한다. 그러나 오늘날 자신이 가르치는 바와 일치된 삶을 사는 자는 몽상가 취급을 받을 뿐이다.〉[46]

삶의 양식과 지식에 있어서 완전한 현자가 이 세상에 존재하지 않는 이상, 철학도 있을 수 없을 것이다. 〈우리가 철학자라 불러야 할 것은 오직 이상 속의 스승뿐이다. 그러나 (……) 그는 어디에도 존재하지 않는다.〉[47] 그러므로 철학은—그 말의 고유한 의미를 따지자면—존재하지 않으며 아마 앞으로도 결코 존재하지 않을 것이다. 우리에게 가능

한 것은 〈철학함〉, 즉 〈이상 속의 스승〉이라는 관념이 이끄는 대로 이성을 훈련하는 것뿐이다.[48]

철학에 대해서는 두 가지 관념, 두 가지 표상이 가능하다. 칸트는 이 두 가지를 각각 〈강단 철학(학술적인 철학)〉 개념과 〈세상의 철학〉 개념으로 일컬었다.[49] 강단 철학 혹은 학술적인 철학 개념에서의 철학은 단지 순수한 사변일 뿐이며 체계화되는 것, 지식의 논리적 완전성만을 목표로 삼는다. 칸트는 이러한 학술적 철학 개념에 만족하는 사람을 〈이성의 예술가〉라고 부른다.[50] 이는 곧 플라톤이 〈필로독소스 *philodoxos*(의견의 친구)〉라고 표현했던 부류의 사람과 마찬가지이다.[51] 이런 사람은 여러 가지 멋진 것들에 흥미를 보이지만 정작 아름다움 자체[즉자적 아름다움]는 보지 못한다. 여러 가지 올바른 것들에는 매력을 느끼지만 정작 올바름 자체[즉자적 올바름]는 보지 못하는 것이다. 이것은 그가 완전히 체계적이지 못하다는 말이나 마찬가지이다. 왜냐하면 그는 철학적인 노력 전체에 활력을 불어넣는 보편적인 인간의 이해의 통일체를 보지 못하고 있기 때문이다.[52] 실제로 칸트에게서 〈강단 철학〉은 순수한 이론의 수준에 머물 뿐이며 오직 〈세상의 철학〉이라는 개념만이 철학의 궁극적인 의미라는 관점에 위치하며 실제로 철학을 통일할 수 있다.

그러면 도대체 〈세상의 철학〉 개념이란 무엇인가? 칸트는 〈우주적인〉 개념 혹은 〈세계주의적인〉 개념이라고도 했다.[53] 이러한 표현은 우리를 혼란스럽게 한다. 이 표현을 제대로 이해하려면 18세기 계몽주의 시대라는 특수한 맥락 속에 놓고 보아야 한다. 여기서 〈우주적인〉이라는 말은 물질적 〈세계〉와 무관하며 오히려 인간 세계와 관련된다. 다시 말해 이 말은 인간들의 세계를 살아가는 개인과 관련되는 것이다. 학교의 철학과 세상의 철학 사이의 대립은 칸트 이전에, 예를 들어 슐처 같은 이에게 이미 나타났다.[54] 슐처라는 인물은 〈세상의 철학〉이 인간 경험과 그로 말미암은 지혜에 있다고 보았다. 이러한 구분은 철학을 폐쇄적이고 고정된 학교 집단에서 끌어내어 모든 이들이 접근할 수 있는 것으로 만들었던 계몽 시대의 일반 경향과 부합한다. 더욱이 우리는 18세기의 철학이 고대에 그랬던 것처럼 철학적 담론과 삶의 방식을 다시금 통합하려는 성격을 지니고 있었다는 점을 강조해야 한다.

그러나 칸트의 〈우주적인〉 철학 개념은 18세기에 유행하던 세계적 철학, 대중적 철학보다 훨씬 더 깊은 의미를 지닌다. 〈우주적인〉 철학은 이상적 현자로서 구현된 지혜에 준거하기 때문이다. 칸트는 지혜에 대한 추구라는 철학 개념을 정초하는 것은 〈특히 이 개념이 인격화될 때, 말하자면 이상 속에 존재하는 철학자 모델로 생각될 때〉 언제나 〈우주적인〉 철학 개념, 〈세상의〉 철학 개념이지 〈학술적인〉 철학 개념이 아니라고 말한다. 이 말은 결국 이 개념이 현자의 모습을 통해 보일 수 있다는 것이다. 〈이러한 의미에서, 스스로 철학자라 칭하는 것은 자신이 이상에만 존재하는 모델과 동등하다고 주장하는 셈이요, 매우 오만한 짓이다.〉[55]

이러한 현자 혹은 이상적 철학자는 〈이성의 입법자〉일 것이다. 그는 자기의 법, 곧 이성의 법에 따라 스스로를 다스린다. 이상적 현자는 어디에도 존재하지 않지만 적어도 〈입법의 관념은 모든 인간 이성에서, 어디에서나 발견된다〉. 여기에서 우리의 이성이 이상적 현자의 관념의 빛에 의해 인간 행위를 이끄는 명령들을 발한다는 것을 이해할 수 있다.[56] 〈너의 의지의 준칙이 언제나 보편적 입법의 원리로도 타당할 수 있도록 행위하라〉[57]라는 정언 명령을 통해 자아는 스스로를 보편화하면서 자기를 실현하는 동시에 자기를 초월한다. 이 명령은 무조건적이어야 한다. 다시 말해 어떤 개별적인 관심 혹은 이익에 기초해서는 안 되는 것이다. 오히려 이 명령은 개인이 보편의 관점에서만 행동하도록 종용한다. 우리는 여기서 고대 철학 고유의 삶의 양식에 속하는 근본적인 주제들 중 하나를 찾아볼 수 있다.

여러분은 틀림없이 칸트가 왜 지혜의 관념이 지배하는 철학적 기획을 〈우주적 철학 개념〉이라고 일컬었는지가 궁금할 것이다. 칸트가 우주적 철학을 어떻게 정의했는지 알면 이 용어를 좀 더 이해하기가 쉬울 것이다. 〈우리는 각 사람의 관심을 끄는 개념을 철학의 우주적인 개념이라고 부른다.〉[58] 여기서 문제시되는 세계(우주)는 인간 세계이므로 이것은 결국 〈모든 사람의 관심을 끄는 개념〉이라고 볼 수 있다. 모든 사람의 관심을 끄는 것, 혹은 차라리 모든 이의 관심을 〈끌어야 하는〉 것, 이것은 곧 지혜와 다른 것이 아니다. 정상적이고[규준에 맞고] 자연스러우며[본성에 맞으며] 일상적인 인간 존재의 상태는 지혜라야만 한다. 하지만 인간들은 지혜에 이르지 못하고 있다. 바로 여기에 고대 철학의 근본적인 관념들 중 하나가 있다. 각 인간의 관심을 끄는 것, 그것은 비단 칸트적 비판의 문제인 〈나는 무엇을 알 수 있는가?〉만이 아니라 특별히 〈나는 무엇을 해야 하는가?〉, 〈나는 무엇을 바랄 수 있는가?〉, 〈인간이란 무엇인가?〉와 같은 물음들, 곧 철학의 근본 물음들이다.[59]

이성의 관심이라는 관념은 대단히 중요하다. 그러한 관념은 이론 이성에 대한 실천 이성의 우위라는 생각과 연결되어 있기 때문이다. 칸트는 이렇게 말한다. 〈모든 관심들은 궁극적으로 실천적이고 (……) 사변적인 이성의 관심조차도 조건화될 뿐이며 실천적 사용을 통해서만 완성된다.〉[60]

사실 칸트의 철학은 도덕적 선에 대하여 이러한 실천적 관심을 느끼는 이들만을 대상으로 하고 있다. 이들은 도덕을 지향하는 감정을 타고난 사람들이며 숭고한 목적과 지고의 선을 선택한 사람들이다. 더욱이 『판단력비판Kritik der Urteilskraft』에서 이러한 도덕적 선에 대한 관심과 도덕을 지향하는 감정이, 우리가 자연의 아름다움에 대해 느낄 수 있는 관심의 선제 조건으로 나타난다는 점은 주목할 만하다. 〈자연미에 대한 이 즉각적인 관심은 사실상 만인에게 공통적인 것이 아니다. 그것은 이미 사유 방식이 선에 대하여 훈련되어 있는 이들 혹은 이러한 훈련을 받기에 매우 탁월한 경향이 있는 이들에게만 특유한 것이다.〉[61]

그러므로 칸트의 이론적 담론은 칸트 자신의 입장에서나 그가 상대하는 독자들의 입장에서나 어떤 결정과 결부되어 있다. 이 결정은 특정한 삶의 양식으로 인도하는 신념의 행위이고, 그 삶의 양식에 영감을 불어넣는 것은 결국 현자의 모델이다. 이로써 우리는 칸트가 얼마나 고대의 철학 개념에서 영향을 받았는가를 알 수 있다. 특히 그가 『도덕 형이상학 Die Metaphysik der Sitten』 끝에서 제시한 〈윤리적 금욕주의〉는 스토아적 의무의 긴장과 에피쿠로스적 평정을 조화시키기 위한 미덕의 훈련 규칙들을 망라해 보여 준다.[62]

중세에서 오늘날에 이르기까지 철학사를 통들어 고대의 철학 개념이 어떻게 수용되었는가를 논하자면 어마어마한 작업이 될 것이다. 나는 여기서 몽테뉴, 데카르트, 칸트 같은 몇몇 거물들에 집중하는 정도로 그치려 한다. 우리는 그밖에도 여러 다양한 사상가들을 언급할 수 있을 것이다. 루소, 샤프츠베리,[63] 쇼펜하우어, 에머슨, 소로, 키에르케고르, 마르크스, 니체, 윌리엄 제임스, 베르그송, 비트겐슈타인, 메를로퐁티 등등이 그러한 인물들이 되겠다. 이들은 모두 나름대로 고대 철학이라는 모델로부터 영향을 받았고 철학을 구체적이고 실천적인 활동이자 세계를 지각하고 그 안에서 살아가는 방식의 변화로 이해했다.

12. 질문과 전망

  이제 우리는 이 책의 마지막 부분에 이르렀다. 필자는 미처 말하지 못한 것들과 독자들이 질문하고 싶은 것들을 어느 정도 알고 있다. 일례로, 우리는 철학의 〈이론화〉를 그리스도교와 철학의 만남이 빚어낸 결과로 소개했다. 그렇다면 고대 및 현대의 철학과 종교의 관계에 대한 전반적인 연구를 제시하는 편이 더 낫지 않았을까? 고대에 철학자는 종교를 사회생활 중에 신들에게 바치는 제사의 형태로 만나거나 문화생활을 통해 예술이나 문학 작품의 형태로 만났다. 하지만 그는 종교를 철학적으로 영위했고 종교를 철학으로 변화시켰다. 에피쿠로스가 도시의 제전은 물론 기도 의식에도 참여하라고 권고했던 것은, 그렇게 함으로써 에피쿠로스의 자연학 이론이 이해하는 대로 신들을 관조할 수 있기 때문이다. 후기 신플라톤주의자들조차도 마술학을 실천했을 뿐 아니라 그것을 본질적으로 철학적인 정신의 진보 과정 안에 통합시키기까지 했다. 궁극적으로 이것은 전통 종교에 완전히 이질적인 존재인 불가지의 초월적 신에게로 올라가기 위함이었다. 그들은 공식 종교의 신들과 철학적 본체들을 대응시키는 이성적 신학을 수립했지만 이 신학은 그들이 그리스도교에 대항하여 옹호하기를 원했던 고대 신앙과는 별 관계가 없다. 고대에 철학적 생활 양식은 종교와 경쟁하지 않았다. 그 당시의 종교는 그리스도교처럼 실존과 내면의 삶을 온전히 포괄하는 생활 양식이 아니었기 때문이다. 아낙사고라스의 소크라테스의 경우가 그러했듯이 철학적 담론은 오히려 도시에서 수용되던 신들에 대한 생각과 충돌할 여지가 있었다.

우리가 보았듯이 철학과 그리스도교의 관계는 훨씬 더 복잡하다. 이 관계를 정의하려면 오랜 연구가 필요할 것이다. 사실 중세 이후의 거의 모든 철학 학파들이 그리스도교의 영향을 받았다고 할 수 있다. 우선 철학적 담론이 그리스도교와의 긴밀한 관계 속에서 발전되는 경우가 있다. 그것은 직접적으로 혹은 간접적으로 그리스도교 교리를 정당화하기 위한 것일 수도 있고 반대로 논박하기 위한 것일 수도 있었다. 이 점에 대해서는 질송의 지적에 동의하지 않을 수 없다. 그는 데카르트, 말브랑슈, 라이프니츠의 철학이 결국은 그리스도교의 문제 내에 있음을 보여 주었다.[1] 칸트의 이름도 여기에 추가될 수 있을 것이다. 그러나 칸트가 그리스도교적 신념을 도덕적 신념에 동화시키면서 오히려 그리스도교를 본질적으로 철학으로 변화시켰다는 점은 인정해야 한다.[2] 게다가 중세 이래로 페트라르카, 에라스무스, 그리스도교 스토아 및 에피쿠로스 철학자들을 거쳐 가브리엘 마르셀의 그리스도교적 실존주의에 이르기까지 철학적 생활 양식은 오랫동안 그리스도교인의 생활 양식과 동일시되었다. 심지어 현대 철학자들의 실존적 태도에서조차 그리스도교의 자취를 찾아낼 수 있을 정도이다.[3] 서구의 정신세계를 잠식한 그리스도교 전통의 강력한 힘을 생각해 볼 때 이 자체는 전혀 놀라운 일이 아니다. 그러므로 철학과 종교의 관계를 보다 깊이 있게 정의하기 위해서는 오랜 연구가 수반되어야 할 것이다.

간단하게나마 내가 생각하는 철학 개념을 밝히는 것이 도움이 되리라 믿는다. 나는 오늘날뿐만 아니라 고대에도 철학은 이론적이며 〈개념화하는〉 활동이었음을 전적으로 인정한다. 그러나 나는 고대에는 철학자의 삶에 대한 선택이 그의 철학 담론의 근본적인 경향을 결정하고 조건화했다는 것도 믿는다. 궁극적으로, 이것이 철학 전체에 대해 참이라고 생각한다. 물론 철학이 임의적이고 맹목적인 선택에 의해 결정된다는 뜻은 아니다. 나는 오히려 실천 이성이 이론 이성에 대해 우위를 차지한다는 말을 하고 싶은 것이다. 칸트가 말한 것처럼 철학적 반성은 〈이성의 관심을 끄는 것〉, 곧 생활 양식에 대한 선택을 통해 동기화되고 인도된다. 〈사유를 낳는 것은 욕망이다〉[4]라는 플로티노스의 말에 나는 전적으로 동감한다. 하지만 의지와 지성 사이에는 일종의 상호 작용 혹은 상호 인과성이 있다. 여기서 의지가 철학자가 마음 깊이 원하는 것, 그의 관심을 끄는 것, 즉 〈어떻게 살 것인가?〉라는 물음에 대한 답변이라면 지성은 그가 반성을 통해 규명하고 밝히고자 노력하는 것이 되겠다. 의지와 반성은 불가분의 관계에 있다. 근대 혹은 현대 철학에도 때때로 이러한 상호 작용이 있었다. 그래서 이 시대의 철학적 담론들도 어느 정도까지는 그것에 동기를 부여한 실존적 선택으로써 설명할 수 있다. 비트겐슈타인의 편지들 중 한 편은 그 좋은 예가 될 수 있겠다. 그는 이 편지에서 자신의 『논리철학논고』는 분명히 명제 이론에 대한 책으로 제시되었고 실제로도 그러하지만 근본적으로 그 책은 윤리학에 대한 책이고, 비록 〈윤리학에 속하는 것〉을 말하지는 않았지만 보여 주기는 했다고 전한다.[5] 사실 『논고』 집필에 동기를 부여했던 것은 독자들을 고대 철학의 실존적 선택과 전적으로 유사한 어떤 삶의 양식, 어떤 태도로 이끌고 싶다는 의지였다. 그 양식, 그 태도란 아무것도 후회하지 않고 의심하거나 소망하지도 않으며 〈현재 속에서 살아가는〉 것이었다.[6] 우리가 앞에서 이미 말했던 것처럼[7] 근대 및 현대의 많은 철학자들이 〈철학의 관념〉 — 칸트의 표현을 다시 빌려오자면 — 에 여전히 충실했다. 결론적으로, 철학의 이론적, 추상적, 개념적 측면을 강조하는 경향이 있었던 것은 강단 철학, 특히 철학사에 대한 교육이었다.

몇 가지 방법론적인 지시들을 강조하지 않을 수 없는 것도 이 때문이다. 고대의 철학 저작들을 이해하려면 당시의 철학적 삶이 지녔던 특수한 조건들을 염두에 두고 그 저작들로부터 철학자의 심중을 간파해야 한다. 그의 의도는 그 자체로 목적을 지닌 담론을 전개하는 것이 아니라 읽는 이들의 영혼에 작용하는 것이다. 사실 각각의 주장들은 청중이나 독자의 영혼에 발생하도록 의도된 효과라는 관점에서 이해되어야 한다. 이는 때때로 전향을 유도하고 위로, 치유, 권고 등과도 관계되지만 무엇보다도, 그리고 항상, 완성된 지식을 전달하는 것이 아니라 양성한다는 점이 중요하다. 다시 말해 어떤 노하우를 가르치고 습관을 들이며 판단과 비판의 새로운 가능성을 열고 〈변화〉하게끔, 즉 삶의 방식과 세계를 보는 방식을 바꾸게끔 하는 것이다. 그러므로 우리가 플라톤, 아리스토텔레스, 플로티노스 등에서 사유의 진전이 차단된 듯한 아포리아들, 부연 진술, 반복, 앞뒤가 맞지 않아 보이는 대목들을 발견하더라도 이것들이 어떤 지식을 전달하기 위한 것들이 아니라 훈육하고 양성하기 위한 것임을 기억한다면 더 이상 놀랍게 여겨지지 않을 것이다.

작품과 그 수신자 사이의 관계는 대단히 중요하다. 사실 글의 내용은 부분적으로 독자의 정신 역량에 맞춰야 할 필요에 따라 결정된다. 우리가 잊어서는 안 될 사항은, 고대 철학자들의 작품을 그 사람이 속한 학파의 삶이라는 관점에 놓고 보아야 한다는 것이다. 이 작품들은 대부분의 경우 직접적이든 간접적이든 가르침과 관련이 있기 때문이다. 예를 들어 아리스토텔레스의 논문들은 상당수가 강의 준비 원고다. 또한 플로티노스의 논문들은 강의에서 야기되었던 난점들을 반영하여 집필되었다. 고대의 철학 저작들은 대부분—철학적 작품, 비철학적 작품들을 막론하고—구술(口述)과 밀접한 관련이 있었다. 그 이유는 이 작품들이 대중 앞에서 큰소리로 낭독될 것을 염두에 두고 집필되었기 때문이다. 이 같은 글쓰기와 말하기의 밀접한 관계가 우리를 혼란스럽게 하는 고대 철학 문헌의 특수성을 일부나마 해명해 준다.

독자들은 또한 내가 철학에 대한 고대의 생각이 오늘날에도 살아 있다고 생각하는지 묻고 싶을 것이다. 나는 몽테뉴에서 오늘날에 이르기까지 많은 현대 철학자들이 철학을 순수한 이론적 담론으로 여기지 않고 실천, 금욕, 자기 변화로 여겼음을 보여 주면서 이 물음에 대해 이미 부분적으로 답변했다.[8] 따라서 그러한 생각은 여전히 〈현행적이고〉 언제나 다시 현행화될 수 있다고 생각한다.[9] 내 입장에서는 이 질문을 약간 다르게 제기해 보고 싶다. 이 살아 움직이며 선택하는 철학자, 이 고대의 〈철학자〉 개념을 재발견하는 일이 시급하지 않은가? 이러한 철학자가 없다면 철학 개념에는 아무 의미도 없는 게 아닌가? 어째서 우리는 고대에 변함없이 유지되었던 개념에 따라서, 철학자를 교수나 철학적 담론을 펼친 작가들이 아니라 철학적 삶을 영위하는 사람들로 정의하지 않는가? 그리스도교도가 이론가나 신학자가 아니면서도 그리스도교를 실천할 수 있는 것처럼, 우리가 일반적으로 이론가에게만 적용하는 〈철학자〉라는 말의 사용을 개정하여 철학을 실천하며 사는 이에게도 이러한 명칭을 부여해야 하지 않을까? 철학적으로 살기 위해서는 그 전에 먼저 철학적 체계를 수립해야 할까? 물론 이 말이 우리 자신의 경험이나 과거 혹은 현대의 철학자들의 경험에 대해 반성할 필요가 없다는 뜻은 아니다.

하지만 철학자로서 산다는 것은 무엇인가? 철학의 실천이란 무엇인가? 나는 이 책에서 여러 가지를 말하고 싶었지만 그중에서도 철학의 실천이 철학 담론에 대해 비교적 독립적이라는 점을 보여 주고 싶었다. 철학적 담론들은 극도로 상이할지라도 동일한 정신 수련을 떠받칠 수 있다. 철학적 담론은 경험을 기술하고 정당화하기 위해 사후에 오는 것이고 이 경험의 실존적 밀도는 이론화 및 체계화의 노력으로 온전히 담아낼 수 없는 것이기 때문이다. 예를 들어 스토아주의자들과 에피쿠로스주의자들은 제자들에게 언제나 죽음이 임박했다는 의식을 갖고 살아가며 과거의 짐이나 미래에 대한 불안을 벗어 버리고 현재에 주의력을 집중하라고 했다. 이들이 이렇게 권고한 이유는 매우 다양했으며 거의 서로 반대되는 이유들마저 있었다. 그러나 이 같은 집중의 훈련을 실천하는 자는 마치 세상을 난생처음으로,

혹은 마지막으로 바라보듯이 새로운 시선으로 바라보게 된다. 그는 현재의 희열 속에서 존재의, 그리고 세계의 출현의 신비와 광휘를 발견한다. 그와 동시에 근심과 불안을 야기하는 사물들이 얼마나 상대적인가를 깨닫고 영혼의 평정에 이르게 된다. 이와 마찬가지로, 스토아주의자들과 에피쿠로스주의자들은 각기 다른 이유들에서 제자들에게 우주적인 관점까지 높아지고 시간과 공간의 광대함 속에 몰입함으로써 세계에 대한 시각을 바꿀 것을 권고한다.

이런 방식으로 보면 철학의 실천은 개별적인 철학 사조들의 대립을 초월하는 것이다. 그것은 본질적으로 우리 자신, 우리의 〈세계 내 존재〉, 〈타인과의 존재〉를 의식하려는 노력이며, 메를로퐁티가 말한 것처럼 〈세계를 보는 법을 다시 배우고〉[10] 보편적인 시각에 도달하기 위한 노력이다. 이 시각 덕분에 우리는 우리의 개별성을 초월하고 타자의 입장에 설 수 있는 것이다.

내가 다른 저작에서 여러 차례 인용한 바 있는 프리드만의 텍스트가 있다. 나는 이 텍스트가 어떻게 정치적 투쟁에 참여한 현대인이 철학자로서 살 수 있고 또 그렇게 살아야한다는 것을 깨닫는지 보여 준다는 점에서 대단히 중요하다고 생각한다.

매일매일 〈비행을 할 것〉! 적어도 한순간은 그렇게 할 것 — 이 순간은 아주 집약적인 만큼 대단히 짧을 수도 있다.

매일매일 〈정신 수련〉을 할 것 — 혼자서 혹은 스스로를 개선하고자 하는 다른 사람과 함께.

정신 수련. 시간의 지속에서 벗어나기. 고유한 정념들, 허영, 그대의 이름을 둘러싼 억누를 수 없는 소문들(때때로 그대는 이것이 가렵기 짝이 없는 고질병처럼 느껴질 것이다)을 떨치기 위해 노력할 것. 뒤에서 수군대는 험담을 피할 것. 자유로운 모든 인간들을 사랑하기. 스스로를 초월함으로써 영원해질 것.

그대 자신에게 이 모든 노력들을 기울일 필요가 있다. 이러한 야망은 지당한 것이다. 정치적 투쟁에, 사회적 혁명을 준비하는 데 전적으로 참여하는 이들은 많이 있다. 반면 혁명을 준비하기 위하여 자기 자신이 그에 합당한 인간이 되고자 하는 이들은 드물고 또 드물다.[11]

그러나 고대의 철학자는 철학을 실천하기 위하여 정도의 차이는 있을지언정 철학자 집단과 긴밀한 관계를 유지하며 살았다. 아니면 적어도 어떤 철학적 전통 안에서 삶의 규칙들을 받아들였다. 비록 그 규칙들은 힘겨운 노력을 요하는 것이었으나 그렇게 함으로써 그들의 임무 자체는 좀 더 쉬워질 수 있었다. 오늘날에는 철학 학교도 없고 그 학교만의 교의 같은 것도 없다. 현대의 〈철학자〉는 혼자인 것이다. 그러면 오늘날의 철학자는 어떻게 길을 찾을 것인가?

몽테뉴, 괴테, 니체 등의 선배 철학자들과 같은 방식으로 그 길을 찾을 수밖에 없다. 그들 역시 혼자였다. 그들은 자기가 처한 상황이나 심원한 욕구에 따라서 고대 철학의 생활 양식을 모델로 선택했다. 예를 들어 니체는 이렇게 쓰기도 했다.

실천에 관한 한 나는 다양한 도덕적 학파를 실험실로 여긴다. 이 실험실에서 삶의 기술에 대한 여러 처방들이 철저하게 실천되고 그 극단까지 사유된다. 모든 학파들이 실험을 통해 얻은 결과들은 모두 다 우리에게 적법한 소유로서 속해 있다. 그러므로 이전까지 에피쿠로스주의의 처방에서 유익을 구했다 하여 스토아주의의 처방을 채택하면서 양심의 가책을 느낄 필요는 전혀 없다.[12]

실제로 수세기에 걸쳐 이루어진 실험과 그 실험을 둘러싸고 벌어진 토론 덕분에 고대적 모델들이 가치를 지닐 수 있는 것이다. 니체에게 있어서 스토아주의의 모델과 에피쿠로스주의의 모델을 연달아서 혹은 선택적으로 채용하는 것은 삶의 균형에 도달하기 위한 하나의 수단이었다. 이것은 몽테뉴, 괴테,[13] 칸트,[14] 비트겐슈타인,[15] 야스퍼스[16]에게도 마찬가지였다. 그러나 그 밖의 모델들도 철학을 실천하는 데 영감을 북돋아 주고 길잡이가 되어 줄 수 있을 것이다.

또한 독자들은 내게 이 고대의 모델들이 오랜 세월과 세계의 진화를 뛰어넘어 언제고 다시 현행화될 수 있다는 것을 어떻게 설명할 수 있느냐고 물을 수도 있다. 우선 니체가 말했듯이 고대의 학파들은 일종의 실험실들이기 때문이다. 이 실험실들 덕분에 우리는 거기서 제안되었던 다양한 유형의 정신 수련들이 낳은 결과들을 비교해 볼 수 있다. 이 같은 관점에서 보자면 고대 학파들의 다수성은 대단히 귀중하다. 이 학파들이 제안하는 모델들은 그 본질로, 가장 중요한 의미로 환원될 때에만 현행화될 수 있다. 그러기 위해서는 그 모델에서 낡아 빠진 우주론적, 신비적 요소들을 제거하고 그 모델을 제시한 학파가 본질적인 것으로 보았던 근본 입장을 분명히 드러내야 한다. 우리는 여기서 한층 더 나아갈 수도 있다. 다른 곳에서도 이야기한 바 있지만[17] 사실 나는 이 모델들이 지혜를 추구하는 모든 인간에게 필요한 근본적이고도 영속적인 태도에 상응한다고 생각한다. 이러한 맥락에서 나는 일종의 보편적인 스토아주의 같은 것이 존재함을 환기하고 싶다. 그러니까 이것은 서양에만 있는 것이 아니라 예를 들어 제르네가 보여 주었듯이 중국에도 있는 것이다.[18] 내가 비교 철학에 대해 적대적인 입장이라는 것은 이미 밝힌 바 있다. 비교 철학은 자의적인 관계 짓기나 혼란을 초래할 수 있다고 생각하기 때문이다. 하지만 나의 동료 뷔고,[19] 드루아,[20] 윌랭,[21] 솔레르[22]의 연구를 읽고서 나 또한 고대의 철학적 태도와 동양의 그것 사이에는 실제로 당혹스러울 정도의 유사성이 있다고 생각하게 되었다. 더욱이 이 유사성은 역사적 영향으로 설명될 수 없다. 어쨌든 우리는 이 유사성 덕분에 철학적 태도에 함축되는 모든 것들을 ─ 이것들이 상호 비교를 통해 규명될 수 있으므로 ─ 좀 더 잘 이해할 수 있을 것이다. 내면의 평화, 타인들 혹은 우주와의 친교로 이끄는 수단들은 제한되어 있다. 아마 우리가 기술한 삶의 선택 ─ 소크라테스, 피론, 에피쿠로스, 스토아주의자들의 삶의 선택 ─ 은 모든 문명에서, 인간의 다양한 문화권 내에서, 다양한 형태로 발견되는 보편적이고 지속적인 삶의 모델에 해당한다고 봐야 할 것이다. 이러한 이유로 나는 앞에서 불교와 거기서 영감을 얻은 윌랭의 고찰을 언급했던 것이다.[23] 그런 것들이 그리스 현자의 본질을 좀 더 명확하게 기술하는 데 도움이 된다고 보기 때문이다. 그리스, 인도, 중국에서 사람을 지혜로 이끄는 방법들 가운데 하나가 무차별, 무관심에 있었다는 사실은 대단히 흥미롭다. 이는 다시 말해 사물들에 대하여 개인적, 이기적, 편파적, 제한적 관점 ─ 장자가 말했던 〈우물 안 개구리〉 혹은 〈독 안의 초파리〉의 관점 ─ 을 드러내는 가치의 차이를 부여하지 않는 것이다.

내가 터득한 도의 수준은 독 안의 초파리가 세상에 대해 아는 것과 같았다. 만약 선생께서 뚜껑을 열어 주시지 않았던들 나는 천지의 위대함과 완전함을 알지 못했을 것이다.[24]

이 같은 관심의 초탈과 무차별은 우리를 본원적 상태로

돌아가게 한다. 그 상태란 세계와 타인에 대하여 우리의 개인성을 주장하기 전에 이미 존재했던, 따라서 우리를 세계로부터 갈라 놓는 이기주의나 자기중심주의보다 먼저 존재했던 고요한 평화이다. 그러한 이기주의, 자기중심주의가 우리를 쾌락에 대한 근심 어린 추구와 고통에 대한 영원한 두려움으로 가차 없이 몰아넣었던 것이다.

〈현재에 살아가기〉, 〈높은 곳에서 내려다보기〉 같은 정신 수련들은 괴테[25]나 니체,[26] 비트겐슈타인[27]에게서도 찾아볼 수 있다. 이들은 모두 〈철학자〉, 곧 우리가 이해하는 의미대로의 〈철학자〉에 대단히 근접했다. 나는 이후의 연구에서 이 주제를 다시 다루게 되기를 바란다.

좀 더 일반적으로는, 솔레르가 말한 것처럼 〈고대인들은 아마도 우리보다 동양에 더 가까웠을 것이다〉[28]라는 생각을 내가 잘 전했기를 바란다. 이것은 어떤 현대 중국 작가가 〈중국 철학자들은 모두 다양한 단계들에 있는 소크라테스 같은 존재들이었다. 철학자라는 인간에게서 앎과 덕은 분리될 수 없었다. 철학은 철학자에게 자신을 삶으로 구현할 것을 요구했고 철학자는 곧 그 철학의 전달 수단이었다. 자신의 철학적 신념에 따라 사는 것이 철학의 일부를 이루었다〉[29]라는 글에서 말하고자 했던 것이기도 하다. 그러므로 〈철학자〉, 곧 우리의 이해대로라면 〈지혜를 사랑하는 이〉는 동양 철학에서도 삶의 모델들을 찾을 수 있을 것이고, 그 모델들은 고대의 모델들과 그리 동떨어져 있지 않을 것이다.

더욱이 이 〈철학자〉는 온갖 위험에 노출되어 있다. 철학적 담론에서 만족하고자 하는 유혹이 그 첫 번째 위험일 것이다. 유려한 문장들과 실제로 삶을 바꾸는 결정 사이에는 엄청난 심연이 놓여 있다. 이는 곧 말과 실질적인 의식 혹은 자기 자신의 실제 변화 사이의 간격이다. 더욱이 철학이 〈이론화〉된 근원적 이유도 철학자들에게 고유한 이 경향, 즉 담론 혹은 자신이 구성, 재구성했거나 찬탄을 보내는 개념적 구조물만으로 자족하게 만드는 이 경향이 아닐까 싶다. 고대 철학사를 통틀어 거의 모든 학파에서 철학자가 철학적 삶과 이어지지 않은 채 담론만으로 충분하다고 생각할 경우 부딪힐 수 있는 위험에 대해 동일한 경고를 한다. 플라톤은 자기가 시라쿠사에 가기로 한 결정을 정당화하는 편지를 쓸 때 이미 영원히 떨칠 수 없는 이 위험을 깨닫고 있었다. 〈나는 나 자신의 눈에 그저 말 잘하는 사람, 결연하게 행동에 착수하지는 못하는 사람으로 비치지나 않을까 두려웠다네.〉[30]

두 번째 위험은 철학적 반성 없이도 철학을 할 수 있다고 믿는 것이다. 이것은 최악의 위험이다. 철학적 삶의 양식은 합리적이고 동기가 부여된 철학적 담론을 통해 정당화되어야 한다. 이 담론은 삶의 양식과 분리될 수 없다. 그렇기는 하지만 어떤 특정 삶의 양식을 정당화하는 고대, 근대, 동양 철학 담론들을 비판적으로 성찰해야 한다. 우리는 어떠어떠한 방식대로 행동하는 이유들을 명시적으로 밝히고자 노력하고 자신과 타인들의 경험을 성찰해야 한다. 만약 이러한 반성이 없다면 철학적 삶은 맥 빠지는 진부함이나 호감 차원으로 전락하거나 상궤에서 벗어나 버린다. 물론 철학자로서 살아가기 위해 우리 자신이 『순수이성비판』 정도의 글을 쓸 수 있을 때까지 기다릴 필요는 전혀 없다. 그렇지만 철학자로서 살아간다는 것은 반성하고 추론하고 개념화하며 엄밀하고 기술적인 방식으로 〈스스로 생각하는 것〉─칸트의 표현을 빌리자면─이다. 철학적 삶은 결코 멈출 수 없는 탐구다.[31]

　　마지막으로, 철학 입문서들에 집요하게 들러붙는 상투적인 문구들임에도 불구하고 고대의 철학적 삶은 항상 타인에 대한 관심과 긴밀하게 이어져 있었다는 점을 결코 잊어서는 안 되겠다. 이 요구는 철학적 삶에 본래적인 것이기도 하거니와 특별히 오늘날의 세계에서 그러한 삶이 실현될 때는 더욱 중요성을 띤다. 프리드만은 〈현대의 현자는(만약 그런 사람이 존재한다면) 그토록 많은 심미주의자들이 혐오감을 보이며 외면했던 인간들의 하수구를 외면하지 않는다〉[32]고 말했다. 그러나 그는 이렇게 말함으로써 고대 철학과 도시 사이의 해결 불가능한 문제를 재발견했다. 〈참여적인〉 철학자에게는 정치적 감정과 증오에 휩쓸릴 위험이 언제나 수반된다는 점에 동의한다. 이 때문에 프리드만은 인간 조건을 개선하기 위해 우리의 힘을 〈제한된 집단에, 심지어는 개인들에게만〉, 〈정신적 노력에(제한된 소수의 변화에)〉 집중시키는 것이 중요하다고 보았던 것이다. 그는 이러한 것들이 언젠가는 전달되고 확산될 것이라고 생각했다. 철학자는 의식 없는 두 상태 —배금주의가 낳은 상태와 수억 명의 인류들이 겪는 비참과 고통에서 기인한 상태—사이에서 분열된 세계에서 고독과 무능을 통감한다. 이 같은 상황에서 철학자는 현자의 절대적 평정에 결코 이르지 못할 것이다. 그러므로 철학함은 이 같은 고립과 무능을 고통스러워하는 것이 되리라. 그러나 고대 철학은 우리에게 포기하지 말고 계속 합리적으로 행동하며 지혜의 관념이라는 규준에 따라 살기 위해 노력하라고 가르친다. 무슨일이 닥치든지, 설령 우리 행위가 지극히 제한된 것으로 보일지라도. 하여, 마르쿠스 아우렐리우스는 이렇게 말한다.

플라톤의 이상 국가를 기대하지 말고 그저 사소한 노력이 결실을 맺으면 만족할 것이며 그 성과를 하찮은 것으로 여기지 말라.[33]

연표

±표는 여기에 제시한 연대가 대략적인 것임을 나타낸다. 철학자의 가르침 및 활동 시기를 나타내는 연대는 이러한 경우가 매우 많다. 나는 일반적으로 고대에 〈아크메*akmé*〉라고 부르던 것에 해당하는 시기, 즉 그 사람의 사상이 성숙에 접어들었거나 활동과 명성이 정점에 다다른 시기의 연대를 택했다.

굴레R. Goulet의 『고대 철학자 사전*Dictionnaire des philosophes antiques*』 제1권(Abammon~Axiothea)과 제2권(Babélyca~Dyscolius)은 여러 철학자들에 대한 귀중한 전기적, 참고 문헌적 세부 자료들을 망라하고 있다.

기원전

850~750	호메로스의 시작(詩作).
700?	헤시오도스
650±?	프로콘네소스의 아리스테아스가 중앙아시아를 여행하고 『아리마스페아』를 집필하다.

640±	에피메니데스가 아테네에서 속죄제를 치르다.
600~550	소아시아의 그리스 식민지에서 기원전 585년 5월 28일에 개기 일식이 있을 것을 예견한 밀레투스의 탈레스, 아낙시만드로스, 아낙시메네스 등 최초의 사유가들이 등장하다.
600±	역사적이자 전설적인 인물들인 7현인이 나타나다(솔론, 미틸레네의 피타쿠스, 스파르타의 킬론, 프리에네의 비아스, 코린토스의 페리안드로스, 린도스의 클레오브로스, 밀레투스의 탈레스).
594±	아테네의 시인이자 정치인이었던 솔론(후에 7현인 중 하나로 추앙됨).
560±?	아바리스(피타고라스주의와 플라톤주의 전통에서 피타고라스와 연결되는 인물).
540±?	콜로폰의 크세노파네스가 소아시아의 그리스 식민지였던 콜로폰에서 이탈리아 남부의 그리스 식민지 엘레아로 이주하다.
540±?	테오그니스가 귀족 사회의 도덕에 대한 애가 형식의 시를 남기다.
532±	피타고라스. 사모스 섬 출신이지만 남부 이탈리아의 그리스 식민지인 크로토네와 메타폰툼으로 이주했다. 사람들은 그가 전설적인 철학자 클라조메나이의 헤르모티모스의 재래(再來)라고 하기도 했다고 한다.
504±	에페소스(소아시아의 그리스 식민지)의 헤라클레이토스.
500±	석가모니와 공자가 가르침을 펴다.
490~429	아테네 정치가 페리클레스의 생몰.
470±	클라조메나이의 아낙사고라스

460±	아그리겐툼의 엠페도클레스.
450± 그 이후	엘레아의 파르메니데스, 엘레아의 제논, 사모스의 멜리소스. 소피스트 운동의 전성기(프로타고라스, 고르기아스, 프로디코스, 히피아스, 트라시마코스, 크리티아스). 역사가 헤로도토스.
440±	아브데라의 데모크리토스.
435±	소크라테스가 아테네에서 가르침을 펴다.
432	아낙사고라스가 아테네에서 불경죄로 심판을 받고 국외로 추방되다.
432~431	소크라테스가 포티다이아 전쟁에 참전하다.
431~416	소크라테스의 제자이자 아테네의 정치가 알키비아데스.
430±	투키디데스의 『펠로폰네소스 전쟁사』 집필.
423±	소크라테스의 가르침을 희화한 아리스토파네스의 희극 『구름』이 상연되다.
399	소크라테스가 아테네에서 불경죄로 심판을 받고 사형당하다.
399±?	소크라테스의 제자 안티스테네스, 키레네의 아리스티포스, 메가라의 에우클레이데스가 각자 학파를 설립하다.
390±	이소크라테스가 아테네에 학교를 세우고 철학을 일반교양으로서 가르치다.
389~388	플라톤이 처음으로 이탈리아 남부와 시칠리아 섬을 여행하고 시라쿠사의 디온을 만나다.
388~387	플라톤이 아테네에서 아카데메이아라는 김나시온에 학교를 설립하다. 에우독소스, 헤라클레이데스, 크세노크라테스, 스페우시포스, 아리스토텔레스, 테아이테토스와 두 명의 여성(악시오테

	아, 라스테네이아)이 이 학교의 주요 일원이 되다.
370~301	중국 철학자 장자. 그는 노자를 자신의 스승으로 여겼다.
367~365	플라톤이 디오니시우스 2세를 만나러 시칠리아로 두 번째 여행을 떠난 동안 크니도스의 에우독소스가 아카데메이아의 교장 역할을 맡다.
361~360	플라톤이 시칠리아로 세 번째 여행을 떠난 동안 헤라클레이데스 폰티쿠스가 아카데메이아의 교장 역할을 맡다.
360 그 이후	키니코스학파의 디오게네스(안티스테네스의 제자).
360±?	소크라테스의 제자였던 스페토스의 아이스키네스가 아테네에서 가르침을 펴고 소크라테스를 등장인물로 하는 대화편을 집필하다.
350±?	소크라테스의 제자였던 크세노폰이 스승을 추억하며 『소크라테스 회상』을 집필하다.
349~348	플라톤 사망. 스페우시포스가 아카데메이아를 이끄는 후계자가 되다.
339~338	크세노크라테스가 아카데메이아 교장으로 선출되어 스페우시포스의 뒤를 잇다.

헬레니즘 시대

336	마케도니아에서 알렉산드로스 대왕이 즉위하다.
335	아리스토텔레스가 아테네에 자기 학교를 세우다. 테오프라스토스, 아리스토크세노스, 디케아르코스, 클레아르코스가 이 학교의 주요 일원들이 되다(비문의 기록을 보면 클레아르코스는 현재 아

프가니스탄의 아이하눔으로 추정되는 그리스 도
시로 여행을 떠났다고 함).

334   알렉산드로스 대왕의 페르시아와 인도 원정. 데
모크리토스의 제자였던 아브데라의 아낙사르코
스, 피론, 오네시크리토스가 이 원정에 참여했다
고 한다.

328 그 이후   키니코스주의자 디오게네스의 제자 1세대(모니
무스, 오네시크리토스, 크라테스, 히파르키아, 메
트로클레스, 메니포스, 메네데모스).

326~323   알렉산드로스 대왕이 탁실라에 체류할 때 인도인
현자 칼라누스가 그리스인들과 만나다. 칼라누스
는 알렉산드로스의 사망 직전에 자살했다.

323   바빌론에서 알렉산드로스 대왕 사망. 이후 혼란
기를 거쳐 헬레니즘 왕조들이 수립되다.

322±   아리스토텔레스 사망. 테오프라스토스가 그의 뒤
를 잇다.

321   희극 시인 메난드로스. 그는 에피쿠로스의 영향
을 받은 것으로 보인다.

320±   엘리스의 피론이 철학적 가르침을 펴다. 아테네
의 필론과 티몬이 그의 제자였다.

312   크세노크라테스 사망. 폴레몬이 뒤를 이어 아카
데메이아를 이끌게 되다.

306   에피쿠로스가 아테네에 학교를 세우다. 헤로도토
스, 피토클레스, 헤르마르코스, 메트로도로스, 폴
리아이노스, 람프사코스의 레온테오스, 테미스
타, 레온티온, 콜로테스, 아폴로니데스가 그의 제
자였고 이도메네우스는 그의 절친한 친구였다.

310±   키티움의 제논이 아테네에 스토아학파를 설립하

	다. 페르세우스, 키오스의 아리스톤, 아소스의 클레안테스가 그의 제자였다.
300±	알렉산드리아의 에우클레이데스(유클리드)가 『기하학 원본』을 집필하다.
300±	크란토르가 아카데메이아의 교장이 되다.
295±	프톨레마이오스 1세가 알렉산드리아 박물관이라고 불리게 될 연구 기관을 설립하다. 여기에는 아리스토텔레스주의자인 팔레룸의 데메트리오스도 있었다. 또한 기원전 3세기 말에는 천문학자인 사모스의 아리스타르코스와 의사 헤로필로스도 이곳에서 가르침을 폈다.
287~286	람프사코스의 스트라톤이 테오프라스토스의 뒤를 이어 페리파토스 학교(소요학파)의 교장이 되다.
283~239	철학자들, 특히 클레안테스를 비롯한 스토아주의자들이 마케도니아의 왕 안티고노스 고나타스에게 총애를 받다.
276~241	아카데메이아의 교장 아르케실라오스가 학교를 〈비판적 방향(비독단적 회의주의)〉으로 이끌다.
268±	리콘이 람프사코스의 스트라톤의 뒤를 이어 페라파토스 학교의 교장이 되다.
262±	제논이 사망하고 클레안테스가 스토아학파를 이끌게 되다.
235±	제논과 클레안테스의 제자였던 스토아주의자 스파이로스가 스파르타의 왕 클레오메네스 3세가 사회 개혁을 추진할 수 있도록 조언을 하다. 그는 클레오메네스 3세의 후계자인 아기스 4세 때에도 왕의 자문역을 맡았을 수 있다.
230±	클레안테스가 사망하고 크리시포스가 스토아학

파를 이끌게 되다.

212	천문학자이자 수학자, 공학자였던 시라쿠사의 아르키메데스 사망. 로마의 시라쿠사 포위 공격 때에 병사들 손에 죽임을 당했다.
165±	카르네아데스가 아카데메이아의 교장이 되다.
155	아테네인들이 아테네에 부과된 무거운 벌금을 면제받기 위해 로마에 사절단을 보내다. 이 사절단에는 아카데메이아의 카르네아데스, 아리스토텔레스주의자 크리토라오스, 스토아주의자인 바빌론의 디오게네스가 포함되어 있었다.
150±	타르소스의 안티파트로스가 스토아학파를 이끌게 되다.
149~146	마케도니아와 그리스가 로마의 속국이 되다.
144±	스토아주의자 파나이티오스가 스키피오가(家)와 교유하다. 그는 기원전 129년에 안티파트로스의 뒤를 이어 스토아학파의 지도자가 되었다.
133±	로마에서 안티파트로스의 제자이자 스토아주의자인 블로시우스가 그라쿠스 티베리우스에게 사회 개혁의 영감을 불어넣다. 또한 페르가몬에서 아리스토니코스가 노예 해방과 모든 시민들의 평등을 주장하여 일으킨 반란에도 영향을 준 것으로 보인다.
110±	라리사의 필론과 카르마다스가 아카데메이아에서 가르침을 펴다.
106~43	로마의 정치가 키케로. 그의 철학론은 대부분 당대의 아카데메이아 철학(카르네아데스, 라리사의 필론, 카르마다스, 아스칼론의 안티오코스)에서 영감을 얻은 것이다.

99±	퀸투스 무키우스 스카이볼라 폰티펙스, 루틸리우스 루푸스(로마 정치가이자 스토아주의자들).
97~55	『사물의 본성에 관하여』를 쓴 에피쿠로스주의자 루크레티우스.
95~46	로마 정치가이자 스토아주의자였던 우티카의 카토.
87	로마인들의 아테네 점령. 술라가 이끄는 군대가 도시를 약탈하다.
79±	아스칼론의 안티오코스가 아테네에 학교를 열고 아카데메이아가 아르케실라오스로부터 라리사의 필론의 시기에 이르기까지 표방한 〈비판적〉 태도에 맞서다.
60±	피타고라스주의가 다양한 모습으로 부활하다.
50±?	페르가몬의 아폴로파네스(에피쿠로스 철학자).
50±	에피쿠로스 철학자이자 칼푸르니우스 피소(율리우스 카이사르의 장인)의 친구였던 가다라의 필로데모스. 헤르쿨라네움의 카사 데이 파피리(파피루스 저택) 발굴에서 필로데모스 저서의 단편들이 상당수 발견되었다.
49±	역사가 디오도로스 시켈로스.
44	율리우스 카이사르 암살.
43	카이사르를 암살한 로마의 정치가 유니우스 브루투스가 아테네에서 플라톤주의자 테오므네스테스의 강의에 참석하다. 아테네에서 가르침을 폈던 테오므네스테스는 〈아카데메이아 성향(비판적 성향)〉을 지녔다고 할 수 있는 최후의 철학자이다. 플라톤, 제논, 아리스토텔레스가 세운 철학 학교들은 로마 공화국 말기에 이르러 모두 사라

지고 에피쿠로스가 세운 학교만이 살아남았다. 그러나 아테네 및 그 밖의 도시들에도 플라톤, 아리스토텔레스, 제논의 교의적 전통을 물려받은 새로운 학교들이 설립되었다.

35±	알렉산드리아의 에우도로스(플라톤주의 철학자).
30	악티움 해전. 이집트의 마지막 여왕 클레오파트라 사망. 헬레니즘 시대가 막을 내리다.
30?	오이노안다의 디오게네스가 자신의 고향에 에피쿠로스의 가르침을 새긴 비석을 세우게 하다. 일부 학자들은 이 비석이 기원후 2세기에 새겨진 것이라고 주장하고 있다.
7±	사모스의 아미니아스(에피쿠로스 철학자).

기원후

로마 제국 시대

27	옥타비아누스가 로마 원로원으로부터 임페리움 *imperium*(군사권과 사법권을 포괄하는 최고 집행권, 황제의 권한으로 굳어지면 〈제국〉이라는 의미도 갖게 됨)과 아우구스투스라는 칭호를 받다. 이 시기에는 라틴 문학이 번성하여 호라티우스, 오비디우스 같은 뛰어난 작가들이 나왔다. 아우구스투스의 자문역을 맡았던 아리우스 디디모스는 여러 철학 학파들의 〈교의〉에 대해 의견들을 일목요연하게 보여 주는 편람을 집필했다. 스토아주의와 피타고라스주의에 큰 영향을 받았던 로마의 철학자 섹스티우스 부자(父子)는 세네카의

정신세계에 크게 영향을 주게 된다.

29~30	나자렛 예수가 예루살렘에서 십자가형을 당하다.

40± 플라톤주의자이자 헬레니즘적 유대교의 중요한 작가인 알렉산드리아의 필론. 그는 그리스도교 〈철학〉에 큰 영향을 미쳤다.

48~65 스토아 철학자 세네카. 그는 네로 황제의 스승이자 자문역이었다. 62년 이후에 그는 철학적 활동에만 전념했다. 65년에 황제는 그에게 자살을 명령했다.

60 플라톤주의자 사카스가 아테네에서 가르침을 펴다. 카이로네이아의 플루타르코스도 그의 가르침을 들었다.

93~94 도미티아누스가 모든 철학자들을 로마에서 추방하다. 무소니우스 루푸스의 제자였던 스토아주의자 에픽테토스도 이때 로마에서 쫓겨나 그리스의 아드리아 해 연안 도시 니코폴리스에 학교를 설립했다.

96 네르바가 로마 황제로 즉위하다.

100± 그 이후 카이로네이아의 플루타르코스. 『플루타르코스 영웅전』과 『모랄리아Moralia』를 저술한 그는 〈비판적〉 성향을 지닌 플라톤주의자였다.

120± 그리스도교 변증가들의 활동 시기(유스티누스, 아테나고라스, 안티오크의 테오필루스). 이들은 그리스도교를 일종의 철학으로 제시했다.

129~200 의사이자 철학자였던 페르가몬의 갈레노스의 생몰.

133± 〈역사적으로 확인할 수 있는 최초의〉 영지주의자 바실리데스가 알렉산드리아에서 가르침을 펴다.

140	영지주의자 발렌티누스가 안토니우스 피우스 치세에 로마에서 가르침을 펴다.
140±	〈비판적〉 경향의 플라톤주의자 아를의 파보리누스.
146	플라톤주의자 칼비시우스가 아테네에서 가르침을 펴다. 아울루스 겔리우스가 그의 제자였다.
147±	클라우디우스 프톨레마이오스. 그는 천문학자이자 수학자, 지리학자였다.
150±	마다우라의 아풀레이우스, 플라톤주의자.
150±?	누메니오스와 크로니우스, 플라톤주의자. 플라톤주의자 알키누스. 그는 플라톤주의를 요약한『디다스칼리코스Didaskalikos』의 저자이다. 플라톤주의자 알비누스. 그는 스미르나에서 가르침을 폈고『플라톤의 대화편 입문』을 썼다.
155±	플라톤주의 철학자이자 수사학자인 티르의 막시무스.
160±	키니코스주의에 영향을 받은 풍자 작가 루키아노스.
161~180	마르쿠스 아우렐리우스의 재위. 그는 에픽테토스의 영향을 아주 강하게 받은 스토아주의자였다.
176	마르쿠스 아우렐리우스가 철학의 4대 주요 분파(플라톤주의, 아리스토텔레스주의, 스토아주의, 에피쿠로스주의)를 위한 철학 강좌를 아테네에 설립하다. 이 강좌들은 로마 제국의 재정으로 운영되었다.
176±	마르쿠스 아우렐리우스가 설립한 아테네 강좌에서 플라톤주의 철학자 아티코스가 가르침을 펴다.
177±	아울루스 겔리우스가『아티카의 밤』을 집필하다.

177±	플라톤주의 철학자이자 반(反)그리스도교 논객 켈수스.
180 그 이후	팔레스타인의 카이사레아와 알렉산드리아가 그리스도교 〈철학〉의 총본산이 되다. 주요 지지자들로는 판타이누스, 알렉산드리아의 클레멘스, 오리게네스, 이적(異跡)가 그레고리우스, 카이사레아의 유세비우스 등이 있었다.
190±	의사이자 회의주의 철학자였던 섹스투스 엠피리코스. 그의 기록 덕분에 우리는 이 시대 이전의 회의주의, 즉 아이네시데모스(기원전 1세기 중반?)와 아그리파(연대 미상)에 대해서 알 수 있다.
198±	아프로디시아스의 알렉산드로스가 아리스토텔레스 철학을 가르치다. 장소는 아테네였을 가능성이 크다. 또한 그는 아리스토텔레스의 저작에 대한 주석서들도 발표했다.
200±	디오게네스 라에르티오스가 유명한 철학자들의 생애와 사상, 명언 등을 정리하여 집필하다.
244~270	암모니우스 사카스의 제자 플로티노스가 로마에 플라톤주의(신플라톤주의) 학교를 설립하다. 포르피리오스, 아멜리우스, 카스트리키오스, 로가티아누스가 모두 플로티노스의 제자였다. 그의 저작들 가운데 일부는 영지주의자들과의 토론을 담고 있다.
300±	그리스도교 수도 생활이 시작된 시기. 성 안토니우스는 사막에서 은둔에 들어갔다. 356년에 알렉산드리아의 아타나시우스가 그의 평전을 썼다.

그리스도교 제국

312~313   콘스탄티누스 황제가 그리스도교로 개종하고 그
           리스도교 예배 의식을 허락하는 밀라노 칙령을
           반포하다.

313±   이암블리코스가 시리아—아마도 아파메아—에
           플라톤주의(신플라톤주의) 학교를 설립하다. 그
           는 피타고라스주의 전통과 마술적인 기적을 중요
           시함으로써 후기 신플라톤주의자들에게 지대한
           영향을 주었다. 또한 그는 아리스토텔레스와 플
           라톤의 저작에 대한 많은 주석을 남겼다. 카파도
           키아의 아이데시오스와 아시네의 테오도루스가
           그의 제자였다.

361~363   신플라톤주의자이자 이암블리코스의 전통에 속
           하는 에페소스의 막시무스의 제자 율리아누스의
           황제 재위. 그는 신플라톤주의에 영감을 받아 그
           리스도교에 반대하는 정책을 폈다.

360 그 이후   〈학자적 수도 생활〉이 널리 퍼지다. 카이사레아
           의 바실리우스, 나지안조스의 그레고리우스, 니
           사의 그레고리우스, 폰토스의 에바그리우스 등이
           그 대표적인 인물들이다.

375 그 이후   아테네의 플루타르코스. 아테네에 플라톤주의
           (신플라톤주의) 학교가 탄생하다.

386~430   아우구스티누스의 저술 활동.

400 그 이후   아테네와 알렉산드리아에서 신플라톤주의 사상
           이 크게 번성하다(사설 학교의 형태로). 시리아누
           스, 프로클로스, 히에로클레스, 헤르미아스, 암모
           니오스, 심플리키오스, 올림피오도로스 등이 그
           대표적인 인물들이다. 우리로서는 5, 6세기에 아

테네에서 가르침을 폈던 신플라톤주의자들과 알렉산드리아에서 가르침을 폈던 이들(히에로클레스, 헤르미아스, 암모니오스, 올림피오도로스) 사이의 학설상의 차이를 거의 찾아볼 수 없다. 시리아노스, 프로클로스, 헤르미아스, 암모니오스, 올림피오도로스, 필로포노스, 심플리키오스, 그 밖에도 여러 인물들에 의해 플라톤과 아리스토텔레스에 대한 주석이 다수 집필되었고 신플라톤주의는 그리스도교 대항 세력의 핵이 되었다.

529   황제 유스티니아누스가 이교도의 가르침을 금지하다. 다마스키오스, 심플리키오스, 프리스키아누스 등의 신플라톤주의 철학자들은 아테네를 떠나 페르시아로 갔다. 페르시아의 호스로우 1세와 유스티니아누스 사이에 평화 협정이 체결되자 그들은 비잔틴 영토지만 페르시아의 영향하에 있었던 카르하이(하란)에 정착하여 가르침을 계속 폈다.

529±   신플라톤주의자 요아네스 필로포누스가 그리스도교로 개종하다. 이것은 아마도 이교도의 가르침을 금지하는 유스티니아누스의 조처 때문이었을 것으로 추정된다.

540±   수도사이자 작가였던 가자의 도로테우스.

참고 문헌

고대 철학자들의 저작

정확한 인용 출처는 주에 표시되어 있다. 그러나 아리스토텔레스나 플라톤 같은 철학자들의 경우에는 특정 판본의 페이지를 밝히지 않아도 모든 판본에 공통적인 참조 기준이 있으므로(예를 들어『향연』, 208e) 주에서도 판본을 명시하지 않았음을 밝혀 둔다.

누메니우스,『단편들』
대(大)플리니우스,『박물지*Naturalis Historia*』
루크레티우스,『사물의 본성에 관하여』
라에르티오스, 디오게네스,『그리스 철학자 열전』
마르쿠스 아우렐리우스,『명상록』
세네카,『루킬리우스에게 보낸 편지』. 그 외『대화』와『마음의 평정에 관하여』등도 보라.
섹스투스 엠피리코스, 현존하는 모든 글
솔론,『뮤즈를 기리는 비가』
시켈로스, 디오도로스,『비블리오테카 히스토리카』

아리스테아스,『아리스테아스의 편지』

아리스토파네스,『구름』

아리스토텔레스,『전집』

아우구스티누스,『신국론』

아울루스 겔리우스,『아티카의 밤』

알렉산드리아의 클레멘스,『니케아 공의회 이전 교부들』

알렉산드리아의 클레멘스,『교육자』, I-III권

알렉산드리아의 클레멘스,『스트로마타』

알렉산드리아의 필론, 현존하는 모든 글

에픽테토스,『담화록』

에픽테토스,『제요(提要) Enkheiridion』

오비디우스,『변신 이야기』

이소크라테스,『시민 대축전에 부쳐』

이암블리코스,『피타고라스의 생애』

카이사리아의 유세비우스,『복음의 준비 Praeparatio evangelica』

크세노폰,『향연』

크세노폰,『소크라테스 회상』

키케로,『전집』

투키디데스,『펠로폰네소스 전쟁사』

포르피리오스,『피타고라스의 생애』

포르피리오스,『금욕에 대하여』

포르피리오스,『마르켈라에게 보낸 편지』

포르피리오스,『명제론』

폰토스의 에바그리우스,『프락티코스』

프로클로스,『플라톤의 티아이오스 주석』

플라톤,『전집』

플로티노스,『엔네아데스』

플루타르코스,『플루타르코스 영웅전』

플루타르코스, 『모랄리아』
헤로도토스, 『역사』
헤시오도스, 『신들의 계보』
헤시오도스, 『일과 날』
호메로스, 『일리아스』
호메로스, 『오뒷세이아』
호라티우스, 현존하는 모든 글

추천 저작

이 책에서 다룬 주제들에 대해 더 알고 싶은 독자에게는 간략하게
추려 낸 다음의 목록을 제안한다.

K. Albert, *Vom philosophischen Leben Platon, Meister Eckhart,
Jacobi, Bergson und Berdjaev*, Würzburg, 1995.

Archiv für Begriffsgeschichte, t. II, 1982, pp. 166~230.

D. Babut, *La Religion des philosophes grecs, de Thalès aux Stoï-
ciens*, Paris, 1974.

P. Boyancé, *Lucrèce et l'épicurisme*, Paris, 1963.

V. Brochard, *Les Sceptiques grecs*, Paris, 2e éd. 1932, réimpres-
sion 1959.

A. Davidson, Introduction à: Pierre Hadot, *Philosophy as a Way
of Life*, Oxford-Cambridge (Mass.), 1995, pp. 1~45.

M. Detienne, *Les Maîtres de vérité dans la Grèce archaïque*,
Paris, 1967.

J.-P. Dumont, *Éléments d'histoire de la philosophie antique*,
Paris, 1993.

P. Friedlander, *Plato, I, An Introduction*, Princeton, 1973.

P. Hadot, *Exercices spirituels et philosophie antique*, Paris, 3ᵉ éd., 1993.

— *Philosophy as a Way of Life*, voir à: A. Davidson.

— 《La philosophie hellénistique》dans J. Russ (dir.), *Histoire de la philosophie. Les pensées fondatrices*, Paris, 1993.

— 《Il y a de nos jours des professeurs de philosophie, mais pas de philosophes.》, *Henry D. Thoreau*, L'Herne, Paris, 1994, pp. 188~193.

— 《Émerveillements》, dans *La Bibliothèque imaginaire du Collège de France*, éd. par F. Gaussen, Paris, 1990, pp. 121~128.

J. Hersch, *L'étonnement philosophique: Une histoire de la philosophie*, Paris, 1981, 2ᵉ éd., 1993.

B.-L. Hijmans Jr., *ΑΣΚΗΣΙΣ. Notes on Epictetus' Educational System*, Assen, 1959.

H.-G. Ingenkamp, *Plutarchs Schriften über die Heilung der Seele*, Göttingen, 1971.

W. Jordan, *Ancient Concepts of Philosophy*, London–New York, 1990.

D. Kimmich, *Epikureische Aufklärungen. Philosophische und poetische Konzepte der Selbstsorge*, Darmstadt, 1993.

M.-L. Lakmann, *Der Platoniker Tauros in der Darstellung des Aulus Gellius*, Leiden, 1995.

M. C. Nussbaum, *The Therapy of Desire. Theory and Practice in Hellenistic Ethics*, Princeton, 1994.

J. Perret, 《Le bonheur du sage》, *Hommages à Henry Bardon*, collection Latomus, t. 187, Bruxelles, 1985, pp. 291~298.

J. A. Philip, *Pythagoras and Early Pythagoreanism*, Phoenix, suppl., vol. VII, University of Toronto Press, 1966, pp. 159~162.

J. Pigeaud, *La Maladie de l'âme. Étude sur la relation de l'âme et du corps dans la tradition médico-philosophique antique*, Paris, 1981.

Plato's Apology of Socrates. A Literary and Philosophical Study with a Running Commentary, edited and completed from the papers of the late E. de Strycker, Leiden, 1994.

M.-D. Richard, *L'Enseignement oral de Platon. Une nouvelle interprétation du platonisme*, préface de P. Hadot, Paris, 1986.

J. C. Thom, *The Pythagorean Golden Verses with Introduction and Commentary*, Leiden, 1995.

A. C. Van Geytenbeeck, *Musonius Rufus and Greek Diatribes*, Assen, 1963.

W. Wieland, *Platon und die Formen des Wissens*, Göttingen, 1982.

주

들어가는 글

1 G. Deleuze et F. Guattari, *Qu'est-ce que la philosophie?*, Paris,1991를 참조하라. 이 책은 그 정신이나 방법론에 있어서 본서와 색깔을 매우 달리한다. 필로넨코A. Philonenko의 작은 책 *Qu'est-ce que la philosophie? Kant et Fichte,* Paris, 1991은 자못 흥미로운 방식으로 철학의 본질이라는 문제를 다루며 칸트와 피히테가 주고받았던 편지들을 소개한다. 또한 *Historisches Wörterbuch der Philosophie,* t. 7(P-Q), Basel, 1989, col. 572~927은 철학의 정의에 대한 고대로부터 지금까지의 연구들을 모아 놓은 흥미로운 저작이다.

2 아리스토텔레스, 『정치학』, I, 2, 1252 a 24.

3 E. Weil, *Logique de la philosophie*, 1950, p. 13.

4 이 점에 대해서는 Gottfried Gabriel, "La logique comme littérature? De la signification de la forme littéraire chez Wittgenstein", *Le Nouveau Commerce*, 82~83, 1992, p. 84를 보라.

5 J. Ruffié, *De la biologie à la culture*, 1976, p. 357.

6 베르낭J.-P. Vernant 역시 *Mythe et pensée chez les Grecs*, 1권,

1971, p. 96에서 같은 용어를 사용한 바 있다.

7 P. Rabbow, *Seelenführung, Methodik der Exerzitien in der Antike*, Munich, 1954.

8 I. Hadot, *Seneca und die griechisch-römische Tradition der Seelenführung*, Berlin, 1969. 이 책은 원래 1965년에 박사 학위 논문으로 제출되었던 것으로 나중에 수정 사항 없이 출판되었다.

9 A.-J. Voelke, *La Philosophie comme la thérapie de l'âme*, Fribourg-Paris, 1993.

10 J. Domanski, *La Philosophie, théorie ou manière de vivre? Les controverses de l'Antiquité à la Renaissance*, Fribourg-Paris, 1996.

11 M. Foucault, *Le Souci de soi*, 1984, p. 57.

12 P. Hadot, "Réflexions sur la notion de culture de soi", *Michel Foucault philosophe. Rencontre internationale, Paris, 9, 10, 11 janvier 1988*, Paris, 1989, pp. 261~269.

1. 철학 이전의 철학

1 우리는 뒤몽J.-P. Dumont이 편집한 *Les Présocratiques*, Gallimard, Pléiade, 1988에서 이 사유가들의 저작을 단편적으로나마 보게 될 것이다. 같은 저자가 대학생들을 대상으로 내놓은 *Les Écoles présocratiques*, Paris, Gallimard, Folio Essais n° 152도 참조할 만하다.

2 G. Naddaf, *L'Origine et l'évolution du concept grec de phusis*, Lewiston-Queenston-Lampeter, The Edwin Mellen Press, 1992.

3 위의 책, pp. 443~535.

4 그리스 윤리 교육의 첫 단계에 대해서는 일세트라우트 아도의 책 *Seneca...*, pp. 10~38과 같은 저자의 논문 "The Spiritual Guide",

Classical Mediterranean Spirituality. Egyptian, Greek, Roman, éd. A. H. Armstrong, New York, Crossroad, 1986, pp. 436~459를 보라.

5 기원전 5세기 말까지의 고대 그리스와 아테네에 대해서는 W. Jaeger, *Paideia. La formation de l'homme grec*, Paris, 1964를 참조하라. 1955년에 발행된 이 책의 제2권은 플라톤과 소크라테스에 대해 다루고 있는데, 이 저작도 속히 프랑스어로 번역되기를 바란다. 그 밖에 H.-I. Marrou, *Histoire de l'éducation dans l'Antiquité*, Paris, 1950과 J. P. Lynch, "The Origins of Higher Education at Athens", *Aristotle's School. A School of a Greek Educational Institution*, University of California Press, 1972, pp. 32~68도 참조하라.

6 W. Jaeger, *Paideia...*, p. 29 이하. 여기에서는 (귀족 계급의 이상에 부합하는) 교육과 (철학에 따르면 마땅히 그렇게 되어야 할 존재로서의 인간의) 문화 사이의 차이가 잘 나타난다.

7 위의 책, pp. 236~248.

8 철학자와 도시 간의 갈등에 대해서는, P. Decharme, *La critique des traditions religieuses chez les Grecs*, Paris, 1904를 보라. 비록 오래되었지만 항상 유익한 도움을 주는 책이다.

9 수누지아에 대해서는 플라톤, 『소크라테스의 변론』, 19e를 보라.

10 뒤몽의 책 *Les Présocratiques*, pp. 981~1178, 그리고 같은 저자의 *Les Sophistes. Fragments et témoignages*, Paris, 1969에서 소피스트들의 단편적 텍스트들을 볼 수 있다. 소피스트들에 대해서는 G. Romeyer-Dherbey, *Les Sophistes*, Paris, 1985; J. de Romilly, *Les grands sophistes dans l'Athènes de Périclès*, Paris, 1988; G. Naddaf, *L'Origine et l'évolution*, pp. 267~338; J. P. Lynch, *Aristotle's School*, pp. 38~46; B. Cassin, *L'Effet sophistique*, Paris, 1996를 참고하라.

11 플라톤, 『소피스트』, 222a~224d; 아리스토텔레스, 『소피스트적 논박』, 165a 22.

2. 〈철학하다〉라는 개념의 등장

1 이 주제에 대해서는 R. Joly, *Le Thème philosophique des genres de vie dans l'Antiquité classique*, Bruxelles, 1956; W. Burkert, "Platon oder Pythagoras? Zum Ursprung des Wortes 〈Philosophie〉", *Hermes*, t. 88, 1960, pp. 159~177; C. J. de Vogel, Pythagoras and Early Pythagoreanism, Assen, 1966, pp. 15, 96~102. 나와 부르케르트는, 헤라클레이데스 폰티코스가 전하는 일화가 〈필로소피아〉에 대한 플라톤의 개념을 피타고라스에게 투사한 것이라고 보는 데 의견을 같이한다(참조 Diogenes Laertius, I, 12; Cicero, *Tusculan Disputations*, V, 8; Iamblichus, *Life of Pythagoras*, 58).

2 Héraclite, B 35, Dumont, p. 134, 그리고 〈철학〉이라는 말의 진위성에 대한 의심을 표명하는 뒤몽의 1236쪽 주석을 보라. 또한 Diels-Kranz, *Die Vorsokratiker*, t. I, Dublin-Zurich, 1969, p. 159도 보라.

3 헤로도토스, 『역사』, I, 30.

4 이 책 35쪽을 보라. 헤라클레이토스가 fr. 35(위의 주2 참조)에서 철학자들에 대해 이러한 진술을 한 것이라면 그는 여기에서 철학과 심문을 연계시키고 있는 셈이다.

5 〈필로소포스〉에 대해서는 E. A. Havelock, *Preface to Plato*, Cambridge, Mass., 1963, pp. 280~283. 그리고 주1에 소개한 부르케르트의 책 172쪽을 보라.

6 Isocrate, *Panégyrique*, §47.

7 B. Gladigow, *Sophia und Kosmos*, Hildesheim, 1965; G. B. Kerferd, "The Image of the Wise Man in Greece in the Period before Plato", *Images of Man*, Mélanges Verbeke, Louvain, 1976, pp. 18~28.

8 호메로스, 『일리아스』, 15, 411.

9 Homère, *A Hermès*, I, 511.

10 J. Bollack, "Une histoire de sophiē"(주7 글라디고의 논문에 대한 리뷰), *Revue des études grecques*, t. 81, 1968, p. 551.

11 Solon, *Elég.*, I, 52.

12 헤시오도스, 『신들의 계보』, 80~103.

13 G. Romeyer-Dherbey, *Les Sophistes*, pp. 45~49; P. Lain Entralgo, *The Therapy of the Word in Classical Antiquity*, New Haven, 1970(F. Kudlien, *Gnomon*, 1973, pp. 410~412의 리뷰) 참조.

14 헤시오도스, 『신들의 계보』, 55.

15 위의 책, 37.

16 Épicure, *Lettres, maximes, sentences*, traduit et commenté par J.-F. Balaudé, Paris, 1994, p. 210(sentence 10)를 참조하라.

17 플라톤, 『국가』, 486a.

18 Théognis, *Poèmes élégiaques*, 1072, 1073.

19 B. Snell, *Leben und Meinungen der Sieben Weisen*, Munich, 1952.

20 『프로타고라스』, 343a~b.

21 L. Robert, "De Delphes à l'Oxus. Inscriptions grecques nouvelles de la Bactriane", *Académie des inscriptions et belles-lettres, Comptes rendus*, 1968, pp. 416~457.

22 I. Hadot, "The Spiritual Guide", pp. 441~444 참조.

23 Thrasymaque, A VIII, Dumont, p. 1072.

3. 소크라테스라는 인물

1 Th. Deman, *Socrate et Jésus*, Paris, 1944. 소크라테스에 대해

서는 F. Wolff, *Socrate*, Paris, 1985; E. Martens, *Die Sache des Sokrates*, Stuttgart, 1992를 참조하라.

2 F. Wolff, "L'album de famille", *Socrate*, pp. 112~128을 보라. 여기서 저자는 서로 다른 인물들의 개성을 뛰어난 솜씨로 보여 주고 있다.

3 아리스토텔레스, 『시학』, 1447b 10. 그리고 C. W. Müller, *Die Kurzdialoge der Appendix Platonica*, Munich, 1975, p. 17 이하도 참조하라.

4 플라톤, 『소크라테스의 변론』, 20~23.

5 위의 책, 23b.

6 플라톤, 『국가』, I, 337a.

7 아리스토텔레스, 『소피스트적 논박』, 183b 8.

8 Cicéron, *Lucullus*, 5, 15. 소크라테스의 반어법에 대해서는 다음을 참조하라. R. Schaerer, "Le mécanisme de l'ironie dans ses rapports avec la dialectique", *Revue de métaphysique et de morale*, t. 48, 1941, pp. 181~209; V. Jankélévitch, *L'Ironie*, Paris, 1964; G. W. F. Hegel, *Leçons sur l'histoire de la philosophie*, t. II, Paris, 1971, p. 286 이하.

9 플라톤, 『향연』, 174d~175d.

10 플라톤, 『테아이테토스』, 150d.

11 플라톤, 『라케스』, 187e.

12 플라톤, 『소크라테스의 변론』, 30e.

13 위의 책, 29d~e.

14 위의 책, 36c.

15 『향연』, 221c~d.

16 플라톤, 『테아이테토스』, 149a.

17 플라톤, 『향연』, 215c; 218b.

18 A. M. Ioppolo, *Opinione e scienza*, Naples, Bibliopolis, 1986,

p. 163.

19 K. Döring, "Der Sokrates des Aischines von Sphettos und die Frage nach dem historischen Sokrates", *Hermes*, t. 112, 1984, pp. 16~30. 그리고 C. W. Müller, *Die Kurzdialoge der Appendix Platonica*, Munich, 1975, p. 233, n. 1을 참조하라.

20 Théagès, 130d. 뮐러의 위의 책 128쪽 1번을 참조하라.

21 플라톤, 『향연』, 215c~e; 216a.

22 위의 책, 221e.

23 크세노폰, 『소크라테스 회상』, IV, 4, 5.

24 플라톤, 『소크라테스의 변론』, 28b.

25 위의 책, 29a~b.

26 위의 책, 29e.

27 이 말은 아리스토텔레스의 『니코마코스 윤리학』(VII, 3, 1145b 21~27)에서 소크라테스의 입을 빌어 나온다.

28 이 말은 아리스토텔레스의 『에우데모스 윤리학』(I, 5, 1216b 6~8)에서 소크라테스의 입을 빌어 나온다. 또한 크세노폰의 『소크라테스 회상』(III, 9, 5)에도 같은 문장이 등장한다.

29 A.-J. Voelke, *L'Idée de volonté dans le stoïcisme*, Paris, 1973, p. 194. 여기서 저자는 소크라테스적 주지주의에 대하여 〈소크라테스의 변증론은 선에 대한 앎과 선에 대한 선택을 떼려야 뗄 수 없는 것으로 단일화한다〉라고 평한다.

30 플라톤, 『소크라테스의 변론』, 28b 이하.

31 플라톤, 『크리톤』, 50a.

32 플라톤, 『파이돈』, 98e.

33 플라톤, 『소크라테스의 변론』, 41d.

34 위의 책, 38a.

35 M. Merleau-Ponty, *Éloge de la philosophie et autres essais*, Paris, 1965, p. 38.

36 플라톤, 『소크라테스의 변론』, 38a.

37 M. Merleau-Ponty, 위의 책, p. 44.

38 위의 책, p. 48.

39 플라톤, 『소크라테스의 변론』, 33b, 31a~b.

40 A. Dihle, *Studien zur griechischen Biographie*, 2e éd., Göttingen, 1970, pp. 13~20.

41 Plutarque, *Si la politique est l'affaire des vieillards*, 26, 796d.

4. 플라톤의 『향연』에 나타난 철학자의 정의

1 플라톤 저작 내 〈필로소피아〉와 관련 어휘들의 사용에 대해서는 M. Dixsaut, *Le Naturel philosophe*, Paris, 1985를 참조하라.

2 Hölderlin, *Le Rhin*, trad. G. Bianquis, Paris, 1943, pp. 391~393.

3 니체, 『비극의 탄생』, §13.

4 D. Babut, "Peinture et dépassement de la réalité dans le Banquet de Platon", *Revue des études anciennes*, t. 82, 1980, pp. 5~29.

5 플라톤, 『향연』, 202e.

6 위의 책, 203a 이하.

7 위의 책, 174a, 203c~d, 220b. 얀켈레비치의 책 *L'Ironie* 122~125쪽도 참조하라.

8 Diogène Laërce, *Vie des philosophes*, Ⅱ, 27~28에서 그 예를 볼 수 있다.

9 아리스토파네스, 『구름』, 445 이하.

10 플라톤, 『향연』, 175e, 221e.

11 위의 책, 215c.

12 위의 책, 220a~d.

13 위의 책, 203e와 그 이하.

14 플라톤, 『파이드로스』, 278d 참조.

15 이 책 45쪽과 443쪽을 보라.

16 이 책 69쪽 이하를 참조하라.

17 플라톤, 『뤼시스』, 218b 1.

18 H.-J. Krämer, *Platonismus und hellenistische Philosophie*, Berlin, 1971, pp. 174~175, 229~230.

19 Kierkegaard, *L'Instant*, § 10, dans *Œuvres complètes*, t. X, pp. 300~301.

20 파스칼, 『팡세』, § 553.

21 Plotin, *Enn.*, III, 5(50), 9, 44; p. 142 Hadot.

22 L. Robin, notice, p. CV, n. 2, dans Platon, *Le Banquet*, Paris, 1981(1re éd. 1929).

23 이 책 75쪽과 그 이하를 보라.

24 『향연』, 211d~212a.

25 이 책 125쪽과 그 이하를 보라.

26 이 책 429~437쪽을 보라.

27 크세노폰, 『향연』, II, 17~19.

28 니체, 『인간적인, 너무나 인간적인』, 「방랑자와 그의 그림자」, § 86.

29 Isocrate, *Panégyrique*, § 47.

30 Isocrate, *L'Échange*, § 271.

31 I. Hadot, *Arts libéraux et philosophie dans la pensée antique*, Paris, 1984, pp. 16~18.

5. 플라톤과 아카데메이아

1 플라톤, 『향연』, 208e.

2 위의 책, 209b~c.

3 플라톤, 『파이드로스』, 277a.

4 로뱅L. Robin이 쓴 플라톤의『향연』(파리, 1981년 판 / 1929년 초판)의 머리말, p. XCⅡ.

5 Sénèque, *Lettres à Lucilius*, 6, 6.

6 H.-J. Krämer, *Platonismus und hellenistische Philosophie*, Berlin, 1971을 참조하라. 이 저작은 대단히 중요한 저작으로 손꼽힌다.

7 다음 논문을 참조하라. M.-F. Billot, "Académie", dans *Dictionnaire des philosophes antiques*, éd. R. Goulet, t. Ⅰ, Paris, 1994, pp. 693~789.

8 다음 저작들이 이러한 추측을 예시한다. Dicéarque, dans Plutarque, *Propos de table*, Ⅷ, 2, 719a; Cicéron, *Républ.*, Ⅰ, 15~16; *Des termes extrêmes...*, Ⅴ, 86~87; Augustin, *Cité de Dieu*, Ⅷ, 4; Numénius, fr. 24, éd. et trad. des Places; Proculus, *Commentaire sur le Timée*, t. Ⅰ, 7, 24 Diehl, p. 32, trad. Festugière.

9 플라톤, 『국가』, 600b.

10 J. P. Lynch, *Aristotle's School*, p. 61.

11 플라톤, 『일곱째 편지』, 328b~329c.

12 위에서 인용한 린치의 책 59쪽, 32번(참고문헌); M. Isnardi Parente, *L'eredità di Platone nell'Accademia antica*, Milan, 1989, p. 63과 그 이하.

13 플라톤, 『국가』, 519d.

14 K. Gaiser, *Philodems Academica*, Stuttgart, 1988, p. 153과 그 이하.

15 플라톤, 『법률』, Ⅵ, 756e~758a.

16 플라톤, 『국가』, 592b.

17 B. Frischer, *The Sculpted Word: Epicureanism and Philosoph-*

ical Recruitment in Ancient Greece, University of California Press, 1982, p. 63을 참조하라.

18 앞에서 인용한 린치의 책, 63쪽.

19 이 주제에 대해서는 위의 책 54~63쪽과 93쪽을 보라.

20 이 책 172~174쪽을 보라.

21 K. Gaiser, Philodems Academica, p. 154.

22 Plutarque, Propos de table, Ⅷ, 1, 717b.

23 플라톤, 『국가』, 522~534.

24 플라톤, 『국가』, 526e; Plutarque, Propos de table, Ⅷ, 718e~f. 그리고 I. Hadot, Arts libéraux..., p. 98을 참조하라.

25 F. Lasserre, La Naissance des mathématiques à l'époque de Platon, Fribourg-Paris, 1990.

26 플라톤, 『국가』, 539d~e.

27 아리스토텔레스, 『소피스트적 논박』, 183b 7.

28 이 책 180~182쪽을 보라. 그리고 P. Hadot, "Philosophie, Dialectique, Rhétorique dans l'Antiquité", Studia Philosophica, t. 39, 1980, pp. 139~166도 참조하라.

29 플라톤, 『메논』, 75c~d.

30 E. Heitsch, Erkenntnis und Lebensführung, Akademie der Wissenschaften und der Literatur, Mainz, Stuttgart, 1994, fasc. 9.

31 I. Düring, Aristoteles, Heidelberg, 1966, p. 9.

32 이 책 261쪽을 보라.

33 플라톤, 『소피스트』, 263e 4.

34 J. Mittelstrass, "Versuch über den sokratischen Dialog", Das Gespräch, éd. K. Stierle et R. Warning, Munich, 1984, p. 26.

35 L. Brisson, "Présupposés et conséquences d'une interprétation ésotériste de Platon", Les Études philosophiques, 1993, n. 4, p. 480.

36 아리스토텔레스, 『형이상학』, 1004b 25.

37 플라톤, 『국가』, 518c.

38 3장의 주28을 참조하라.

39 I. Hadot, *Arts libéraux...*, p. 15.

40 L. Brisson, "Présupposés...", p. 480.

41 플라톤, 『국가』, 618b.

42 P. Rabbow, *Paidagogia. Die Grundlegung der abendiän-dischen Erziehungskunst in der Sokratik*, Göttingen, 1960, p. 102.

43 플라톤, 『티마이오스』, 89d~90a.

44 플라톤, 『국가』, 571~572.

45 플라톤, 『법률』, VII, 808b~c.

46 플라톤, 『국가』, 604b~c.

47 플라톤, 『크리톤』에 나오는 같은 종류의 훈련에 대해서는 E. Martens, *Die Sache des Sokrates*, p. 127을 참조하라.

48 R. Schaerer, *La Question platonicienne*, p. 41.

49 B. Parain, "Le langage et l'existence", dans le recueil collectif *L'Existence*, Paris, 1945, p. 173.

50 플라톤, 『파이돈』, 115e.

51 플라톤, 『국가』, 486a~b.

52 플라톤, 『테아이테토스』, 173~176.

53 P. Rabbow, *Paidagogia...*, p. 273.

54 플라톤, 『테아이테토스』, 176b~c.

55 플라톤, 『파이드로스』, 249b와 그 이하.

56 플라톤, 『파이드로스』, 253a.

57 플라톤, 『향연』, 209b~c.

58 이 책 57~59쪽을 보라.

59 괴테, 요한 페터 에커만과의 대화, 1825년 5월 12일.

60 플라톤, 『향연』, 210~212.

61 A. Parmentier, *La Philosophie de Whitehead et le problème*

de Dieu, Paris, 1968, p. 222, 주83 〈화이트헤드의 개념은 언제나 감정을, 다시 말해 희망이나 두려움 혹은 증오, 격렬한 열망 혹은 분석의 쾌감 등을 (……) 덧입는다〉에서 인용.

62 앞의 책, p. 410, 주131.

63 플라톤, 『일곱째 편지』, 341c.

64 플라톤, 『파이드로스』, 275~277. 성문법의 단점 및 구어로 이루어진 왕명(王命)의 장점에 대해서는 『정치가*Politikos*』 294c~300c와 비교해 보라.

65 플라톤, 『파이드로스』, 275e.

66 R. Goulet, "Axiothea", dans *Dictionnaire des philosophes antiques*, t. I, Paris, 1994, p. 691.

67 K. Gaiser, *Philodems Academica*, p. 148.

68 R. Schaerer, *La Question platonicienne*, p. 171을 참조하라. 또한 J. Mittelstrass, "Versuch über den sokratischen Dialog", p. 26은 소크라테스의 사라짐과 연결되어 있는 위험을 지적한다. 이는 곧 대화에서 독백으로 넘어가는 대목이자 철학적인 〈삶의 형태〉에서 〈직업적인 철학 연구〉로 넘어가는 대목이기도 하다.

69 R. Schaerer, 위의 책, p. 67.

70 위의 책, p. 174. 아리스토텔레스가 말했듯이(『시학』 1447b) 대화편들은 시적이고 미메시스적인 저작들일 뿐이다.

71 L. Brisson, "Présupposés...", p. 480.

72 V. Goldschmidt, *Les Dialogues de Platon*, Paris, 1947, p. 3.

73 플라톤, 『정치가』, 285c~d.

74 플라톤의 대화편에 대해서는 L. Brisson, "Platon"에 나오는 탁월한 요약문을 참조하라. 이 논문은 L. Jaffro와 M. Labrune, *Gradus philosophique*, Paris, 1994, pp. 610~613에 수록되어 있다. 이 논문 덕분에 나는 다음에 이어질 내용들에 대해 영감을 얻을 수 있었다.

75 Platon, *Parménide*, 135b.

76 L. Brisson, "Platon", *Gradus philosophique*, p. 611을 참조하라.

77 이 3대 가치는『에우튀프론』,『크리톤』,『테아이테토스』,『정치가』,『파르메니데스』,『파이드로스』,『알키비아데스』1권,『고르기아스』,『국가』,『티마이오스』,『법률』,『일곱째 편지』에 나온다.

78 R. Schaerer, *La Question platonicienne*, p. 247.

6. 아리스토텔레스와 그의 학파

1 아리스토텔레스,『형이상학』, I, 982a 15.

2 J. P. Lynch, *Aristotle's School*, pp. 68~105.

3 Diogène Laërce, *Vie des philosophes*, V, 4.

4 R. Bodéüs, *Le Philosophe et la cité. Recherches sur les rapports entre morale et politique dans la pensée d'Aristote*, Paris, 1982, p. 171; G. Bien, "Das Theorie-Praxis Problem und die politische Philosophie bei Plato und Aristoteles", *Phiosophisches Jahrbuch*, t. 76, 1968~1969, pp. 264~314.

5 아리스토텔레스,『정치학』, VII, 2, 1324, a30; M.-Ch. Bataillard, *La Structure de la doctrine aristotélicienne des vertus éthiques*, thèse, Université de Paris IV-Sorbonne, p. 348, 여기서는 아리스토텔레스에게서 나타나는 윤리적 단계를 〈보통 사람〉, 〈선하고 아름다운 사람〉, 〈정관적인 사람〉이라는 세 가지로 구분한다; P. Demont, *La cité grecque archaïque et classique et l'idéal de tranquilité*, Paris, 1990. p. 349; G. Rodier, *Études de philosophie grecque*, Paris, 1926, p. 215.

6 아리스토텔레스,『니코마코스 윤리학』, X, 1178a 9.

7 위의 책, X, 1177 a 12~1178a 6.

8 위의 책, X, 1177b 27; *Génération des Animaux*, IX, 737a 9~10.

9 위의 책, X, 1178a 2.

10 아리스토텔레스, 『형이상학』, XII, 7, 1072b 14, 25.

11 아리스토텔레스, 『니코마코스 윤리학』, X, 1175a 4, 26.

12 아리스토텔레스, 『정치학』, VII, 3, 8, 1325b.

13 아리스토텔레스, 『니코마코스 윤리학』, VI, 1144a 18.

14 I. Düring, *Aristoteles*, Heidelberg, 1966, p. 472.

15 위의 책 524쪽과 그 이하; W. Jaeger, "The Organisation of Research", *Aristotle*, Oxford University Press, 1967(1er éd. 1934), ch. XIII를 참조하라.

16 L. Bourgey, *Observation et expérience chez Aristote*, Paris, 1955, p. 69와 그 이하.

17 *Génération des Animaux*, 760b 30.

18 *Parties des Animaux*, 644b 22와 그 이하.

19 위의 책, 644b 31.

20 *Génération des Animaux*, 645a 7~23.

21 아리스토텔레스, 『형이상학』, XII, 7, 1072b 4.

22 아리스토텔레스, 『시학』, 1448b 10.

23 아리스토텔레스 철학과 헬레니즘 예술의 관계에 대해서는 J. Onians, *Art and Thought in the Hellenistic Age. The Greek World View 350-50 BC*, Londres, 1979, p. 29를 보라.

24 L. Robert, "Héraclite à son fourneau", *Scripta Minora*, pp. 61~73.

25 이 책 125~126쪽을 보라.

26 아리스토텔레스, 『형이상학』, XII, 1072a 26과 그 이하.

27 칸트, 『판단력비판』, §42.

28 이 책 142~143쪽을 보라.

29 아리스토텔레스, 『형이상학』, XII, 1075a 5. 〈인간 지성이 어떤 순간에, 적어도 그것이 복합적 사물을 대상으로 지니지 않을 때에

(왜냐하면 인간 지성은 어떻게 혹은 어떤 부분에서 선을 지니고 있는 것이 아니라 일종의 분할할 수 없는 전체성 내에서 그 자신과 차별화되는 최고선을 지니고 있으므로) 그러한 것처럼 사유 그 자체에 대해 사유되는 사유 또한 영원히 그러하다.〉 그리고 테오프라스토스의 『형이상학』 9b 15. 〈아마도 보다 참된 것은 이러한 부류의 실재에 대한 관조가 이성 그 자체를 수단으로 삼는다는 것이리라. 이성은 실재를 직접적으로 포착하고 마치 그것들과의 접촉에 들어가는 것처럼 여겨진다. 이 점은 어째서 실재들을 대하는 데 어떤 오류도 없는가를 설명해 준다〉도 참조하라.

30 아리스토텔레스, 『형이상학』, I, 982b 30.

31 I. Düring, *Aristoteles*, pp. 29~30.

32 R. Bodéüs, *Le Philosophe et la cité*, p. 26.

33 R. Bodéüs, *Le Philosophe et la cité*, p. 162.

34 위의 책, 같은 대목. 보데우스는 이 주장의 근거로 청중들이 판관으로 나타나는 『니코마코스 윤리학』의 첫 번째 장(1094b 27과 그 이하)을 들고 있다.

35 위의 책, p. 187과 그 이하.

36 6장의 주28을 보라. P. Aubenque, "La pensée du simple dans la *Métaphysique*"(Z. 17과 Θ, 10), *Etudes sur la Métaphysique d'Aristote*, éd. P. Aubenque, Paris, 1979, pp. 69~80; Th. de Koninck, "La noêsis et l'indivisible selon Aristote", *La Naissance de la raison en Grèce, Actes du Congrès de Nice*, mai 1987, éd. J.-F. Mattéi, Paris, 1990, 215~228을 참조하라.

37 아리스토텔레스, 『니코마코스 윤리학』, VI, 1142a 12ss; 앞에서 인용한 보데우스의 책 190쪽도 참조하라.

38 아리스토텔레스, 『니코마코스 윤리학』, VI, 1147a 21~22.

39 플라톤, 『일곱째 편지』, 341c.

40 아리스토텔레스, 『니코마코스 윤리학』, X, 1179b 4~5.

41 6장의 주5에서 인용한 바타야르의 책 355~356쪽을 참조하라.

42 아리스토텔레스, 『니코마코스 윤리학』, I, 1095a 4~6. 국역본에서 해당 구절은 다음과 같다. 〈젊은이는 자신의 감정을 따르기 쉬워서 강의를 들어 봤자 헛되고 아무 도움도 되지 않을 것이다. 정치학의 목적은 앎이 아니라 행위니까.〉 보데우스의 책 185~186쪽도 참조하라.

43 아리스토텔레스, 『니코마코스 윤리학』, X, 1179b 24.

44 보데우스의 책 225쪽과 뒤링의 책 435쪽을 참조하라.

45 보데우스의 책 16쪽.

7. 헬레니즘학파

1 이 책 247쪽과 그 이하를 보라.

2 특히 G. Murray, "The Failure of Nerve", *Four Stages of Greek Religion*, New York, 1912(3^e éd. 1955), p. 119와 그 이하. 머레이 이후 거의 모든 철학사학자들(예를 들어 페스티지에르, 브레예 등)이 이러한 선입견에 영향을 받고 있다.

3 B. Gille, *Les Mécaniciens grecs*, Paris, 1980을 참조하라. 특히 이 뛰어난 저작 중에서도 알렉산드리아 학파에 할애된 장(54쪽 및 그 이하)을 보라.

4 플라톤, 『국가』, 496c 5.

5 I. Hadot, "Tradition stoïcienne et idées politiques au temps des Gracques", *Revue des études latines*, t. 48, 1970, pp. 146~147; *Le problème du néoplatonisme alexandrin. Hiéroclès et Simplicius*, Paris, 1978, p. 37를 참조하라.

6 P. Hadot, *La Citadelle intérieure. Introduction aux Pensées de Marc Aurèle*, Paris, 1992, p. 308과 그 이하.

7 사모스의 아미니아스나 페르가몬의 아폴로파네스가 그 예이다.
R. Goulet, *Dictionnaire des philosophes antiques*, t. I에서 퓌에크B.
Puech의 주를 참조하라.

8 7장의 주5에서 인용한 아도의 논문 133~161쪽을 참조하라.

9 Diogène Laërce, *Vie des philosophes*, IX, 61~63.

10 C. Muckensturm, "Les gymnosophistes étaient-ils des cyniques modèles?", *Le cynisme ancien et ses prolongements*, éd. M. -O. Goulet-Cazé et R. Goulet, Paris, 1993, pp. 225~239.

11 Démocrite, fr. 191, dans *Les Présocratiques*, p. 894.

12 Clément d'Alexandrie, *Stromates*, II, 20, 125, 1.

13 C. Muckensturm, "Calanus", *Dictionnaire des philosophes antiques*, t, II, pp. 157~160.

14 H.-C. Baldry, "The Idea ot the Unity of Mankind", dans H. Schwabl, H. Diller, *Grecs et Barbares, Entretiens sur l'Antiquité classique*, t. VIII, Fondation Hardt, Genève, 1962, pp. 169~204; J. Moles, "Le cosmopolitisme cynique", *Le cynisme ancien et ses prolongements*, pp. 259~280을 참조하라.

15 학교(학술기관) 혹은 학파(학설적 경향)을 가리키는 이 그리스어 어휘에 대해서는 J. Glucker, *Antiochus and the Late Academy*, Göttingen, 1978, pp. 159~225을 보라.

16 Diogène Laërce, *Vie des philosophes*, IV, 16.

17 J. P. Lynch, *Aristotle's School*, pp. 106~134를 참조하라.

18 Diogène Laërce, *Vie des philosophes*, III, 41; V, 11, 51, 61, 69; X, 16.

19 C. Diano, "La philosophie du plaisir et la société des amis". *Studi e saggi di filosofia antica*, Padoue, 1973, pp. 368~369. Epicuro, Opere, éd. G. Arrighetti, Turin, 1973, pp. 443, 471. 에피쿠로스학파의 조직에 대해서는 N. W. De Witt, *Epicurus and his Philos-*

ophy, University of Minnesota Press, 1954 (2e éd., Westport, Connecticut, 1973); "Organization and Procedure in Epicurean Groups", *Classical Philosophy*, t. 31, 1936, pp. 205~211; I. Hadot, *Seneca...*, pp. 48~ 53을 참조하라.

20 Diogène Laërce, *Vie des philosophes*, IV, 19.

21 위의 책, V, 4; 린치의 책, *Aristotle's School,* p. 82.

22 위의 책, VII, 5~6, 36.

23 위의 책, VII, 27.

24 Sextus Empiricus, *Hypotyposes pyrrhoniennes*, I, 16~17(M.-O. Goulet-Cazé 의 프랑스어 번역).

25 A.-J. Voelke, *La Philosophie comme la thérapie de l'âme. Études de philosophie hellénistique*.

26 Alexandre d'Aphrodise, *In Aristotelis Topica comment*, p. 27, 13 Wallies, dans CAG, t. II, Berlin, 1891.

27 P. Hadot, "Philosophie, Dialectique, Rhétorique dans l'Antiquité", *Studia Philosophica*, t. 39. 1980, p. 147과 그 이하를 참조하라.

28 Cicéron, *Des termes extrêmes...*, IV, 3, 7.

29 I. Hadot, "Épicure et l'enseignement philosophique hellénistique et romain", *Acte du □^{e} Congrès de l'Association Guillaume Budé*, Paris, 1969, pp. 347~354.

30 위의 책 358~360쪽을 참조하라.

31 P. Hadot, "Les modèles de bonheur proposés par les philosophies antiques", *La Vie spirituelle*, t. 147, n° 698, 1992.

32 L. Paquet, *Les Cyniques grecs. Fragments et témoignages*, Paris, 1992에 수록된 증언 모음을 참조하라. 또한 M.-O. Goulet-Cazé, *L'Ascèse cynique*, Paris, 1986과 7장의 주10에서 인용한 *Le Cynisme ancien et ses prolongements*도 참조하라.

33 Diogène Laërce, *Vie des philosophes*, Ⅵ, 46, 69, 97.

34 앞의 책, Ⅵ, 38.

35 위의 책, Ⅵ, 69.

36 위의 책, Ⅵ, 103. 그리고 M.-O. Goulet-Cazé, "Le cynisme est-il une philosophie?", cité P. 160, n. 1.

37 위의 책, Ⅵ, 36, 75~76, 82~84.

38 위의 책, Ⅵ, 38~39.

39 위의 책, Ⅵ, 22.

40 위의 책, Ⅵ, 54.

41 위의 책, Ⅸ, 61~70. Recueil des témoignages dans *Pirrone. Testimonianze*, éd. F. Decleva Caizzi, Naples, 1981; M. Conche, *Pyrrhon ou l'apparence*, Villers-sur-Mer, 1973.

42 Diogène Laërce, *Vie des philosophes*, Ⅸ, 66.

43 Tchouang-tseu, *Philosophes taoïstes*,, textes traduits par Liou Kia Hway et B. Grynpas, 1980, p. 141; Shitao, *Les Propos sur la peinture du moine Citrouille-amère*, trad. et commentaire de P. Rickmans, Paris, 1984. 피에르 릭망은 이 예를 들어 도가 철학에서 지고의 소박함이 순수한 잠재성과 욕망의 부재라고 정의한다.

44 Diogène Laërce, *Vie des philosophes*, Ⅸ, 63.

45 Sextus Empericus, *Contre les moralistes*, 20에 나오는 피론의 제자 티몬의 시구를 참조하라. 〈신성과 선성(善性)은 언제나 남아 있어 그로부터 언제나 그 자체에 동등한 삶이 인간에게로 오는 것이다.〉 여기서 피론은 일종의 독단가처럼 나타난다. 이를 잘 지적한 자료로는 7장의 주41에서 인용한 데클레바 카이치의 책 256~258쪽과 이 책의 리뷰에 해당하는 W. Görler, *Archiv für Geschitchte der Philosophie*, t. 67, 1985, p. 329와 그 이하가 있다.

46 Cicéron, *Des termes extrêmes...*, Ⅱ, 13, 43과 Ⅳ, 16, 43.

47 Diogène Laërce, *Vie des philosophes*, Ⅸ, 66.

48 앞의 책, IX, 63~64.

49 위의 책, IX, 69.

50 Épicure, *Lettres, maximes, sentences*, introd., trad. et comm. par J.-F. Balaudé, Paris, 1994, 이후에 이 책의 인용은 모두 Balaudé 로 표기한다. 이 저작은 에피쿠로스주의를 공부하는 데 매우 훌륭한 입문서이다. 그리스어 텍스트와 이탈리아어 번역을 보고 싶다면 Epicuro, *Opere*, éd. G. Arrighetti, Turin, 1973을 보라. 이 책의 인용 은 모두 Arrighetti로 표기한다.

51 Diogenes of Oinoanda, *The Epicurean Inscription*, éd. M. F. Smith, Naples, 1992.

52 *Sentences vaticanes*, § 33, Balaudé, p. 213. 여기서는 발로데 의 번역을 따르되 육필 원고에 추가되었던 제우스에 대한 언급을 저 자가 임의로 덧붙였다. 그리스어 텍스트에는 바로 앞에 〈*kan*〉이라 는 표현이 나오므로 이렇게 번역하는 것이 타당하다고 생각했기 때 문이다.

53 C. Diano, "La philosophie du plaisir et la société des amis", p. 360(7장의 주19에서 인용).

54 Cicéron, *Des termes extrêmes...*, I, 18, 57 — 19, 63. 보엘케의 책 *La Philosophie comme la thérapie de l'âme,* pp. 59~72, 〈공허한 견해와 영혼의 근심*Opinions vides et troubles de l'ame*〉을 참조하라.

55 H.-J. Krämer, *Platonismus und hellenistische Philosophie*, pp. 164~170, 188~211, 216~220.

56 Épicure, *Lettres à Ménécée*, § 128, Balaudé, p. 194.

57 Sénèque, *Lettres à Lucilius*, 66, 45. C. Diano, "La philosophie du plaisir et la société des amis", p. 358도 참조하라.

58 H.-J. Krämer, *Platonismus und hellenistische Philosophie*, p. 218.

59 C. Diano, "La philosophie du plaisir et la société des amis", p.

364.

60 J.-J. Rousseau, *Les Rêveries...*, Paris, Flammarion, 1978, Cinquième promenade, p. 102.

61 Cicéron, *Des termes extrêmes...*, I, 18, 59.

62 Épicure, *Lettres à Ménécée*, §§ 127~128; Balaudé, p. 116, 194.

63 플라톤, 『국가』, 558d.

64 Arrighetti, p. 567, (240).

65 Épicure, *Maximes capitales*, § XXX, Balaudé, p. 204; Porphyre, *De l'abstinence*, I, 49.

66 루크레티우스, 『사물의 본성에 대하여』, III, 31과 그 이하.

67 A.-J, Festugière, *Épicure et ses dieux*, Paris, 1946, pp. 51~52를 참조하라.

68 Épicure, *Maximes capitales*, XI, XII와 *Lettre à Pythoclès*, § 85; 또한 발로데의 번역본 175쪽과 201쪽, 앞에서 소개한 페스튀지에르의 책 53쪽도 보라.

69 Épicure, *Lettre à Pythoclès*, §§ 86~87; 발로데의 번역본 106~111쪽과 176쪽을 보라.

70 Cicéron, *Des termes extrêmes...*, I, 6, 18~20.

71 Cicéron, *Du destin*, 9, 18; 10, 22; 20, 46; *De la nature des dieux*, I, 25, 69; 아리게티의 책 512~513쪽도 보라.

72 루크레티우스, 『사물의 본성에 대하여』, II, 289~293.

73 Cicéron, *Des termes extrêmes...*, I, 6, 19. 〈자연학자에게 있어서 어떤 사태가 아무 원인 없이 이루어졌다고 말하는 것보다 더 수치스러운 일은 없다.〉 또한 D. Selly, "Epicurus' Refutation of Determinism", ΣΥΖΗΤΗΣΙΣ, *Studi sull'epicureismo greco e romano offerti a Marcello Gigante*, Contributi, Naples, 1983, pp. 11~51.

74 Épicure, *Lettres à Ménécée*, § 124~125; Balaudé, p. 192; Diano, p. 362.

75 Balaudé, p. 32.

76 Épicure, *Lettres à Ménécée*, § 123; Balaudé, p. 192.

77 *Maximes capitales*, I, Balaudé, p. 199.

78 A.-J, Festugière, *Épicure et ses dieux*, p. 95.

79 위의 책, p. 98.

80 P. Decharme, *La critique des traditions religieuses chez les Grecs*, Paris, 1904, p. 257.

81 Épicure, *Lettres à Ménécée*, § 124, § 135; Balaudé, p. 192, 198.

82 Philodème, dans *Papyrus Herculan*, 1005, col. IV, 10~14, texte amélioré par M. Gigante, *Ricerche Filodemee*, Naples, 1983 (2e ed.), p. 260, n. 35a; Arrighetti, p. 548.

83 A.-J, Festugière, *Épicure et ses dieux*, pp. 36~70; C. Diano, "La philosophie du plaisir et la société des amis", pp. 365~371.

84 Sénéque, *Lettres à Lucilius*, 7, 11; C. Diano, p. 370.

85 S. Sudhaus, "Epikur als Beichtvater", *Archiv für Religionswissenschaft*, 14, 1911, pp. 647~648; W. Schmid, "Contritio und 'Ultima linea rerum' in neuen epikureischen Texten", *Rheinisches Museum*, 100. 1957, pp. 301~327; I. Hadot, *Seneca...*, p. 67.

86 Sénéque, *Lettres à Lucilius*, 25, 5.

87 *Philodemi Peri Parrhesias,* éd. A. Olivieri, Leipzig, 1914, p. 22; M. Gigante, "Philodème, *Sur la liberté de parole*", Congrès Budé (cité p. 167, n. 1), pp. 196~217.

88 이것이 프리셔B. Frischer의 책 『새겨진 말*The Sculpted Word*』 의 주제이다.

89 Épicure, *Lettres à Ménécée*, § 135; Balaudé, p. 198.

90 *Sentences vaticantes*, § 27, Balaudé, p. 212.

91 Arrighetti, p. 427 〔52〕. 그리고 마르쿠스 아우렐리우스의 『명 상록』 IX, 41을 보라.

92 Cicéron, *Des termes extrêmes...*, I, 20, 65.

93 Pline l'Ancien, *Histoire naturelle*, XXXV, 144(와 90); N. W. De Witt, *Epicurus...*(7장 주19에서 인용-), pp. 95~96.

94 Horace, *Épîtres*, I, 4, 13; Philodème, *Sur la mort*, livre IV, col. 38, 24, cité dans M. Gigante, *Ricerche Filodemee*, pp. 181, 215~216.

95 E. Hoffmann, "Epikur", dans M. Dessoir, *Die Geschichte der Philosophie*, t. I, Wiesbaden, 1925, p. 223.

96 스토아학파의 단편들은 폰 아르님H. von Arnim이 한데 모아 출판한 바 있다(*Stoicorum Veterum Fragmenta*, I-IV, Leipzig, 1905~1924〔슈투트가르트, 토이브너 출판사, 1964 재발행〕). 만스펠트J. Mansfeld는 새로운 단편집 출간을 준비하고 있다. 그리고 몇몇 스토아학파 학자들의 텍스트(세네카, 에픽테토스, 마르쿠스 아우렐리우스. 그리고 스토아학파에 대한 디오게네스 라에르티오스, 키케로, 플루타르코스의 증언)를 *Les Stoïciens*, éd. E. Bréhier, P.-M. Schuhl, Paris, Gallimard, Bibliothèque de la Pléiade, 1964(이 책은 앞으로 *Les Stoïciens*로 인용하겠음).

97 J. P. Lynch, *Aristotle's School*, p. 143; I. Hadot, "Tradition stoïcienne et idées politiques au temps des Gracques", *Revue des études latines*, t. 48, 1971, pp. 161~178.

98 플라톤, 『소크라테스의 변론』, 41d. 30b와 28e도 보라.

99 Epictète, *Manuel*, §1; *Entretiens*, I, 1, 7; I, 4, 27; I, 22, 9; II, 5, 4.

100 Sénéque, *Lettres à Lucilius*, 20, 5.

101 *Stoicorum Veterum Fragmenta*(이 책은 이제부터 모두 SVF로 표기함), I, 179.

102 *SVF*, III, §68(*Les Stoïciens*, p. 97).

103 Cicéron, *Des termes extrêmes...*, III, 4, 16~22, 75; 이 텍스트

에 대한 뛰어난 주석도 참조해 보라. V. Goldschmidt, *Le Système stoïcien et l'idée de temps*, Paris, 1977, pp. 125~131; I. Hadot, *Seneca...*, pp. 73~75.

104 마르쿠스 아우렐리우스, 『명상록』, Ⅳ, 27.

105 G. Rodier, *Études de philosophie grecque*, Paris, 1926, pp. 254~255; V. Goldschmidt, *Le Système stoïcien...*, p. 59, n. 7.

106 *SVF*, Ⅱ, § 952 (*Les Stoïciens*, p. 481).

107 마르쿠스 아우렐리우스, 『명상록』, Ⅷ, 34.

108 Sénèque, *Lettres à Lucilius*, 107, 11.

109 마르쿠스 아우렐리우스, 『명상록』, Ⅷ, 35.

110 Epictète, *Manuel*, § 5; *Les Stoïciens*, p. 1113.

111 *SVF*, Ⅱ, § 91 =Sextus Empiricus, *Contre les logiciens*, Ⅱ, 397.

112 Cicéron, *Du destin*, 19, 43; P. Hadot, *La Citadelle intérieure*, p. 124도 참조하라.

113 Aulu-Gelle, *Nuits attiques*, XIX, 1, 15~20, traduit dans P. Hadot, *La Citadelle intérieure*, p. 120.

114 Epictète, *Manuel*, § 8; *Les Stoïciens*, p. 1114.

115 P. Hadot, *La Citadelle intérieure*, pp. 122~123, 180과 그 이하를 참조하라.

116 나는 [그리스어 *prepon*/라틴어 *decorum*에 해당하는] 이 역어를 키드 I. G. Kidd의 "Posidonius on Emotions", *Problems in Stoicism*, éd. A. A. Long, Londres, 1971, p. 201에서 빌려 왔다. 〈적절한 행위〉에 대해서는 다음을 참조하라. I. Hadot, *Seneca...*, pp. 72~78; V. Goldschmidt, *Le Système stoïcien*, pp. 145~168; P. Hadot, *La Citadelle intérieure*, pp. 204~206.

117 P. Hadot, *La Citadelle intérieure*, p. 220을 참조하라.

118 Sénèque, *De la clémence*, Ⅱ, 3, 3.

119 마르쿠스 아우렐리우스, 『명상록』, Ⅲ, 11. 7장의 주114도 참

조하라.

120 위의 책, VI, 13.

121 이 책의 342~345쪽을 보라.

122 마르쿠스 아우렐리우스, 『명상록』, X, 11, 18.

123 크리시포스는 현자들이 운명에 합의하게 된다고 말한다 (*SVF*, II, §912); 마르쿠스 아우렐리우스, 『명상록』, III, 16, 3; VIII, 7.

124 이 훈련에 대해서는 I. Hadot, *Seneca...*, pp. 60~61; P. Hadot, *La Citadelle...*, pp. 220~224를 참조하라.

125 Philon, *Des lois spéciales*, II, 46.

126 마르쿠스 아우렐리우스, 『명상록』, II, 5, 2.

127 P. Hadot, *La Citadelle...*, pp. 216~220을 참조하라.

128 *SVF*, I, Ariston, § 351~352. Diogène Laërce(이제부터 D. L.로 표기), VI, 103.

129 D. L., VII, 39, 41. P. Hadot, "Les divisions des parties de la philosophie dans l'Antiquité", *Museum Helveticum*, t. 36, 1979, pp. 201~223; "Philosophie, discours philosophique et divisions de la philosophie chez les stoïciens", *Revue internationale de philosophie*, t. 45, 1991, pp. 205~219; "La philosophie éthique: une éthique ou une pratique", *Problèmes de morale antique*, éd. P. Demont, Faculté des Lettres, Université de Picardie, 1993, pp. 7~37을 참조하라. 그리고 이에로디아코누K. Ierodiakonou가 지적한 바와 비교해 보라("The Stoic Division of Philosophy", *Phronesis*, t. 38, 1993, pp. 59~61). 그의 지적은 결국 나의 해석을 더욱 확고하게 만들어 줄 뿐이다.

130 이에 관한 단편들은 F. Wehrli, *Die Schule des Aristoteles*, dix fascicules et deux suppléments, Bâle, 1944~1959, 1974~1978에 수록되어 있다. 그 밖에 J. P. Lynch, *Aristotle's School*; J. Moreau, *Aristote et son école*, Paris, 1962도 참조하라.

131 R. Goulet, "Aristarque de Samos", dans *Dictionnaire des philosophes antiques*, t. I, p. 356.

132 이 문제에 대해서는 I. Hadot, *Seneca...*, pp. 40~45를 참조하라.

133 A.-M. Ioppolo, *Opinione e scienza*(이후부터 이 책은 Ioppolo로 표기하겠음), Naples, 1986, pp. 44~50, 53~54.

134 Cicéron, *Des termes extrêmes...*, II, 1, 1~4.

135 Platon, *Apologie*, 23b, 38a, 41b~c.

136 C. Lévy, "La nouvelle Académie a-t-elle été antiplatonicienne?", *Contre Platon*, 1. *Le platonisme dévoilé*, pp. 144~149; Ioppolo, p. 49를 참조하라.

137 Ioppolo, pp. 162~165.

138 위의 책, p. 139(Plutarque, *Contre Colotès*, 1122c~e의 인용).

139 위의 책, pp. 135~146.

140 Sénèque, *Des bienfaits*, II, 10, 1.

141 Ioppolo, pp. 203~209.

142 Cicéron, *Tusculanes*, V, 11, 33; *Lucullus*, 3, 7~8.

143 절충주의 철학에 대해서는 I. Hadot, "Du bon et du mauvais usage du terme 'éclectisme' dans l'histoire de la philosophie antique", *Herméneutique et ontologie, Hommage à Pierre Aubenque*, éd. par R. Brague et J.-F. Courtine, Paris, 1990, pp. 147~162. 계몽주의 시대의 절충주의는 〈권위〉에 복종하지 않고 스스로 생각하는 태도로 이해될 수 있는데, 이에 대해서는 H. Holzhey, "Der Philosoph für die Welt? Ein Chimäre der deutschen Aufklärung?", *Esoterik und Exoterik der Philosophie*, éd. par H. Holzhey, 1977, p. 132.

144 Cicéron, *Du destin*, 11, 24~25.

145 D. Babut, "Du scepticisme au dépassement de la raison. Phi-

losophie et foi religieuse chez Plutarque", *Parerga. Choix d'articles de D. Babut*, Lyon, 1994, pp. 549~581.

146 Plutarque, *Propos de table*, I, 2, 613b.

147 회의주의 연구에 있어 가장 중요한 자료는 섹스투스 엠피리 쿠스가 남긴 것이다. 그의 가장 중요한 텍스트들을 프랑스어로 번역 하여 모아 놓은 저작들은 다음과 같다. *Œuvres choisies de Sextus Empiricus*, trad. J. Grenier, G. Goron, Paris, 1948; J.-P. Dumont, *Les Sceptiques grecs,* textes choisis, Paris, 1966(이 책은 앞으로 Dumont으로 표기하겠음).

148 A.-J. Voelke, *La philosophie comme la thérapie de l'âme*, pp. 107~126.

149 Sextus Empiricus, *Hypotyposes*, III, 280; Dumont, p. 212. 보 엘케는 이 같은 〈인류애〉를 고대 의사들의 그것과 결부시킨 바 있다 (위의 책, p. 109).

150 Sextus Empiricus, *Hypotyposes*, I, 27~30; Dumont, pp. 13~14.

151 위의 책, I, 36~39; Dumont, p. 49; D. L., IX, 79~88.

152 D. L., IX, 88.

153 Sextus Empiricus, *Hypotyposes*, I, 206; II, 188. 7장 주147에 서 인용한 보엘케의 책 123쪽과 그 이하를 보라.

154 A.-J. Voelke, *La philosophie comme la thérapie de l'âme*, p. 116.

155 Sextus Empiricus, *Contre les moralistes*, 141~166; Dumont, pp. 206~212.

156 Sextus Empiricus, *Hypotyposes*, I, 15, 197; Dumont, p. 12, 43.

157 Sextus Empiricus, *Hypotyposes*, I, 188~205; Dumont, pp. 41~48.

8. 제국 시대의 철학 학파

1 J. P. Lynch, *Aristotle's School*, pp. 154~207; J. Glucker, *Antiochus and the Late Academy*, pp. 373~379를 참조하라.

2 Cicéron, *Nouveaux livres académiques*, 4, 15 — 12, 43.

3 I. Hadot, *Le Problème du néoplatonisme alexandrin. Hiéroclès et Simplicius*, Paris, 1978, pp. 73~76을 참조하라.

4 I. Hadot, *Arts libéraux et philosophie dans la pensée antique*, Paris, 1984, pp. 215~261을 참조하라.

5 위의 책, pp. 217~218.

6 R. Goulet, M. Aouad, "Alexandros d'Aphrodisias", *Dictionnaire des philosophes...*, t. I, pp. 125~126; P. Thillet, Introduction à Alexandre d'Aphrodise, *Traité du Destin*, Paris, 1984, p. XLIX~L.

7 J. P. Lynch, *Aristotle's School*, pp. 177~189; I. Hadot, *Le Problème du néoplatonisme...*, pp. 9~10.

8 Cicéron, *De l'orateur*, I, 11, 47.

9 Proclus, *Commentaire sur le Timée*, t. I, p. 76, 1 Diehl, trad. Festugière, t. I, p. 111을 참조하라.

10 Aulu-Gelle, *Nuits attiques*, I, 9, 8.

11 Épictète, *Manuel*, §49. 강의 중에 텍스트에 대한 주해가 이루어졌음을 암시하는 문헌으로는 *Entretiens*, I, 10, 8; I, 26, 13을 보라.

12 Porphyre, *Vie de Plotin*, 14, 10, dans Porphyre, *Vie de Plotin*, t. II, trad. et comm. par L. Brisson et autres, Paris, 1992, p. 155. 그리고 앞에서 언급한 굴레-카제의 책 1권 262~264쪽도 보라.

13 M.-D. Chenu, *Introduction à l'étude de saint Thomas d'Aquin*, Paris, Vrin, 1954, p. 55.

14 플라톤, 『티마이오스』, 24c.

15 L. Robert, "Trois oracles de la Théosophie et un prophète d'

Apollon", *Académie des inscriptions et belles-lettres, comptes rendus de l'année 1968*, pp. 568~599; "Un oracle gravé à Oinoanda", 위의 책, année 1971, pp. 597~619.

16 P. Hadot, "Théologie, exégèse, révélation, écriture dans la philosophie grecque", *Les Règles de l'interprétation*, éd. par M. Tardieu, Paris, 1987, pp. 13~34.

17 Epictète, *Entretiens*, III, 21~23; *Manuel*, §49.

18 Plutarque, *Isis et Osiris*, 382d. 그리고 P. Hadot, "Les divisions des parties de la philosophie dans l'Antiquité", *Museum Helveticum*, t. 36, 1979, pp. 218~221(bibliogr.)도 참조하라.

19 I. Hadot, *Le problème du néoplatonisme...*, pp. 160~164; Introduction(chap. III) à Simplicius, *Commentaire sur le Manuel d'Epictète*, Leiden, 1996을 참조하라.

20 Aulu-Gelle, *Nuits attiques*, 1, 26, 1, 11, 에픽테토스에 대해서는 J. Souilhé, Introduction à Epictète, *Entretiens*, t. I, Paris, 1948, p. XXIX를 참조하라.

21 Porphyre, *Vie de Plotin*, 3, 35.

22 Aulu-Gelle, *Nuits attiques*, XVII, 8, VII, 13.

23 W. Burkert, *Lore and Science in Ancient Pythagoreanism*, Harvard University Press, 1972, p. 199.

24 Aristophon dans *Le Pythagoriste*, cité dans *Les Présocratiques*, éd. J.-P. Dumont, p. 612.

25 W. Burkert, *Lore and Science...*, pp. 150~175.

26 P. C. Van der Horst, *Les Vers d'or pythagoriciens*, éd. avec un commentaire, Leiden, 1932; M. Meunier, Pythagore, *Les Vers d'or*; Hiéroclès, *Commentaire sur les Vers d'or*, Paris, 1979.

27 Porphyre, *Vie de Pythagore*, éd. et trad. E. des Places, Paris, 1982; Jamblichos, *Pythagoras*, éd. et trad. allem. M. von Albrecht,

Darmstadt, 1985.

28 Taurus, dans Aulu-Gelle, *Nuits attiques*, I, 9; A.-J. Festugière, *Études de philosophie grecque*, Paris, 1971, pp. 437~462: "Sur le *De vita pythagorica de Jamblique*".

29 Porphyre, *De l'abstinence*, I, 2, 3과 3, 3.

30 위의 책, I, 27, 1.

31 위의 책, I, 29, 1~6.

32 이 책의 6장 주38을 참조하라.

33 플라톤, 『티마이오스』, 90a.

34 Porphyre, *De l'abstinence*, I, 29, 5~6.

35 이 책의 141쪽을 보라.

36 *De l'abstinence*, I, 29, 4.

37 이 책의 123~125쪽을 보라.

38 Plotin, *Enn.*, II, 9(33), 14, 11.

39 Porphyre, *Vie de Plotin*, 7, 31.

40 *De l'abstinence*, I, 41, 5.

41 *Vie de Plotin*, 8, 20.

42 위의 책, 9, 18과 8, 19.

43 위의 책, 23, 7~18.

44 Plotin, *Enn.*, VI, 7(38), 34, 9~37; P. Hadot, Plotin, *Traité 38*, Paris, 1988의 각주 및 주해를 참조하라.

45 플라톤, 『향연』, 210e 4.

46 위의 책, 211d~e.

47 Philon, *Des songes*, II, 232.

48 Ph. Merlan, *Monopsychism, Mysticism, Metaconsciousness, Problems of the Soul in the Neoaristotelian and Neoplatonic Tradition*, La Haye, 1963, p. 35와 그 이하.

49 Plotin, Porphyre, *Vie de Plotin*, 4, 11과 5, 5.

50 Empédocle B 109; Démocrite B 164, *Les Présocratiques*, Dumont, p. 417, 887.

51 Plotin, *Enn.*, IV, 7(2), 10, 27과 그 이하.

52 위의 책, IV, 7(2), 10, 30과 I, 6(1), 9, 7.

53 위의 책, V, 3(49), 4, 14와 그 이하.

54 위의 책, V, 3(49), 4, 10.

55 이 책의 139~142쪽을 보라.

56 Plotin, *Enn.*, V, 1(10), 12, 14.

57 P. Hadot, Introduction à Plotin, *Traité 38*, Paris, 1988, pp. 31~43.

58 Plotin, *Enn.*, V, 8(31), 10, 40.

59 위의 책, V, 3(49), 8, 22; E. Bréhier, *La Philosophie de Plotin*, Paris, 1982, p. 98을 참조하라.

60 위의 책, V, 3(49), 4, 29.

61 위의 책, VI, 5(23), 12, 20.

62 위의 책, VI, 7(38), 36, 19.

63 위의 책, VI, 9(9), 1~4(P. Hadot, Plotin, *Traité 9*, Paris, 1994의 해석을 보라).

64 위의 책, VI, 9(9), 3, 37~54.

65 위의 책, VI, 9(9), 10, 15와 11, 11.

66 위의 책, VI, 9(9), 11, 22.

67 앞의 책, V, 3(49), 17, 37.

68 위의 책, VI, 7(38), 36, 6~10; VI, 9(9), 4, 11~16.

69 위의 책, VI, 7(38), 35, 19~33(P. Hadot, Plotin, *Traité 38*, pp. 37~43, 343~345의 주석을 보라).

70 P. Hadot, Plotin, *Traité 9*, pp. 37~44를 참조하라.

71 Plotin, *Enn.*, II, 9(34), 15, 39~40.

72 플라톤주의와 아리스토텔레스주의의 조화에 대해서는 I.

Hadot, "Aristote dans l'enseignement philosophique néoplato-nicien", *Revue de théologie et de philosophie*, t. 124, 1992, pp. 407~425; 신플라톤주의 주석가들의 아리스토텔레스 저작에 대한 개념에 대해서는 같은 저자의 Simplicius, *Commentaire sur les Catégories*, fasc. I. Leiden, 1990, pp. 63~107.

73 A.-J. Festugière, *Études de philosophie grecque*, pp. 535~550, "L'ordre de lecture des dialogues de Platon aux V-VIe siècles".

74 R. Masullo, "Il Tema degli 'Esercizi Spirituali' nella *Vita Isidori* di Damascio", dans *Talariskos. Studia Graeca Antonio Garzya sexagenario a discipulis oblata*, Naples, 1987, pp. 225~242를 참조하라.

75 H. Lewy, *Chaldaean Oracles and Theurgy*, 2e éd., Paris, 1978; H.-D. Saffrey, *Recherches sur le néoplatonisme après Plotin*, Paris, 1990, pp. 33~94; P. Hadot, "Théologie, exégèse...", pp. 26~ 39를 참조하라.

76 Jamblique, *Les Mystères d'Egypte*, Paris, 1966, éd. E. des Places, II, 11, p. 96.

77 A. Sheppard, "Proclus' Attitude to Theurgy", *Classical Quarterly*, t. 32, 1982, pp. 212~214; H.-D. Saffrey, "From Iamblichus to Proclus and Damascius", *Classical Mediterranean Spirituality*, éd. par A. H. Armstrong, New York, 1986, pp. 250~265를 참조하라.

78 H.-D. Saffrey, *Recherches sur le néoplatonisme après Plotin*, pp. 54~56.

9. 철학과 철학적 담론들

1 Cicéron, *Des termes extrêmes...*, III, 72; D. L., VII, 39와 41; 이

책의 221~227쪽을 참조하라.

2 Sénèque, *De la constance du sage*, 7, 1; De la providence, Ⅱ, 9.

3 I. Hadot, "Tradition stoïcienne et idées politiques au temps des Gracques", *Revue des études latines*, t. 48, 1970, pp. 174~178를 참조하라.

4 P. Hadot, *La Citadelle intérieure*. p. 16과 31을 참조하라.

5 Porphyre, *Vie de Plotin*, 7, 32.

6 D. L. Ⅳ, 18.

7 Porphyre, *Lettre à Marcella*, § 31.

8 Épictète, *Entretiens*, Ⅲ, 21, 4~6.

9 Sénèque, *Lettres à Lucilius*, 128, 23. 그리고 J. Pépin, "Philologos/Philosophos", dans Porphyre, *La Vie de Plotin*, t, Ⅱ, pp. 477~501 (cité p. 233, n. 2).

10 이 책 39~40쪽을 보라.

11 Plutarque, *Comment écouter*, 43f.

12 Plutarque, *Le Philosophie doit surtout s'entretenir avec les grands*, 776c~d.

13 P. Hadot, *La Citadelle intérieure*. pp. 64~66.

14 D. L., Ⅸ, 64와 Ⅶ, 171.

15 Horace, *Épîtres*, I, 4, 4~5.

16 Épictète, *Entretiens*, Ⅲ, 14, 1.

17 *Les Présocratiques*, Empédocle, B CXXIX, Dumont, P. 428; 여기서 나는 G. Zuntz, *Persephone*, Oxford, 1971, p. 208, n. 5의 해석을 차용했다. 이 해석은 또한 샤머니즘에 호소하는 모든 해석들을 거부한다.

18 J.-P. Vernant, *Mythe et pensée chez les Grecs*, Paris, 1971, t. I, p. 114.

19 L. Gernet, *Anthropologie de la Grèce antique*, Paris, 1982, p.

252.

20 J.-P. Vernant, 위의 책, t. I, pp. 95~96과 t. II, p. 114.

21 B CXXXII, Dumont, p. 429.

22 J.-P. Vernant, 앞의 책, t. II, p. 111.

23 이 책의 121~123쪽을 보라.

24 D. L., VI, 76과 95.

25 J.-P. Vernant, *Mythe et pensée chez les Grecs*, t. I, p. 96과 t. II, p. 111.

26 R. N. Hamayon, *La Chasse à l'âme. Esquisse d'une théorie du chamanisme sibérien*, Paris, Société d'ethnologie, 1990. 다음에 이어지는 단락에서 같은 저자가 발표한 논문("Le chamanisme sib rien: réflexion sur un médium", *La Recherche*, n° 275, avril 1995, pp. 416~422.

27 K. Meuli, "Scythica", *Hermes*, t. 70, 1935, p. 137과 그 이하.

28 E. R. Dodds, *Les Grecs et l'irrationnel*, Paris, Aubier, 1965, pp. 135~174.

29 M. Eliade, *Le Chamanisme et les techniques archaïques de l'extase*, Paris, 1968(1ᵉʳ éd. 1951).

30 H. Joly, *Le Renversement platonicien*, Paris, Vrin, 1974, pp. 67~69.

31 R. N. Hamayon, "Le chamanisme sibérien...", pp. 418~419.

32 R. N. Hamayon, "Pour en finir avec la 〈transe〉 et l'〈extase〉 dans l'étude du chamanisme", *Études mongoles et sibériennes*, t. 26, 1995, pp. 155~190.

33 R. N. Hamayon, "Le chamanisme sibérien...", p. 419.

34 플라톤, 『향연』, 174d.

35 H. Joly, *Le Renversement platonicien*, p. 69.

36 R. N. Hamayon, "Le chamanisme sibérien...", p. 419.

37 Maxime de Tyr, *Discours*, XVI, 2, p. 60; Dübner, dans *Theophrasti Characters...*, éd. F. Dübner, Paris, Didot, 1877.

38 J. D. P. Bolton, *Aristeas of Proconnesus*, Oxford, 1962.

39 J.-P. Vernant, *Mythe et pensée chez les Grecs*, t. I, p. 114; t. II, p. 110, n. 4.

40 G. Zuntz, Persephone, pp. 208~209; Porphyre, *Vie de Pythagore*, § 30, p. 50 des Places.

41 Porphyre, *Vie de Pythagore*, § 45. W. Burkert, *Lore and Science...*, pp. 139~141.

42 Jamblique,*Vie de Pythagore*, §§ 164~165.

43 J.-P. Vernant, *Mythe et pensée...*, t. I, p. 111.

44 M. Meunier, Pythagore, *Les Vers d'or*, Hiéroclès, *Commentaire sur les Vers d'or*, vers XL–XLIV, p. 226.

45 Diodore de Sicile, *Bibliothèque historique*, X, 5, 1; Cicéron, *De la vieillesse*, 11, 38.

46 Porphyre, *Vie de Pythagore*, § 40.

47 플라톤, 『국가』, 600a~b.

48 W. Burkert, *Lore and Science...*, pp. 109~120, 192~208을 참조하라.

49 이 책의 261~263쪽을 보라.

50 세네카, 『마음의 평정에 관하여』, 2, 3; Plutarque, *De la tranquilité de l'âme*, 456c; Diogène Laërce, IX, 45. I. Hadot, *Seneca...*, p. 135와 그 이하; P. Demont, *La Cité grecque archaïque et classique et l'idéal de tranquilité*, Paris, 1990, p. 271을 참조하라.

51 Démocrite, B XXXV와 그 이하, dans *Les Présocratiques*, éd. J.-P. Dumont, pp. 862~873.

52 Démocrite, B II, dans *Les Présocratiques*, éd. J.-P. Dumont, p. 836.

53 Antiphon le Sophiste, A Ⅵ-Ⅶ, dans *Les Présocratiques*, éd. J.-P. Dumont, pp. 1094~1095. G. Romeyer-Dherbey, *Les Sophistes*, Paris, 1985, pp. 110~115; M. Narcy, "Antiphon le Sophiste", *Dictionnaire des philosophes antiques*, t. I, pp. 225~244; W. D. Furly, "Antiphon der Sophiste. Ein Sophiste als Psychotherapeut?", *Reinisches Museum*, t. 135, 1992, pp. 198~216; P. Demont, *La Cité grecque archaïque...*, pp. 253~255를 참조하라.

54 Antiphon, B LⅧ-LⅨ, Dumont, P. 1114.

55 위의 책, B LⅢa, LⅡ, P. 1112.

56 역사 기록 이전의 철학적 삶과 실천에 대해서는 I. Hadot, "The Spiritual Guide", *Classical Mediterranean Spirituality*. New York, Crossroad, 1986, pp. 436~444; I. Hadot, *Seneca...*, p. 10과 그 이하를 보라.

57 A.-J. Festugière, *Deux prédicateurs de l'Antiquité: Télès et Musonius*, Paris, Vrin, 1978, pp. 69~71.

58 J. Delorme, *Gymnasion*, Paris, 1960, p. 316과 그 이하와 p. 466.

59 플라톤, 『국가』, 611d.

60 Plotin. *Enn.*, I, 6(1), 9, 7과 그 이하.

61 마르쿠스 아우렐리우스, 『명상록』, XⅡ, 3, 1과 그 이하. P. Hadot, *La Citadelle intérieure*, p. 130과 그 이하, pp. 148~154를 참조하라.

62 마르쿠스 아우렐리우스, 『명상록』, Ⅲ, 10, 1

63 Sénèque, *Lettres à Lucilius*, 78, 14.

64 마르쿠스 아우렐리우스, 『명상록』, Ⅷ, 36과 Ⅶ, 1.

65 P. Hadot, *La Citadelle intérieure*, p. 152를 참조하라.

66 마르쿠스 아우렐리우스, 『명상록』, Ⅶ, 54.

67 Épictète, *Entretiens*, Ⅳ, 12.

68 마르쿠스 아우렐리우스, 『명상록』, II, 11; II, 5, 2; VII, 69; Épictète, *Manuel*, §21; Sénèque, *Lettres*, 93, 6; 101, 7.

69 Chrysippe, dans Plutarque, *Les notions communes contre les stoïciens*, 1062a, dans *Les Stoïciens*, éd. E. Bréhier, p. 140.

70 Sénèque, *Lettres*, 74, 27; J. Kristeva, *Les Samouraïs*, Paris, 1990, p. 380, 〈완벽한 원은 그 크기를 막론하고 정확하기 때문에 행복하다〉라는 구절과 비교해 보라.

71 Marc Aurèle, *Pensées* XI, 1, 1.

72 Sénèque, *Lettres*, 12, 9; 101, 10.

73 스토아주의와 에피쿠로스주의에서의 현재 개념에 대해서는 P. Hadot, "Le présent seul est notre bonheur", *Diogène*, n° 133, janvier-mars 1986, pp. 58~81.

74 아리스토텔레스, 『니코마코스 윤리학』, IX, 1170b 1.

75 D. L., X, 137; J.-F. Balaudé, *Épicure*, p. 135를 참조하라.

76 Cicéron, *Des termes extrêmes...*, I, 18, 60; Sénèque, *Lettres*, 15, 9.

77 J.-F. Balaudé, *Épicure*, p. 135를 참조하라.

78 D. L., X, 22; Balaudé, p. 128을 참조하라.

79 Horace, *Odes*, II, 16, 35과 III, 29, 33.

80 위의 책, I, 11, 7; *Épîtres*, I, 4, 13.

81 Philodème, *De la mort*, 37, 20, dans M. Gigante, *Ricerche Filodemee*, pp. 181, 215~216.

82 존재, 자기가 되는 것, 자기 자신이게 하는 것, 자신이 살아 있음을 느끼는 것의 정체성에 기반을 두고 있는 내적 평화에 대해서는 M. Hulin, *La Mystique sauvage*, p. 237을 참조하라.

83 Sénèque, *Lettres*, I, 1~3.

84 *Sentences vaticanes*, §14, Balaudé, *Épicure*, p. 210.

85 *Maximes capitales*, §XIX, Balaudé, p. 202; Cicéron, *Des termes extrêmes...*, I, 19, 63; II, 27, 87.

86 아리스토텔레스, 『니코마코스 윤리학』, X, 3, 1174a 17과 그 이하. H.-J. Krämer, *Platonismus und hellenistische Philosophie*, Berlin, 1971, p. 188과 그 이하.

87 Horace, *Odes*, III, 29, 42.

88 C. Diano, "La philosophie du plaisir et la société des amis", *Studi e saggi di filosofia antica*, Padoue, 1973, p. 364.

89 Épicure, *Lettres à Ménécée*, § 126, Balaudé, p. 193.

90 Wittgenstein, *Tractatus logico-philosophicus*, 6. 4311.

91 Spinoza, *Éthique*, IV, proposition 67.

92 H. Jaeger, "L'examen de conscience dans les religions non chrétiennes et avant le christianisme", *Numen*, t. 6, 1959, pp. 175~233; *Dictionnaire de spiritualité*, IV, 2, 1961, col. 1792~1794; I. Hadot, *Seneca...*, pp. 66~71을 참조하라.

93 Sénèque, *Lettres*, 28, 9에 등장하는 에피쿠로스의 인용.

94 Épictète, *Entretiens*, II, 11, 1.

95 Plutarque, *Comment on peut s'apercevoir qu'on progresse dans la vertu*, 82f.

96 플라톤, 『국가』, 571d.

97 Évagre le Pontique, *Traité pratique du moine*, §§ 54~56; F. Refoulé, "Rêves et vie spirituelle d'après Évagre le Pontique", dans *Supplément de la Vie spirituelle*, t. 59, 1961, pp. 470~516.

98 *Lettre d'Aristée*, § 298; I. Hadot, *Seneca...*, pp. 68~69. 기원전 2세기의 유대교 문헌이나 그리스 철학의 영향이 나타나 있다.

99 Porphyre, *Vie de Pythagore*, § 40; Épictète, *Entretiens*, III, 10, 3.

100 Galien, *Du diagnostic et du traitement des passions propres de l'âme de chacun*, 6, 10 dans Galien, *L'Âme et ses passions*, éd. et trad. V. Barras, T. Birchler, A.-F. Morand, Paris, 1995, p. 23.

101 Sénèque, *De la colère*, III, 36, 1~3; P. Rabbow, *Seelenfüh-*

rung..., pp. 180~181.

102 Sénèque, *Lettres*, 28, 10.

103 Hiéroclès, *In Aureum* [...] *Carmen Commentarius*, XIX, (40~44), éd. F. W. Köhler, Stuttgart, 1974, p. 80, 20; *Commentaire sur les Vers d'or*, p. 222, trad. M. Meunier.

104 Kant, *Métaphysique des moeurs*, II. *Premiers Principes métaphysiques de la doctrine de la vertu*, I, 1, § 13, trad. A, Renaut, Paris, 1994, t. II, p. 295.

105 Épictète, *Entretiens*, II, 18, 12.

106 마르쿠스 아우렐리우스, 『명상록』, II, 1.

107 Galien, *Du diagnostic...*, 5, 6, p. 19.

108 Épictète, *Entretiens*, IV, 6, 34.

109 위의 책, III, 13, 6.

110 플라톤, 『국가』, 486a. 이 주제에 대해서는 P. Hadot, "La terre vue d'en haut et le voyage cosmique", dans J. Schneider et Monique Léger-Orine, *Frontières et conquête spatiale. La philosophie à l'épreuve*, Kluwer Academie Publishers, Dordrecht, 1988, pp. 31~40을 참조하라.

111 플라톤, 『파이드로스』, 246b~c.

112 플라톤, 『테아이테토스』, 173e.

113 Cicéron, *De la nature des dieux*, I, 21, 54; 루크레티우스, 『사물의 본성에 대하여』, II, 1044~1047; III, 16, 30.

114 이 구절은 코이레 A. Koyré의 저서 『닫힌 세계에서 무한한 우주로 *Du monde clos à l'univers infini*』(파리, 1973)의 제목을 따온 것이다.

115 *Sentences vaticanes*, § 10, Balaudé, p. 210.

116 Sénèque, *Lettres*, 102, 21; *Questions naturelles*, I; Prologue, 12; 마르쿠스 아우렐리우스, 『명상록』, XI. 1, 3; VII, 47, 1; X, 17.

117 Philon d'Alexandrie, *De specialibus legibus*, Ⅱ, § 45.

118 Traduction A.-J. Festugière, *La Révélation d'Hermès Trismégiste*, t. Ⅰ, Paris, 1944, p. 317; *Anthologie palatine*, Ⅸ, 577.

119 P. Hadot, *La Citadelle intérieure*, pp. 195~198을 참조하라.

120 E. Renan, *Œuvres complètes*, t. Ⅱ, Paris, 1948, p. 1037.

121 Fong Yeou-Lan, *Précis de philosophie chinoise*, Paris, 1952, p. 128.

122 플라톤, 『테아이테토스』, 174e.

123 Cicéron, *République*, Ⅵ, 9, 9. A.-J. Festugière, *La Révélation d'Hermès Trismégiste*, t. Ⅱ, Paris, 1944, pp. 441~459를 보라.

124 Ovide, *Métamorphoses*, ⅩⅤ, 147과 그 이하.

125 루크레티우스, 『사물의 본성에 대하여』, Ⅱ, 8.

126 Sénèque, *Questions naturelles*, Ⅰ, Prologue, 7~10.

127 이 책의 229~230쪽을 보라.

128 플라톤, 『티마이오스』, 59c~d; J. Mittelstrass, *Die Rettung der Phänomene*, Berlin, 1962, p. 110.

129 Épicure, *Lettre à Hérodote*, 36, Balaudé, p. 152.

130 플라톤, 『티마이오스』, 90a.

131 J.-M. Le Blond, *Aristote, philosophe de la vie*, Paris, 1944, p. 71.

132 Cicéron, *Lucullus*, 41, 127.

133 Sénèque, *Questions naturelles*, Ⅰ, Prologue, 17.

134 A.-J. Festugière, *La Révélation d'Hermès Trismégiste*, t. Ⅱ, p. 165, 169.

135 Plutarque, *De la tranquilité de l'âme*, 477c~e.

136 마르쿠스 아우렐리우스, 『명상록』, Ⅹ, 5; Ⅴ, 8, 12; Ⅳ, 26.

137 Sénèque, *Des bienfaits*, Ⅶ, 2, 5와 3, 3.

138 마르쿠스 아우렐리우스, 『명상록』, Ⅹ, 21.

139 Plutarque, *Les notions communes contre les stoïciens*, 1062a, dans *Les Stoïciens*, éd. E. Bréhier, p. 169.

140 Sénèque, *Lettres*, 66, 6.

141 Plotin, *Enn.*, V, 3(49), 4, 10과 VI, 7(38), 34, 16~17.

142 I. Hadot, "The Spiritual Guide", *Classical Mediterranean Spirituality. Egyptian, Greek, Roman*, éd. A. H. Armstrong, New York, Crossroad, 1986, pp. 436~459.

143 Simplicius, *Commentaire sur le Manuel d'Epictète*, XXXII, ligne 154, éd. I. Hadot, Leiden, Brill, 1996.

144 I. Hadot, "The Spiritual Guide", pp. 441~444.

145 마르쿠스 아우렐리우스, 『명상록』, I, 7, 1.

146 P. Rabbow, *Seelenführung...*, pp. 260~279; I. Hadot, "The Spiritual Guide", pp. 444~459.

147 D. L., IV, 6.

148 플라톤, 『일곱째 편지』, 330c~331a.

149 크라테스가 제자인 제논에게 취했던 태도를 참조하라. L. Paquet, *Les Cyniques grecs*, Paris, 1992, p. 166.

150 이 논문에 대해서는 M. Gigante, "Philodème. Sur la liberté de parole", Congrès Budé, Paris, 1970, pp. 196~220; *Ricerche Filodemee*, Naples, 1983(2ᵉ éd.), pp. 55~113을 참조하라.

151 A.-J. Festugière, *Épicure et ses dieux*, p. 40; *Sentences vaticanes*, LI, Balaudé, p. 216.

152 Porphyre, *Vie de Plotin*, 11, 13.

153 Eunape, *Vie des philosophes et des sophistes*, p. 57, 10~18 Giangrande; R. Goulet, "Aidésius de Cappadoce", dans R. Goulet, *Dictionnaires des philosophes antiques*, t. I, p. 74.

154 Plutarque, *Comment écouter*, 43d.

155 J. de Romilly, "Patience mon cœur!", *L'Essor de la psychol-*

ogie dans la littérature grecque classique, Paris, 1984.

156 루크레티우스, 『사물의 본성에 대하여』, Ⅲ, 1068.

157 Sénèque, *Lettres*, 24, 26.

158 세네카, 『마음의 평정에 관하여』, I, 1.

159 마르쿠스 아우렐리우스, 『명상록』, XI, 13, 2와 XI, 18, 18. P. Hadot, *La Citadelle intérieure*, p. 241을 참조하라.

160 마르쿠스 아우렐리우스, 『명상록』, V, 6, 3.

161 플라톤, 『에우튀프론』, 3d 6.

162 Sextus Empiricus, *Hypotyposes Pyrrhoniennes*, Ⅲ, 280 (Dumont. Les Sceptiques, p. 212).

163 D. L., Ⅱ, 66.

164 플라톤, 『국가』, 387d 12.

165 아리스토텔레스, 『니코마코스 윤리학』, X, 1177a 27.

166 Xenocrate, fr. 4, Heinze(R. Heinze, *Xenocrates, Darstellung der Lehre und Sammlung der Fragmente*, Leipzig, 1892).

167 Horace, *Odes*, Ⅲ, 1~8.

168 E. Bréhier, *Chrysippe*, pp. 216~218.

169 Xénocrate, dans Plutarque, *Apophtegmes laconiens*, 220d.

170 *SVF*, Ⅲ, 221과 539~542; Plutarque, *Comment on peut s'apercevoir qu'on progresse dans la vertu*, 75c.

171 P. Hadot, "La figure du sage dans l'Antiquité gréco-latine", dans G. Gadoffre, *Les Sagesses du monde*, Paris, 1991, pp. 9~26을 참조하라.

172 Épicure, *Lettres à Ménécée*, § 135, Balaudé, p. 198.

173 루크레티우스, 『사물의 본성에 대하여』, Ⅱ, 646; Balaudé, p. 114도 보라.

174 Trad. A.-J, Festugière, dans *Épicure et ses dieux*, p. 98(texte de Philodème, *De dis*, Ⅲ, p. 16, 14 Diels).

175 플라톤, 『테아이테토스』, 176b.

176 Plotin, *Enn.*, V, 3(49), 17, 1.

177 B. Frischer, *The Sculpted Word*, p. 83.

178 Sénèque, *Lettres*, 92, 27; SVF, Ⅲ, §§ 245~252.

179 Nietzsche, *Fragments posthumes*, Automne 1887, 10[90], *Œuvres philosophiques complètes*, t. XⅢ, Paris, 1976, p. 151.

180 B. Grœthuysen, *Anthropologie philosophique*, Paris, 1952, p. 80.

181 마르쿠스 아우렐리우스, 『명상록』, Ⅸ, 32.

182 Sénèque, *Lettres*, 64, 6; P. Hadot, "Le Sage et le monde", dans *Le Temps de la réflexion*, Ⅹ, 1989, pp 175~188을 참조하라.

183 루크레티우스, 『사물의 본성에 대하여』, Ⅱ, 1023과 그 이하.

184 M. Hulin, *La Mystique sauvage*, Paris, 1993.

185 Sénèque, *Lettres*, 41, 3~4; I. Hadot, *Seneca...*, p. 94를 보라.

186 Kant, *Critique de la raison pratique*, trad. Gibelin, Paris, 1983, p. 175.

187 P. Veyne, Sénèque, *Entretiens, Lettres à Lucilius*, Introduction, p. CX.

188 Lucien, *Hermotime*, chap. 77.

189 이 책 429~437쪽을 보라.

190 J. Bouveresse, *Wittgenstein, la rime et la raison*, Paris, 1973, p. 74. 이 책의 422쪽을 보라.

191 E. Bréhier, *Chrysippe*, p. 219, n. 1(여기서 브레이예가 인용한 텍스트는 Sutta Nipata, trad. Oldenberg, *Deutsche Rundschau*, janvier 1910, p. 25).

192 M. Hulin, *La Mystique sauvage*, pp. 238~242, 243.

10. 계시 철학으로서의 그리스도교

1 Héraclite, B1, *Les Présocratiques*, trad. Dumont, p. 145.

2 Amélius, dans Eusèbe, *Préparation évangélique*, XI, 19.

3 L. Brisson, "Amélius. Sa vie, son œuvre, sa doctrine, son style", *Aufstieg und Niedergang der römischen Welt*, éd. W. Haase et H. Temporini, II, vol. 36. 2, pp. 840~843을 참조하라.

4 Justin, *Apologie*, II, 8, 1 et 13, 3 (A. Wartelle, *Saint Justin, Apologies*, intr., texte, trad. et comm., Paris, 1987을 참조).

5 위의 책, I, 46, 3~4.

6 Clément, *Stromates*, I, 11, 52, 3 (trad. Mondésert, Cerf, collection Sources chrétiennes, 이후의 각주에서는 SC로 표기하겠음). 그리고 이적가 그레고리우스의 흥미로운 텍스트 『오리게네스에 대한 감사』도 참조할 것. 이 책은 오리게네스 학파를 전통적인 철학 학파로 묘사하고 있다. 스승과 제자 사이의 사랑, 변증론 연습이 그 묘사에 힘을 실어 준다. 그러나 여기서 철학은 그리스도교 신학에 종속되어 있었다.

7 Origène, *Commentaire sur le Cantique des Cantiques*, Prologue, 3, 1~23, éd. et trad. L. Brézard, H. Crouzel et M. Borret, Paris, SC, 1991, t. I, pp. 128~143; I. Hadot, Introduction à *Simplicius, Commentaire sur les Catégories*, fasc. I, Leiden, 1990, pp. 36~44 참조.

192 P. Hadot, "Théologie, exégèse, révélation, écriture dans la philosophie grecque", *Les Règles de l'interprétation*, éd. par M. Tardieu, Paris, 1987, pp. 13~34를 참조하라.

8 J. Leclercq, "Pour l'histoire de l'expression 'philosophie chrétienne'", *Mélanges de science religieuse*, t. 9, 1952, pp. 221~226.

9 Justin, *Apologie*, I, 46, 3 Wartelle,

10 Clément, *Stromates*, II, 20, 120, 1 Mondésert(SC).

11 Origène, *Commentaire sur le Cantique des Cantiques*, II, 5, 7, t. I, p. 359, Brézard, Crouzel et Borret.

12 J. Gribomomt, "Monasticism and Asceticism", dans *Christian Spirituality*, éd. par M. McGinn, J. Meyendorff et J. Leclercq, New York, Crossroad, 1986, p. 91.

13 F. Daumas, *Philon d'Alexandrie, De vita contemplativa*, Paris(SC), 1963에서 들어가는 글(Introduction), 특히 13쪽을 참조하라.

14 L. Bouyer, *La Spiritualité du Nouveau Testament et des Pères*, Paris, 1960, pp. 400~472.

15 다음 문헌들에 나오는 여러 가지 예들을 보라. Grégoire de Nazianze, *Lettres*, t. I-II, éd. P. Gallay, Paris, Belles Lettres, 1964~1967, t. I, p. 39, 60, 71, 74, 114, t. II, p. 14, 85. 그리고 H. Hunger, *Die hochsprachliche profane Literatur der Byzantiner*, t. I, Munich, 1978, pp. 4~10; A.-M. Malingrey, *Philosophia*, Paris, 1961을 참조하라.

16 Athanase, *Vie d'Antoine*, 14, 4, éd. G. J. M. Bartelink, Paris, SC, 1994, p. 175와 20, 56, pp. 189~191; Évagre, *Traité pratique du moine*, éd. A. et Cl. Guillaumont, Paris, 1971, SC, § 86, p. 677.

17 Rufin, *Historia Monachorum*, 7과 29, *Patrologia latina*, 21, 410d와 453d. 그리고 J. Leclercq, "Exercices spirituels", *Dictionnaire de spiritualité*, Paris, t. IV, col. 1902~1908.

18 이 책의 232~233쪽과 267쪽을 보라.

19 Athanase, *Vie d'Antoine*, 3, 1, p. 137과 91, 3, p. 369.

20 Grégoire de Nazianze, *Lettres*, t. II, p. 45(Lettre 153).

21 Athanase, *Vie d'Antoine*, 19, 3, p. 187.

22 Dorothée de Gaza, *Œuvres sprituelles*, § 114, 1~15(SC).

23 『신명기』, 15장 9절. 〈빚을 삭쳐 주는 해, 제7년이 얼마 남지 않았구나 하며 인색한 생각이 들어 가난한 형제를 냉대하여 꾸어 주지 않는 일이 없도록 마음에 다짐하여라……〉(공동 번역 성서.)

24 Basile de Césarée, *In illud attende tibi ipsi, Patrologia graeca* 31, col. 197~217; éd. critique de S. Y. Rudberg, *Acta Universitatis Stockholmensis, Studia Graeca Stockholmensia*, t. 2, Stockholm, 1962.

25 Athanase, *Vie d'Antoine*, 55, 9, p. 285. 그리고 M. Foucault, "L'écriture de soi", *Corps écrit*, n° 5, pp. 3~23을 참조하라. 푸코의 이 텍스트에 대한 나의 견해는 "Réflexions sur la notion de 'culture de soi'", dans *Michel Foucault philosophe*, Paris, 1989, pp. 264~266.

26 Dorothée de Gaza, *Œuvres sprituelles*, éd. L. Regnault et J. de Préville, Paris, SC, 1963, § 111, 13; 117, 7, p. 353; p. 365.

27 *Les Apophtegmes des Pères*, collection systématique, chap. I – IX, introd., texte, trad. et notes par J.-C. Guy, Paris, SC, 1993.

28 Dorothée de Gaza, *Œuvres sprituelles*, § 60, 27~30.

29 위의 책, § 20, 1~33. Épictète, *Entretiens*, I, 18, 18; *Manuel*, 12, 12.

30 위의 책, § 20, 28; § 187, 14~16.

31 Cicéron, *Tusculanes*, IV, 75.

32 Évagre, *Traité pratique*, § 58(SC).

33 위의 책, § 86.

35 Clément d'Alexandrie, *Stromates*, V, 11, 67, 1, éd. A. Le Boulluec, Paris, SC, 1981, p. 137.

36 Grégoire de Nazianze, *Lettres*, XXXI, t. I, p. 39.

37 Évagre, *Traité pratique*, § 52(SC의 주석도 볼 것).

38 Porphyre, *Sententiae*, c. 8과 9.

39 Dorothée de Gaza, *Vie de Dosithée*, § 6.

40 『잠언』, 4장 23절; Athanase, *Vie d'Antoine*, 21, 2, p. 193.

41 『고린토인들에게 보낸 둘째 편지』, 13장 5절; Athanase, *Vie d'Antoine*, 55, 6, p. 283.

42 『고린토인들에게 보낸 첫째 편지』, 15장 31절; Athanase, *Vie d'*7.

43 Évagre, *Traité pratique*, §1.

44 이 책의 258~259쪽 그리고 391쪽을 보라.

45 Évagre, *Traité pratique*, §2~3.

46 Origène, *De oratione*, 25; Évagre, *Traité pratique*, t. II, pp. 409~503(SC)에서 주석을 볼 것(A. et Cl. Guillaumont).

47 Augustin, *De vera religione*, III, 3(Bibliothèque augustinienne, *Œuvres de saint Augustin*, 8, 1ʳᵉ série; Opuscules, VIII, *La foi chrétienne*, éd. et trad. Pegon, Paris, 1951).

48 Augustin, *De vera religione*, IV, 7.

49 니체, 『선악의 저편』, 서문.

50 Dorothée de Gaza, §§58~60.

11. 고대 철학 개념의 실종과 재출현

1 이 책의 392쪽을 보라.

2 J. Domanski, *La philosophie, théorie ou mode de vie. Les controverses du Moyen Âge et de la Renaissance*, Fribourg–Paris, 1996.

3 P. Hadot, *Exercices spirituels et philosophie antique*, Paris, 3ᵉ éd., pp. 56~57, 222~225.

4 Fr. Suárez, *Disputationes Metaphysicae*, dans *Opera omnia*, Vivès, 1861, t. XXV, *Ratio et discursus totius operis*, cité par E. Gilson, *L'Esprit de la philosophie médiévale*, Paris, 1944, p. 414.

질송의 책에는 그리스도교 철학 개념에 대한 텍스트들이 모여 있다.

5 개념의 역사에 대해서는 B. Baudoux, "Philosophia Ancilla Theologiae", *Antonianum*, t. 12, 1937, pp. 293~326; E. Gilson, "La servante de la théologie", dans *Études de philosophie médiévale*, Strasbourg, 1921, pp. 30~50. 그리고 A. Cantin, Introduction à P. Damien, *Lettre sur la Toute-Puissance divine*, Paris, SC, 1972, p. 251, n. 3.

6 I. Hadot, *Arts libéraux et philosophie dans la pensée antique*, pp. 282~287; M. Alexandre, introduction à Philon d'Alexandrie, *De congressu eruditionis gratia*, dans *Œuvres de Philon d'Alexandrie*, 16, Paris, 1967, pp. 27~96; H. A. Wolfson, *Philo, Foundations of religious Philosophy in Judaism, Christianity and Islam*, Cambridge, Mass., 1947, pp. 156~157을 참조하라.

7 Philon d'Alexandrie, *De congressu*, § 11; I. Hadot, *Arts libéraux...*, p. 282를 참조.

8 위의 책, § 79~80; I. Hadot, *Arts libéraux...*, p. 284를 참조.

9 Augustin, *De doctrina christiana*, 40, 60(Bibliothèque augustinienne, *Œuvres de saint Augustin*, 8, 1re série; Opuscules, XI, *Le Magistère chrétien*, éd. et trad. Combès et Farges, Paris, 1949, p. 331).

10 Alcuin, *Epistulae*, 280, dans *Monumenta Germaniae Historica, Epistulae*, vol. IV, p. 437, 27~31 Dümmler; J. Domanski, *La philosophie, théorie ou mode de vie...*, chap. II를 참조.

11 E. Jeanneau, "Lectio Philosophorum", *Recherches sur l'école de Chartres*, Amsterdam, 1972를 참조.

12 Ph. Delhaye, *Enseignement et morale au XIIe siècle*, Fribourg-Paris, 1988, pp. 1~58을 참조.

13 M.-D. Chenu, *Introduction à l'étude de saint Thomas d'Aquin*,

Paris, 1954, p. 16.

14 J. Domanski, *La philosophie, théorie ou mode de vie...*, chap. II(이 책의 주17에 망라된 상세한 참고문헌 목록을 보라).

15 P. Hadot, "La Préhistoire des genres littéraires philosophiques médiévaux dans l'Antiquité", *Les Genres littéraires dans les sources théologiques et philosophiques médiévales*, Actes du colloque international de Louvain-la-Neuve, 1981, Louvain-la-Neuve, 1982, pp. 1~9.

16 이 책의 254쪽을 보라.

17 Kant, *Critique de la raison pure*, trad. Tremesaygues et Pacaud, Paris, 1944 (nouv. éd. 1986), p. 562; *Logique*, trad. Guillermit, Paris, 1966 (nouv. éd. 1989), p. 24.

18 E. Gilson, *L'Esprit de la philosophie médiévale*, pp. 1~38.

19 위의 책, p. 25.

20 M. Abensour et J.-P. Labarrière, préface à Schopenhauer, *Contre la philosophie universitaire*, Paris, 1994, p. 9. 이 서문 전체는 우리가 여기서 전개하고 있는 관념들이라는 관점에서 매우 중요하다.

21 J. Bouveresse, *Wittgenstein, la rime et la raison*, Paris, 1973, pp. 73~75에서 철학 선생의 일에 대해 기술한 부분들을 볼 것.

22 위의 책, p. 74.

23 J. Domanski, *La philosophie, théorie ou mode de vie...*, chap. II, III.

24 Boéce de Dacie, *De summo bono*, trad. dans *Philosophes médiévaux. Anthologie de textes philosophiques(XIIIe-XIVe siécle)*, s.d. R. Imbach et M.-H. Méléard, Paris, 1986, pp. 158~166.

25 Aubry de Reims, cité par A. de Libera, *Penseur au Moyen Âge*, Paris, 1991, p. 147.

26 J. Domanski, *La philosophie, théorie ou mode de vie...*, chap. III.

27 Pétrarque, *De sui ipsius et multorum ignorantia*, dans *Prose*, éd. G. Martellotti, Milan, 1955, p. 744, 그 나머지 것들에 대해서는 도만스키의 책 4장을 보라.

28 Pétrarque, *De vita solitaria*, II, 7, dans Petrarca, *Prose*, pp. 524~526, 도만스키가 자신의 책 4장 주5에서 지적한 대로 〈강단 철학자〉라는 표현은 세네카(『삶의 짧음에 관하여De brevitate vitae』, X, 1)에게서 온 것이다.

29 Pétrarque, *De sui ipsius et multorum ignorantia*, dans *Prose*, pp. 746~748.

30 Erasme, *Adagia*, 2201(3, 3, 1), dans *Opera omnia*, Amsterdam, 1969, II, 5, p. 162, 25 — 166, 18. 도만스키의 책 4장 주44도 참조하라.

31 Montaigne, *Essais*, II, 6, éd. Thibaudet, Paris, Gallimard, Bibliothèque de la Pléiade, 1962, p. 359.

32 D. Babut, "Du scepticisme au dépassement de la raison. Philosophie et foi religieuse chez Plutarque", *Parerga. Choix d'articles de D. Babut*, Lyon, 1994, pp. 549~581을 참조하라.

33 *Essais*, III, 13, pp. 1088~1096; Cf. H. Friedrich, *Montaigne*, Paris, 1949, p. 337.

34 H. Dreyfus et P. Rabinow, *Michel Foucault, Un parcours philosophique*, Paris, 1984, pp. 345~346.

35 이 책의 156쪽과 265쪽을 보라.

36 M. Butor, "L'usage des pronoms personnels dans le roman", dans *Problèmes de la personne*, sous la direcrion d'I. Meyerson, Paris-La Haye, 1973, pp. 288~290.

37 Descartes, *Réponses aux Secondes Objections (contre les... Médiations)*, dans Ch. Adam et P. Tannery, Descartes, *Œuvres*, t. IX,

pp. 103~104.

38 Descartes, *Discours de la Méthode*, second partie, texte et comm. par E. Gilson, Paris, 1939, p. 18, 15 Gilson.

39 *SVF*, II, §§ 130~131; Diogène Laërce, VII, 46~48를 참조하라. 판단에 있어서 경솔함이 없음은 스토아주의자들이 중요시하던 미덕이었다. 데카르트는 이러한 태도를 질송의 추측처럼(Gilson, *Discours de la Méthode*, p. 198) 성 토마스에게서 발견했다기보다는 근대 스토아주의자들(질송 자신이 『스토아주의자들의 도덕 철학*La Philosophie morale des Stoïques*』 55쪽에서 거명한 베르Guillaume du Vair 같은 인물)이나 디오게네스 라에르티오스 같은 고대인에게 서 발견했을 것으로 보인다.

40 Kant, *Opus Postumum*, trad. F. Marty, Paris, 1986, p. 245, 246.

41 위의 책, p. 262.

42 Kant, *Vorlesungen über die Philosophische Encyclopädie*, dans *Kant's Gesammelte Schriften*, XXIX, Berlin(Akademie), 1980, p. 8.

43 위의 책, 같은 곳.

44 위의 책, 같은 곳.

45 위의 책, p. 9.

46 위의 책, p. 12.

47 Kant, *Critique de la raison pure*, trad. Tremesaygues et Pacaud, p. 562.

48 위의 책, pp. 561~562; *Critique de la raison critique*, trad. J. Gibelin et E. Gilson, Paris, 1983, p. 123을 참조하라.

49 앞의 책, p. 562.

50 위의 책, P. 562; *Logique*, trad. Guillermit, Paris, 1966 (nouv. éd. 1989), p. 24.

51 플라톤, 『국가』, 480a 6.

52 E. Weil, *Problèmes kantiens*, Paris, 1990, p. 37, n. 17.

53 *Logique*, p. 25. 철학의 우주적 개념에 대해서는 J. Ralph Lindgren, "Kant's Conceptus Cosmicus", *Dialogue*, t. I, 1963~1964, pp. 280~300.

54 H. Holzhey, "Der Philosoph für die Welt — eine Chimäre der deutschen Aufklärung", dans H. Holzhey et W. C. Zimmerli, *Esoterik und Exoterik der Philosophie*, Bâle-Stuttgart, 1977, pp. 117~138(특히 p. 133)을 참조하라.

55 Kant, *Critique de la raison pure*, p. 562.

56 E. Weil, *Problèmes kantiens*, p. 34.

57 Kant, *Fondements de la métaphysique des mœurs*, trad. V. Delbos et A. Philonenko, Paris, 1987, p. 94.

58 Kant, *Critique de la raison pure*, p. 562(주석).

59 위의 책, p. 543; *Logique*, p. 25.

60 Kant, *Critique de la raison pratique*, trad. J. Gibelin et E. Gilson, Paris, 1983, p. 136.

61 *Critique de la faculté de juger*, § 42, trad. A. Phlonenko, Paris, 1968, p. 133.

62 *Métaphysique des mœurs*, II; *Doctrine de la vertu*, II, § 53, trad. A. Renaut, Paris, 1994, pp. 363~365.

63 Schaftesbury, *Exercices*, trad. et prés. par L. Jaffro, Paris, 1993; 이 책에서 샤프츠버리는 에픽테토스와 마르쿠스 아우렐리우스를 따라 정신 수련에 대해 이야기한다.

12. 질문과 전망

1 E. Gilson, *L'Esprit de la philosophie médiévale*, pp. 11~16. G.

Bugault, *L'Inde pense-t-elle?*, Paris, 1944, pp. 25~26; M. Merleau-Ponty, *Éloge de la philosophie et autres essais*, p. 201.

2 S. Zac, "Kant, les stoïciens et le christianisme", *Revue de métaphysique et de morale*, 1972, pp. 137~165.

3 R. Rochlitz, "Esthétique de l'existence", dans *Michel Foucault philosophe*, p. 290. 이 부분에서는 〈세속화된 인문주의와 그리스도교의 유산〉에 대해 말하고 있다.

4 Plotin, *Enn.*, V, 6(24), 5, 9.

5 G. Gabriel, "La logique comme littérature? De la signification de la forme littéraire chez Wittgenstein", *Le Nouveau Commerce*, cahier 82/83, printemps 1992, p. 77.

6 Wittgenstein, *Tractatus...*, 6, 4311.

7 이 책의 429~430쪽을 보라.

8 이 책의 423~437쪽을 보라.

9 아널드 데이비슨의 여러 작업들이 그 좋은 예이다. 특히 "Ethics as Ascetics; Foucault, the History of Ethics, and Ancient Thought", dans *Foucault and the Writing of History*, éd. J. Goldstein, Oxford, 1994, pp. 63~80을 보라. 그 밖에도 H. Hutter, "Philosophy as Self-Transformation", *Historical Reflections*, vol. 16, nos, 2, 3, 1989, pp. 171~198; R. Imbach, "La philosophie comme exercice spirituel", *Critique*, n. 454, pp. 275~283; J.-L. Solère, "Philosophie et amour de la sagesse; entre les Anciens et nous, l'Inde", *Inde, Europe, Postmodernité*, colloque de Céret, 1991, sous la direction de J. Poulain..., Paris, 1993, pp. 149~198; J. Schlanger, *Gestes de philosophes*, Paris, 1994.

10 M. Merleau-Ponty, *Phénoménologie de la perception*, Paris, 1945, p. XVI.

11 G. Friedmann, *La Puissance et la sagesse*, Paris, 1970, p. 359.

12 Nietzsche, *Fragments posthumes*, automne 1881, 15[59], dans Nietzsche, *Œuvres philosophiques complètes*, t. V, Paris, Gallimard, 1982, p. 530.

13 Goethe, "Entretien avec Folk", dans F. von Biedermann, *Goethes Gespräche*, Leipzig, 1910, t. IV, p. 469.

14 이 책의 435~436쪽을 보라.

15 Wittgenstein, *Tractatus...*, 6. 4311. 여기서 우리는 에피쿠로스주의의 죽음에 대한 표상과 스토아주의의 현재 개념에 대한 암시를 볼 수 있다.

16 K. Jaspers, "Epikur", dans *Weltbewohner und Weimarianer,* Festschrift E. Beutler, 1960, pp. 132~133.

17 P. Hadot, *La Citadelle intérieure*, pp. 330~333.

18 J. Gernet, *Chine et christianisme*, Paris, 2e éd. 1991, p. 191; "La sagesse chez Wang-Fou-tche", philosophe chinois de XVIIe siècle", dans *Les Sagesses du monde*, colloque s. d. G. Gadoffre, Paris, 1991, pp. 103~104.

19 G. Bugault, *L'Inde pense-t-elle?*, Paris, 1994.

20 R.-P. Droit, *L'Oubli de l'Inde*, Paris, 1989.

21 M. Hulin, *La Mystique sauvage*, Paris, 1993.

22 J.-L. Solère, "Philosophie et amour de la sagesse; entre les Anciens et nous, l'Inde"(12장의 주9에서 인용); "L'Orient de la pensée", *Les Cahiers de philosophie*, n. 14, 1992, pp. 5~42.

23 이 책의 381~383쪽을 보라.

24 Tchouang-tseu, XVII, *La crue d'automne*; XXI, *T'ien Tseu-Fang*, traduction Liou Kia-Hway, dans *Philosophes taoïstes*, Paris, Gallimard, Pléiade, 1980, p. 202, 244.

25 P. Hadot, "'Le présent est notre seul bonheur.' La valeur de l'instant présent chez Goethe et dans la pholosophie antique",

Diogène, n° 133, 1986, pp. 58~81; "La terre vue d'en haut et le voyage cosmique. Le point de vue du poète, du philosophe et de l' historien", *Frontières et conquête spatiales*, Dordrecht-Londres, 1988, pp. 31~39를 참조하라.

26 〈높은 곳에서 전체를 바라보았을 때 필연적인 모든 것은 또한 그 자체로 유용하기도 하다. 그것을 그저 감당할 것이 아니라 사랑해야만 한다.〉(니체, 『니체 대 바그너』, 에필로그.)

27 Wittgenstein, *Tractatus...*, 6. 4311과 6. 45.

28 J.-L. Solère, "Philosophie et amour de la sagesse; entre les Anciens et nous, l'Inde", p. 198.

29 Kin(Yue-Lin), dans Fong(Teou-Lan), *Précis d'histoire de la philosophie chinoise*, p. 31.

30 플라톤, 『일곱째 편지』, 328c.

31 R.-P. Droit, "Philosophie de printemps", dans *Le Monde des livres*. 21. avril 1995., p. IX. 드로아는 여기서 계몽*Aufklärung*의 정의, 즉 〈계몽은 스스로 사유함을 뜻한다〉를 인용하고 있다(Kant, *Reflexionen zur Metaphysik*, n. 6204, *Kant's Gesammelte Schriften*, t. XVIII, p. 488).

32 G. Friedmann, *La Puissance...*, p. 360.

33 마르쿠스 아우렐리우스, 『명상록』, IX, 29, 5; P. Hadot, *La Citadelle intérieure*, pp. 321~325.

옮긴이의 글

이 책의 저자 피에르 아도는 고대 철학, 특히 신플라톤주의 전문가로서 1964년부터 1986년까지 프랑스 사회과학고등연구원(EHESS)을 이끌었고, 1982년부터 콜레주 드 프랑스 교수를 지냈다. 아도는 프랑스에 비트겐슈타인을 맨 처음 소개한 학자 중 한 사람이며 미셸 푸코, 앙드레 콩트스퐁빌, 미셸 옹프레, 뤽 페리 등에게 상당한 영향을 주었다. 『고대 철학이란 무엇인가』는 아도의 가장 대중적인 저서에 해당하며 그 밖에도 『플로티노스 또는 시선의 단순성』, 『이시스의 베일』, 『삶의 양식으로서의 철학』 등 다수의 저작이 있다.

이 책의 번역을 마치고 원고를 넘긴 때가 2004년이었다. 한동안 출간조차 불확실하게 여겨져 까맣게 잊고 살다가 2008년에 책이 나와서 어리둥절해하면서도 기뻤던 기억이

난다. 그렇지만 19년 차 번역가로서 그동안 작업했던 수많은 책 가운데 언젠가 손을 봐서 다시 내놓고 싶은 책 1순위도 바로 이 『고대 철학이란 무엇인가』였다.

이 바람에는 여러 가지 이유가 있다. 역자로서 당연히 가장 큰 이유는, 번역을 고치고 싶은 부분이 보였기 때문이다. 그리고 13년 동안 우리말로 번역된 고대 철학자들의 저작도 좀 늘었기 때문에 그러한 저작들의 표기를 정정할 필요도 있었다. 또 하나 현실적인 이유는, 이 책이 ― 출간 당시 대단한 반향을 불러일으키거나 하지는 않았지만 ― 〈고대 철학〉이라는 특정 주제를 다루는데도 생각보다 폭넓은 독자들에게 사랑을 받았고 절판 이후에도 구입을 원하는 이들이 꾸준히 있다는 사실을 알게 되었기 때문이다. 철학을 전공하지는 않지만 신학이나 영성 분야에 관심 있는 독자들, 아니면 독서와 사유가 삶의 중요한 한 부분인 독자들도 이 책을 많이 아껴 주었다. 지난 몇 년 동안 아주 오랜만에 만나는 학부 선배나 후배 들도 이 책의 재출간 여부를 더러 묻곤 했기 때문에 어느 순간부터는 나도 재출간을 적극적으로 알아보아야겠다는 책임감이 생겼다.

독자 입장으로 말해 보자면, 나는 이 책을 처음부터 좋아했지만 당시에는 이 책의 주제를 다소 건조하게, 머리로만 받아들였던 것 같다. 한 세월을 보내고 다시 펼쳐 보니 내가 그동안 어떻게 살아왔는가를 돌아보게 된다. 저자는 철학자가 철학적 삶과 이어지지 않은 채 담론만으로 충분하다고 생각하는 것보다 더 큰 위험은 없다고 말한다. 반면에 키니코스학파처럼 어떤 담론도 남기지 않았으나 자기 삶으로 철학적 태도를 보여 준 자들은 고대에 능히 철학자라는 이름을 얻을 수 있었다. 어떤 이에게는 그날그날의 노동이 죽음의 연습이 될 것이다. 함께 책을 읽고 토론을 하거나, 함께 공부를 하거나, 함께 명상이나 기도를 하는 공동체가 있다면 그 안에도 생활 양식으로서의 철학은 싹틀 수 있을 것이다. 개인적으로는, 정적인 생활이 길었던 탓인지 실천이 반드시 물리적이고 역동적인 것만은 아니라는 말이 마음에 와 닿았다. 더욱이 생활 양식으로서의 철학이 이론 연구의 가치를 부정하지는 않는다. 이론을 연구한다는 것 또한 실존적 선택일 수 있다. 〈정관적인 삶〉이 세상과 타인에 대한 관심을 배제하지만 않는다면 말이다. 책에 파묻혀 사는 삶도, 그것이 강단 철학자의 삶이든 말단 지식 노동자의 삶이든, 자기 양심을 살피고 자신의 배움을 배신하지 않는다면 충분히 실천적일 수 있을 것이다.

번역 대본으로는 갈리마르사의 1995년도 판 *Qu'est-ce que la philosophie antique?*를 사용했고 영문 번역본 *What is Ancient Philosophy?*(translated by Michael Chase, Harvard University Press, 2002)를 참고했다. 그리고 특별히 감사를 표하고 싶은 분들이 있다. 이 책이 처음 나왔을 때

〈고대 철학에 조예가 깊은 전문가들의 지적을 겸손한 마음으로 기다리겠다〉는 말로 역자 후기를 마무리했는데 실제로 이번에 개정판을 내면서 고대 철학 연구자들의 서평 몇 편을 참조할 수 있었다. 개인적으로는 일면식도 없지만 가장 고마운 분들이다. 그리고 이 책을 다시 선보일 기회를 주고 원고를 꼼꼼하게 보아 준 열린책들 편집부에도 진심으로 감사를 드린다.

마지막으로, 저자가 콜레주 드 프랑스 명예 교수가 되기 전 마지막으로 학생들 앞에서 했던 강연의 맺음말을 여기에 옮긴다. 〈결국 따지고 보면, 우리는 가장 중요한 것에 대해서는 거의 얘기할 수가 없습니다.〉

찾아보기

저서

옮긴이 **이세진** 서강대학교 철학과를 졸업하고 같은 학교 대학원에서 프랑스 문학을 공부했다. 현재 전문 번역가로 활동하고 있다. 『에코의 위대한 강연』, 『아노말리』, 『역사를 만든 음악가들』, 『아직 오지 않은 날들을 위하여』, 『나는 생각이 너무 많아』, 『도덕적 인간은 왜 나쁜 사회를 만드는가』 등을 우리말로 옮겼다.

고대 철학이란 무엇인가

발행일 2017년 7월 5일 초판 1쇄
2023년 10월 20일 초판 5쇄

지은이 피에르 아도
옮긴이 이세진
발행인 홍예빈 · 홍유진
발행처 주식회사 열린책들

경기도 파주시 문발로 253 파주출판도시
전화 031-955-4000 팩스 031-955-4004
홈페이지 www.openbooks.co.kr 이메일 humanity@openbooks.co.kr

Copyright (C) 주식회사 열린책들, 2017, *Printed in Korea.*
ISBN 978-89-329-1846-4 03100

이 도서의 국립중앙도서관 출판예정도서목록(CIP)은 서지정보유통지원시스템 홈페이지(http://seoji.nl.go.kr)와 국가자료공동목록시스템(http://www.nl.go.kr/kolisnet)에서 이용하실 수 있습니다.(CIP제어번호:CIP2017014442)